丛书主编 李 斌 潘泽泉

和谐中国系列

Society, Subjec

中南大学社会学文丛

Society, Subjectivity and Order: Spatial Turn on Peasant-worker Studies

社会、主体性与秩序：农民工研究的空间转向

潘泽泉 ◎著

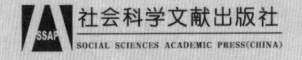

社会科学文献出版社
SOCIAL SCIENCES ACADEMIC PRESS(CHINA)

作者以广东流动农民工为研究对象，运用社会学理论尤其是新近流行的空间社会学理论对广东流动农民工的生存状况和未来转变给出了具有意义的回答，从作者的研究来看，在大量的经验资料背后，突显出作者深厚的理论背景。作者的研究对于进一步探讨我国城市流动农民工的群体特征、日常生活阈限、现代性之真相，实现他们的社会权利和价值，具有重要意义。

——南京大学社会学系周晓虹教授

作者试图摆脱以往同类研究的经验性描述或问题式诊断的缺陷，从社会空间的独特视角，通过个案访谈方法，考察流动农民工在城市中的主体性存在，强调流动农民工的主体性和话语意义，关注流动农民工在陌生情境中的危机境遇和生存现实等"真"问题，对流动农民工倾注了深度的理论关怀和道德关注。作者的理论视角独特，分析框架和解释路径具有很强的创新意义。作者对于流动农民工的这一热点问题进行了全新的分析和解读，核心概念界定清晰，操作化测量得当，资料翔实可靠。

——上海大学社会学系张文宏教授

该书体现了作者较强的理论功底，关注的问题及关注的角度较前沿。"空间"和"主体"理论近年来在西方文化批评和人类学领域较为流行，难度较大且十分抽象。作者利用农民工的个案进行理论研究，试图在更为抽象的层面上理解农民工，可谓是另辟蹊径；在现有的训练和文献资料的条件下，能达到这样的程度很不容易。

——南京大学社会学系范可教授

该书从"社会空间"角度，阐述了转型经济中进城农民工的主体性存在。全文理论梳理清晰，文字通达，资料翔实，研究结果将流动农民工这一城市中的边缘群体的主体性状况及其地位做了较富说服力的铺陈，质性方法的把握和表述方面也较规范，能达到这样的程度实属不易。

——复旦大学社会学系周怡教授

目 录

上篇 理论与方法：写在切入主题之前

第一章 理解社会：社会空间的路径 / 3
- 一 问题的提出 / 3
- 二 空间转向：一种新的叙事和理论转向 / 10
- 三 社会空间：一种社会学的视角 / 22
- 四 秩序关切：从人存在的空间说起 / 40
- 五 空间：理解流动农民工的一面棱镜 / 52

第二章 农民工研究：理论视角与方法症候与诊断 / 65
- 一 农民工研究：理论回顾及其理论旨趣 / 65
- 二 检讨与反思：研究方法的症候与诊断 / 74
- 三 日常生活实践："自为的对象化"和"再生产日常生活" / 80

第三章 研究设计 / 90
- 一 涉及的空间和研究对象的选取 / 90
- 二 研究过程与方法 / 98
- 三 研究创新和研究意义 / 104

中篇 "自我"与"他者"：空间实践与书写

第四章 "自我"与"他者"：空间的书写规则与叙事逻辑 / 111
  一 "自我"与"他者"：空间书写中的话语叙事 / 112
  二 在场与缺场：全球化链条中的中国农民工生存现实 / 124
  三 抗拒与变迁："自上而下"的现代化叙事与发展逻辑 / 139
  四 理想与谋划："自下而上"的现代性书写与艰难 / 160

第五章 "自我"与"他者"：社会排斥与边缘化空间的生成 / 188
  一 社会排斥：对城市流动农民工的重新概念化 / 189
  二 制度排斥与空间的合法性：场内的游戏与规则 / 201
  三 市场排斥与空间的边缘性：场内的偏好与隔离 / 232
  四 社会网排斥与空间的隔离性：场内的"他者"与局外生存 / 266

第六章 社会排斥后的竞技场：空间实践中的"主体性"书写 / 286
  一 空间的书写：底层群体的行动逻辑和弱者生存策略 / 287

二 入"场":时空分离的入场规则 / 301

三 营"场":受煎熬主角的营场策略 / 314

四 退"场":孤寂中失败者的退场主动 / 328

下篇 城市空间生态与城市道德空间

第七章 空间体验:流动农民工与城市空间秩序 / 347

一 社会分类与群体符号边界:"我们"与"他们"世界 / 348

二 社会空间与认同逻辑:我是谁,我将是谁? / 370

三 社会空间与身体话语:我感到"疼痛"和"焦虑" / 394

第八章 讨论:找回空间与道德关注 / 418

一 城市的空间秩序和道德实践 / 418

二 融合与共存:共有的空间是否可能 / 428

三 结论与一个空间的分析框架 / 442

参考文献 / 454

后记 / 466

本书获得中南大学和谐社会研究基地资助，获得第十二届湖南省优秀社会科学学术著作出版立项资助。本研究成果为2007年度国家社会科学基金项目"国家调整农民工政策的社会影响评估研究：一项弱势群体能否共享社会发展成果的研究（07CSH019）"的阶段性成果之一。

上 篇

理论与方法：
写在切入主题之前

- 20世纪预示着一个空间时代的到来，我们正处于一个同时性和并置性的时代，我们所经历和感觉的世界更可能是一个点与点之间的相互联结、团与团之间相互缠绕的风格。

- 需要一种更富有弹性和更加折中的批判理论，重新将历史的构建和社会空间的生产、将历史的创造与人文地理的构筑和构型富有创造性地结合，以生产各种新的可能性，实现对各种不断变化的语境做出各种有效的反应性评价，完全烙印于当代生活的经验结构，通过批判性的空间化开辟，重组历史想象，重新实现对那些具有普遍性的地理不平衡发展的语境和意识的重构来完成一种新的叙事。

- 空间是一个具有生成能力和生成性源泉的母体，是一个自我主体性的空间，是诸种社会系统在时间和空间上的延展，是一个充满节点的区域化体系，以距离为秩序，以互动为存在主义场景。

- 社会空间涵括了丰盈的话语场域、经验性事实或想像力限度，为社会经验事实的社会学解读提供了一种新的视角，其理论旨趣、观察角度、话语概念或设问方式成为社会学领域近几年一个比较热门的话题，为一种新的社会学想像力的延续提供了一种新的理论框架。

第一章

理解社会：社会空间的路径

一 问题的提出

1. 进入空间

2004年冬季，我背着包裹行囊，独自开始了在广东为期一年的流动农民工实地调查。一年当中，我对广州、中山、东莞、长安、韶关的流动农民工及其"互动者"所寄寓的空间进行切身的体验和田野调查。

在进入流动农民工现场调查之前，我阅读了大量有关流动农民工生存状况的相关文献资料，但一进入流动农民工的生活世界时，在我面前呈现的现实"情境"还是让我感受到一种心灵的巨大震撼：火车站人山人海中他们身背铺盖的茫然眼神，城市高楼建筑工地上漫天的灰尘和他们疲惫的身体，超负荷工作的重复单调的工业流水线上他们机械的动作，躺在地铁里或桥梁下他们充满油污的肌体，还有那游荡街头不断遭受警察驱赶和训斥的无奈声音。面对流动农民工进城，流尽汗水却饱受歧视，创造舒适却失去尊严，我失语。

从20世纪到今天，一个又一个躁动的身影告别"日出而作"、"日落而息"的生活方式，挣脱封闭的生存枷锁，义无反顾地闯入陌生的大都市中，尝试性地在城市中寻找自己的生存和立足之地，汇集成举世瞩目、让人叹为观止的亿万流动农民工大军。

他们经历了传统属于自己的行动构造和意义结构脉络的乡村世界到一个"新奇"而"陌生"的都市世界,经历了制度性壁垒的解冻和逐渐宽松;经历了从走出落后边远乡村的好奇和欢欣到感受繁华都市的无穷尽的震惊和困惑,再到一种无法融入主流社会的迷茫和无所适从,还有一种不断累积和体验着的不满意和被相对剥削感觉的缠绕。

我并没有成为一个感性认识的牺牲者,本着对流动农民工的关注,为了更质感地展现纷繁细微的流动农民工生活,尽量客观展现世纪之交流动农民工的真实生活景观。带着一个社会学者的眼光和责任,在严寒的冬季,也在高温酷暑的夏季,走进农民工现场,深入尘土飞扬的农民工务工场所或光线黯淡的他们"蜗居"住处,听他们言说自己的欢乐和痛苦、所思所想、何去何从,感受他们的欢乐和痛苦、焦虑和怨恨、孤独和无助。事实上,在流动农民工所嵌入的现实"情境"中,也就是在流动农民工寄寓的"社会空间"中,我感受到了一种生命的灵性和活力,在那里呈现一种"自我"世界的重新建构和书写,一种在城市空间实践中的理想的受挫和不断确认作为"主体"的自我历程,一条正在经历、体验、想象和反抗者自身的生活道路,思考和发现流动农民工在城市空间书写中的行动构造和意义脉络,演绎他们具体生活空间中的具体生活情境、生存状况以及他们在城市空间中的自我生成之域。从流动农民工的经验事实中,我们看到了一种全新的流动农民工的"存在",看到了流动农民工以往研究中太多被遮蔽的东西,有的甚至是被歪曲的东西。从这种意义上来说,本研究可以说是一种社会变迁语境下的新农民工研究。

2. 空间发现

以汤普森的《英国工人阶级的形成》为标志,世界劳工史发生了一个重大的转向。新劳工史超越了传统主宰的结构或文化的解释范式(如马克思强调的阶级层面上的结构性差异、韦伯的文化主义学术传统),在研究中开始强调劳工的主体性和话语意义,直指劳工的现代性问题,指出劳工的命运不仅是结构或文化的产物，同样也是主体性实践和话语重新建构和强化的结果。传统的流动农民工研究是否同样需要一种现代转向？在新的时期流动农民工在城市中所嵌入的具体情境是否发生了重大变化？社会变迁的新语境下流动农民工是否需要一种新的研究方式，即一种社会变迁语境下的新农民工研究，或者新型劳动主体研究。

在广东进行为期将近一年的实地社会调查的结果证明，流动农民工在城市中的生存方式，与我们通过文献获得的理解是不同的，在那里展现了一种活生生的不同生活图景，也展示了一种制度外生存者所创造的多种行为逻辑的生命灵力。21世纪的流动农民工已经不再是以前那些单纯进城讨取生活的传统流动农民工，也不再是在街头游荡的非法的流浪者；他们是有活力的人，他们是主动寻求生活境遇改善的新型劳动主体，他们通过在城市空间的实践，创造了其生存方式或生活经验的多样性。现场实地调查发现：

（1）在他们的日常生活实践中，流动农民工具有一定的空间性，即出现一种自下而上自发形成的聚居区。随着城市居民不断从这些空间流出和流动农民工不断涌入，这些空间就从城市中隔离出来，形成了流动农民工在城市中生存的"场所"和嵌入城市生活的具体"情境"。农民工通过寄寓在不同空间中（如城中村、城市边缘区），形成了不同的生存方式。这里的"空间"不仅仅是一种在城市中的物理空间实体，更是他们在现实生活中使用种种社会文化资源的一系列策略与行为的生动而又深刻的"隐喻"。

（2）流动人口也并非完全甘心于永远生活在"夹缝"之中的"个体"，他们是作为意义的"载体和传播者"、不断跨越"边界"和结构宰制的"主体"。在相互"异质性认识"的基础上，他们通过寻求自身的生活方式、创立自己空间的积极性现实以及能动的加以选择的关系，为自己创造出一种属于自己的崭新生活方式以及支撑该生活方式的社会空间，建立一种作为支撑其生活方式背景的"共同性"，不断开拓个体的多种"可能性"。可以说，他们既是现有文化意义（结构的、网络的）的"消费者"，又是新意义（新社会空间）的"生产者"。

（3）流动农民工在城市中不应该只是作为孤立的城市现代化或城乡二元结构中的"存在"，而应该被视为一个嵌入不同生活"情境"中的主体，即在一个不断变化、不可控制的世界里，面临的各种重大社会事件、嵌入的不同结构性事实、传统性与现代性（历时态）的斗争游戏以及由农村来到城市的"空间置换（共时态）"的经验事实中，社会或系统本身对主体进行塑造的过程，把主体的经历变成一种作为社会参与者的"自我"生成的过程，这是一种夹缝中的表达。这种表达既是一种策略，也是他们在城市中的身份或位置使然。

（4）在实地研究中，作者发现，社会变迁语境下的新农民工问题，不再停留于户籍制度或者身份合法性的问题。流动农民工一旦进入城市，一旦原本那种静态的城乡二元结构在空间上被撕裂，其进入城市空间所直接面对的问题就变成了容纳还是排斥的问题、社会整合的问题，变成了如何实现他们与城市的社会整合，如何帮助他们实现劳动市场介入、提升能力和提供收入支持，如何帮助他们获得更多的工作机会和获取更多的社会资源。此时的农民工在城市中的体验更多地表现在"我们"和"他们"的世界，表现在越来越矛盾的经验所造成的肉体的疼痛、身体焦虑和"我是谁？""我将是谁？"的困惑。

以往国内的流动农民工研究文献，大都倾向于从宏观的制度与结构因素上寻求解释，把流动农民工作为中国社会结构上的一个整体性的社会事实进行研究，或把流动农民工作为一个具有中国传统社会以血缘、地缘关系作为个人内在行为逻辑的研究对象（社会网络解释范式）。结构解释把流动农民工置于一个"制度化世界"（systematical-world），把人视为规范界定的被动的个体，认为中国流动农民工在城市流动过程中的种种困境，源于城乡二元结构上的差异性存在。这些制度和结构上层面的因素只能证明中国流动农民工在整体上所具有的某种共同属性（如关注其集体的行动逻辑、行为特征与倾向、社会适应、社会歧视、进城动因、进城的推拉力、群体属性——性别构成、年龄特征、教育程度），却无法解释他们在日常生活实践中的种种构成性差异和生成性的经验事实，无法解释流动农民工在城市中行动的过程和嵌入的具体生活情境。这在客观上构成了人们认识上的一个"黑箱"，流动农民工被建构为日常生活实践中的"沉默的他者"。社会网络范式使得流动农民工的苦难和孤独被转移为传统乡村的血缘亲情、地缘关系、家庭伦理等命题，使得他们在城市中作为现代人的现实需求和任务被遮蔽，错误地使他们的现代性体验、现代性诉求被重新置于一种传统命题的框架内被表述。这种解释模式忽视了现代性的知识结构，尤其是在一个日趋理性化、现代性、个体化历程不断加快的城市社会中，传统的日常生活体验、手头的库存知识、惯习、信任、血缘地缘关系、互惠的逻辑是如何遭受威胁，如何被破坏、被颠覆，他们又是如何通过自己的行为策略来维持和改变的。流动农民工是一个能动的社会主体和政治主体，每时每刻都在以自己的"实践"来创造新的东西，而不是完全为"结构"或"网络"所规制的行动者，也并非从一套先于他们存在的社会体系进入另一套先于他们存在的社会体系，而是在流动中改变这些社会体系，甚至创造新的社会体系，即新的空间出来。

因此，社会变迁语境下的新农民工在城市中面临着新的社会生活的经验事实，传统的最具共性的意涵和实质性内容不再是一种可靠的凭借，我们需要一种新的对流动农民工现实生活的观察、体验和理解，一种对流动农民工的日常生活处境重新进行概念化和重新讨论其因由和症候的新的方法；我们应当关注流动农民工在城市空间中作为主体的"存在"，即关注流动农民工是如何作为主体而不是被动的个体从社会底层获得动力以及生活策略的过程，通过流动农民工的主体性及其形形色色的经验本身作为理解其生存状况或危机境遇的一种方式，强调劳工的主体性或能动性和话语意义，直面现代性问题；我们应将目光集中到他们作为其生活能力和能量源泉的"生存方式"和社会空间层面，从个人饱受创伤的亲身经历的角度去洞察他们的生活世界，从他们日常生活积淀的世界的角度描述他们的生活世界，而不是简单定位在歧视性结构的形态上；流动农民工所经历和感觉的世界，是在一个非人格化的陌生的都市空间里，在一个人们的交往空间已经丧失了传统社会的地缘与血缘纽带后，按照一种新的规则进行，这就要求我们从"异质性共存"的"生存方式"以及支撑它的社会空间来考量他们的"共同性"问题，而不应简单从他们的地缘和血缘关系角度来理解。流动农民工往往通过主体性、能动性与寄寓的空间的共同结合来取代此前的血缘、地缘关系，这无疑将在流动农民工研究视域中开启一种新的想像力和一组生动的知识图景。

3. 所关心的对象和问题的提出

本书以寄寓在一定空间中的社会变迁语境下的新农民工为研究对象，首次采取"社会空间"的理论视角，首次在流动农民工经验研究中以空间作为一种新的问题意识，以流动农民工所居住的空间作为一个社会学实验室，将流动农民工研究置放于城市空间脉络中，将城市视为文本空间，将日常生活实践化为空间建造的植入过程，关注流动农民工在城市中的空间建构；重新恢复以往研究中被漠视的"主体性"存在（或主体化过程），流动农民工在城市空间实践的过程中，其主体性层面体现在社会对主体进行塑造的力量以及农民工作为主体与这种力量相抗衡的过程，强调流动农民工"自为的对象化"和"再生产日常生活"的主体性现实，通过符号互动论和建构主义的研究视角，通过构建行动的逻辑，引入基本的行动语句类型。这种类型的语句涉及人类的行动，即以人为行动主体在一定条件之下所实施的行动。本文关心的经验性事实和必须解决的问题如下。

（1）借由空间，在经验研究的可能性条件和推论情境中，以日常生活实践中城市空间实践、空间的诸生成关系、空间的主体性建构为主题变量，聚焦流动人口的"主体性"层面和日常生活实践，聚焦他们在日常生活实践中作为"据点"的场所，全面考察这种场所在城市空间中"异质性"共存的历史，考察在该场所中与其生活进行互动的各种人的"异质性共存"的方式。

（2）借由空间，探究主体性塑造的外部力量，重新思考社会对主体性的塑造，分析我国流动农民工在日常生活实践中所嵌入的"在场"或"缺场"的各种重大社会事件、结构的排斥性事实、作为主体的行动逻辑、所彰显的群体特征、叙事性分类、自我认同以及基于身体的体验，包括群体边界的生成和固化、自我认同或主体性生成的困惑和变异、身体在空间中的焦虑和疼痛肉体的记忆，反思流动农民工在城市中的空间建构过程与"病理学"方面的观察境遇，凿通流动农民工在城市空间实践过程或危机境遇（crisis situation）中的行动策略。

（3）借由空间，揭示城市空间实践中国家、群体、个人等不同的主体在城市空间实践中支配性意义的历史建构，不同主体空间的使用方式及空间形式转化过程，并通过空间完成对诸种经验性事件的解释和诸种特定的社会实践的阐释，以期遇合流动农民工主体在城市空间中的实践图式、策略和经营过程。

（4）借由空间，从流动农民工从乡村闯入都市世界的"自我"的"主体性"关注到"空间"的日常生活实践和生成方式的经验性考察，又从"空间"到"空间生态"、"空间秩序"、空间的道德实践的社会学思考，反思"共有的空间是否可能，何以可能"这一长久以来令人困惑的现实问题。

关注流动农民工的社会空间和社会空间"自我"或"主体性"的问题，也就是关注流动农民工在城市中的生存方式的问题，关注流动农民工的"存在"问题，关注流动农民工在城市社会中的空间和社会秩序的问题，即流动农民工在城市空间中，"社会秩序何以可能？""社会生活何以可能是否可能？""他们又是处于一种什么样的生存状况和危机境遇？"在回答了流动农民工的"存在"问题之后，我继而反思："流动农民工在城市中所寄寓的空间是否能成为农民工融入或适应城市、实现农民的终结、转变为新市民、重建'家园'的摇篮和跳板？流动农民工在城市空间的夹缝中是否能完成一种新的裂变？流动农民工是否是全球一体化、现代化发展逻辑、现代性生成以及乡土中国解构过程中的参与者或受益者?流动农民工是否可能在从城市流向城市的现代性培育中实现由传统社会向现代社会的转型,实现由传统人向现代人的转变,完成自我的现代性生成?"这是本次研究的问题意识,也是在理论和经验事实的理路中试图给予答案的问题。

二 空间转向:一种新的叙事和理论转向

福柯认为,20世纪预示着一个空间时代的到来,我们正处于一个同时性和并置性的时代,我们所经历和感觉的世界更可能是一个点与点之间的相互联结、团与团之间相互缠绕的风格。①"后现代思想的兴起,极大地推动了思想家们重新思考空间在社会理论和构建日常生活中所起的作用,空间意义重大已成为普遍共识"。② 如何理解空间?空间的演绎路径和论证逻辑如何?是寄居于源于经验世界的空间实证知识的谋划还是迷思于宰制的本体性观念的哲学逻辑演绎?这是浸淫社会科学实践已久的现代知识的普遍症候和理论困境。早期空间范畴的哲学命题和理论自觉谋划统辖了空间的知识理解,以其哲学命题为参照、依托和动力,空间构成了哲学家们所关心和讨论的问题和倚仗的主要工具和手段。20世纪后半叶,空间研究成为后现代显学,空间的理解超越了对其本体论的探讨,人们更加关注空间的社会实践,关注人们在空间中的主体性行为和空间的生产和再生产。空间变成了一种社会生活的经验事实,构成了经验现象的表征和知识系统,空间构成了浓缩和聚焦现代社会一切重大问题的符码。

空间,作为一种新的叙事和理论转向,如何理解空间?空间的演绎路径和论证逻辑如何?是寄居于源于经验世界的空间实证知识的谋划还是迷思于宰制的本体性观念的哲学逻辑演绎?这是

---

① 米歇尔·福柯:《不同空间的正文与上下文》,包亚明:《后现代性与地理学的政治》,上海教育出版社,2001,第18~28页。
② Dear, M. J., *The Postmodern Urban Condition*. Blackwell, 2000, p.4.

浸淫社会科学实践已久的现代知识的普遍症候和理论困境。带着这些问题，研究的思路在于：经由空间在认识论上的批判，经由空间理论的构成性要素和理论的演绎逻辑，检视不同的社会理论如何处理空间形式与社会构造的关系，提供一种针对空间概念与方法论操作方面的科学活动的演练，重新去解读空间的理论论述的意义和社会性根源，重新阐述空间如何成为认识经验世界或日常生活世界的一种新的视角。在这样的形式下，倚仗空间与社会学的关系理论提供一种方法论的分析，是重新解读流动农民工经验事实和具体嵌入情境理解的必要的基础性工作，也是对以往流动农民工研究中的传统社会学知识范式的一种修正。同时，我们也必须意识到，在解读流动农民工的经验事实之前，我们必须经由空间在认识论上的批判，检视不同的社会理论如何处理空间形式与社会构造的关系。这需要提供一种针对空间概念与方法论操作方面的科学活动的演练，重新去解读空间的理论论述的意义和社会性根源。基于这样一种社会学方法的内生逻辑，下面首先回到空间理论的构成性要素和理论的逻辑延伸，在此基础上，再回到流动农民工的经验事实和具体的"嵌入"情境。

1. 历史决定论语境中的空间沉寂与崛起

19世纪，是历史决定论正在崛起、空间观念相对湮没的一个世纪，存在一种去空间化（despatializing）的历史决定论，存在着一种对历史决定论的批判性缄默，"批判阐释学仍然笼罩于一种时间的'万能叙事'（master-narrative），笼罩于一种历史理性的想象"①。历史决定论的动力来自一种时间的阐释性语境对社会存在和社会生成的随意性的处置，来自历史决定论的诱人逻辑，也来自社会存在的时间构建和经验的社会传统，即从本体论和认识论到对诸种经验性事件的解释和诸种特定的社会实践的阐释，存在一种历史想象的逻辑优先。"历史创造"和富有生气的"历史

---

① 〔美〕爱德华·W. 苏贾（又译索亚。——笔者注）：《后现代地理学：重申批判社会理论中的空间》，商务印书馆，2004，第16页。

想象"成为一种"认识论在场",历史决定论成功地对空间进行堵塞、贬低和去政治化,空间成为批判社会话语的一个对象,空间实践的可能性更是销声匿迹。正如福柯所言,"19世纪沉湎于时间和历史,空间被当作是死亡的、刻板的、非辩证的和静止的东西。相反,时间是丰富的、多产的、有生命力的、辩证的"。① "空间遭到贬值,因为它站在阐释、分析、概念、死亡、固定还有惰性的一面"。② 可以发现,从知识史的视角看,以往对于空间的描述和剖析充其量只能罗列空间存在者的清单,而绝对不可能促成"关于空间的知识"。

首先是马克思主义地理学的出现和发展。20世纪60年代后期,在空间理论的边缘化背后,在一种地理学想象的沉沦和消散的进路中,在一种被湮没或边缘化的空间想象的语境中,开始出现一种尝试性的空间化,一种建立新的批判传统人文地理学的后续性努力,一种适应当代政治和理论挑战的马克思主义地理学开始出现,开始出现一种批判人文地理学。这一出现滋养了一种批判性的话语,这种话语开始着手对马克思主义的基本概念和分析方法空间化,涉及社会空间的辩证关系、城市在理论上的特殊性,以及资本主义的不平衡发展。

20世纪70年代,戴维·哈维发展了马克思主义地理学,"资本主义历史地理学必须成为我们理论研究的对象,而历史地理唯物主义则是我们探究问题的方法"③,"每个社会行动都建构客观的空间与时间概念,以符合物质与社会再生产的需求和目的,并且根据这些概念来组织物质实践(material practice)"④,列斐伏尔

---

① 爱德华·W. 苏贾:《后现代地理学:重申批判社会理论中的空间》,商务印书馆,2004,第6页。
② 福柯:《权力的眼睛——福柯访谈录》,严锋译,上海人民出版社,1997,第152~153页。
③ Davis, M. *Urban Renaissance and the Spirit of Postmodernism*, New Left Review 1984, p.144.
④ 大卫·哈维:《时空之间》,王志弘译,《空间的文化形式与社会理论读本》,台湾大学建筑与城乡研究所明文书局,2002年12月版,第50页。

开始重新在理论和实践方面对马克思主义思想重新语境化,并成为系统阐述空间辩证逻辑的开先河者,成为后来发展对空间性进行唯物主义解读的许多直接根源,即成为产生发展马克思主义地理学和历史地理唯物主义的直接源头。列斐伏尔的空间理论是在不断探讨空间性和社会再生产以及对城市化"新实践"的过程中完成的。之后,现代地理学开始关注城市的空间性、社会诸过程与空间形式之间的相互作用以及建立社会—空间辩证法的多种可能性的问题,包括对地区的不平衡发展做更加全球性形式的分析,对第三世界的落后性与依附性、国际上的劳动分工以及资本主义"世界体系"的核心和边缘的聚焦,以及城镇与乡村的对立、产业资本主义制度下的城市居住空间的划分、资本主义积累的地理不平衡性等,直接促成了一种全新的而且日益空间化的政治经济学的诞生。这是将地理学引进西方马克思主义的结果,复兴一种空间上明确而且激进的政治经济学,表征一种"新的"城市社会学、一种"新的"经济地理学、一种"新的"城市政治学或一种"新的"规划理论。

接着,城市的政治经济学直接进入城市的空间问题。芝加哥学派更多地是描写城市空间中的普遍性问题,更多地是将一种理论和政治的具体性归因于城市普遍性,从而陷入一种研究城市生态学的芝加哥学派意识形态陷阱,如城市规模、人口密度、异质性、城市失范问题、城市功能协调性以及地理集中性。这种普遍性掩盖了城市中更基本的具体性,即城市如何成为结点性、空间和权力的结合体,"城市建设具有社会权力的工具性'在场有效性',城市是控制中心,是堡垒,其设计是用来保护和统治,其途径是通过'居住地的小手法',通过范围、界限、监督、分隔、社会戒律和空间区分的一种精巧的地理学来达成的"。[1] 在这里,空间是一个具有生成能力和生成性源泉的母体,是一个自我主体

---

[1] 爱德华·W. 苏贾:《后现代地理学:重申批判社会理论中的空间》,商务印书馆,2004,第234页。

性的空间，是诸种社会系统在时间和空间上的延展，是一个充满节点的区域化体系，以距离为秩序，以互动为存在主义场景。城市的政治经济学关注作为国家的一种工具而得到一种批判性审视的城市规划，关注城市空间的组织和再组织以为统治阶级服务，以利于资本积累和对危机的控制；关注日益全球化的空间规划过程的各种特征的征服、边缘化和剥削，对人造环境的操纵、对城市房租的榨取、对地价的调节、对为集体消费服务的城市空间的组织。城市的政治经济学也不断进入区域和国际的空间问题，包括对区域和国际的发展的阐释，包括对地理学、区域的各种不平等以及区域主义，其中包括有"伊曼纽尔·瓦勒施泰因关于资本主义'世界体系'及其中心、边缘和半边缘的特征性结构描述；安德烈·冈德·弗兰克以及拉丁美洲的'结构主义'学派关于大都市—卫星城市的关系、不充分发展和依附论的论述"① 等等。

　　随之，后现代地理学盛行于理论界。事实上，存在的生活世界不仅创造性地处于历史的构建，而且还创造性地处于人文地理的构筑，对地理景观永无休止地构型和再构型：社会存在一种显然使历史和地理的语境化中被积极地安置于空间和时间，空间和时间一样，是一种可以揭示问题的语境。后现代是以一种颠覆者的姿态出现的，"那些坚定的后现代者言过其实地隔绝日益沉寂的时间怀抱，呆板地夸张当代空间性的批判特权，这给人一种毫无效果的反历史韵味的印象"②；同样，这里需要一种更富有弹性和更加折中的批判理论。重新将历史的构建和社会空间的生产、将历史的创造与人文地理的构筑和构型富有创造性地结合，以生产各种新的可能性，实现对各种不断变化的语境做出各种有效的反应性评价。完全烙印于当代生活的经验结构，通过批判性的空间化开辟，重组历史想象，随之出现的批判人文地理学开始启动

---

① 爱德华·W. 苏贾:《后现代地理学：重申批判社会理论中的空间》，商务印书馆，2004，第157页。
② 爱德华·W. 苏贾:《后现代地理学：重申批判社会理论中的空间》，商务印书馆，2004，第17页。

了后现代地理学的发展。

后现代地理学不仅成为经验性考察的一个聚焦点（关注政治实践中的空间形式），而且从本体论的角度，从抽象层面对空间进行重新解构和重构，涉及一种空间的本体论的抗争，以期恢复对存在和人类意识进行有意义并基于存在的空间化，建构一种社会本体论，包括对"空间物化"传统观念检视，批判说那是一种表面物质性的短视，同时也对作为"透明幻想"空间（即纯粹思维过程和表征）的超越。"这种本体论的空间使人类主体永远处于一种具有塑造能力的地理位置，并激发对认识论、理论构建以及经验分析进行一种激进的重新概念化的需要"。[①]

"我们生活于其中的空间，将我们从自身中抽取出来……这种空间撕抓和噬咬着我们，这是一个异质性的空间，这是一个可以安置各种个体和事物的空间"。[②] 福柯对于空间的创造性解释在于揭示一种关于异位的异质性和关系性的空间，以及对于空间、知识和权力的社会学考量。福柯走的是一条整合性的路径，而不是一种解构性的路径，在对话语现实的空间化描述和对权力的相关效应的解释性说明的同时，仍然抓住时间和历史不放。"我们始终生来就是空间的存在，积极参与无所不在的空间性的社会建构"，"空间的维度关牵着实践和政治"。[③] 意识到人类根本上是空间性的存在者，人类总是忙于空间与场所、疆域与区域、环境与居所的生产，这里包括"生产的空间性过程"或"制造地理的过程"，因此在20世纪90年代后期出现了跨学科的空间转向。约翰·伯杰则提出一种明确的空间化叙事，他认为现代传播手段的范围、现代权力的规模、经济的不平衡发展、剥削的规模等事实，

---

① 爱德华·W. 苏贾：《后现代地理学：重申批判社会理论中的空间》，商务印书馆，2004，第12页。
② Foucault, M. "Of the Space", *Diacritics 16*, 1986, 23, Translated from the French by Jay Miskowiec.
③ 爱德华·W. 索亚：《重描城市空间的地理性历史——〈后大都市〉第一部分导论》，收集在包亚明《后大都市与文化研究》，上海教育出版社，2005，第23页。

"牵涉到一种地理的投射,而不是历史的投射;是空间,而不是时间,使我们无法看见各种结果"。现在必须涉及一种明确的历史构造和历史投射的同时,还必须涉及一种明确的地理构造和地理投射,以重新实现对那些具有普遍性的地理不平衡发展的语境和意识的重构来完成一种新的叙事,在人文地理的创造、历史的构建和社会的构筑彼此之间进行一种恰当的诠释平衡。

其实,社会空间的理论推进带来了20世纪90年代后期一种都市社会空间经验研究的发轫。都市经验研究的勃兴与跨学科的空间性转向是并置的,以列斐伏尔(Henri Lefebvre)、爱德华·索亚(苏贾)、曼纽尔·卡斯特、大卫·哈维、沙朗·佐京、彼得·桑德斯、詹姆逊等为代表的西方学者在空间研究中的学术努力直接促成了近两个世纪以来有关空间的第一次重大学术转向,也为社会空间视角的城市研究提供了理论支持。[①] 人们在经验研究中开始关注社会性、历史性和空间维度的同质性和相互关联性,关注城市空间对人的意义以及创造容纳社会生活的场所的行为。大量学者开始对城市空间的地理性历史进行新的描述,而且城市空间研究的开端性预想为不断加剧的城市问题的经验研究的迷妄和痼疾注入了一剂解毒剂。作为一种结构化的存在,城市空间既是物质空间,同时也是行动空间和社会空间,既是人类行为实现的场所和人类行为保持连续的路径,又是对现有社会结构和社会关系进行维持、强化或重构的社会实践的区域。在这里,城市空间作为一个可重构的结构体,是社会建构的实践场所,是作为工业文明的标志和象征,也是作为集体意识与消费行为表达的场所。这样,空间维度为理解城市恐惧、公共空间的权力的变异、差异性空间的社会建构、不平等的异质性对待、社会的叙事性分类注入了新的思想和诠释的新模式;同时,以社会空间为演绎逻辑的空间实践,促成了一种以"发现事实"为主要特征的经验研究。

---

① 包亚明:《都市与文化丛刊序言》,《游荡者的权力》,中国人民大学出版社,2004,第230~242页。

2. 空间的维度：空间的三维辩证法

20世纪后半叶空间研究成为后现代显学以前，对空间的思考大体呈两种向度：空间或被视为具体的物质形式，可以被标示，被分析，被解释；或被解释为精神的建构，是关于空间及其生活意义表征的观念形态。唯物论迷思则视空间为具体的、实在的并且是可以测量的。唯物论者把空间指涉为物质的客观存在形式，物质的存在形式按现行的空间范畴被定义为长、宽、高，即"三维空间"范畴。三维空间倚仗三个空间变量来刻画和描述物质在机械空间中的状态和所在位置。爱德华·索亚通过提出"第一空间"概念来涵摄这种元素。"第一空间"是指空间形象具象的物质性，是"真实"的空间，是一套物质化的空间性实践，强调空间中的物体，在根本上是一种唯物主义方式，被物理地或经验地意识为形式的过程，其认识对象在于感知的、物质的空间，这里的空间可以采用观察、实验等经验手段，来做直接把握。唯心论迷思从意识和存在的一致性出发，视空间为透明、可了解的，这种空间形态可以主题为爱德华·索亚"第二空间"[①]；第二空间指涉一种思想性或观念性领域，是一种想象的"构想性空间"，是一种"思维的图示"，在那里存在一种主体性想象和"构想性的社会现实"，是一种"空间中的思想"[②]；"第二空间认识论"[③]倾向于主观性，是思想性和观念性领域，是用精神对抗物质，用主体对抗客体，其注意力是集中在构想的空间而不是感知的空间。第二空间形式从构想的或者说想象的地理学中获取观念，进而将观念投射向经验世界。

二元区分的思考模式削弱了空间及人类空间其他形式的复杂

[①] Soja, Edward, W. *Third Space*: *Journey to Los Angeles and Other Real-and-Imagined Places*. Oxford: Blackwell, 1996.

[②] 爱德华·W.索亚：《重描城市空间的地理性历史——〈后大都市〉第一部分导论》，收集在包亚明《后大都市与文化研究》，上海教育出版社，2005，第12页。

[③] Soja, Edward, W. *Third Space*: *Journey to Los Angeles and Other Real-and-Imagined Places*. Oxford: Blackwell, 1996.

性和活力,把生活空间的特殊性简约为某种固定的形式,人类生活内在的、动态的充盈问题的空间被固化。后现代地理学家爱德华·索亚在《第三空间:去往洛杉矶和其他真实和想象地方的旅程》一书中提出了"第三空间"①概念,在把空间的物质维度和精神维度同时涵括在内的同时,又超越了前两种空间,呈现出极大的开放性,向一切新的空间思考模式敞开了大门。爱德华·索亚的"第三空间"是一种真实又想象化的存在,既是结构化的个体的位置,又是集体经验的结果。这里的空间具有空间性、社会性、历史性。②第三空间力求抓住观念、事件、外观和意义的事实上不断位移的社会背景,第三空间"有种相关的内隐的历史和社会维度,为历史性和社会性的历史联姻注入新的思考和解释模式",第三空间"本身就是植根于这样一个重新组合极为开放的视野"③。这种空间的理论成果为探索空间的差异性或异质性,以及空间的边缘性提供了一种理论依据。第三空间既是对第一空间和第二空间认识论的解构又是对它们的重构,用索雅本人的话来说即是,"它源于对第一空间—第二空间二元论的肯定性解构和启发性重构,不仅是为了批判第一空间和第二空间的思维方式,也是为了通过注入新的可能性来使它们掌握空间知识的手段恢复活力,这些可能性是传统的空间科学未能认识到的"。④ "第三空间"认识论在质疑第一空间和第二空间思维方式的同时,也在

---

① 爱德华·W. 索亚:《重描城市空间的地理性历史——〈后大都市〉第一部分导论》,收集在包亚明《后大都市与文化研究》,上海教育出版社,2005,第12页。
② 爱德华·W. 索亚:《重描城市空间的地理性历史——〈后大都市〉第一部分导论》,收集在包亚明《后大都市与文化研究》,上海教育出版社,2005,第12页。
③ 爱德华·W. 索亚:《重描城市空间的地理性历史——〈后大都市〉第一部分导论》,收集在包亚明《后大都市与文化研究》,上海教育出版社,2005,第15页。
④ 爱德华·W. 索亚:《重描城市空间的地理性历史——〈后大都市〉第一部分导论》,收集在包亚明《后大都市与文化研究》,上海教育出版社,2005,第15页。

向先者注入传统空间科学未能认识到的新的可能性,来使它们把握空间知识的手段重新恢复青春活力。为此,索雅强调在第三空间里,一切都汇聚在一起:主体性与客体性、抽象与具象、真实与想象、可知与不可知、重复与差异、精神与肉体、意识与无意识、学科与跨学科等等,不一而足。"第三空间"鼓励人们用不同方式去思考空间的意义底蕴,思考地点、方位、方位性景观、环境家园、城市及人文地理等相关概念,力求抓住观念、事件、外观和意义的事实上不断变化位移着的社会背景。"第三空间"试图探讨人类生活的历史性、社会性和空间性的"三维辩证法",这样,空间性的维度将会在历史性和社会性的传统联姻中注入新的思考和解释模式,这将有助于我们在经验研究中思考历史、社会和空间的共时性、物质性及其相互依赖性。

3. 空间转向:日常生活实践的社会空间转向

哲学上的空间解决了空间的普遍性和本体性问题,却无法凿通生活本身,无法"嵌入"到"在场"的日常生活情境。作为经验现实问题研究的社会学需要一种互异的切入角度来演绎、役使日常生活中的空间实践和深层底蕴。

"空间与社会"的问题研究肇始于 20 世纪 60 年代晚期以来"马克思主义地理学"与"新都市社会学"的发展,秉持着人文地理学界与社会学界兴起的"空间与社会"思潮的演变轨迹,统辖 20 世纪以来都市与区域发展规划以及建筑设计与环境—行为研究的成果,构成了"空间—社会理论"的知识图景。尤其是加入了建筑符号学、后现代空间论题、女性主义地理学以及新文化地理学等知识与话语场域后,其概念、理论和方法体系益显视野宏阔,空间从而也成为构成浓缩和聚焦现代社会一切重大问题的符码和社会生活经验现实的表征。

列斐伏尔不仅开拓了社会空间无穷尽的维度,并且有力地将历史性、社会性和空间性联系在一个策略均衡、超学科的三维辩证法中(这是爱德华·索亚的"第三空间"的理论源头),

而且将主观性引入从政治经济学的角度对空间的理解，将空间的主观性和客观性的思考引入空间的生产过程，将空间的主观性和客观性融为一体。正如他所言：社会空间并非众多事物中的一种，亦非众多产品中的一种……它是连续的和一系列操作的结果，因而不能降格为某种简单的物体……它本身是过去行为的结果。列斐伏尔引入了社会空间、生活空间以及社会实践、空间实践的概念，并利用黑格尔关于"生产"的思想，形成了将物质空间、精神空间和形式抽象以及社会空间的实际感知集为一体的一元化的空间理论。（社会）空间是一种社会的产品，每一个社会和每一种生产模式都会生产出自己的空间，人们应该关注的是空间的这种生产过程，而不是空间自身或空间内部的事物。他还导入了"日常生活"的概念以试图说明社会生活的主观因素，并且在社会调查中把对"异质性关注"提到重要的地位。列斐伏尔还进一步整合空间的物质尺度和社会尺度，将人类实践作为物质空间的关联域，人们对于物质空间的感知、创造和使用都应深深植根于人们的日常实践。列斐伏尔的空间概念之核心则在于空间之生产（production in space），[①] 他提出了空间之三位一体的分析架构，即"空间实践"、"空间表征"与"表征空间"。属于感知（perceived）之层面的空间实践（spatial practice）牵涉生产、使用、控制和改造这个空间的人类行动、社会空间实践中空间的生产与再生产，以及空间区位与配置组合。属于构想（conceived）之层面的空间表征（representation of space）泛指某种空间的呈现方式，包括空间本身的样貌与意义，以及我们呈现它的种种方式，包括模型、影像、文字、其他符号以及概念、思维方式等等。属于生活经历（lived）之层面的表征空间（space of representation）则是透过意象与象征而被直接生活

---

① 列斐伏尔：《空间：社会产物与使用价值》，王志弘译，《空间的文化形式与社会理论读本》，台湾大学建筑与城乡研究所明文书局，2002年12月版，第20页。

(lived) 出来，因此是属于"居民"或"使用者"的空间，也是一个被动的经验空间①。列斐伏尔明显提出了一种扩大空间概念内涵的理论，把空间的代表和空间中的日常生活经验都列入空间实践的领域，在空间的社会生产标题下，力图证明物质的空间与城市规划人员、城市化决策专家和科学家所设想的空间有某种联系。许多表面上的空间的相邻关系混淆了我们的视听，使我们看不到这些表面的空间背后闪烁着更复杂纵横、当然也更真实的空间结构。社会理论里，空间不能不参照社会实践而加以定义，空间不仅只是一个物质产物，而是相关于其他物质产物而牵涉于历史决定的社会关系中，而这些社会关系赋予空间形式、功能和社会意义。空间是共享时间之社会实践的物质支持，共享时间的社会实践意指空间把同一时间里并存的实践聚拢起来②。

对于空间的社会实践理论探讨，大卫·哈维也有所指涉。他指出，对于"什么是空间"的问题应该代之以"不同的人类实践如何创造与使用不同的空间概念"。空间是包含在客体之中，客体只有在它本身之中包含并且表现了与其他客体的关系时，此客体才会存在。③ 大卫·哈维在《后现代状况》一书中也表达了类似的看法："时间与空间的客观概念必然通过物质实践与过程而创造出来，而这些实践与过程再生产了社会生活……因此，在一般层次上，我们必须从社会实践的观点来界定空间是什么。"④ 哈维在《城市与社会公正》一书中明确提出社会空间统一体概念。对于哈维而言，关键问题在于空间组织是否是一个独立结构，或是"嵌于"更广阔的结构之中的一系列关系的表达。⑤

---

① Lefebvre, Henri. *The Production of Space*. Translated by Donald Nicholson-Smith. Oxford: Blackwell, LTD, 1991.
② Lefebvre, Henri. *The Production of Space*. Translated by Donald Nicholson-Smith. Oxford: Blackwell, LTD, 1991.
③ Harvey, David. "Time-space compression and the postmodern condition", in *The Condition of Postmodernity* (pp. 284 – 307). Oxford: Blackwell, 1989.
④ Harvey David, *The Condition of Postmodernity*, Oxford: Blackwell, 1990.
⑤ Harvey, David, *Social Justice and the City*, London: Edward Arnold, 1973.

在空间向日常生活实践的转向中，舒尔茨·罗伯更加具体地提出了四种空间化实践策略。微观个体的空间选择行为导致宏观社会行为的空间定向趋势，即空间化实践的四种策略：边界策略、门户策略、重心策略和分化策略。边界策略指社会活动所涉及或许可的空间范围；门户策略指社会活动被设定的"门槛"，以"门槛"为界，社会活动而被允许、包容或被拒绝、排斥；重心策略是指社会活动和过程受重视的程度。受到重视，得到较多的资源支持，在空间分配中就会获得较多的生存空间；分化策略是指空间性质和功能分区，这是人类社会活动分化、深化的表现。

总之，在知识史的回顾中，我们可以发现，在空间成为一种新的理论关注之前，历史决定论成功地对空间进行堵塞、贬低和去政治化，空间成为批判社会话语的一个对象，空间实践的可能性更是销声匿迹，这是一种空间沉寂的历史。正如福柯所言：19世并没有形成明确的社会空间概念，像布罗代尔这样的历史学家也从其学科角度研究过空间问题。但是，他们所使用的空间概念，大体上是地理空间，属于"自然空间"，而不是明确的"社会空间"，社会空间概念至今仍在探索和形成的过程中。但是，从马克思的人文地理学到城市的政治经济学，再到后现代地理学、都市社会空间经验的勃兴，以及随之出现的一种向日常生活实践的社会空间的转向，空间问题，似乎正在形成当今学术研究的一个新的热点，成为社会科学研究或哲学研究的一种新的视角，一种新的理论转向，一种新的叙事。

三 社会空间：一种社会学的视角

在社会学研究领域，空间转向，实际上表达了对传统社会学知识范式的某种修正。社会空间涵括了丰盈的话语场域、经验性事实或想像力限度，其理论旨趣、观察角度、话语概念或设问方式，为社会经验事实的社会学解读提供了一种新的视角，一种新的理论转向。空间的社会学研究成为社会学领域近几年一个比较热门的话题，为一种新的社会学想象的延续提供了一种新的理论框架和一种新的问题意识。那么，空间，作为一种新的解释社会的路径和理论转向，如何理解空间？空间的演绎路径和论证逻辑如何？社会空间的理论架构和经验研究进展体现在哪些方面？我们可以经由社会空间视角提出什么样的命题？为解决这些问题，本章思路在于：首先经由社会空间的缘起，诠释社会空间如何成为社会知识史的一种新的理论视角；接着经由社会空间视角的经验研究的展开和理论的解释维度的论述，检视不同的社会理论如何处理社会空间形式与社会构造的关系；最后提出社会空间的几个有关的命题，提供一种针对社会空间概念与方法论操作方面的科学活动的演练，重新去解读社会空间的理论论述的意义和社会性根源，重新阐述社会空间如何成为认识经验世界或日常生活世界的一种新的视角。①

1. 社会空间的缘起：社会学知识史的另一种语境

在社会学知识史的回顾中，我们可以发现，并没有形成明确的社会时间和社会空间概念。像布罗代尔这样的历史学家虽然从其学科角度研究过时间和空间问题，但是，他们所使用的时空概念，大体上是日历时间和地理空间，属于"自然时空"，而不是明确的"社会时空"。在早期的人类学或社会学研究中，也出现了大量的关于空间的研究。具有代表性的就是 L. H. Morgan，他就曾经讨论过美国印第安人的空间与亲属关系，这为后来功能论的研究及其家屋空间的探讨奠定了民族志的基础，但他同样也没有赋予空间研究在理论上的意义。空间仍然只是一个辅助性的研究参数或理解社会的一个维度，社会空间概念仍在探索和形成过程中②。直到涂尔干学

---

① 许纪霖在都市空间视野中的知识分子研究中指出，现代社会则更多地是一个以空间为核心的社会。于是，考察现代社会的空间关系，特别是都市的空间网络，便成为现代知识分子研究新的问题意识。我们这里所说的空间概念不同于哲学时空观中的空间范畴，它不仅是一种物质的客观范畴，而且是一种文化社会关系。任何时代的人们，都无法脱离具体的物质空间和文化空间而生存（许纪霖：《都市空间视野中的知识分子研究》，《天津社会科学》2004年第3期）。

② 景天魁：《中国社会发展的时空结构》，《社会学研究》1999年第6期。

派开始出现的有关空间的研究，以及马克斯·韦伯和卡尔·马克思的贡献，空间才具有社会科学理论上的意义。表现在涂尔干的图腾崇拜和宗教仪式的空间安排所折射出的主导性的社会组织模式，也表现在韦伯在论述科层制时对工作人员的办公地点和生活场所的论述，以及马克思在《资本论》及其手稿中，对时间和空间问题所做的专门的论述。事实上，把空间当成一个理论问题来阐述可以说源于涂尔干。涂尔干在宗教社会学研究中早就指出了时空的社会意义。"涂尔干认为，与原始社会组织相似，空间、时间和其他思维类型，在本质上是社会性的"。① 涂尔干直接把空间作为每个社会里最基本的抽象概念或分类概念，他认为，空间、时间、数字等是每个社会里最基本的抽象概念或分类概念，我们对社会现象从事概念上的分类往往来自社会分类本身，一个社会的整个知识系统，就是由这些基本的分类概念发展推演出来的。涂尔干有关空间分类与社会分类的理论研究，带动了后来许多有关空间分类与社会分类的一些经验性研究。

德国形式社会学家齐美尔在1903年就提出关于空间社会学的观点，开启了对空间进行社会学研究的先河。齐美尔认为，空间只是两个要素"之间"的关系，在一个要素和另一个要素"之间"发生的运动或变化要借助于进入空间位置来发生，因此相互作用就是空间的填充。齐美尔认为：空间不仅为人类活动提供了可能，而且人类之间的互动也被体验为对空间的填充，个体之间相互并存，意味着他们分享空间；通过检视社会关系所采取的空间形式，可以管窥社会交往如何在空间上变为现实。齐美尔从五个方面来揭示空间的社会属性，即独占（社会形式要求排他性地占据"自己"的空间）、分隔（分割而确定边界）、固定（社会形式在空间中的固定程度）、距离（社会关系距离之远近）和运动（空间位置移动的可能性）。② 从20世纪60年代以来，西方学术

---

① 科瑟：《社会学思想名家》，石人译，中国社会科学出版社，1990，第158页。
② 成伯清：《格奥尔格·齐美尔：现代性的诊断》，杭州大学出版社，1999。

界用"场所"这个概念代替了传统的"空间"概念,这种转变"标志着空间研究从物质形态向社会主体人的转变,场所取代了传统空间概念,其含义包含空间、时间、交往活动、行为意义等综合内容"。

吉登斯在解读结构及其结构和行动之间的辩证关系时,实现了对时空的社会学融入,并把时间和空间放在社会结构的终极性要素的位置上。作者认为:"大多数社会分析学者仅仅将时间和空间看做是行动的环境,并不假思索地接受视时间为一种可以测量的钟表时间的观念,而这种观念只不过是现代西方文化特有的产物。除了近来一些地理学家的著作之外……社会科学家一直未能围绕社会系统在时空延伸方面的构成来建构他们的社会思想……对这个问题的探讨是结构化理论构想的秩序问题迫使我们面对的一项主要的任务","各种形式的社会行为不断经由时空两个向度再生产出来,我们只有在这个意义上,才说社会系统存在结构性特征(structural properties),我们可以考察社会活动如何在时空的广袤范围内'伸展'开来,从这一角度出发来理解制度的结构化"[①],"在结构化理论看来,社会科学研究的主要领域既不是行动者的经验,也不是任何形式的社会总体的存在,而是在时空向度上得到有序安排的各种社会实践","将时空视为社会实践的构成部分,这一本体论的看法是结构化观念的基础"。吉登斯在建构他的结构化理论时,把时空看做是社会现实的建构性因素,他强调:"社会系统的时空构成恰恰是社会理论的核心。"吉登斯通过建立一系列有关空间的概念系统来阐述其结构化理论,如"在场"、"在场可得性"、"不在场"、"共同在场"、"区域化"、"场景"、"中心与边缘区域"以及"情境"等,"关注共同在场情境下的互动系统如何在大规模的时空范围内伸展开来,来考察所谓微观和宏观之间的关系问题",也关注"在跨越空间和时间

---

① 安东尼·吉登斯:《社会的构成:结构化理论大纲》,李康、李猛译,生活·读书·新知三联书店,1998,第40页。

的日常接触中，行动者经常不断地运用场景的性质来构成的这些日常接触"。①

实践论者强调以人为主体去解释空间象征系统，布迪厄认为，以往的空间研究本身，强调空间现象有它的结构和逻辑，但这种意义事实上是由人去建构的，所以必须透过人的理解，才有它真正的意义。布迪厄以"场域"和"社会空间"来替代"社会"这一具有空泛本质的概念，把社会理解为"各个相对自主的'游戏'领域的聚合，这种聚合不可能被压制在一种普遍的社会总体逻辑之下"，这是一个社会建构的、在实践中运作的、具有差异性的、游戏和竞争的空间。"在这样的空间里，行动者根据他们在空间里占据的位置进行争夺，以求改变或力图维持其空间的范围或形式"。② 布迪厄在叙述北非社会卡比尔人住宅的空间结构时对空间的住宅布局和空间象征意义提出了自己的观点，他认为，"空间中事物或场所的客观化意义只有通过按一定图式予以结构化的实践活动才能完整地显示出来，而实践活动的结构化说依循的图式又是根据这些事物或场所来组织的（反之亦然）"。③ 曼纽·卡斯特认为："空间是一个物质产物，相关于其他物质产物——包括人类——而牵涉于'历史地'决定的社会之中，而这些社会关系赋予空间形式、功能和社会意义。"曼纽·卡斯特把人类创造的空间形式——城市看做是"社会的表现"，把空间看做是"结晶化的时间"。社会生活的时空历程，界定了社会行为与关系是如何被物质地建构与具体化。④ 吉登斯也指出："时间地理学发展了日常生活是一系列相互交织的时空路径的观念，同时提供了一种标记并分析社会再生产模式的方式。"

---

① 安东尼·吉登斯：《社会的构成：结构化理论大纲》，李康、李猛译，生活·读书·新知三联书店，1998，第63页。
② 布迪厄：《实践与反思——反思社会学导引》，中央编译出版社，1998，第17页。
③ 皮埃尔·布迪厄：《实践感》，蒋梓骅译，译林出版社，2003，第427页。
④ 曼纽·卡斯特：《网络社会的崛起》，夏铸九、王志弘译，社会科学文献出版社，2001，第504页。

我们可以从西方社会学理论中关于社会空间的缘起和演绎路径发现，社会空间作为一种理解社会的新的维度开启了社会知识史的另一种语境，获得了认识社会、理解社会的一种新的视角，一种新的路径，一种新的问题意识，一种新的理论转向，也为我们研究空间提供了一个基本解释视角。

2. 社会空间视角：经验社会学研究的发轫

社会学中空间向度的经验研究，最早可以追溯到齐美尔的论城市现代性的《都市与精神生活》文中所讨论的都市空间对都市人格塑造的重要面向，即都市密度刺激和高频率的互动造成都市特有的不良的心理和精神气质的生成；芝加哥学派的城市生态学也体现了空间向度与城市生态的文化生成，体现在城市空间生态过程的城市扩张分化的动力机制、城市空间向度的同心圆模式、城市空间的隔离问题以及空间隔离所形成的不同社区面貌和生活样态。

20世纪90年代后期，都市经验研究的勃兴与跨学科的空间性转向是并置的，以列斐伏尔、爱德华·索亚、曼纽尔·卡斯特、大卫·哈维、沙朗·佐京、彼得·桑德斯、詹姆逊等为代表的西方学者在空间研究中的学术努力直接促成了近两个世纪以来有关空间的第一次重大的学术转向，也为社会空间视角的城市研究提供了理论支持。[①] 在重视人类生活的历史性和社会性意义的同时，一种结合空间性的批判性视角开始为历史和社会研究注入思考和诠释的新模式。人们在经验研究中开始关注社会性、历史性和空间维度的同质性和相互关联性，关注城市空间对人的意义以及创造容纳社会生活的场所的行为。大量学者开始对城市空间的地理性历史进行新的描述，而且城市空间研究的开端性预想为不断加剧的城市问题的经验研究的迷妄和痼疾注入了一剂解毒剂。作为一种结构化的存在，城市空间既是物质空间，同时也是行动空间

---

① 包亚明：《都市与文化丛刊序言》，《游荡者的权力》，中国人民大学出版社，2004，第230~242页。

和社会空间，既是人类行为实现的场所和人类行为保持连续的路径，又是对现有社会结构和社会关系进行维持、强化或重构的社会实践的区域。在这里，城市空间作为一个可重构的结构体，是社会建构的实践场所，是作为工业文明的标志和象征，也是作为集体意识与消费行为的表达场所。空间维度为理解城市恐惧、公共空间的权力的变异、差异性空间的社会建构、不平等的异质性对待、社会的叙事性分类注入了新的思想和诠释的新模式；同时，以社会空间为演绎逻辑的空间实践，促成了一种以"发现事实"为主要特征的经验研究。

20世纪末叶，学界开启的"空间转向"，依赖于嵌入空间的各种模式，空间演绎为看待和理解城市的新方式，而此一转向被认为是20世纪后半叶知识和政治发展中最是举足轻重的事件之一。学者们开始演绎日常生活实践中的"空间性"，把以前给予时间和历史，给予社会关系和社会的知识反应，转移到空间上来，关注城市空间是如何隔绝人们的自由实践，又是如何促使人们找到自我空间的分布，关注在空间中的定位、移动和渠道化以及符号化他们的共生关系。空间反思的成果是最终导致建筑、城市设计、地理学以及文化研究诸学科变得与日俱增呈相互交叉渗透趋势。在现代都市空间经验从稳定一统向多元流动特征的变迁理路中，城市作为一种"人工"的物质构造，它透过地理环境、交通安排、居民分布、社区构成、建筑样式等诸多方面以"空间布局"的形式深刻地制约着"人"的活动（既是物质的，也是精神的）。"空间面向"的问题在城市文化中发挥着特别重要的作用，[①]由空间面向切入，提供了一种新的看待与理解城市的新方式，将原来属于不同领域的现象，以空间的线索串联起来。

在西方学术的视野里，本雅明和他的拱廊街研究计划已经成了当代城市研究的灵感源泉。德雷克·葛利高里（Derek Gregory）

---

① 包亚明：《都市与文化丛刊序言》，《游荡者的权力》，中国人民大学出版社，2004，第230~242页。

在《地理学的想象》一书中,除了论述本雅明城市研究的典范意义,还特别指出当代理论的许多洞见和具体的城市研究密切相关。譬如大卫·哈维早年从第二帝国的巴黎出发探讨"都市经验"和晚近更为杰出的以"城市规划"和"人文地理学"的视野观照"后现代性的状况";爱德华·索亚通过对洛杉矶的研究,把空间问题重新放置在社会理论的脉络中,提出了"后现代地理学"的构想;阿伦·波雷德则通过对斯德哥尔摩城市生活的考察,深刻地检讨了都市日常生活与现代性的内在关联……这一系列的研究不仅仅深化了人们对现代都市状况的理解,而且极大丰富了当代理论的诸多面向,重新绘制了"资本"、"商品"、"空间"、"文化"和"现代性"等问题领域在"城市"中汇集、冲突和融合的复杂图景。

列斐伏尔的城市过程(Urbanism)观念以及空间的组织依据社会与城市化的空间结构之间的联系以及社会化空间的理性内涵,敏锐地将城市空间组织视为一种社会过程的物质产物。列斐伏尔在《空间的生产》一书中特别强调了"空间实践"(spatial practice)在沟通城市与人的关系时的意义。"这涵括了生产与再生产,以及每个社会形构特有的特殊区位和空间组合,空间实践确保了连续性和某种程度的凝聚。就社会空间及一既定社会之成员与那个空间的关系而论,这种凝聚暗含了一个被保障的'能力'(competence)水准和一定的'运作'(performance)水准……一个社会的空间实践隐匿了那个社会的空间;以一种辩证的方式,它提出且预设了社会空间,当它掌控与占有社会空间时,便缓慢且确定地生产了社会空间。从分析的观点看,一个社会的空间实践,是透过对其空间的释明而揭露展现"。依据他极富启发性的理论思考,我们不难发现城市社会生活展布在城市空间之中,社会过程透过空间而运作。我们所关切的社会阶层、社会阶级和其他群体界线(如性别、族群等),以及其间的社会权力关系,都镶嵌在一定的空间里。各种空间的隐喻,如位置、地位、立场、地域、领域、边界、门槛、边缘、核心、流动等,莫不透露了社会界线与抗衡的界限所在,以及主体认同建构自我与异己的边界的机制,从而使我们有可能从"空间向度"的角度来把握都市阶层的划分和相关主体的形成。

在这里,都市的空间特性指的是在一个城市及其地理性层面中社会关系、构建形式和人类行动的特别的结构,产生于作为人类生活中一种独特物质性及符号性语境或"据所"的"城市空间的社会性"生产中。空间特性可以用"构建环境"的现实对固定的性质来描述,用物理的结构(建筑、公园、街道……),用土地的使用标志、经济财富、文化认同、阶级差异和都市居民的个体和集体属性、关系和实践的全部范围来表达,从而把空间的动态生产与家庭、文化社群、阶层结构、市场经济和政府形态联系起来,扎根于区域化的空间实践和日常生活的特殊经验。① 今天,我们在物质进步的喧闹中彻底刷新了空间的定义,空间的边缘化在权力与资本的双重压迫下灵活地寻找着自己的形式。城乡结合部的边缘空间被看做是高尚城区的不祥之物;流浪者、乞讨者在天桥下的栖身之所被美丽的绿化蚕食;车道主义使主流空间的扩张无远弗界。对空间的贪婪、掠取是因为空间成为资本,城市规划可以被看做是对空间的权力的垄断和对空间的分割策略。

3. 理解社会:社会空间取向的社会学研究主题

在社会学领域,社会空间涵括了丰盈的话语场域、经验性事实或想像力限度。通过对西方社会学知识史的回顾和总结以及有关空间的经验社会学研究的思考,空间,作为一种社会学的方法论或社会学的基本概念解释,其研究架构体现在下面几个维度。

第一,我们所关切的社会阶层、社会阶级和其他群体界线(如性别、族群等),以及其间的社会权力关系,都镶嵌在一定的空间里,在任何地方都有空间区隔的倾向。各种空间的隐喻,如

---

① 爱德华·W. 索亚:《重描城市空间的地理性历史——〈后大都市〉第一部分导论》,收集在包亚明《后大都市与文化研究》,上海教育出版社,2005,第8页。

位置、地位、立场、地域、领域、边界、门槛、边缘、核心、流动等，莫不透露了社会界线与抗衡的界限所在，从而使我们有可能从"空间向度"的角度来把握都市阶层的划分和相关主体的形成。爱德华·W. 苏贾（索亚）在论述空间时有着同样的叙述，"城市建设具有社会权力的工具性'在场有效性'，城市是控制中心，是堡垒，其设计是用来保护和统治，其途径是通过'居住地的小手法'，通过范围、界限、监督、分隔、社会戒律和空间区分的一种精巧的地理学来达成的"。① 列斐伏尔的城市过程（Urbanism）观念以及空间的组织依据社会与城市化的空间结构之间的联系以及社会化空间的理性内涵，也敏锐地将城市空间组织视为一种社会过程的物质产物和空间作为一种关系的存在。列斐伏尔在《空间的生产》一书中特别强调了"空间实践"（spatial practice）在沟通城市与人的关系时的意义。"这涵括了生产与再生产，以及每个社会形构特有的特殊区位和空间组合，空间实践确保了连续性和某种程度的凝聚。就社会空间及一既定社会之成员与那个空间的关系而论，这种凝聚暗含了一个被保障的'能力'（competence）水准和一定的'运作'（performance）水准……一个社会的空间实践隐匿了那个社会的空间；以一种辩证的方式，它提出且预设了社会空间，当它掌控与占有社会空间时，便缓慢且确定地生产了社会空间。从分析的观点看，一个社会的空间实践，是透过对其空间的释明而揭露展现"。依据他极富启发性的理论思考，我们不难发现城市社会生活展布在城市空间之中，社会过程透过空间而运作。

在这里，空间是社会实践的构成部分，都市的空间维度或特性指的是在一个城市及其地理性层面中社会关系、位置系统、构建形式和人类行动的特别的空间结构，产生于作为人类生活中一种独特物质性及符号性语境或"据所"的"城市空间的社会性"

---

① 爱德华·W. 苏贾：《后现代地理学：重申批判社会理论中的空间》，商务印书馆，2004，第234页。

生产中。空间特性可以用"构建环境"的现实对固定的性质来描述，用物理的结构（建筑、公园、街道……）、土地的使用标志、经济财富、文化认同、阶级差异和都市居民的个体和集体属性、关系和实践的全部范围来表达，从而把空间的动态生产与家庭、文化社群、阶层结构、市场经济和政府形态联系起来，扎根于区域化的空间实践和日常生活的特殊经验。① 许多空间寓意的词汇，如中心、边缘、区位、网络、分割、距离、地方、区域化、在场与不在场等愈来愈被用来表示空间。那么，隔离性的社会关系是如何通过空间关系，特别是通过把隔离性置于某个地点或时空来体现和体验的，又是如何把有关空间的法规、计划、地图和表征置于社会隔离的识别之中的。这种空间维度为我们理解中国流动农民工提供了一种空间视角，提供了一种新的问题意识，即可以从边缘和中心、门槛和隐喻、位置和身份、流动和隔离等核心概念来理解他们在城市空间中的"存在"和生存方式。

第二，在社会学视阈，空间同样被诠释为一种实践性权力与规训或一种社会权力关系，这种权力关系体现在控制与抗争、分割与操作、规训与退让、垄断与监控、冲突与反抗以及斗争、协商与妥协，新的城市空间形态是各种权力斗争和表达的场所，隐藏其后的正是社会权力（利益）的分配机制。空间、活动与人的关系所构成的实践性权力表达方式，使城市成为"权力的熔炉"或"容器"。L. 杰泽斯基认为，"空间不能再被理解为仅仅是一种社会交往的环境，相反，应该被理解为权力和反抗的工具……城市和地区是作为社会关系的控制中心起作用的，是一种具有封闭、限制、监视、分割社会纪律和空间差异等特征的、难以捉摸的地理结构"，"革命的空间意识必须理解空间或者交往场所是如何转变为位置的"，"在现代社会需要一种理解社会—空间关系的

---

① 爱德华·W. 索亚：《后现代地理学：重申批判社会理论中的空间》，商务印书馆，2004，第8页。

新的方法，这种方法把地理叙事和历史叙事结合起来"。① 吉登斯的分析表明，权力是在支配结构的再生产中，并通过它产生出来的。城市空间是一个由资本、法律和秩序造就的空间，展示的是合乎资本和权力运行逻辑的自然结果：不同收入阶层所占据的被分隔的生活、生产及消费的空间和区域。② 福柯的有关空间纪律的技术与权力的论述进一步丰富了社会空间多维性研究，为空间权力的经验研究提供了内在的参照、依托和动力。福柯引用边沁的圆形监狱"全景敞视建筑"说明现代权力机制和纪律技术的无处不在。这里的圆形监狱是权力机制和纪律技术化约成其理想形式的简图，这个环形建筑里，监视者可以监视、命令及考核各个罪犯而不被认出真正身份，而被监视者，知道有人会监视自己，便随时努力使自己要符合纪律要求。福柯赋予医院、监狱、工作场所、学校、街道规划以及住宅等空间以不同方式涉及了权力的培育、维护和惯性运作，在军队、教育、医院、修道院、工厂等地方都有像监狱一样打造身体规训的时空秩序。③ "纪律来自在空间中不同个体的组织化，因此它必须具备一个特定的空间围场（enclosure）"。④

福柯在《规训与惩罚》中明确显示，主体可以透过对时间、空间的一系列分割、操作过程而被"生产"出来；对时间、空间的处分，等于在处分身体行动的节奏性和领域性，也等同于在处分身体，于是"工人"或"士兵"等社会关系的位置就在这种权力运作下被生产出来，达成了权力对民间空间的广泛渗透。城市

---

① 〔美〕L. 杰泽斯基：《空间政治学——评〈后现代地理学〉和〈后现代性的条件〉》，陈晖译，《国外社会科学》1992 年第 2 期，第 75 页。
② 安东尼·吉登斯：《社会的构成：结构化理论大纲》，李康、李猛译，生活·读书·新知三联书店，1998。
③ 米歇尔·福柯：《规训与惩罚》，刘北成等译，生活·读书·新知三联书店，2004。
④ 戈温德林·莱特、保罗·雷比诺：《权力的空间化》，陈志梧译，《空间的文化形式与社会理论读本》，台湾大学建筑与城乡研究所明文书局，2002 年 12 月版，第 379 页。

作为高度组织化的社会肌体，其本身就是各种权力争夺的结果和标志，正像福柯所说，每一座城市实际就是一座全景化的监狱，这里所发生的一切都是在权力眼睛的监控下完成的。① 列斐伏尔也曾直言不讳地指出："工业化进程对都市空间不断进行重构……同时城市作为区域性的具体地点，它是全球化矛盾最突出、最尖锐的地方。"城市作为各种有形、无形权力较量的竞技场，其结构本身就是权力争夺的纪念碑，是人类斗争的博物馆，而当代城市民间文化当然也是权力斗争、协商和妥协的结果。事实上，福柯对于空间与时间、空间的想象与历史的想象的关系，为思考空间和空间性的权力铺平了道路，也从根本上开放了空间的想象，确定了历史性、社会性与空间性的三维辩证法。对此，列斐伏尔指认道："现代经济的规划倾向于成为空间的规划。城市建设规划和地域性管理只是这种空间规划的要素。"② 而城市民间文化的空间区隔，本身就是各阶层文化资本、文化权力争夺的当然结果。这里的空间是一种布迪厄所言的权力场域，是一个基于不对应和对应的社会关系，以及这种关系的不断再生产。通过这种关系，控制和抗争，冲突与再构，规训与退让，是一种弱者和强者的游戏，是局外生存和局内控制的一种策略；通过这种策略，建构了我们活动和我们的场域，也在日常生活的周围，树立了某种边界，以实现一种秩序的需要。这里的空间维度在于把空间理解为一种权力策略或资源垄断的手段，同样，这里的权力也是一种规训和打造社会秩序的工具，其核心概念在于权力与策略、规训与退让、冲突与秩序、控制与抗争、竞争与垄断等。在理解流动农民工时，我们的问题意识在于，流动农民工在城市现代化战略和发展主义意识形态中是如何被排斥，又是在城市秩序打造中如何被城市精

---

① 米歇尔·福柯：《规训与惩罚》，刘北成等译，生活·读书·新知三联书店，2004。

② Lefebvre, Henri. 1979. "Spatial planning: Reflections on the politics of space", in Richard Peet (ed.), *Radical Geography: Alternative Viewpoints on Contemporary Social Issues* (pp. 339–352). Chicago: Maaroufa Press.

英隔离和贬损的,以及又是如何成为全球化、城市化等权力格局中的牺牲品的。

第三,在社会学视阈,空间同样被诠释为一种叙事性分类、差异性建构的场所。空间是一个生产实践的分类架构体系,是一个包含关系或排斥关系的过程,是一个表达社会意义的象征符号的载体和承担者,产生了那些可以用来分类的、客观地分化了的实践与表征,具有区分自身、接受分类、形成分类性判断的功效,具有社会类别化的效果。爱德华·M. 布鲁纳(Edward M. Bruner)将叙事的核心要素分为三个方面,即故事、话语和讲述。故事是抽象的系统关联的事件序列。话语是故事得以呈现的文本,是体现在特定媒介(比如小说、电影、神话、演讲等等)中的陈述。而讲述是行动,叙述故事的行动,是在话语中产生故事的沟通过程。① "所谓分类,是指人们把事物、事件以及有关世界的事实划分成类或种,使之各有归宿,并确定他们的包含关系或排斥关系的过程"。"每一种分类都包含着一套等级秩序,而对于这种等级秩序,无论是这个可感世界,还是我们的心灵本身,都未曾给予它们模型"。② 这里的分类、差异性是指作为一种基本的社会参照物出现的,是一个人或群体的社会身份的象征,体现在"我群体"和"他群体"、"我们"和"他们"的话语系统中,也正是这种差异性影响了人们的态度、制度的选择、交朋友的类型、获取资源的可能性等等。大卫·哈维在《后现代性的条件》中写道,"那些有力量指挥和创立空间的人,拥有必不可少的手段去再创造和增加他自己的力量。他们创造有形的空间、空间的表象和表象的空间","穷人和工人阶级对空间没有什么权力,但有能

---

① Lefebvre, Henri. 1979. "Spatial planning: Reflections on the politics of space", in Richard Peet (ed.), *Radical Geography: Alternative Viewpoints on Contemporary Social Issues* (pp. 339 – 352). Chicago: Maaroufa Press.
Bruner, E. M. , "Ethnography as Narrative", in *The Anthropology of Experience*, edited by V. Turner, Champaign-Urbana: University of Illinois Press, 1986, p. 39. 转引自成伯清《叙事与社会学:认知、表征与他者》手稿。
② 迪尔凯姆:《原始分类》,上海:上海人民出版社,2000,第4、8页。

力建立某种处境，在那里，他们可以形成身份和意义"。布迪厄关注社会空间中的位置、行动者在空间中的实践策略、行动者的习性或性情在空间中所具有的社会分类的架构和类别化生成的实践特征，关注空间在社会生活中具有差异性符号的功能。布迪厄在《社会空间与象征权力》一书中叙述了社会空间与居住空间的关联性，即空间距离与社会距离之间的关系。布迪厄在分析阿尔及利亚北部山区的卡比尔人时提出了一种"卡尔比人的二元空间分类模式，他注意到房屋的空间分类与社会结构之间的关系，提出了分类与社会现实间的关系这一问题，从实践主体的角度审视分类系统，完成了从"逻辑的实践"到"实践的逻辑"的转变。如布迪厄发现从卡比尔人的房子的空间结构和方位来看，可以发现性别处于卡比尔人分类系统的轴心地位，但是性别关系是不平等的。这种空间分类、时间和空间的安排以及各种仪式，体现了一种男性中心主义的分类逻辑的佐证。[①] 作者认为，社会空间的建构方式乃是位居此空间的行动者、群体或制度的接近；乃是占有相似或邻近位置的行动者被放置在相似的性情与利益，从而产生相似的实践，这里包括占有一位置所需的习性、对这个位置的适应以及"地方感"的存在。行动者对空间的看法乃是植根于他在空间中的位置，行动者的这一空间位置建构了对世界的看法，而且这种建构是在结构性限制下进行的。行动者的性情或习性以及他们借以理解社会世界的心智结构，正是内化了那个世界结构的结果。然而在任何地方都有空间区隔的倾向，社会距离铭刻在身体、语言以及与时间的关系上，习性与社会空间位置是一个生产实践的分类架构体系，产生了那些可以用来分类的、客观地分化了的实践与表征。这种习性和社会位置作为分类架构体系，具有区分自身、接受分类、形成分类性判断的功效，具有社会类别

---

① Pierre Bourdieu, "The Kable House or the World Reserved", in *The Logic of Practice*, p. 282, 参见李林艳《社会生活中的分类与支配：从迪尔凯姆到布迪厄》，《社会理论论丛》第二辑，南京大学出版社，2004，第 200 页。

化的效果。这样,通过个体或集体在空间实践中的表征性活动,空间便在生活现实中具有符号的功能,即具有差异性符号和差异性标记的功能,使得社会世界客观地呈现为一个根据差别的逻辑、分化距离的逻辑组织起来的象征空间体系。①

福柯也在《不同空间的正文与上下文》一书中表征了这种差异性的社会建构。他也展开了对通过空间了解人类元素的亲疏关系、储存、流动、制造和分类以达成既定目标的问题的研究。他在城市空间研究中引入了"差异地点"的概念,用以描述与阅读各种差异空间,这种描述被福柯称为"差异地学"。在这种差异地点的叙述中,文化参与建构了差异地点,差异地点以不同的方式运作。差异地点预设了一个开关系统,这个开关系统存在着空间隔离与排他性实践的存在,②"也正是在这种差异地点之间,可能有某种混合的、交汇的经验,可作为一面镜子"。③ 布迪厄的场域同样也是一个具有差异性的社会空间,场域中存在各种不同特殊力量之间的距离、鸿沟和不对称关系,存在各种变化和再变化的差异性群体,各种群体不断借助场域中的某种力量,区分和维护差异性,完成这种差异性的不断再生产,并进一步强化了这种差异的存在,通过这种差异性,通过某种身份的合法性来确定了场域中的各种资源配置关系。

在西方的"公共领域"理论中,存在强势与弱势的分类、叙事和话语系统,弱势的发言也常常被强势者打断,结果就是将弱势在公共讨论的位置更加边缘化,进一步巩固原先的宰制结构。在哈贝马斯的观念中,各种意见的对话是整合在单一的讨论空间中。然而这种单一性的处理方式,往往对"差异"形成压抑与教

---

① 米歇尔·福柯:《不同空间的正文与上下文》,包亚明《后现代性与地理学的政治》,上海教育出版社,2001,第18~28页。
② 米歇尔·福柯:《不同空间的正文与上下文》,包亚明《后现代性与地理学的政治》,上海教育出版社,2001,第18~28页。
③ 米歇尔·福柯:《不同空间的正文与上下文》,包亚明《后现代性与地理学的政治》,上海教育出版社,2001,第18~28页。

条。因而更宽广的"反公共领域"开始被提出,以强调差异、异质的公共空间对抗同质化、普遍化的公共空间,这种多元、异质的反抗形式目的在于创造社会中异质性的新关系,以符合不同社群的需要。① 多样化的公共领域便存在不同的价值、认同与文化形态,基于不同文化认同而进行的沟通,更能促进平等、民主的对话。也就是说,在策略上,经由认同形成各个群体的凝聚力和独立公共空间,从中凝聚"同志"感情,培养对"我群"的认同,强化边缘、弱势族群的"社群意识",以对抗宰制性的"公共空间",建立多元异质的言说空间,正是迈向后现代主义、后结构主义的实践策略;试图"祛除中心"、强调"差异"(difference)、种族性(ethnicity),不再视文本为封闭、单向的传播系统,而是在作者、文本、读者的"流动性"与"开放性"中,寻找更多的诠释位置。这种实践的目的,其实更指向哈贝马斯的沟通理性,符合他对开放、尊重的期待。这里的空间的核心概念在于差异性、社会分类、异质性、群体符号边界、社会类别化、象征符号等,理解流动农民工我们可以思考群体符号边界、叙事性分类、话语系统中的差异性建构等,解释流动农民工在城市社会网络中和空间位置系统的封闭性和差异性的特点。

第四,在社会学视阈,空间最终还是要回归到人的"存在",一种基于经验事实的体验,空间被诠释为一种身份认同与情感归依的生成领域以及建构"自我"与"异己"或"他者"的边界的不同主体的生成。社会空间是一个实现身份认同、产生自我归属感、获取情感归依和本体性安全的场所,"社会距离"或空间位置铭刻在身体、语言,以及与认知的关系上,这是一种回归到空间主体的生存的本质性的关注。空间隔离、空间中权力的策略、差异性的建构场所,最终的关注还是在于作为主体的"存在"和生存状况,回归到"我是谁,我将是谁"的思考,回归到我是幸福的或安全的本体性思考,回归到"我"的生存意义的问题,具

---

① 哈贝马斯:《公共领域的结构转型》,曹卫东等译,学林出版社,1999。

体体现在我的身体、语言、词汇以及认知能力等。不同群体在原本异质性的世界中,借由日常生活实践中的社会空间,通过同一寄寓空间、相同类别的人群的相似性的强化过程,或者寄寓不同空间的不同人群之间的差异性的社会比较过程,改造旧的认同规则或者发明新的认同基础,培育对"我群"的认同,强化其边缘群体的社群意识,完成异质性共存,实现一种本体性安全和集体记忆,获得一种基于地区亲近带来的归依情感、信任感、安全感和依赖感。城市空间作为群体意识与群体消费行为表达的场所,是群体寻求其社会身份、地位认同和情感归依的场所。通过建构具有构成性差异的多重空间模式,他们可以获得一种自我保护机制,获得一种资源,获得一种情感性依存的根基,实现个人的生存和发展。在现代都市,异质多元的大众群体处于变化不定的状态,人群的流动性、匿名性与密集性使个体的特征往往被群体的共性淹没,一种能将人们的情感和诉求联系起来的集体意识,成为原子化的个体确认其在城市中的位置及关系,获取对城市的心理与社会认同的必需。这种集体意识是人们进行社会交流和互动的基础,也是消除城市中个体焦虑和困惑的条件,而这种集体意识的形成,必须通过在一定空间中长期的日常生活实践。由于城市为聚集和组织各种意义提供了场所(空间),"这种场所感本身将增强在那里发生的每一项人类活动,并激发人们记忆痕迹的沉淀"。

这种空间维度的核心概念在于认同、身体、语言、社会认知、情感、意义等,空间为我们研究流动农民工提供了一种新的问题意识,我们必须关注以往被我们忽视的流动农民工对于"我是谁,我应该是谁,我将是谁"的思考,关注流动农民工在城市中的身体体验和社会记忆,这是在理解流动农民工的"存在"和生存状况中最为重要的,也是最为关键的。

在任何一种社会科学研究中,某个范畴、对象或者概念对于其所属的学科来说重要与否就在于它能否从专门的研究领域(special area)中抽象出来,成为该学科的普遍性理论(general theory)的一部分，如空间成为吉登斯的结构化理论的一部分，包括共同在场、场所等。以上的空间维度，被纳入了不同的理论层面，实际上表达了对传统社会学知识范式的某种修正，提出了不同于以往传统社会学研究的一种新的视角。空间，可以提供认识社会、理解社会的一种新的视角，一种新的问题意识，也为我们研究流动农民工群体提供了一个基于空间的解释框架，即流动农民工在全球化空间脉络、现代化空间发展战略中处于一种什么样的位置，流动农民工群体所寄寓的空间又是如何演绎为一个叙事性分类或差异性的建构场所，存在着一种什么样的差异性符号和标志以及社会权力关系，存在着一种什么样的自我与异己的边界策略，自我认同的现代性生成如何可能，一种基于身体的经验性事实又是如何，何以存在一种空间隔离的态势，存在一种什么样的社会权力关系和资源垄断偏好等。

四 秩序关切：从人存在的空间说起

社会秩序问题是社会生活的根本问题，它是社会生活得以可能的前提条件，因此与一般社会理论或社会哲学有着深刻的关联，构成一般社会理论的核心主题。事实上，在传统社会学实践中，行动和秩序一直是社会学的基本主题。在亚历山大看来，不同的社会学流派试图把自己的研究主题确立为普遍公设，但只有"行动"和"秩序"才符合他提出的上述两条标准，它们位于连续统的其他层面之上，理应成为逻辑考察的重点。从其作为普遍性参照来说，行动和秩序具有"结构性"地位，具有足够的广度来涵盖其他问题，任何社会学理论都必须放在行动和秩序这个预设层面来加以检验，这样，行动和秩序作为基本问题就获得了客观性地位。"正是个体的自主性使'秩序'成为问题，正是这种秩序问题使得社会学成为可能"，"正是自由和秩序之间的这种紧张关系为社会学提供了知识的和道德的理论基础。在一定程度上说，社会学要探索的也正是社会秩序的本质，因为它关系到个人自由的内涵"。这样，亚历山大就把行动和秩序认定为社会学的基本问题或社会学的主题。① 社会空间理论的核心主体同样也是关注个人行动与社会秩序的关系问题,即关注自由和秩序的关系问题,或个人行动的自由和社会生活的秩序的关系问题:从"社会秩序何以可能?""社会生活何以可能?"再到"社会何以可能"成为我们研究问题的一个基本的问题框架。

首先,我们在反思社会秩序的理路中必须关注的是:社会秩序得以生成的动力是什么?在社会思想史上,秩序问题首先出现在"霍布斯的秩序问题"这一命题中,并且它第一次是以"霍布斯的秩序问题"这一自觉形式出现。"霍布斯的秩序问题"的基本含义就是:人们在合理地追求自己的私人利益之际,如何可能保持社会秩序,而不陷入一切人反对一切人的战争中。霍布斯认为,如果每一个人都只追求自我利益的最大化,则将导致一种大家都不愿接受的非理性集体结果,所有人都将陷入"公地悲剧"。霍布斯认为,人性本恶,人又受到自己无休止的权势欲的驱使,因而达成合作的可能性极小,人与人之间达成了普遍同意的方便易行的和平条件,这就是自然法。自然法归根到底是一种道德规则,仅仅依靠约束人的内心的道德规则是不可能真正避免"公地悲剧"的发生的,这样,法律等强制性制度权威的出现就有了现实的需要。最后,霍布斯认为,超脱自然状态的必要条件是社会契约,超脱自然状态的可能条件是自然法。② 霍布斯的秩序问题体现在:解决自然中的秩序问题就要创造一个可以将个体的权力交给第三方,即国家和社会,只有这样,社会才能建立在一种社会契约之上。

亚当·斯密的秩序论则关注人类理性选择的自发倾向,人类利益性的理性追求会促进事物的秩序,事物的秩序是由利己的"经济人"相互交易形成的。市场是"一只看不见的手",在此基

---

① 杰弗里·亚历山大著《社会学二十讲:二战以来的理论发展》,贾春增、董天民等译,华夏出版社,2000,第9~10页。
② 霍布斯:《利维坦》,商务印书馆,1985,第128~132页。

础上，政府只需要扮好"守夜人"的角色。在社会生活领域，实际上同样存在类似埃莉诺·奥斯特罗姆的"自主治理理论"，即强调在政府与市场之外的自主治理的可能性，并认为利益相关者通过自我组织的合约途径可以解决集体行动的困境。如"搭便车行为"、回避责任以及机会主义行为，还有"囚徒困境"以及奥尔森的"集体行动逻辑"，都为一种集体秩序的理论探讨提供了可以运用的理想性的资源。"探讨社会生活领域的结构特征，是为了说明这一领域里的秩序在不需要外力和强制的情况下，也能够建构和维持。个人的自律性、人与人之间的相互性以及公平合作的社会理念，为社会生活领域中的秩序奠定了理性的基础"。①

流动农民工由乡村来到城市以及在城市中的空间秩序是"生存压力"和"理性选择"共同博弈的结果，包括农村资源环境（如人多地少、劳动力过剩）、自然环境恶化所带来的生存问题，也包括制度性壁垒的存在、解冻和逐渐宽松的事实。在这种"生存压力"和"理性选择"的背后，操作之手不是简单的个人追求利益最大化的经济理性选择，存在国家、集体和个人的相互关联，也存在着制度、市场和社会关系网络的内在运作逻辑。一方面，我们必须考察流动农民工的城市空间中的空间秩序的形成同样源于流动农民工的生存理性自发倾向的秩序论，流动农民工的城市流动中凭依的乡土资源，如地缘、血缘关系的再度拥抱和重新复制，老乡群体的"集体行动逻辑"，在城市空间中维持着一种老乡圈，这是流动农民工为追求自身利益理性追求的结果，实现最大化生存效果的必然选择；另一方面，我们必须考察的是，流动农民工在城市中一旦生存问题不再重要，他们其他"潜伏"或"被压抑"的需求就会萌芽或变得重要，包括其他的满足和需求、自己的合理性存在等，体现了一种流动农民工由生存理性向"社会理

---

① 陆益龙：《户籍立法：权力的遏制与权利的保护》，《江苏社会科学》2004年第2期，第90页。

性"的过渡,这是一种人类理性选择的自发倾向,也正是这种利益性的理性追求会促进事物的秩序。这为流动农民工的空间秩序的生成理解提供了一种可以运用的理想性资源,也为流动农民工在城市空间秩序中的集体存在逻辑提供了一种思考的方法。

其次,我们在思考流动农民工的空间秩序的同时必须关注:空间的类型是什么?其中起作用的元素有哪些?当代自由主义的代表人物之一哈耶克(Friedrich A. Hayek)则认为,社会秩序可以归为两种类型:自发的秩序(the spontaneous order)和人造的秩序(the made order)。哈耶克认为,"社会理论的整个任务,乃在于这样一种努力",即"在理论上重构存在于社会现象中的各种自发的秩序"。① 自发秩序是一种非经个人或权威机构设计的、自我生成的内部秩序。② 人类内生的"自发秩序"在现实生活中具重要意义,这种秩序是"自发的",而非人为设计的,任何人为的整体性设计都会最终破坏这一秩序的"创造性",任何理性主义的完美设计或者纯粹的政府计划性都是不妥的。道德、宗教、法律、语言、书写、货币、市场以及社会的整个秩序,在哈耶克看来都是自生自发的秩序,它们都不是因计划或设计而生成的,而是"人之行动而非人之设计的结果"。③ "秩序"这一概念是与制度(institution)、规则(rule)、习俗(custom)、惯例(convention)、传统(tradition)和常规性(regularity)等词混合在一起使用的。在哈耶克那里,"自发秩序的型构,乃是这些要素在回应他们的即时环境时遵循某些规则的结果"④,所有人所能刻意设计

---

① Hayek, F. A., 1967, *Studies in Philosophy, Politics and Economics*, London: Routledge & Kegan Paul., pp. 71, 162;韦森,复旦大学经济学院《经济学工作论文》2000 年第 1 期。
② 哈耶克:《个人主义与经济秩序》,贾湛等译,北京经济学院出版社,1991。
③ 邓正来:《研究哈耶克法律理论的一个提性评注——〈法律、立法与自由〉代译序》,〔英〕弗里德利希·冯·哈耶克:《法律、立法与自由》(中译本)第一卷,中国大百科全书出版社,2000,第 7 页。
④ Hayek, F. A., 1973, *Law, Legislation and Liberty: Rules and Order (I)*, Chicago: The University of Chicago Press, p. 43;韦森,复旦大学经济学院《经济学工作论文》2000 年第 1 期。

以及能够和已经创生出来的东西,"也只不过是在一个不是由他们所发明的规则系统中怀着改进现存秩序的目的而进行的"。① 哈耶克把自发秩序理解为社会成员在相互交往中所保持的并非他们有意建构的一种行动的状态,一种在他们的行动和交往中所表现出来的常规性(regularity)和划一性(uniformity)。而"这种行动的常规性并不是命令或强制的结果,甚至常常也不是有意识地遵循众所周知的规则的结果,而是牢固确立的习惯和传统所导致的结果……自发社会秩序的行动结构乃是经由参与其间的个人遵循一般性规则并进行个人调适而产生出来的作为一种结果的状态"。② 对统一的新制度主义来说,修正传统的理性选择模式是必需的。许多人意识到有必要建立关于人类动机的更复杂模型,以超越预期效用最大化的假设,超越理性自利的狭隘概念,有必要考虑人类动机之外的复杂因素,将制度和观念直接视为个人和团体做决定时所使用的框架中的一部分。新制度经济学把"合约"、传统、习惯与现代的效率联系在一起,重视制度的利益相关者的"合约"性质,强调非正式制度、传统文化在节约交易成本中的意义。

吉尔茨提出的"地方性知识"中,其地方性知识是植根于文化脉络里的意义体系,包括事件、规则、政府、习俗、信仰、符号、程序以及人们的情感、认识和道德,这些地方性知识的运行逻辑产生了以地方性知识体系为基础的共同体行动策略。地方性知识是一种具有地域文化特质的知识形态及构成方式,强调具体的文化情境及文化实践特殊的规则和方式,但并不是简单地否定现代化本身的存在。其实践在于它是作为解决文化现代化困境的具体思路提出来的,表达一种这样的思想,即文化模式并非普遍性规则,而是具有多样性的特殊意义系统。事实上,地方性知识

---

① Hayek, F. A., 1978, *New Studies in Philosophy, Politics Economics and History of Ideas*, London: Routledge & Kegan Paul., p. 11.
② 哈耶克:《自由秩序原理》,邓正来译,北京:三联书店,1997,第29页。

的实践并非一种威胁现代性的外部力量，而成为纠正现代化问题和偏向的内在动力和组成部分，地方性知识蕴含着建设性的价值。① 现代化过程要借助于原有的地方性知识的分类体系，现代化强势文明和弱势文明之间的矛盾和冲突，其解决方式只能回到具体的文化情境中，其落脚点在社会与民间的小传统上，即由民众日常生活中的价值规范、伦理道德和行为规则所构成的文化系统，而非代表国家意识形态、法律法规和精英文化的大传统体系，它是以对生活的观察、理解和反思来寻找症结所在，并以生活中人们的共同参与与实践作为解决方法。只有这样，现代化的过程不会发生剧烈的矛盾冲突和人格危机，社会生活方式才能够多一些自然性、和谐性和包容性。② 库利在论述初级社会群体的特征和功能时，就强调了初级群体是维系社会秩序的核心力量。库利认为，初级群体之所以具有建构和维系社会秩序的功能，是因为它与人的本性之间的密切关系，初级群体将秩序的意识、规范和行为贯穿到了人的本性之中。③ 平常的家庭生活和邻里关系通常是有序的、相对稳定的，而不是无序的。这一有序状态是一种自然秩序，其形成和维持主要依靠内在的力量，并不需要多少外在的力量来强制和管制。在"鸡犬之声相闻，老死不相往来"的生活场域中，人们能够自给自足，因此，秩序的维持依靠的是场域内自治的力量、习惯的力量和道德的力量。

在中国语境中，社会学思想的基本问题同样是行动和秩序的关系问题，体现在费孝通的乡土社会、苏力的本土资源论、秦晖的"小共同体"理论等。

费孝通在"乡土中国"中提出的"差序格局"、"礼俗秩序"、"血缘、地缘关系"都是社会系统中具有普遍意义的价值资源和

---

① 盛晓明：《地方性知识的构造》，《哲学研究》2002年第12期。
② 高丙中、纳日碧力戈：《现代化与民族生活方式的变迁》，天津人民出版社，1997，第377页。
③ 库利：《人的本性与社会秩序》，包凡一、王源译，华夏出版社，1989，第23~56页。

人们的行动逻辑。晚清以前的中国社会，从乡村到城市都概莫能外于宗法血缘社会的范畴，广大乡村持续着传统的乡土性以及维持着乡土社会的宗法秩序。乡土宗法秩序是一种"礼治秩序"，"礼是社会公认合适的行为规范"，"是经教化过程而成为主动性的服膺于传统的习惯"，由传统和人们对传统的内在敬畏所维持。因此，"依礼而治"实即不加推究、习惯性地服膺于传统经验世代累积形成的乡俗规范。在封闭而少有变迁的乡土社会，传统经验的累积和熏习依赖于世代的自然继替和年龄的自然增长，于是长幼的自然差别就演变为社会关系的等差序列——"长幼有序"。以此推扩，父子、夫妇、兄弟、长幼这些自然血缘亲族关系，就有了上下尊卑、亲疏贵贱的身份等级秩序，即费孝通的"差序格局"。① 社会生活和社会结构也就在这种秩序的长期轨制下日益凝滞和板结，若无外来的冲击，则既难以分化变迁，也不产生变迁的需要。事实上，礼法秩序、宗法关系在整体和趋势上将成为一种民间非正式的迟滞力量，阻碍着农村社会的现代发展和现代性秩序的成长、生效。这样，中国流动农民工在传统乡村活动的空间，是一个具有自然性质的熟人社会，他们首先隶属于特定的家族和宗族，在既定的血缘和地缘关系中生活，血缘和地缘关系所形成的关系得以依存的空间形态是一个重要的关系架构。以自然宗法家族社会为基础的乡土村民，他们所拥有的空间观念具有浓厚的乡土性和草根性，其共同体交往的方式按照费孝通先生提出的"差序格局"原则，是以自我为中心，以熟人社会为半径，以血缘、地缘关系为经纬。也就是说，他们活动的空间基本上是自然的、有限的、固定的和非流动的，与土地有着千丝万缕的物质和精神的联系。

周晓虹的"乡土关系"概念延续和发展了这一思想。周晓虹认为，在血缘和地缘背后还有某种更为基本的东西，即农耕或"种地"的要求产生的择地定居或曰乡土关系。乡土关系涉及的不仅是人与人之间的社会关系，还包括人与自然即农民与其耕种

---

① 费孝通：《乡土中国》，三联书店，1985，第50~53页。

的土地之间的关系。这使得它的外延要大于仅仅作为一种社会关系而存在的地缘关系，正是这种乡土关系或曰乡土性才派生出了中国农民对血缘以及地缘的重视。在社会生活领域，初级社会群体如家庭、邻里和社区等是其重要构成，人们是在这样的群体中组织生活的。正是这些初级群体的存在，使得社会生活有序地进行，而不是处于混乱的状态。正是这种长期定居、依附可耕土地、缺乏流动和变迁的农耕经济，或者说正是这种"生于斯，长于斯，死于斯"的生活模式，才会繁衍并维持一个扩大了的家庭——即以血缘关系为纽带的家庭社会，也才会组成以地缘关系为纽带的同一地区的邻里社会。因此，将乡土关系或曰乡土性置于比血缘和地缘更为重要的位置，不仅对我们理解传统中国农业文明的形成及其特色有所帮助，而且对我们洞悉中国农民的精神世界和社会心理大有裨益。①

翟学伟的"情理社会"是理解中国社会空间秩序中的另一个重要面向。"情理社会是假定这种社会的人做事和做判断不能光从理性的、逻辑的思维和条文制度规定的角度来考虑，也要从具体情况、当时情境和个人的特殊性来考虑……要理解中国社会中的人与人的交互关系正是要从中国是一个情理社会入手"。② 中国人的人情交换和施报关系是以情感相依而非理性计算为基础，并且以个人关系为纽带，"中国人际关系的基本样式就是人情，也就是在血缘关系基础上和儒家伦理的规范下发展出来的一种带有社会交换性的行为……中国人不仅在人际关系上偏重'情'，而且还把情建立在家的基础上，即以'亲亲'为中心，故中国人不但讲人情，而且还把人情分为亲疏远近，构成了人情上的等差主义"。③ "中国传统的家庭生活提供了一套以情为中心的规范体系

---

① 周晓虹：《流动与城市体验对中国农民现代性的影响——北京"浙江村"与温州一个农村社区的考察》，《社会学研究》1998 年第 5 期。
② 翟学伟：《中国社会的日常权威：关系与权力的历史社会学研究》，社会科学文献出版社，2004，第 257 页。
③ 翟学伟：《中国人行动的逻辑》，社会科学文献出版社，2001，第 78 页。

和运作制度"。① 接着，"从家庭转向社会的人情关系是基于中国传统社会和组织的结构正好是家庭结构的翻版和延续。这种人际心理结构和社会关系结构的吻合使中国人情从家庭向社会泛化成为一种可能"。② 金耀基指出，关系、人情和面子是理解中国社会结构的关键性的社会—文化概念，是中国人处理日常生活的基本储备知识。③ 人情社会关注空间秩序的重要面向体现在：关系网络的位置和脉络、社会关系网络的状态、规模和平衡性原则、家族内的系谱关系、辈分等级和运行规则、关系网络中的资源和驱动力（包括脸面、日常权威、关系建构、人情交换等）、关系网络中的施报关系和个人关系纽带等。

苏力的本土资源论从传统与现代化的关系中论述了本土社会内生秩序与资源的现代价值，提出各种民间秩序和知识是一种具有建设性意义的、能在社会秩序实现中把矛盾与冲突降至最低限度的、具有价值增值功能的资源，依据、借助和利用本土的传统和习惯，来告知人们需要一种新的更合理的社会秩序观。秦晖的"小共同体"理论通过公民社会发育与公民权益实现来捕捉现代自治性小共同体的社会意涵和功能。随着市民社会的兴起，社会生活领域发生了转型，个体生活形式已不再是那种自给自足的方式，一个人生活需要的满足存在于另一些人的需要之中。于是人与人之间需要的差异及相互性推动了分工的细化以及相互依赖、相互作用的社会关系，因而社会生活领域出现了哈贝马斯所说的"公共领域"。哈贝马斯认为，公共领域是社会生活当中的一种领域，它对所有公民开放，每个公民都可以发表意见并形成公众舆论，每个公民不必被迫去处理涉及公共利益的事务，但公民能够以公众的形式进入政治舞台，从而出现国家与社会的分野以及市

---

① 翟学伟：《中国社会的日常权威：关系与权力的历史社会学研究》，社会科学文献出版社，2004，第291页。
② 翟学伟：《中国人行动的逻辑》，社会科学文献出版社，2001，第238页。
③ 金耀基：《关系和网络的建构：一个社会学的诠释》，《二十一世纪》1992年第12期。

民社会的自治秩序。①

哈耶克（Friedrich A. Hayek）、吉尔茨、库利以及中国学者的秩序观为理解流动农民工提供了一种思路，中国流动农民工在传统乡村活动的空间，是一个具有自然性质的熟人社会，他们首先隶属于特定的家族和宗族，在既定的血缘和地缘关系中生活，血缘和地缘所形成的关系得以依存的空间形态是一个重要的关系架构。以自然宗法家族社会为基础的乡土村民，他们所拥有的空间观念具有浓厚的乡土性和草根性，其共同体交往的方式按照费孝通先生提出的"差序格局"原则，是以自我为中心，以熟人社会为半径，以血缘、地缘关系为经纬。也就是说，他们活动的空间基本上是自然的、有限的、固定的和非流动的，与土地有着千丝万缕的物质和精神联系，这是一种天然的"自发秩序"或"乡土自生秩序"，即类似于哈耶克所说的"纯自然的自生秩序"。② 来到了城市，离开了传统乡土中国特有的那种秩序空间，流动农民工在城市中又是建立了一种什么样的社会秩序呢？在城市空间中，流动农民工不断出现的"自愿性隔离"，从城市空间中自愿隔离开来，集中到城市边缘区、被遗弃的老城区，自觉不自觉地回避与城里人交往，囿于习惯性的同乡交往而拒绝突破这一交往圈，从而形成自我隔离状况。这是一种自我生成的内部秩序，是一种乡村原有的"自发秩序"的重新复制和再生产。流动农民工在城市空间中自发秩序的型构，同样是规则、习俗或惯例等要素在回应他们的即时环境时遵循某些规则的结果，流动农民工所刻意设计以及能够和已经创生出来的东西，也同样只不过是在一个不是由他们所发明的规则系统中怀着改进现存秩序的目的而进行的，并非他们有意建构的一种行动的状态；同样只是一种在他们的行动和交往中所表现出来的常规性（regularity）和划一性（uniform-

---

① 哈贝马斯：《公共领域的社会转型》，曹卫东等译，学林出版社，1999，第32～67页。
② 高全喜：《法律秩序与自由正义》，北京大学出版社，2003。

ity），是牢固确立的习惯和传统所导致的结果，哈耶克称之为"人之行为但非人之设计的社会自生秩序"。①

这样就可以理解流动农民工在城市空间中的秩序是在流动过程中自发形成的，在这种空间秩序中，尽管存在一种新的认同正在被建构的事实，但这种建构是靠着运用传统的材料在一个陌生的空间中形成的一个暂时的、可以寄寓的临时性的空间存在。这种秩序同样是基于传统血缘或地缘关系的诉求，基于传统社区那种信任、人情与脸面的持续性存在、习惯的力量、源于乡土社会的那种规则、习俗、信仰、符号、程序以及人们的情感、认识和道德等，构成了流动农民工城市空间秩序的基础，只是流动农民工在不能融入城市时的一种追求意义与认可的根本架构和基本来源，作为获得意义与认同的基础，以与其他群体区分或在城市中为了一种延续性存在作为抵抗外部威胁的一种方式。

哈耶克对人造的秩序同样也有详尽的叙述，他认为人造的秩序是一种组织或安排，源于外部设计的秩序②。这种秩序依据于特定组织或治理者的意志而制定的（人造秩序与组织）外部规则，被视为一种独特类型的社会秩序规则。这类外部规则之所以与自生自发秩序的内部规则相区别，乃在于它们"意指那种只适用于特定之人或服务于统治者目的的规则。尽管这种规则仍具有各种程度的一般性，而且也指向各种各样的特定事例，但是它们仍将在不知不觉中从一般意义上的规则转变为特定的命令。它们是运作一个组织或外部秩序所必要的工具"③，这种人造秩序存在：一个发布命令的主体，而该主体通过权威的形式将特定的任

---

① 高全喜：《法律秩序与自由正义》，北京大学出版社，2003。
② Hayek, F. A., 1967, *Studies in Philosophy, Politics and Economics*, London: Routledge & Kegan Paul., pp. 71, 162；韦森，复旦大学经济学院《经济学工作论文》2000 年第 1 期。
③ Hayek, 1978, *New Studies in 1978, Philosophy, Politics, Economics and History of Ideas*, Routledge & Kegan Paul, p. 77.

务、目标或职能分配给组织成员;依据命令所维系的秩序,必然限制组织成员对个人知识的利用及其真实偏好的显示;而具体命令所约束的具有特定指向的个体行为,必然限定了个人行为之履行所承担的职责必须服务于组织之统治者的目的和意志①。19世纪早期,西方理性主义找到了一个新的探索和控制目标,从空间中的人的身体出发,"城市内人口的压力有必要产生监狱、疯人院、诊所、工厂和学校等新的制度秩序,在这些结构里,被积累的身体可供使用而且安全"。也正是这些空间提供的"全景敞视"为新的社会秩序的建立提供可能。这一主体与知识和社会中的空间隐喻——地点、范围、立场、风景、领域、视阈和群岛——联系在一起,这是寄寓这种知识空间不断经历新话语的积累,也正是这种空间中充斥的身体和控制身体的机构,使得这种"全景监视图式"成为对偏常和公民的身体进行政治监视的详尽组织的重要模型。这同样也是一种人造秩序。

可以说,流动农民工在城市空间中的秩序可以理解为一种"人造的秩序",即是一种组织或安排,源于外部设计的秩序。一方面,现代化叙事和发展主义意识形态在现代化战略中,往往把流动农民工作为城市空间中的"他者",将其排除在现代化发展规划和城市财富和权力的连接网络之外。流动农民工在城市中的空间秩序源于一种结构性的社会排斥,是体制、市场和社会关系网络等外部设计的结果,表现在体制外流动农民工的生存现实、市场的安排所导致的流动农民工的弱势处境(如不能享受社会保障)以及社会网络的封闭性事实,形成了一种外在的社会秩序,体现在流动农民工的空间只能集中在城市的边缘区、老城区及城中村,这里变成了一种动乱无序的象征。流动农民工在城市的空间同样成为空间秩序一种实践性的权力和规训的场所,这种空间同样具有封闭、限制、监视、分割、社会纪律和空间差异等效用。

---

① 哈耶克:《法律、立法与自由》[第一卷,《规则与秩序》,1973](中译本),中国大百科全书出版社,2000,第68页。

在这里同样可以打造身体规训的空间秩序,这是一种基于国家、城市精英以及决策层等强势群体的共识和强制的关系。流动农民工在城市中,事实上处于被讲述被言说的客体地位,没有话语表达权的底层弱势群体,往往被贴上"动乱无序"、"犯罪和肮脏"的标签,他们身体的"在场"影响了城市的秩序,这就要求对这种群体从制度上予以排斥和约束,剥夺他们获取资源的权利、制造驯服的身体、贴上污名化的标签、随时驱逐出去的现实,这是一种空间秩序的需要。我国乡土自生秩序受传统文化的积淀,已经深深植根于人们心中,在流动农民工的日常行为的逻辑中通常寻求基于血缘、地缘关系等私力的救济或者家族的权威等形式成为自然而然的选择,而城市空间不同于乡土社会,必然会出现关于自己身份的合法性问题,基于城市垄断的偏好和发展逻辑,结果出现的空间是人造秩序与自生秩序的互存事实。西方对于社会空间形态与社会秩序的论述,从"霍布斯的秩序问题"到亚当·斯密关注的人类理性选择的自发倾向的秩序论,从哈耶克的自发的秩序(the spontaneous order)和人造的秩序(the made order)到吉尔茨提出的"地方性知识",再到福柯、布迪厄对空间秩序的强调,为我们研究流动农民工提供了一种灵感和新的诠释方式。关注流动农民工在城市中的生存方式问题,最终还是回到行动和社会秩序的问题,即流动农民工在城市空间中的"社会秩序何以可能?""社会生活何以可能?"

五 空间:理解流动农民工的一面棱镜

对于新型社会空间的社会学研究,在西方有滕尼斯的"共同体社会",布迪厄的作为"场域"的空间,埃利亚斯的"宫廷化社会",福柯的"全景敞视建筑"、"环形建筑"、"监狱"等;在国内研究中,典型的有:费孝通的"乡土社会"、李培林的"城中村"、蓝宇蕴的"新村社共同体"、王颖的"新集体主义"社区、折晓叶的"超级村庄"、毛丹的"单位化村庄"、项飚的"新社会空间"等。从社会学角度对大城市外来人口的研究,大都关注流动人口的群体特征、个人行为、结构性特征或社会关系网络，近几年，也出现了对流动人口的空间展开的研究。以往对流动人口的空间研究，大都只是对外来人口的空间分布进行描述，忽视了空间的理论性探讨，缺乏一种空间的理论框架和理论性参考依据。以往对流动农民工的空间研究有：李汉林提出的"虚拟社区"、周大鸣的"二元社区"、王春光等人的"浙江村"、项飚的"新社会空间"、李培林的"城中村"等。通过在广东一年的实地调查，我发现，流动农民工在城市中所寄寓的空间不同于以上几种空间形态或理想类型。

1. 广东流动农民工生存的空间不是"社区"

李汉林通过经验性的资料，通过以流动农民工的社会交往对象、交往互动的基础和频率、关系的强度和满意度为变量，通过获得有关他们的社会网的资料和数据，从社会网的视角把流动农民工的生存空间看做一种"非区域性"（non-territorial community）的"虚拟社区"（virtual community），即没有明确的地理和空间范围的限定，是一个在城市中按照差序格局和工具理性的结构所形成和构造出来的一个社会关系网络，相互之间的非制度化信任是这种虚拟社区的基础。关系强度是一种组织和构造的重要方式，强调人们之间的社会互动、交往和联系、感情和情操的联结以及由社会互动的强弱所形成的关系距离和差序格局，强调人们如何在这种互动和纽带关系基础上形成一种非正式、非制度化，具有社会和情感支持以及特殊主义取向的系统和群体。[①]

周大鸣从分配制度、职业选择、消费和娱乐方式、聚居方式等面向，提出流动农民工的社会空间是一种"二元社区"，即指在现有户籍制度下，在同一社区（如一个村落和集镇）外来人与本地人在分配、就业、地位、居住上形成不同的体系，以至心理

---

① 李汉林、王琦：《关系强度作为一种社区组织方式：农民工研究的一种视角》，选自柯兰君、李汉林《都市里的村民：中国大城市的流动人口》，中央编译出版社，2001，第15页。

上形成互不认同,构成所谓"二元社区"。"地方本位政策"是二元社区形成的前提,"寄生性经济"也是其形成的一种重要驱力。① 事实上,"社区是一地人们实际生活的具体表词,它有物质的基础,是可以观察到的"。"社区是社会功能和社会结构二者合并起来的社会体系"②,"社区的成员在社会关系上是相互依赖的……他们共同参加讨论并做出决定……最后大家共同参与规定和培育社区的实践活动"③。滕尼斯的社区强调一种强烈的休戚与共的人际关系,一种相互依赖的关系和社区情感。滕尼斯认为,"共同体(有译为社区)是持久的和真正的共同生活,社会只不过是一种暂时的和表面的共同生活。因此,共同体本身应该被理解为一种生机勃勃的有机体,而社会应该被理解为一种机械的聚合和人工制品","人们在社区里与同伙一起,从出生之时起,就休戚与共,同甘共苦,人们走进社会就如同走进他乡异国"。④ 滕尼斯认为,社区由具有共同习俗和价值观念的同质人口组成,彼此关系非常密切、守望相助、富有人情味。"'共同体'这个词传递的感觉总是很美妙的。共同体是一个温暖而舒适的场所,一个温馨的家,在这个家中,我们彼此信任,互相依赖"。"'共同体'是一种我们热切希望栖息,希望重新拥有的世界,是一个失去了的天堂,或者说是一个人们还希望找到的天堂"。⑤

定义社区的关键在于"社区意识"和"社区情感",以及社区的人文环境(如健全的公共设施、满足人们基本物质需要和精神需要的社会生活设施)和文化范围的"社区发育";强调社区

---

① 周大鸣:《外来工与"二元社区"——珠江三角洲的考察》,《中山大学学报》2000年第2期,第107页。
② 吴文藻,1935,引自项飚《传统与新社会空间的生成》,《战略与管理》1996年第6期,第100页。
③ 约翰·R.霍尔、玛丽·乔·尼兹:《文化:社会学的视野》,周晓虹、徐彬译,商务印书馆,2002,第70页。
④ 滕尼斯:《共同体与社会》,商务印书馆,1999,第54页。
⑤ 齐格蒙特·鲍曼:《共同体》,欧阳景根译,江苏人民出版社,2003,第1~5页。

的整体意识、认同感、归属感、凝聚力,都只能从社区成员通过自己的力量共同解决他们所面临的问题并共同享有整体利益的过程中产生。社区也是"长期共同生活"积淀下来的结构,一个紧密的共同体是不会欢迎匆匆过客的。"漂泊"、缺乏体制合法性、"偶然聚集"的群体将缺乏内聚力,在一个频繁迁移的邻居间也会彼此缺乏信任感。居住地可能在短期内维持一个群体在自愿基础上的某种有凝聚力的文化,但会有人迁入或迁出,很快凝聚力就会消失,"人与人之间的素质、处境或行为上呈现某种共同性,并不能表示共同体存在"。[①] 从上面社区的内涵,我们可以获得一个社区的理解框架。

（1）真正意义上的社区应该是那种相互信任、守望相助、热心奉献、休戚与共的关系,所有成员具有强烈的社会、家庭责任感,具有共同的归属感,共同的理想和承诺,在那里能分享信念,实现社会参与,展开义务工作,建构社会网络,培育公民精神。

（2）社区的整体意识、认同感、归属感、凝聚力,都只能从社区成员通过自己的力量,即利用社区民间资源、发展社区自助力量,共同解决他们所面临的问题并在共同享有整体利益的过程中产生,又通过"长期共同生活"积淀下来的结构得以强化。

（3）社区建设体现在社区共同意识的培育与建构以及互助的公共性的复苏,是以最为基础的共同体为出发点,在集体记忆复苏、地方文化重建以及生态培育行动上,展开具体的民主互动,培育社区精神,激发民众的热情与共同体意识。

（4）社区应由社区内部的草根式民主的互动,在社区成员自主的生存空间中,撕裂闭锁的国家威权的门阀,让民众从社区互助中实现社区参与,培育社区精神,创造社区资源,提高居民的地区意识。

（5）社区也同样需要通过草根式的民主互动,颠覆滋生于市场经济体系中的商品化价值观的主流宰制,实现社区中共同体意

[①] 韦伯:《社会学的概念》,上海人民出版社,2000,第62页。

识的建构。

在广东，流动农民工寄寓的空间，都是由社会异质性的个人组成（尽管从身份上来说具有同质性，但不能理解为真正社区中的同质性），其异质性体现在职业、收入、文化程度、户籍等方面。在这里人们必须面对大规模、高密度和多样化的环境，人们必须不断被置于一个冷淡、粗暴和无情的社会环境中，人们感受到一种无法祛除的孤独、焦虑和无援，源于不断流动的不安全感和失落漂泊感，和家庭、亲人发生分离的痛苦和思念，生活在城市边缘的彷徨和苦恼，体验着不公平和社会歧视，缺乏认同感和社会归属感。这样一种空间，隔离区成为致命的赤裸裸的社会贬黜的工具，流动农民工在隔离区的生活并没有积淀成一个共同体，在那里，他们互相嘲弄、轻视和仇恨；也没有培育出相互的尊重，在那里也不会形成任何集体性的缓冲器，不是一个有共同体感觉的温室，成为一个城市空间中社会碎片化或社会沦丧的实验室。"隔离区意味着共同体的不可能，隔离区的特点具体化为空间的隔离与固定化的排斥政策，变成了在社会中倍觉安全可靠的选择"。[①] 正如流动农民工所说的，"我们生活在这里，没有归属感，没有任何安全感，更不用说归属感或者认同感，这里毕竟不是我们的家，我迟早会离开这里，这里只是我的一个小小的驿站"。"我已经换了很多的地方了，一个地方都没待多久就离开了，这里其他人也差不多，经常有人出去，也有人不断进来，不安全，陌生人多，这里很脏，没有任何公共设施，到处是垃圾，没有清洁工"。

2. 广东流动农民工寄寓的空间不是"浙江村"

王春光、项飙、李汉林等学者提出了"浙江村"的一种空间理想类型，即一种寄寓在北京以地缘为纽带的聚居。"浙江村"真正的生活体系是一个全国性、具有一定竞争力的"流动经营网

---

① 齐格蒙特·鲍曼：《共同体》，欧阳景根译，江苏人民出版社，2003，第152页。

络",有内在的发展逻辑和比较稳定的居住空间,是网络扩张的结果,是通过关系的重叠而成为的一个"社区",是一个创造中的"社区",是一个"跨越边界的社区",在城市中形成一定的规模和一定的经济扩张能力,是一个具有明显网络特征、大量亲友圈"嵌入"的一种经济体系,是"来自同一个地方的做一样东西,而不同的地方的人之间进行交换与合作,同乡关系之间亲友关系多一些,他乡之间生意关系多一些,但都会包含在一个'系'内的'关系丛'"。①在那里的"居民"很多就具有一定的资金和经营能力,大都是一些"突破体制"的个体户;那里的人具有一定的资源累积性和结构上的连续性(尽管在那里的历史很短),人与人之间也是建立在一个相互信任的基础上;在浙江村内部有一种内部安全感和归属感,在这里也形成了自己的"社会化模式",是一个"可见度高"、"又是没有明确边界"的空间。②

项飚在分析以北京"浙江村"为典型性的实地研究成果中,发现这种空间的社会生成,不能为宏观体制所接纳,是在体制外进行微观层次上规则创新的结果;是"传统网络的市场化",即以传统网络为基础,不断引入市场规则,将它转化为一个内部市场的结果。③而作者在广东社会实地调查中发现,流动农民工"新社会空间"的社会生成已经完全不同于项飚当时的描述了。原因在于,其一,"浙江村"在北京的形成有特殊的历史背景和外部环境,作为经验现实的"浙江村"流动农民工研究是把流动农民工放置在一个中国政治背景较浓、具有历史累积的语境中加以诠释的,浙江村的流动农民工是具有连续性的资源累积、具有同质性的社会存在实体,是市场由不开放到完全开放的结果。其

---

① 项飚:《跨越边界的社区:北京"浙江村"的生活史》,生活·读书·新知三联书店,2000,第511页。
② 项飚:《跨越边界的社区:北京"浙江村"的生活史》,生活·读书·新知三联书店,2000,第455页。
③ 项飚:《传统与新社会空间的生成》,载于《战略与管理》1996年第6期,第100页。

二，"浙江村"的流动农民工大都是个体户、个体经营者，是来自浙江温州的农民工商户形成的聚居区。"浙江村"属于同质性的流动人口聚居区，而在广东的流动农民工则属于异质性流动人口聚居区。广东的流动人口没有这种历史背景，广东流动农民工大都是为企业打工，具有很强的流动性，大都积聚在城市的边缘区、老城区、企业宿舍区、"城中村"等不同的空间中，他们大都具有很强的流动性，他们大都是城市空间中的流浪者。这些空间只是他们暂时的寄居区，这种流动人口聚居区只是作为流动农民工群体向主流社会融合的中间环节和跳板。在这样的空间中没有历史连续感，没有连续性的地位和社会资源的累积，没有获得社区的归属感和认同感，在心理上具有强烈的不安全感和失落漂泊感，他们只是属于社会的边缘人，没有关系的社会积累。其三，项飚的新社会空间或"浙江村"是建立在1996年以前的经验资料上，其结论是得自1992年对我国流动人口的社会调查，是流动人口由连锁迁移（1984~1986）到集体流动（1987~1995）过程中中国一种特有的流动方式由形成、扩大到超越的过程，尽管其迁移由简单的传统网络的延伸到以市场要素为特征的扩散式流动和流转式流动，但也仍然是传统网络关系的扩大和复制。作者在广东的实地调查发现，流动农民工已经不同于这种传统的流动方式，这种传统的社会关系网络只是在流动农民工进入初期作为一种进入城市的路径，或者最多是作为获取第一份工作的手段，现在在他们的生活中正在慢慢地被很多新的社会逻辑取代。除了从他们日常交往中还发现有传统关系网络关系的存在，在他们生存的空间中，这种关系网络已不再成为他们生活中重要和必不可少的资源。他们生存的空间具有很大的异质性，是一种异质性的社会存在，如何在这种异质性的社会空间中过自己的生活，已经成为他们首先必须要面对的事情。在广东的农民工，大都是为企业打工，具有很大的分散性，没有形成一股集体的力量，没有固定的居住区域，流动性比较大；他们干的都是"脏"、"重"、"危险"的活，他们最多只是处于城市控制之外的一个完全被排斥和隔离的"地下生活空间";他们没有独立的经济活动能力,没有资金和规模,他们只是为城市提供廉价劳动力的一个"蓄水池"。我认为,广东流动农民工的空间可以被理解为:是一个异质性较强的"异质性共存的空间"或一个"异质性流动人口聚居区"。

3. 广东流动农民工创造的空间不是"城中村"

李培林所提出的"城中村"及其博士蓝宇蕴提出的"新村社共同体",是在农村城市化过程中,一些村社区在自身的非农化过程中以"本村居民"为对象化主体提出来的,并在此基础上,关注既具历史绵延性的共同体自身的演绎逻辑,以及走向村落终结与融化于城市社会的进程,关注的是村社共同体的特定的内在逻辑、功能意义、群体的行动逻辑,以其展示都市村社共同体经济、权力、民间生活、屋租市场以及社区改造各个层面的内在运作逻辑。但李培林和蓝宇蕴都没有对寄寓在"城中村"的流动农民工作进一步的描述和解释性说明,对于他们的生活方式、行动逻辑缺乏详细的社会学探讨。其原因可能在于流动农民工经验研究在社会学界已经有非常详细的探讨,但是,不管是"新村共同体"还是"城中村"都是流动农民工和当地村民共同行动和博弈的结果,忽视流动农民工主体来诠释"城中村"的演绎逻辑,无疑会偏离事实的内在准确性。

对于流动农民工来说,"城中村"是他们在城市化过程中一个具有特定内涵的寄寓场所,是一种具有特定逻辑的社会空间和实体性的存在。以流动农民工为叙事主体,这里不能称之为"城中村",更不能称为"新村社共同体",这里只是一个暂时可以寄寓的"空间"。这里并非蓝宇蕴所言的是一个"具有历史绵延性的共同体生存体系",在这里并不存在"在历史发展的沉淀中积聚了许多人类生存的共性资源"、"存在着传统与现代、村社和城市的共融共生"[①] 的现代性语境。他们在"城中村"的日常生活

---

① 蓝宇蕴:《都市里的村庄:一个新村共同体的实地研究》,生活·读书·新知三联书店,2005。

实践中，只是不断地与空间和时间上的"他者"相遇，他们只是一个匆匆的过客，或者只是一个不断在漂泊中寻求归属的失去历史联系感的"他者"，他们是更应该被关注的群体，而在"城中村"或"新村共同体"中，作为主体的他们却无意被忽视。

4. 空间与空间秩序：理解流动农民工的钥匙

由上可以推论：广东流动农民工所寄寓的空间在实质上不是"社区"，不同于"城中村"或"浙江村"，在那里，缺乏认同感和社会归属，体验着社会隔离、不公平和社会歧视；那里只是一个具有异质性特征的、没有历史连续感和社会资源或地位的累积，暂时可以寄寓的、随时可能被城市驱逐的"飞地"①，只是一个异质性较强的"异质性共存的空间"或"异的流动人口聚居区"。这种空间具有临时性、流动性、匿名性、边界模糊性、边缘性、异质性的特点。流动农民工在城市中寄寓的空间，往往是一些似乎漂泊于城市时空的和城市社会关系背景之上的"飞地"，是一些没有历史的空间，是一个与传统脱榫的空间，一些缺乏历史连续性的断裂的空间碎片。这些时间仅仅只是一些现实的存在，是现实中不断生产的碎片，这些碎片从时间深处剥离出去，没有历史。在这个意义匮乏的外在世界，流动农民工成了拓荒者，成了先验的无家可归之人，他们必须在这里发现一种新的意义，并达成"自我了解"，这种空间需要一种症候式阅读，因为这里充满了弱势者的集体记忆碎片。

我们可以通过对与城市化相伴生的、具有流动人口在城市中具有临时性寄寓的，或鲜明过渡型意涵的社会空间秩序的社会学研究，依托这一流动农民工所塑造的"新型社会空间"及其内在

---

① 这里有几种含义：一是这种空间无聚集性，没有固定性，有时在桥梁下、街道旁或马路边；二是在一定时间内表现为空间聚集，但只是一个空间聚居特区。流动农民工在这里只是暂时寄寓，时间到了就必须离开，这里的人群只是一种体制外的存在，不是"合法"的居民，只是从城市空间中分离出来，被隔离，随时有被消弭的可能。相对于城市的规划（空间布局）和城市景观来说，这里只是一块飞地。

的运作秩序，发现作为弱势群体的流动农民工在走向城市化过程中，是如何创造一个暂时寄居、可以生存的、维护自身利益的社会场域。这种空间及其社会秩序的运作，并"不是现代性的对立面，它既是城市异质的边缘，也是替代贫民窟而成为农民工融入城市并转变为新市民的摇篮和跳板"。① 流动农民工在城市中所形成的"飞地"是建立在与传统组织、阶层、社区、市民社会或共同体不同的、与城市化过程相伴的一种新的社会实体，在城市化背景中，在一种"新社会空间"的"自然秩序"和"空间资源"的脉络中厘清这种空间存在的内在逻辑以及功能意义，将是一件具有创新性的工作。通过这种空间秩序来阐明寄寓在这种空间中的流动农民工主体的生存方式、生存状态以及与城市之间的互动逻辑。正是这种具有现实变异性和多层面适应性的"新社会空间"构成了在城市生活的"流动农民工群体"之利益和权益得以展现和表征的一个独特的场域，是"流动农民工群体"谋求在城市中的生存和发展、实现与城市融合、实现现代性谋划的重要依赖，也是在城市发展铁律下，凝聚流动农民工群体自发寻求自身存在的一种群体的行为逻辑。这种空间对于寄寓在其中的流动农民工来说，是一个与历史断裂、没有历史绵延性的、具有现实变异性的、新的、暂时居住区，这种社会现象，事实上，就是一种社会秩序的现代性生成。

尽管在城市化过程中，存在把流动农民工通过户籍制度、职业限制置放在农村身份上，实现限制个人新的空间在城市的自由发展，但存在着一种主体性建构，精彩的主体建构，弱势群体的多元抗争策略，存在着一种主体力量的重建，在城市主流建制的框架中寻找空间的策略，存在着一种拒绝抽空社会关系而存在的个体主义，存在着一种原子化的个人。这种日常生活空间的实践可以说是一种主动的关系模式，是一种主体性行为，包含着人与

---

① 李培林:《都市里的村庄：一个新村共同体的实地研究》，生活·读书·新知三联书店，2005。

人之间关系的改变，但这种空间的存在更多的是一种生活政治。这种空间是一种城市规划过程中的逻辑，是一种社会排斥语境下的社会产物，也是城市发展主题下的一种衍生物。米歇尔·福柯关注日常创造力的程序，福柯并没有关注和分析那些运行权力的机构，而是关注这些机构的力量以及运作者"细小"的技术运作程序，重新建立和划分在城市边缘的分散性的空间，关注"生产性的机构"和"权力的微观技术"以及"日常生活在使用着的规训机制"。"我们关注的不是去弄清楚等级的暴力如何成为规训的技术，而是揭示那些早已被规训之网俘获的群体和个人，他们是分散的、策略性的以及权宜性的创造力所采取的秘密形式，消费者的消费程序和策略被推到理想的限度后，构成了反规训的网络"。①流动农民工作为城市中的"他者"，是一个关系概念，有赖于作为普遍主体的城市的认同，并且来源于此，都是一种社会建构的产物；需要发展一种反映流动农民工的"知识方式"的社会学分析理论，使流动农民工成为知识的主体，而不是以城市人或以城市的发展逻辑为铁律，把流动农民工从边缘迁移到中心，了解他们生活中更深层的现实；也需要在流动农民工群体的行动中寻找创造力的痕迹、日常生活的运作模式以及日常生活消费的基本特征，来揭示边缘化是如何成为一种普遍现象的。

最后，必须强调的是，在流动农民工研究中引入空间的真正目的在于：一是重新关注流动农民工在城市中的空间建构，恢复以往研究中被漠视的主体性存在，强调流动农民工"自为的对象化"和"再生产日常生活"的主体性现实。在流动农民工寄寓的空间和日常生活实践之间，存在一种主体实践的积极性现实，存在着一套主体性的社会实践。流动农民工正是倚仗主体性行为和日常生活实践来完成空间的培育、生产和维护，在异质性空间中创造一种共同性，完成一个日常性世界，建立一种新的生活方式。这样，我们就可以通过对流动农民工空间的诊断或病理学方面的

---

① 米歇尔·福柯：《规训与惩罚》，生活·读书·新知三联书店，2004。

观察境遇事实,来思考农民工离开熟悉的乡村来到一个陌生的城市,面对着常规生活方式的崩溃,处于一种危机境遇①时,在城市中完成空间建构的能力,包括寻找空间的策略、选择空间的理由、空间的自我拓展、同质性空间的异质化过程,思考作为异质场域的空间运行的社会逻辑、空间符号边界与流动农民工的生活半径,以及在这日常空间中的日常生活结构,解答流动农民工在城市空间中的社会秩序是否可能何以可能。

二是关注空间中流动农民工行动的三个构件,即当事人或主体,是实施行动者的施动主体;主体实施行动的场合或环境,行动者得以发生的外在条件或结构性力量、所发生的重大社会事件;主体在一定场合实施的行动本身。这样我们就可以思考流动农民工在城市空间中所面对的重大事件,所遭受的社会排斥,包括制度排斥、社会关系网络排斥、市场排斥以及其相互关联、长期积累和过程性强化的特点;我们也可以思考流动农民工是如何通过主体性、能动性与空间实践,策略性地突破排斥性壁垒、建立自己的空间以及建立自己的意义世界和价值脉络的过程。

三是探寻使生活空间人道化的可能性。重新从空间的社会生态视角,考量流动农民工在城市空间中的群体符号边界的生成、自我认同和身份的重新建构,以及作为主体性的身体存在的经验性的社会事实,同时也从空间的社会生态视角思考社会的道德和社会融合问题,包括底层观念与城市居民矛盾、他者的关怀、社会融合、多元化道德空间样态、交互主体性存在、弱者抵抗的快乐和伎俩、共有的空间是否可能何以可能以及流动农民工如何实

---

① G. H. 埃尔德为这种社会学的思考方式提供了灵感:"危机境遇对研究变迁十分有利,因为他对现实习惯性的解释提出了挑战,又破坏了既定的惯例。常规生活方式的崩溃产生新的刺激,也激发了对自我和他人的注意,也激发了对自我和他人的意识……当一个群体或个人这样定义或解释所处的境遇时,它就进入了危机阶段,这样就提出了新的解决方案和适应方式的问题……适应可能包括对自我和他人的重新定位、目标的重建或者澄清,以及对新的地位或者角色的假设。"(G. H. 埃尔德:《大萧条的孩子们》,田禾、马春华译,译林出版社,2002,第 14 页)

现社会融合，完成流动农民工实现在城市中的现代性营造的具体思路。

最后，作者认为：从都市的空间关系入手，实现了对农民工的主体性关注和向日常生活实践的转向，可以打开中国新农民工研究的全新视野。这一研究论域已经拥有了多种理论框架和解释模式，以及丰厚的经验事实为基础，必将呈现出令人诱惑的前景，它将为流动农民工研究增添一道灿烂的风景线，而使其显得更加多元、广阔和生机无限。

第二章

农民工研究：理论视角与方法症候与诊断

一 农民工研究：理论回顾及其理论旨趣

近年来我国农民工问题从社会学角度的研究主要集中在农民工流动行为的研究、农民工内部的分化或分层状况、农民工群体与社会的关系、农民工的社区研究以及农民工外出对农村发展和农民现代性的影响、流动人口的管理和政策研究等方面，也有从农民工的社会关系网络、职业特性，农民工的社会心理、思想观念、价值取向以及城市融入和适应等微观层面和隐性角度的专门研究，这些研究可以从社会结构和社会分层、社会网络和社会行动以及社会变迁和社会文化心理等层面加以回顾和概述。

1. 社会结构和社会分层分析范式

社会结构和社会分层是一种人口流动的社会结构性理论视角。结构的传统观点一般认为：结构是深层秩序的规则总体，是隐藏的逻辑关系，结构构成了体系的潜在逻辑和深层秩序，结构决定了栖居其上物体的位置和功能，行动者在结构上具有被动意涵。该范式的论证逻辑迷思于社会结构的层级关系，关注行为主体在社会结构中的位置属性以及他们在其所属社会结构层级中的资源配置情况，倚仗地位、身份、角色等概念的层级关系确定自己的研究对象在特定社会结构中的位置，并阐释行为主体在这一宰制性结构安排下所受到的限制。

社会结构范式一般将流动农民工的社会流动置于社会结构中考察，探讨农民工进城的结构性原因、对现有结构的冲击、整合于城市社会结构的程度和这个群体的流动趋势，认为农民工流动不全是物质资源分布不均衡的反应，而跟一系列的传统、结构与历史因素有关，是对特定结构的回应，其结果将满足结构的某种潜在需求；主要讨论进城农民工作为一个独立群体在社会结构和社会结构变迁中的地位和作用，侧重于宏观层面的社会学分析，关注于宏观的结构性、制度性因素的制约作用，认为个人不过是具有整体意义的社会关系和社会结构的载体和体现，社会关系和结构是解释流动农民工行为的关键因素或决定性力量。换句话说，社会宏观结构层面上的种种关系，如城乡关系、工农关系、经济上的发达地区（或国家）与欠发达地区（或国家）的关系、经济—政治与文化上的中心与边缘的关系，等等，是制约农村劳动力怎样由传统农业向非农转移的源头，也是转移以后这些个人如何生存、社会整体如何演变的起因。主要用地位结构或城乡二元社会结构的观点将农民工界定为同处在一定结构位置上的社会群体，并倾向于将其还原为具有内在属性和本质特征的个体单位，通过他们的内在属性和本质特征来解释他们的社会行为，通过对个体单位的社会结构驱力来解释农民工的社会行为，而且这种研究往往停留在对一定社会结构位置中农民工特征的描述，如对年龄、性别、文化程度、职业结构和生活状况的描述。

国内很多学者在研究流动农民工过程中，秉承了社会结构的分析范式。李春玲指出，由于制度安排，进入城镇就业的流动农民工被定位于城镇社会结构系统中的最低社会位置上，流动人口这一群体位置严重制约了他们个人的流动类型，个人流动很难突破该限制[1]。

---

[1] "农村外出务工女性"课题组：《农民流动与性别》，中原农民出版社，2000。

王汉生①等人认为，现阶段中国大陆农村人口向城市流动，是一个在独特背景下发生的过程，农村人口向城市流动特有的机会、渠道和限制是受国家限制农村人口向城市流动的政策、独特的工业化和城市化道路、城乡之间的二元结构、与户籍制度相关的一系列制度规定以及城市中的单位制结构等基本制度背景影响的，是在特定制度结构中发生并同时改变这种制度结构的过程。王春光②认为，作为一个特殊群体的流动农民进入城市后，与城市社会处于"功能互赖性整合为主，制度性整合薄弱，认同性整合畸形"的状态；他们在城镇社会结构中处于隔离状态，形成"分割化社会"或"二元社区"③；在社会总的分层体系中，他们与城市工人同属中国社会的中下层，但流动农民对原来完全封闭的城乡二元社会结构又造成了一定突破，形成某种意义上的"双二元结构"；甘满堂却认为，"城市农民工是转型期中国社会特殊的群体，人数众多，存在时间长，影响较大，足以构成中国社会的第三元，因此中国社会结构是三元结构"。④ 有学者认为，流动农民作为"一个过渡的边缘群体，他们的出现在城乡之间和工农之间创造了一个广阔的中间过渡地带，不是加剧而是缓解了城镇之间的对立和差异，并正以其特有的边缘群体身份创造一个新的结构层次，并通过这个新的结构层次的扩大和推延来实现社会相对平稳的重组"。⑤

也有研究者反对仅用经济学的理论和模式来解释农民流动这样一个并非纯经济的现象而提出了用结构化理论进行解释。国内

---

① 王汉生等：《"浙江村"：中国农民进入城市的一种独特方式》，《社会学研究》1997年第1期。
② 王春光：《社会流动和社会重构——京城"浙江村"研究》，浙江人民出版社，1995，第231页。
③ 周大鸣：《外来工与"二元社区"——珠江三角洲的考察》，《中山大学学报》2000年第2期，第107页。
④ 甘满堂：《城市农民工与转型期中国社会的三元结构》，《福州大学学报（哲学社会科学版）》2001年第4期，第31页。
⑤ 李培林：《流动民工的社会网络和社会地位》，《社会学研究》1996年第4期。

很多学者认为，流动农民工外出不仅仅只是制度性安排的阻碍或推动，也并非简单地只是个人追求利益最大化经济理性选择，而是主体与结构的二重化的过程。"生存理性"（寻求生存甚至维持糊口）而非"经济理性"（在市场中追求利润最大化）是中国农民在现实面前做出种种选择的首要策略和动力。即是说，在自己所处的特定资源和规则条件下，为寻求整个家庭的生存而选择比较而言并非最次的行为方式。利用吉登斯的结构化（structuration）理论对农民的非农转移做出新的理论说明，就结构和主体的关系而言，如果没有结构性因素和条件提供的可能和制约，农民不可能实施外出，反之，如果没有农民外出的需求，无论什么样的制度安排也是没有意义的；就农民的行为而言，农民在外出和转移过程中总是不断反思自己的行动，改变自己的目标。因此，这些行动的后果，常常是未曾预料的，更不一定是"合乎理性的"[①]。

从社会分层的角度看，户籍制度是一种"社会屏蔽"（social closure）制度，即它将社会上一部分人屏蔽在分享城市的社会资源之外。社会屏蔽制度的核心，是为人与人之间，以及人与资源之间的关系建立起秩序。对于这套以户籍制度为核心的社会分层制度体系，我们可以称之为"身份制"。李强认为，农民工在城市中的发展，从主观上看，其受到自身教育水平的约束，受到自身技术能力的约束，农民工也很难在城市竞争中获得地位的上升；从客观上看，农民工受到户籍身份的限制，受到城市中社会关系网的限制，农民工大都只在同等身份的群体里交往，与可以导致地位上升的城市社会关系网完全隔绝；农民工的社会地位与他所工作的单位的地位，并没有什么联系，他们不享有单位的身份和利益，也对单位没有归属感，而且没有地位的累积；由于不能累积，职业地位就难以上升。所以，农民工再次职业流动地位变化

---

① 黄平等：《对农业的促进或冲击：中国农民外出务工的村级研究》，《社会学研究》1998年第3期。

微小，这也与没有地位累积有密切联系。

由于户籍制度的限制，我国的很多农民虽然已流入城市，但他们的户口却仍在家乡。这样就出现了一个特殊的社会阶层：城市农民工阶层。李培林[①]认为，进城农民工经济地位的提高在一定程度上提高了他们的社会地位，但相对经济地位的提高，他们的社会地位没有明显变化。这种经济地位和社会地位的不一致是因为制度化安排的惯性——虽然高于仍在农村务农的农民，但在城镇分层体系中仍处于最下层。李春玲[②]指出，由于制度安排，进入城镇就业的流动农民工被定位于城镇社会结构系统中的最低社会位置，流动人口这一群体位置严重制约了他们个人的流动类型，个人流动很难突破该限制；打工者是一个特殊的群体，在他们大量流入的地区或城市，形成了一种分隔化的社会。流动民工的经济社会地位，在其生活的当地农村属于中等偏上阶层，而在其打工的城市属于中等偏下阶层。流动民工与家乡农民相比的经济地位、与所在城市居民相比的经济地位、生活满意度和社会公平感显示，总体上的经济地位目前属于家乡社会的中等偏上阶层，同时属于所在城市社会的中等偏下阶层。但其总体的社会地位没有发生与其经济地位相应的明显变化，社会身份没有明显的改变，这主要是由于受户籍身份以及与此相联系的各种福利待遇的影响。

2. 社会网络和社会行为分析范式

社会网络分析范式与社会结构分析范式所设定的结构框架是以结构主体为起点的研究不同，社会网络研究的对象是主体建构的社会网络及其大小、规模等特点，网络分析认为社会个体或群体的存在是社会互动所形成的纽带关系。社会网络理论重点将个体的流动过程看成是其通过建立社会网络来实现的。这一方向的研究与社会结构分析范式的最大不同就在于：社会结构分析范式

---

① 李培林：《流动民工的社会网络和社会地位》，《社会学研究》1996 年第 4 期。
② "农村外出务工女性"课题组：《农民流动与性别》，中原农民出版社，2000。

强调的是个人在社会结构中所处的位置属性以及所属社会结构中层级的资源配置，比如性别、年龄、角色、身份、地位、阶层等；社会网络分析范式则强调个体在其社会关系网络中所处的相对优越位置、主体从具体的社会网络中摄取资源的能力、主体间关系展现的结构化过程及这种过程对主体性行为的影响①，是一种流动者个体行为的微观解读。以格兰诺维特（Mark Granovetter）、怀特（Harrison White）和林南等为代表的社会网络分析启发了国内学者对流动人口、农民工特别是农民工职业选择过程的研究，主要涉猎流动农民工在流动过程地位获得及维持过程中"关系"的培育、滋养和具体运作，藉由此解释农民工进入城市的方式、流动途径、流动的社会网络、职业选择方式以及社会交往的社会空间等。

从关系网络的视角出发来研究中国城市流动人口的生活世界及其行动链是一种重要而且有效的研究范式。李培林指出，农民工在从农村到城市的流动过程中，其信息来源、找到工作的方式、进城工作的行为方式以及在城市中的交往方式主要依赖了其传统的亲缘和地缘的社会网络；流动民工在流动中社会生活场发生的变化，并没有从根本上改变他们以血缘地缘关系为纽带的社会网络的边界；流动民工在社会位置的变动中对血缘地缘关系的依赖，并非一种传统的"农民习惯"，而是一定结构安排下的节约成本的理性选择，而且这种选择在影响和改变着制度化结构的安排。李汉林②等人通过对农民工关系网的调查分析，提出了"虚拟社区"（virtual community）的概念，提出它是在一个城市内，农民工按照差序格局和工具理性构造出来的社会关系网络，相互之间的非制度化信任是构造这种虚拟社区的基础，而关系强度则是这

---

① 边燕杰：《社会网络与求职过程》，涂肇庆、林益民主编《改革开放与中国社会：西方社会学文献述评》，香港：牛津出版社，1999，第110~138页。

② 李汉林、王琦：《关系强度作为一种社区组织方式：农民工研究的一种视角》，选自柯兰君、李汉林《都市里的村民：中国大城市的流动人口》，中央编译出版社，2001，第15页。

种社区组织和构造的重要方式。

渠敬东从社会网络的角度切入这一群体的互动关系及其结成的社会纽带,通过新经济社会学所提出的网络分析范式,从关系强度的角度来考察农村外来人口生活世界的建构过程、他们的行为方式、意义脉络和价值取向。他指出,农村外来人口的社会网络是围绕着血缘、地缘和业缘等同质关系构成的,其中,信任是这一网络的基础和枢纽,而且关系强度取决于非制度化信任,能够带来制度化信任的是强关系;农村外来人口进入和融入城市生活有两个基本阶段,以血缘、地缘和业缘等同质关系构成为主的"生存阶段"和以强关系为主、利用了异质成分和制度性因素的弱关系且工具理性在社会行动中逐渐占了主导地位的"发展阶段"。从某种意义上说,农村外来人口本身,以及他们的社会网络乃至社区,都是社会网络及其运动的效果。① 渠敬东在《生活世界中的关系强度》一文中认为:把用于分析农村的有关"差序格局"的比喻应用于外来人口的研究就会忽视几个方面的问题:忽视了社会环境和情境的复杂性,农村外来人口在城市中面临的是一个情境复合体(complexity),在跨情境互动的过程中,农村外来人口的生活世界不可能是均质和单一的,而是不同的意义域(province of meaning)相互渗透的结果;同时忽视了农村外来人口作为一个行动主体的能动性建构自我的过程,存在着一种生成意义上的(genetic)策略,即他们会不断学会用制度化的方式构建行动,或者跳出初级关系之外来寻求其他信息、机会和资源,这种策略改变了流动人口的传统式的社会行动、意义脉络、动机构成及其知识库存(stock of knowledge),触及了越来越多的异质的、制度化的社会关系。作者认为正是上述建构自身生活世界的过程中,工具理性在社会行动中占据主导地位,建立了目的和动

---

① 渠敬东:《生活世界中的关系强度——农村外来人口的生活轨迹》,载柯兰君、李汉林主编《都市里的村民——中国大城市的流动人口》,中央编译出版社,2001,第44页。

机相统一的完全的行动架构，农村外来人口生活轨迹的这一变化，构成了当代社会转型的又一个"伟大的转变"①。

从渠敬东对城市流动人口的研究结果，我们发现，作者陷入了把流动人口在城市中对传统地缘、血缘关系的复制、维护和扩大以及通过非正式制度策略性建构的行为完全看做是纯粹的认识陷阱。文章对流动人口在建构关系策略中的具体行动策略缺乏具体而又全面的深度描述，忽视了流动人口建构这种关系背后的故事，这种行为策略是在一个陌生的城市空间，在不确定性、现代性隐忧、个体化历程中的一种特有自我延存的策略性行为，是在遭受制度性、市场以及社会网络的社会排斥与隔离的悲惨化处境过程中的一种生存策略，而不是一次"伟大的转变"。流动人口由农村走进城市，体现了由传统社会向现代社会转变过程中，向传统社会的生活秩序提出了挑战，为了获得更好的生活条件进入城市，但流动人口并没有真正改变自己的传统身份。只要中国社会依然没有完成传统农业社会向现代工业社会的根本转变，流动人口也就不可能完成由传统人向现代人的转变，这也就决定了流动人口在现代工业社会中的"不在场"。

3. 社会文化和社会变迁的分析范式

该分析范式关注以现代化、城市化、工业化或全球化为标志的社会变迁的具体过程和历史效果，是一种对社会流动的过程性关注，关注城市或农村社会深层"价值秩序"的位移和重构，关注流动农民工在社会变迁过程中的社会文化、社会心理及社会行为的变迁特征（身份地位、个体行为、婚姻家庭等），关注流动农民工内在的社会文化心理及现代精神气质的形成。社会心理学取向的学者注意到流动农民个人和群体在生活方式、价值观念等方面的转变，这一转变是他们以"城里人"为参照群体不断调整

---

① 渠敬东：《生活世界中的关系强度——农村外来人口的生活轨迹》，载柯兰君、李汉林主编《都市里的村民——中国大城市的流动人口》，中央编译出版社，2001，第44页。

自己行为方式的过程,是主体心理体验结构变化和觉醒的过程,是传统性的减弱和现代性的生长,或者说是一个获得现代性的过程或二次社会化的过程。简言之,是在社会变迁过程中流动农民群体与城市文明或城市社会不断凿通和整合的过程。

"现代化是指一个传统的前工业社会在经济成长过程中所发生的内在的社会变迁"。① 一个社会由传统社会向现代社会的转变过程中契合着两个面向:外在的现代化和内在的现代化。外在的现代化通常发生在我们外在生活环境中而又能影响我们生活及身心状况的各种外在的社会变化,如工业化、城市化、教育普及化、政治民主化、文化大众化等;内在的现代化即人的现代化,通常指个人对其所处的外在生活环境的改变所持的一种反应,其中包括个人在思想上、观念上、态度上及价值观方面的改变。现代化与城市化密切相关。在宏观上,现代化指工业化或城市化;在微观上,现代化是指"个人改变传统的生活方式,进入一种复杂的、技术先进和不断变动的生活方式的过程"②,"城市在大小、人口密度和异质性方面的特征给予城市人生活以某些特性","城市在现代化过程中扮演这一个特殊角色"。正如若顿·金斯堡所言,"所有现代化的定义,在某种程度上,不仅偏向变化,而且更重要的是偏向效能这个概念,即增加人类与空间的互动以及人类关系的极端复杂性。……这些观念永远同城市联系在一起"。③ "城市环境的最终产物,表现为它培养成的各种新型人格"。④

进入城市、获得城市体验是农民接触现代、培养个人现代性最便捷、最直接的途径,农民工适应社会的过程也就是个人获得现代性的过程。周晓虹认为,无论是流动经历还是城市体验,都

---

① 戴维·波普诺:《社会学》,李强等译,中国人民大学出版社,1999,第634页。
② 罗吉斯著《乡村社会变迁》,杭州:浙江人民出版社,1988,第309页。
③ 英克尔斯等著《从传统人到现代人——6个发展中国家中的个人变化》,顾昕译,中国人民大学出版社,1992,第333~334页。
④ 〔美〕帕克、伯吉斯、麦肯齐等:《城市社会学》,宋俊岭等译,华夏出版社,1987,第273页。

是一个普通农民完成其从传统向现代转变这一完整过程的两个不可或缺的方面;单纯的流动经历无疑能够提高离土农民的个人责任感、自我依赖、风险意识、灵活性和适应性,但却难以使他们养成现代工业或城市文明所需要的秩序感、计划性、时间感和科层制原则,这需要通过城市体验才能获得。流动农民周期性地往返于乡村与城市,可以将自己获得的体验传播到乡村社会,但由于大多数流动农民并未将城市作为永久停留之地,其获得或保持完整现代性的可能性也就值得怀疑。朱力[①]等人认为,流动农民工很难与城市实现融合,阻碍其适应的因素主要有"经济地位低下"、"制度障碍"、"文化差距"、"缺乏对城市的认同和归属感"、"以赚钱为目标的进城动机"、"以初级群体为基础的社会网络(交往局限)"、"与城市居民的摩擦和土地牵制"。虽然城市的生活经历改变着农民工的传统心理和文化意识,影响了他们的价值观念、行为方式,但总体上,农民工对城市的适应还停留在对城市适应的较低层次上,仅仅是一种生存适应。

二 检讨与反思:研究方法的症候与诊断

从上面可以看出,以往的研究一般从地缘、业缘和血缘等同质性因素或地位、身份和角色等结构层面入手,考察农村外来人口的自我认同和社会整合等问题。从研究范式的角度看,以往的研究往往偏重于社会结构、社会分层、社会配置及其组织机制等社会学预设,在农民工流动的制度性限制和区域性限制的层面来处理这一问题,而研究预设和方法本身有可能会简化材料的丰富性和复杂性,甚至排除那些难以归类却恰恰最具有社会效果的现象;结构和网络分析也不能等于社会学研究的全部,往往容易忽视流动农民工作为行动者主体、意义的积极加工者事实,忽视从

---

① 朱力:《群体性偏见与歧视:农民工与市民的摩擦性互动》,《江海学刊》2001年第6期。

过程的视角展开，对行动者与社会结构互动过程中的积极的能动力量分析较少，忽视不同农民工作为理性的主体投入及作为行动者在日常生活情境中的行动策略、行动目标及行动后果，忽视农民工在日常生活实践中凭借对资源的占有情况和对市场的了解程度而做出的理性选择。

社会结构观点认为，流动农民工的社会处境和在城市中的内在因素，与其说是社会实践活动的产物，不如说是"社会结构"，尤其是城乡二元结构本身的结构和功能造成的。由于过分强调"结构的整体"和这种整体的决定作用，牺牲了"过程"和具体经验的复杂性，牺牲了人的主观能动性和不同实践的相对自主性，而且，结构主义强调的"经验"不能被定义为任何东西的基础，这就意味人们只能在具体的范畴、分类和框架内去"生活"，去不断体验自身的生存条件。这些范畴并不源自或存在于经验之中，而经验倒是他们的结果。[①]

结构解释的主要缺陷，在于它试图在个体之外寻找行动主义的根源，把结构作为深层秩序的规则总体和体系的潜在逻辑。结构决定了栖居其上物体的位置和功能，行动者在结构上具有被动意涵，没有能够建立在一个清楚明了的个体实践模型的基础之上，只是简单从结构上的接近性当中寻求行动的原因。社会结构范式分析过分强调行动对结构的受动性和强制性，注重流动农民工消极的被结构化了的一面，忽视了其积极的施以结构影响的另一面，忽视了社会过程中的能动性质，忽视了人们能够创造自己生活世界和意义建构的能力。在流动农民工研究文献中，焦点问题集中在作为结构的城乡二元结构和城乡二元分割的户籍政策存在的合法性问题，认为这是滋生农民工问题的根本所在。事实上，城市和乡村二元的简单类比和并置，就会遮蔽日常生活中一场错综复杂的流动农民工的生活现实，遮蔽城市化过程中复杂的权力关系，

---

① 斯图亚特·霍尔：《文化研究：两种范式》，收集在罗钢、刘象愚主编《文化研究读本》，中国社会科学出版社，2000，第55页。

遮蔽建立在流动农民工日常生活中差异性话语的再度建构，及其合法化过程。这种分析范式的结果就是：以丧失流动农民工自身的主体性为代价，把他们的幸福和文化完全纳入城市发展规划中。在农民工进入城市的初期，户籍政策作为一种突破门槛的"准入证"，一直是理解流动农民工在城市中拥有合法身份的关键，也是农民工流动症候和诊断肌理中，宰制了知识分子话语很长一段时间的切入口。当初农民工的骑墙状态在于：农民工是否应该成为城市化建设当中的清除对象，农民工是作为城市现代化过程中的缺席者还是参与者。但一旦流动农民工进入城市合法化之后，这种现代性的偏执在论证流动农民工的症候和痼疾的效力也不再持久，农民工面临的不再是跨过门槛的问题，他们必须面对的是：突破了原有的社会空间隔离和社会屏蔽制度，与空间上的"他者"相遇，使传统的"自我"受到冲击，不得不面对一种新的"自我"的思考；突破了原有的生活方式和生存格局，把原本处于城乡分隔的两种不同的生活体验放到一个面对面的互动情境中加以体验；使原本"不可见"的、只存在于城市和乡村两种不同场域中的制度结构上的歧视和社会不公平变成一种可见的日常生活体验与过程；使原本被隔离在两个不同的社会空间的冲突和竞争现在变得相见，并成为一种身临其境的现实。这样，流动农民工的日常生活实践一旦在城市空间中搁置下来，他们面对的已经不是这种结构本身。传统的结构分析和诊断在理解流动农民工的日常生活实践问题中日趋呈现危机和困境之像，这种解释也呈现合法性危机的普遍症候，结果是不能从实质上解释流动农民工的问题，悬括了流动农民工生活中真正需要解决的工程，势必造成流动农民工现代性知识状况的实际肢解和歧异的危害，对流动农民工的日常生活实践的解释缺乏透视力和解释力，陷入一种知识和理论的困境。

　　社会关系网络的研究大多把关系作为一种生产的资源（生产者模式），把将流动农民工凝聚在一起的非正式网络看成是理解其行为的"基本建筑材料"，忽视了其在社会实践过程中所遭受的外在结构性的社会排斥和社会隔离以及关系存在的日常生活中空间实践的特征（如社会空间的极化和空间隔离）。事实上，现代性视阈中的网络关系所处在城市中的未来是一种威胁，不是庇护或者理想的福地。在那里，传统的防备策略被置于一种压力之下，传统社区、团结、正义和身份结构得以"生根"的土壤被连根拔起，其生存所依赖的元素正在失去，现代性正在暗中削弱传统社会所必要的道德前提。现代性、都市化以一个既非人们愿意的、亦非人们预期的方式暗中削弱传统的根基，并不断改变它的参考标准，传统社区中的可控性、确定性、安全性的关系网已经被城市化扩张、个体化历程、不充分就业以及劳动力市场的不确定性等几个相关联的过程破坏了。城市空间不再具有乡村那种熟人之间的面对面的互动关系，这里的空间具有不确定性、虚拟性、匿名性、延续性、可再生产性，存在着实践的策略和不可计算性。把用于研究传统乡村社区的那种关系视角引入城市社区，存在不合理性，就有必要对"差序格局"、人情、面子等解释框架进行反省和检讨。这里的关系是实践过程中的一种组合性的策略，以往的关于城市流动人口的关系的研究，只是局限于农民的传统社会关系网络在求职过程中的作用，忽视了流动人口在城市空间实践中再造或重新建构关系的历程，忽视了城市流动人口在这种建构的关系的空间实践过程中所遭受的结构性的社会排斥和边缘化困境，忽视了流动人口在城市中关系的社会生态聚落的重要性，以及这种社会生态聚落在城市中所遭受的社会排斥和边缘化困境。

社会网络范式使得流动农民工的苦难和孤独被转移为传统乡村的血缘亲情、地缘关系、家庭伦理等命题，使得他们在城市中作为现代人的现实需求和任务被重新遮蔽，他们的现代性体验、现代性诉求被重新置于一种传统命题的框架内被表述，而这是与现代性历程中的实践相背离的。建立在分析传统中国社会的这种以社会血缘、地缘关系为框架的分析范式，是否能够逻辑地解释一个进入"陌生人世界"的群体，本身值得商榷，更何况这种研究范式被扩大化和泛化。社会不是完全被"结构的"（structured），而是不断"建构的"（structuring），从关系、人情、面子等概念去建构人的行为模式在认识中国人的行动逻辑中具有有效性，尤其是解释传统中国的那种"乡土社会"。强调社会关系，为理解中国人的生活事实，找到了一个方便的入手点，也开了一剂可以解释中国人行为的"良药"，激发了更多的中国学者，尤其是社会学者和经济学者，通过关系发生作用的由来、过程、方式等一整套逻辑过程进行发掘和提炼，来有效解释中国社会。但这种解释模式容易忽视现代性的知识结构，尤其是在一个日趋理性化，现代性、个体化历程不断加快的城市社会中，尤其是把行为简单地限于"拉关系"、"讲人情"的概念系统和框架中，来阐述中国人的主体性或行动的能动过程，不可避免地将现代性不断加强的人们的行为过程过于简单化地理解，而且会出现一种把"关系"作"泛化"并试图实质化的理解倾向。似乎中国人的"关系"可以解释或压倒一切，和以往的"经济人"假设犯同一错误。这样，我们在批判片面的结构主义或者行为主义的理路中，又犯了一个片面的、简单的"关系"主义陷阱。在人们的关系之外，还有更多的活生生"生活世界场景"，在城市社会，尤其在流动农民工流动过程中，从这种基于传统"人情"、"面子"或"拉关系"的乡土社会行为铁律下解脱出来，应该是一件幸事，也是实现其现代性谋划的一个重要条件。

在研究方法上，以往对流动农民工的研究大多透过统计数据和访谈获得的话语来透视一种社会现象。话语是一种生成意义的策略，其意义脉络、动机构成及其知识库存（stock of knowledge）来自话语建构自身生活世界的体验，我们能在多大程度上相信人们所说的那些关于他们的生活过得怎样的话呢？话题涉及他们的经验时，是谁在发言——是个人，家庭还是他们生活的聚居区或他们所属的社会阶层？在这里延伸着一种空间合理化与表达性之间的紧张关系，流动人口、城市居民以及城市管理者的话语或行为事实上并不能作为表明其立场的现实依据，他们是需要从理论上解读的文本，需要一种社会学知识，更需要一种社会学想像力。同样，数据调查所获得抽象的数据只是一个时间节点上的社会现象的一种静态的经验资料，其后果是弃绝了一些无法用数据技术进行统计而又在理解其行为意义上非常关键的信息，如社会事件与历史事件所体现的生命历程的时间跨度、数据背后的背景知识等，因此，它们同样是需要从其日常生活实践和具体的生活方式中予以解读。而且，以往的研究，"流动农民工经验"一直作为"都市经验"的对立物出现，存在着用形式化的"都市经验"来打击"流动农民工经验"，存在着一种城市经验的叙事权威，一种建立在"我在现场的权威"或者说"都市经验的权威"，因此，在表述中更多的是一种情绪化的后果。如何叙述流动农民工经验问题，成为解决农民工问题的关键。如果没有尊重多样的、倾听少数人声音的自觉，如果不尊重流动农民工经验，就会淹没少数边缘者的声音，而只有在尊重而真正倾听这些边缘者和另类的声音，才能打破隔离、误解和偏见。这需要一种知识启蒙和认识上的一种启示。

　　流动农民工集体的记忆和现实处境，凝聚了如此错综复杂的关系和发展逻辑，而结构主义和网络主义自身的缺陷，无以能了解和解释流动农民工社会生活中的具体"经验事实"和现实"情境"。以往的研究忽视了两者的共同生活境遇，忽视了在现代性语境中共同的意义脉络和空间体验；以往的研究对流动农民工日常生活实践的主体行为本身缺乏关注，对流动农民工的具体生活境遇缺乏一种理论上的自觉，缺乏一种日常生活实践空间的社会学视角，缺乏一种对他们具体的生存空间的文化界定。没有人真正用社会学的眼光走近他们的生活，共同体验他们的生活实践。农民工并没有成为社会叙事的主体，没有被看做是积极参与意义的生产和维系的主体，农民工是作为适应、迎合城市文化的被动者和结构性安排的受动者，以往的研究方法都存在着局限性，需要另辟蹊径，建立一种关于流动农民工的具有普遍解释力和具有更广泛对话能力的新的研究视角和方法。

三 日常生活实践:"自为的对象化"和"再生产日常生活"

理论发展和社会实践应保持一种对话关系,寻求分析性抽象与社会实践领域之间的"适合性",在流动农民工的研究范式上,需要一种新的血液,需要一种对流动农民工的日常生活处境重新进行概念化和重新讨论其因由和症候的新的方法。在理解流动农民工的知识反应中,应建立一种全新的方法论标准和符合他们具体生活情境的现代知识论的权威范式,超越传统的方法论视阈,为重新理解农民工注入一股新的血液。无疑,主体—实践范式或转向对流动农民工的日常生活实践和对其具体情境的关注是一种很好的研究策略和解释模型。

阿格尼丝·赫勒[①]把日常生活界定为"那些同时使社会再生产成为可能的个体再生产要素的集合,是在特定社会中占据特定地位的具体个人的再生产","个体再生产一方面不断再生产出个人自身,另一方面构成社会再生产基础,个人以此为基础塑造他的世界"。

关注日常生活的主体—实践范式源自结构主义和社会网络主义的弱点,源自结构主义的策略性缺场和沉默,寻求强调社会结构的历史变异性,强调由"自在的"对象化领域所能提供的规范和规则的内涵的历史变化性,强调实践的一般"构成性活动"和"作为人类感性的活动",也强调"自为的对象化"和"再生产日常生活"[②]。主体—实践范式是与社会结构相对应的社会学分析范式,采用的是个体主义的理论视角,关注的是行动者主体及其日常生活实践,关注理性的主体投入及行动者在日常生活情境中的行动策略、行动目标及行动后果。该范式认为是微观的个人,在日常生活实践中凭借对资源的占有情况和对市场的了解程度而做出理性选择。"主体—实践"(agent-practice)范式强调移民也是

---

① 阿格尼丝·赫勒:《日常生活》,衣俊卿译,重庆出版社,1990,第11页。
② 阿格尼丝·赫勒:《日常生活》,衣俊卿译,重庆出版社,1990,第255页。

一个能动的社会主体和政治主体,是现有文化意义的(结构的、网络的)"消费者",又是新意义(新社会空间)的"生产者",是作为意义的"载体和传播者"而行动的,是不断跨越"边界"和结构的宰制、为自己创造出一种属于自己崭新的生活方式以及支撑该生活方式的社会空间的行动者。他们每时每刻都在以自己的"实践"来创造新的东西,而不是完全为结构"所规定的行动者"。① "主体—实践"范式认为,移民的流动,并非从一套先于他们存在的社会体系进入另一套先于他们存在的社会体系,而是在流动中改变这些社会体系,甚至创造新的社会体系,即新的空间出来,描述了其形成过程;在描述中,不从结构、角色、规则这些概念出发,而是比较"彻底地"通过对日常生活中人的具体行为本身的观察,总结出一些概念,并与既有的理论和概念对话和辨析。

同样,关注日常生活实践也是吉登斯、布迪厄、福柯等社会学者的理论旨趣和关注视角,"主体—实践"范式是随吉登斯、布迪厄、福柯等人的社会学理论兴起之后的一种新的社会学研究范式。吉登斯认为,"在结构化理论看来,社会科学研究的主要领域既不是行动者的经验,也不是任何形式的社会总体的存在,而是在时空向度上得到有序安排的各种社会实践","将时空视为社会实践的构成部分,这一本体论的看法是结构化观念的基础","关注共同在场情境下的互动系统如何在大规模的时空范围内伸展开来,来考察所谓微观和宏观之间的关系问题",也关注"在跨越空间和时间的日常接触中,行动者经常不断地运用场景的性质来构成的这些日常接触"。②

布迪厄是通过在实践空间中引入"场域"、"惯习"和"策略"等概念来完成其实践理论的社会学建构的。布迪厄认为,客

---

① 项飚:《流动、传统网络市场化与"非国家空间"》,原载《战略与管理》1996年第6期,第127~128页。
② 安东尼·吉登斯:《社会的构成:结构化理论大纲》,李康、李猛译,生活·读书·新知三联书店,1998,第61、63、46、206页。

观主义或结构主义"将社会看做一种客观的结构,可以从外部加以把握……客观主义的立场主要危险在于未能考虑这些规律生成方面的原则……将自己构建的各种结构看作自主实体,赋予它像真实的行动者那样'行为'的能力,从而使抽象的结构概念物化(reify)……将个人或群体看成被动消极的承受者,支撑着机械地展开它们自在逻辑的那些力量"。常人方法学(主观主义或建构主义)则"认为具有资格能力的社会行动者通过'日常生活里有组织的、富于技巧的实践'持续不断地建构他们的社会世界,而社会现实就是这种持续不断的权宜行为所成就的……这种观点的长处在于,它认识到了在社会持续不断的生产过程中,那些世俗的知识、主观的意义和实践的能力扮演了多么重要的角色……强调了社会认可的类型化与相关性的体系"。①

布迪厄的实践理论②综合了"结构主义"和"建构主义"两种途径。布迪厄指出,"摆脱这种结构实在论……而又不重新陷入完全不可能阐明社会世界之必然性的主观主义……必须回到实践中来,因为实践是实施结果和实施方法、历史实践的客观化产物和身体化产物、结构和习性的辩证所在"。③"首先,将世俗表象搁置一旁,先建构各种客观结构(各种位置的空间),亦即社会有效资源的分配情况;正是这种社会有效资源状况规定了加诸互动和表象之上的外部约束。其次,再引入行动者的直接体验,以揭示从内部构建其行动的各种知觉和评价(即各种性情倾向)的范畴……社会划分和心智图式在生成性方面就联系在一起,具有结构上的对应关系……心智图式是社会划分的结果,随着个人不断接触某些社会状况,个人逐渐被灌输进一套性情倾向。这种

---

① 布迪厄:《实践与反思——反思社会学导引》,中央编译出版社,1998,第9页。
② 布迪厄认为:"实践活动的原则不是一些能意识到的、不变的规则,而是一些实践图式,这些图式是自身模糊的,并常因情境逻辑及其规定的几乎总是不够全面的视点而异。"参见皮埃尔·布迪厄《实践感》,蒋梓骅译,译林出版社,2003,第19页。
③ 皮埃尔·布迪厄:《实践感》,蒋梓骅译,译林出版社,2003,第80页。

性情倾向较为持久,也可转换,将现存社会环境的必然性内化,并在有机体内部打上经过调整定型的惯性及外在现实的约束的烙印"。① "布迪厄把阶级看作是一种根植于社会空间的历史建构",强调"实践知识"在建构关于社会世界的知识中的决定性作用。②

布迪厄对于"主体—实践"范式的社会学贡献体现在他的"场域"概念的提出。作者认为,"场域由附着于某种权力(或资本)形式的各种位置间的一系列客观的关系所构成……是诸种客观力量被调整定型的一个体系,是某种被赋予了特定引力的关系构型……场域是一个冲突和竞争的空间"。"场域就是各种位置之间存在的客观关系的一个网络(network),或一个构型(configuration),正是这些位置的存在和他们强加于占据特定位置的行动者或机构之上的决定性因素之中,这些位置得到了客观的界定,其根据是这些位置在不同类型的权力分配结构中实际或潜在的处境,以及它们与其他位置之间的客观关系"。③ 布迪厄以"场域"和"社会空间"来起替代"社会"这一具有空泛本质的概念,把社会理解为"各个相对自主的'游戏'领域的聚合,这种聚合不可能被压制在一种普遍的社会总体逻辑之下",这是一个社会建构的空间,"在这样的空间里,行动者根据他们在空间里占据的位置进行争夺,以求改变或力图维持其空间的范围或形式"。④ 布迪厄的场域是一个游戏运作的空间。"权力场域是一个游戏和竞争的空间……一切社会行动者和机构……为了维持这种力量的均衡,或要去改变它,就产生了各种策略"。"在遵循游戏的默契规则和再生产游戏及其利害关键的先决条件的情况下,游戏者可以通过参与游戏来增加或维持他们的资本……或部分或彻底地改变

---

① 布迪厄:《实践与反思——反思社会学导引》,中央编译出版社,1998,第11页。
② 布迪厄:《实践与反思——反思社会学导引》,中央编译出版社,1998,第66页。
③ 布迪厄:《实践与反思——反思社会学导引》,中央编译出版社,1998,第71、134页。
④ 布迪厄:《实践与反思——反思社会学导引》,中央编译出版社,1998,第17页。

游戏的固有规则"。布迪厄的场域也是一个争夺的空间,"这种争夺旨在继续或变更场域中这些力量的构型……作为各种力量位置之间客观关系的结构,场域是这些位置的占据者所寻求的各种策略的根本基础和引导力量。场域中位置的占据者用这些策略来保证或改善他们在场域中的位置,并强加一种对他们自身的产物最有利的等级化原则"。① 场域是一个基于不对应和对应的社会关系,以及这种关系的不断再生产。通过这种关系,控制和抗争、冲突与再构、规训与退让,是一种弱者和强者的游戏,是局外生存和局内控制的一种策略;通过这种策略,建构了我们活动和我们的场域,也在日常生活的周围,树立了某种边界,以实现一种秩序的需要。"权力场域是一个包含许多力量的场域,受各种不同的权力形式或资本类型之间诸力量的现存均衡结构的决定……也是一个存在许多争斗的领域,各种不同权力形式的拥有者之间的权力争斗都发生在这里"。② 布迪厄的场域同样是一个具有差异性的社会空间,场域中存在各种不同特殊力量之间的距离、鸿沟和不对称关系,存在各种变化和再变化的差异性群体。各种群体不断借助场域中的某种力量,区分和维护差异性,完成这种差异性的不断再生产,并进一步强化了这种差异的存在,通过这种差异性,通过某种身份的合法性来确定场域中的各种资源配置关系。"某个场域的参与者……都不断竭尽所能来使自己与他们最势均力敌的对手区分开来,以减少竞争,并建立自己对场域的某个特定局部的垄断……强行树立某种才能和成员资格的标准……各种场域总是明显具有各种或多或少已经制度化的进入壁垒(barriers to entry)的标志"。③

---

① 布迪厄:《实践与反思——反思社会学导引》,中央编译出版社,1998,第142页。
② 布迪厄:《实践与反思——反思社会学导引》,中央编译出版社,1998,第285页。
③ 布迪厄:《实践与反思——反思社会学导引》,中央编译出版社,1998,第137页。

从布迪厄的场域定义和诠释可以看出，场域是一种在实践中运作的空间，在那里有一种主体性构成性差异和生成性能力，通过主体性的策略性行为或策略系统，① 完成了社会关系的再生产、差异性的社会建构、各种力量构型的变化。因此，把流动农民工的寄寓空间理解为场域，就渗透了一种主体—实践的方法内涵，即一种全新的关注方式，一种社会学的眼光。通过流动人口实践场域的意义脉络的勾勒技术，凸显对流动人口的社会关怀，引发对流动人口学术研究的反思，通过场域可以全面呈现流动人口的关系网络、意义空间、行为策略以及资本的争夺的动态特征；可以呈现流动人口作为弱势群体是如何被遗忘、被贬损、被误解的经过与历史历程；通过场域可以全面呈现流动人口与场域之间如何通过关系共同打造入场的规则，搭建在场的优势和行为策略，以及所引发的争场的冲突。

同样，米歇尔·福柯关注日常生活实践中的创造力的程序。福柯并没有关注和分析那些运行权力的机构，而是这些机构的力量以及运作者他们"细小"的技术运作程序，重新建立和划分在城市边缘的分散性的空间，关注"生产性的机构"和"权力的微观技术"以及"日常生活在使用着的规训机制"。"我们关注的不是去弄清楚等级的暴力如何成为规训的技术，而是揭示那些早已被规训之网俘获的群体和个人，他们是分散的、策略性的以及权宜性的创造力所采取的秘密形式，消费者的消费程序和策略被推到理想的限度后，构成了反规训的网络"。② 福柯的理论给予我们一种思想，即流动农民工在城市中的社会实践是一种实践的策略，

---

① 布迪厄对婚姻仪式的社会学分析便是一个很好的例子，作者认为，"（婚姻仪式）并不源自于符号学游戏的简单变型，而是某种策略的一个方面，而该策略来自各种可能的策略所组成的空间……结婚仪式不只是被理解为一组象征行为，其意义来自于他们在一个差异系统中的差异，而且被理解为一种社会策略……优先婚姻不再被认为是遵守规范或符合一个无意识模型的产物，而是一种再生产策略，其含义来自于一个由习性生成、趋于实现相同社会功能的策略系统。"

② 米歇尔·福柯：《规训与惩罚》，生活·读书·新知三联书店，2004。

是一种弱者利用强者的聪明方式。流动农民工可以被理解为是未被承认的创造者，自己行为的诗人，是一种弱者对强者的胜利。聪明的伎俩、成功的逃避、猎人的狡猾、花招、多重伪装、快乐的发现，都是一种策略性的实践方式。

日常生活特征之一是它的异质性，它要求在一个异质行动的世界中推进，它要求异质的技巧和能力。流动农民工在城市中的日常生活实践是一种异质性认识的过程，这与传统的具有同质性的乡村生活是不同的。流动农民工在城市中，通过日常生活空间的建构，使得"个体"全神贯注于某一给定的对象化领域，把自己的活动聚焦于某个单一的客观的同质的行动领域，通过"塑造自己的进入"，实现"自为的对象化"，从而"再生产日常生活"，形成了在城市空间中一个具有异质性的社会空间，这个空间为城市主流社会所贬损和隔离，是城市中心的边缘地区。在空间和日常生活实践之间，存在一种主体实践的积极性现实。空间是一套主体性的社会实践。空间以特有的方式凿通了人们的日常生活实践，影响主体性行为的流动向度，但同时也通过主体性的社会实践和行动策略来培育、滋养和维持。通过聚焦"主体性"面向和日常实践，人们可以借由其所寄寓的空间来考量行为主体的社会行为、行动意义以及行为主体的生存方式。人们可以通过身体在空间展演的姿势，倚仗主体性行为，通过日常生活的叙事、分类系统以及隐喻来赋予这类空间以意义，营造一种空间想象，改变原有的空间安排或建立新的空间来表达他们的生活需求，或者通过主体性行为来完成空间的培育、生产和维护，完成一个日常性世界，建立一种新的生活方式，空间与日常生活实践存在一种社会学的隐喻。例如，空间可以为日常生活实践提供取得社会认同身份的表演场所，为权力和规训的实现提供一种凭依之工具，人们可以藉由空间完成新生成的主体和身份建构，创造并保持一种身份认同感，主动规划和建构一种新的归属感，或者保证权力的实施和规训系统的社会运作，完成自我与他人的社会建构。

社会空间同样是人们展开策略性行为的场所，在那里存在一种行为策略。人们可以迂回进入那个强加在他们身上的空间限制，克服、逃避各种强制性力量，适应或吸收各种强制性格调，并把这种强制性转换为各式各样的策略性产物；或者从该空间的束缚性秩序中找到一种利用方式，凭借一种介于其间的艺术，通过空间的再造、拼贴、混置或多元差异的工程逃避结构或制度的宰制性操作，从日常生活的宰制性空间中通过宰制性体制所提供的资源和商品来创造自己的意义世界，创造出日常生活词语的能力，建立某种程度的多元性和创造性，创造出某种自由感，即一种解放、一种创造性的自由、一种不受规训的自由，在宰制性的内部完成自己的空间书写和对空间意义的重新界定，在转瞬即逝的现象中捕捉秩序和意义，并建立起精神上的控制。

　　以往的研究，大都把流动农民工作为中国社会结构上的一个整体性的社会事实进行研究，或把流动农民工作为一个具有中国传统社会以血缘、地缘关系作为个人内在行为逻辑的社会网络分析范式，或把流动农民工作为急剧社会变迁、城市化过程中具有同质性特点的行为主体，把流动农民工作为一个具有同质性的社会群体，体现在社会结构的分析范式、社会网络分析范式以及社会文化变迁分析范式等，其"理论谬误在于把实践的理论看法与实践的实践关系，更确切地说，是把人们为解释实践而构建的模型当作实践的根由"。[①] 流动农民工的多元化"生存方式"以及在日常生活中的"个体行动逻辑和策略"仍然是一个"黑箱过程"。城乡二元结构的传统决定了社会空间的样态，即只存在农村和城市两种空间形式。由于历史或社会原因，这两种空间是被人为隔离的，是存在进入壁垒的，两种空间中的人群很少有面对面的互动，在日常生活实践中不存在任何竞争和冲突，不存在公民权利的争夺，更谈不上情感上的交流，不存在整合和接纳。现在流动农民工进入城市，在宁静的城市植入了不安定种子。原先被社会隐藏起来、陌生、看不见的群体，现在突然出现在日常生活的每

---

① 皮埃尔·布迪厄：《实践感》，蒋梓骅译，译林出版社，2003，第125页。

一个角落。随着流动农民工大规模地进入城市,由一个空间向另一个空间的迁徙,也同时生发了公民权利的争夺、资源的获取与竞争、接纳与排斥、认同与游离等一系列社会问题,农民工对这种变化是通过日常生活实践的社会空间来标示、感受的。在那里,他们能感受到传统的日常生活体验、手头的库存知识、惯习、信任、血缘地缘关系、互惠的逻辑是如何遭受威胁,如何被破坏、被颠覆,他们又是如何通过自己的行为策略来维持和改变的。流动农民工是一个能动的社会主体和政治主体,每时每刻都在以自己的"实践"来创造新的东西,而不是完全为"结构"或"网络"所规制的行动者,也并非从一套先于他们存在的社会体系进入另一套先于他们存在的社会体系,而是在流动中改变这些社会体系,甚至创造新的社会体系,即新的空间出来。

总之,研究农民工,传统的社会学解释模式在很多问题上变得无效。研究农民工,需要跳出传统的社会结构肌理和社会网络分析范式,需要一种向日常生活实践的社会学研究转向,转向嵌于实践社会情境之中的价值观和社会心智,转向实践社会场景中所展示的社会行动者之间发生冲突的那些时刻,转向对日常活动、生活空间和生存方式的情境分析,从意义逻辑向空间实践逻辑①转向,从目的—手段理性到空间实践理性。关注农民工的日常生活实践和互动场景中意义的社会建构,关注他们的日常生活空间和他们的生存方式,关注他们的行动如何在空间中培育、滋养和展开,关注农民工自身对重大社会历史事件的理解,关注他们的话语实践本身,让农民工成为社会叙事的实践主体,需要进入他们的日常生活实践,管窥他们新的生活方式是如何对传统的旧生活方式的抽离(the disembedding),是如何在日常生活中的实现"再嵌入"(re-embedding),又是如何在实践中生产上演聚拢自己

---

① "必须承认,实践有一种逻辑,一种不是逻辑的逻辑,这样才能不至于过多地要求实践给出它所不能给出的逻辑,从而避免强行向实践索取某种不连贯性,或把一种强加的连贯性强加给它。"皮埃尔·布迪厄:《实践感》,蒋梓骅译,译林出版社,2003,第143页。

的生活经历。以流动农民工的日常生活实践为经验研究，以社会空间为取向，以城市化逻辑、现代性体验、现代化历程为进路，从他们的背景知识和体验背景中，运用社会学的想像力和社会学的修辞来管窥其话语背后的叙事逻辑和现代性知识的生成。也只有这样，我们才能真正理解：在日常生活实践中，把某一类别的人和主导社会隔离和区分开来的边界是如何产生和社会性地建构的，又是如何经由不同主体的日常生活实践来实现某一群体"本质差异"的维持事实的。这样对流动农民工的研究就不再局限于在社会阶梯上比资格，比收入，比教育程度或权势。现在我们要看的就是处在中心还是边缘；是在圈子里边，还是圈子外边；是在阳光普照之地，还是阴暗的角落。我们所要解决的问题是，"我怎样才能和别人交往并和他们相处？""我们怎样才能把我们的差异和集体生活的统一性结合起来？"

第三章
研究设计

一 涉及的空间和研究对象的选取

以寄寓的社会空间作为研究单位,我们选取五个空间案例:中山市南区环城金叶新村;中山市北区老城区;东莞长安镇冲头村;广州市天河区猎德村;韶关市南郊开发区。在空间案例的选择过程中,我们尽量选择不同空间模式的案例,如包括城市的边缘区、老城区、城中村、企业宿舍区;以及流动性飞地。

1. 研究对象

本研究所聚焦的是2004~2005年期间在广东东莞、中山、广州、长安和韶关几个城市的流动农民工。调查对象的选择来自寄寓在不同空间形态、具有不同形态生活方式的流动农民工。他们分别寄寓在城中村、老城区、城市边缘区、企业宿舍区和城市中非居住区(如桥下、马路边、流动的建筑工地等)。我试图在实地调查中,考量他们在不同空间中的生存方式,以及他们经历的现实状况和"异质性共存"的各种生存形态。

我通过私人关系的安排,比较顺利地进入流动农民工的居住地。第一次调查是2004年12月,调查地点是中山市北区老城区、南区环城金叶新村。在调查中我访谈了部分城市管理者、居住在附近的村民、居住在"城中村"的外来打工者。此后,我修改了原来的调查方案，拟定了一个更加细致的结构性访谈调查的提纲，修改了访谈提纲，重点关注生活在不同空间中的流动农民工的生存状况，注重挖掘流动农民工的日常生活叙事，把访谈变成挖掘"生活故事"。接着，我以空间类型作为样本选取的标准，访谈了东莞长安镇冲头村、东莞市企业集中区（新城区）、广州市天河区猎德村、广州天河区等地的流动农民工群体，获得了大量的访谈资料，总共深入访谈80人，整理出近10万字的访谈资料。

2. 研究的空间

为保证样本的代表性，作者以空间为单位选择自己的访谈对象。这些空间包括：

（1）城市边缘区。这是在城市的外围和边缘区域，或由于城市版图的扩大，被纳入城市版图的、处于城市边陲的镇、区或传统村落。城市边缘区实际上是"从城市到农村的过渡地带"，是城乡融合的先锋地区，是与城市建成区毗连，兼具城市与乡村的某些功能与特点，但在行政上不属于城区街道管辖，而属于郊区乡（镇）管辖，是一种城市发展过程中的"异质形态"，体现为滞后发展的传统村落形态。传统的原生状态的村落镇域体系在现代城市化大系统的作用下逐渐裂化，演变成城市边缘区域的一种新的空间类型和区域，其中吸纳部分现代化所赋予的高效的城市设施，新建的住宅高楼与原有的村落形态形成鲜明的对比；另一方面，它又顽强地坚守着某些传统所赋予的社会文化和空间结构。规划界以往对这种有违现代规划理论的城市"异质形态"一般持否定态度，是因为在物质空间环境上，这种异质的形态被政府和规划部门认为是社会不安定问题的根源所在，包括设施落后和卫生条件的脏、乱、差等问题。结论似乎是强制性拆除或任其发展直至消亡，无法以一种积极的态度去制定相应的政策和引导措施。这种城市社会空间的"异质形态"，具体地体现为城市边缘区域的"流动人口聚居地"或"城市里的乡村"等现象。在城市周边郊野区域以及尚未规划的地段,在公路旁、山谷里、荔枝林下,聚集着许多违章搭建的简易窝棚和简易房,这里是更为贫困的打工群体的聚居地。他们非法占用土地,政府给这部分人的身份是"三无人员";或被认为是一种"强占定居"。城市边缘区一般没有规范的社区管理和服务机构,没有被纳入正规的社区管理体系,卫生条件差,用水、用电、看病、子女就学困难。这里也是超生游击队的庇护所、流窜犯罪人员的容身之地。

(2)城中村。这里的城中村主要指狭义上的城中村。"处于繁华市区、已经完全没有农用地的村落"。① 这是李培林所描述的城中村,是指那些被城市包围,处于城市建筑包围之中,"在繁闹的市中心区域,在鳞次栉比的高楼大厦之中"。"城中村"是我国城市化进程中的特殊产物,具有复杂的历史背景和社会经济根源。"城中村"原本是城市边缘的农村,后因城市发展的需要征用农民的土地进行城市建设而保留下来的农村居民点。"城中村"的特征有:被纳入城市用地范围,被城市包围起来,散落在城市中心城区,居民基本上是非农化的村庄,村庄已经被转化为城市机制,只是习惯上被称为村;在居民职业结构和生存方式的主要指标已完成向城市社区的转型,但在素质上仍缺乏城市社区的内涵特征。

(3)老城区。老城区是城市郊区化、城市化过程中的一种空间现象。房地产开发商通过投资新型模式,重新在新的地区构建新的区域性的社会空间联系,不仅在新的空间营造一种住房建筑,而且在营造一种城市居民的生活方式,营造一种中产阶层的理想的生活方式,在这里拥有自然、空间、新鲜的空气和宁静的生活,在这里建设温泉健身设施、温暖舒适的局部空间气氛、互联网等现代都市贵族的居住空间。由于城市向郊区发展,使得城市中心地带,即以前的城市繁华地带,变成城市

---

① 李培林:《透视"城中村"——我研究"村落终结"的方法》,《思想战线》2004年第1期。

的萧条地区,变成了真正的颓废区,这里的房租便宜,聚集了大量的流动人口。

(4)企业宿舍。这里主要有那些由企业统一安排住房的流动农民工,这些人一般集中在企业的附近,由企业提供住宿和就餐。这些宿舍主要集中在新的工业区、开发区、大型厂矿区。企业宿舍和城市社区一般存在着一种隔离,即为周大鸣所描述的"城市二元社区"。这里的流动农民工一般按职业分布聚集在一起,和外界联系很少。工厂和外面处于封闭状况,职工不能随便出入,大都有高高的围墙,或者铁丝网。调查发现,住在企业宿舍的员工大都加班现象严重,没有正常的人身自由,工资待遇也很低,凭借工资难以在外面租房。

(5)流动的空间。这些空间中主要有那些在城市中没有找到工作、居无定所,或者刚刚失去工作、又没有亲戚可以投靠的流动人口;也包括那些建筑工地的流动农民工,由于建筑场所的不变化,他们在城市中没有固定的居所;还包括那些修路工人等。寄寓在流动空间的农民工一般集中在马路边、桥梁下、临时搭建的简陋工棚、不断移动的建筑工地。他们休息、定居或者工作都没有固定的场所,包括城市里流动的建筑工、小生意经商者、搬运工、泥沙工、维修工、补鞋者、捡破烂者、油漆工、木工、小保姆、弹棉花者、蹬三轮车者等。

(6)城市居民社区。主要指那些在城市中具有一定的资历、工作经验,在打工过程中获得了某种工作技能,具有一定的资金积累,在城市中购买了商品房,准备定居在城市但仍属农村户口、没有城市户口的流动人口居住区。这些人已经和城里人完全没有两样,穿着讲究,经常进入大型商场和高级酒店,对社区有归所感,和老家没有多少联系,很少回老家。

(7)农村。这些空间中的对象主要指那些回家的流动农民工,有的不再出去,有的只是在家里待一段时间。在这里有回家创业者,有受家庭责任感驱使、传统恋土意识影响选择离开城市的经历过流动的农民等。

广东流动农民工的城市空间分布①

空间分布	城市区域	特征	空间选取
东　线	主要是广深走廊，包括深圳、宝安、东莞	最集中区 密度大 外资企业多	东　莞 长　安
中　线	广州、佛山、南海、珠海、番禺	密度大 乡镇企业多	广　州
西　线	江门、台山、新会、鹤山、恩平、三水、高明、中山	分散性较强 散落在一些企业集中的区域	中　山
其　他（分散型）	惠州、惠阳、惠东、增城、清远、韶关	分散性较强 行业异质性大	韶　关

① 说明：中山市是广东省辖地级市，下设24个镇区，位于珠江三角洲中南部，北连广州，毗邻港澳，全市总面积1800平方公里，年平均温度22°C，户籍人口139.4万。中山市的流动农民工主要集中在环城区（城市边缘区）、产业开发区等地带，以及分布在中山市区周围的沙溪镇、小榄镇、古镇镇、南头镇、大涌镇等各个镇，其中沙溪镇的纺织服装业、小榄镇的金属制品业、古镇镇的灯饰业、南头镇的大家电业、东凤镇的小家电业、大涌镇的红木家具业、黄圃镇的食品加工业、火炬高技术产业开发区的电子信息业和汽车配件业都很有名气。东莞市位于广东省中南部、珠江三角洲东北部，北距广州50公里，南离深圳90公里，水路至香港47海里，至澳门48海里，处于穗港经济走廊中间，是广州与香港之间水陆交通的必经之地。东莞现辖32个镇区，546个村委会，132个居委会。全市陆地面积2465平方公里，158.96万人，外来暂住人口为440.45万人。此外，还有港澳台同胞70多万人，海外侨胞20多万人，是著名的侨乡。长安是东莞一个典型的镇，具有代表性，那里流传着"八个外地人养活一个长安人"的说法。仅1600多家外资企业，就集中了60多万外来人口，长安市以制造业、电子、玩具为重头产业，那里集中了大量的内地流动农民工。东莞虎门也是流动人口集中的一个区域，常住人口11.5万，而外来人口就有约50多万，虎门的服装业享誉国内外，另外还有厚街镇的家具业、大朗的纺织业等。广州的流动农民工集中在白云区、天河区、花都区的部分地区和海珠区的边缘地带，包括天河区的冼村街、猎德街等城中村，还有大量集中在老城区，如东山区、荔湾区、越秀区和海珠区北部的老城区。韶关的流动人口主要分散在韶关南郊开发区和老城区。

空间类型及样本的选取①

空间类型	构成样本对象	空间地点	样本编号
城中村	类型（1）个体工商户（各种裁剪、缝纫、磨具、皮制品加工）、雇工和雇主、老人（房东）、企业员工	东莞长安镇冲头村	A1—A9
	类型（2）个体劳动者（小经销商、餐饮业、商业服务业、居民生活服务业、娱乐服务业等，服务对象：城中村流动人口）、房东、企业员工（以家庭为单位较多）	广州市天河区猎德村	A10—A14

① 说明：个体工商户：拥有某种专门技艺或经营能力，有一定的生产资料、资金和少数雇工，自己经营，往往既是老板又是员工，可称为小业主，在业主层中占大多数，从事餐饮业、商业、服务与娱乐业、修理业、废品回收业等。私营企业主：私营企业主占有企业的生产资料，有8人以上的雇工，所支配的资产从几十万到几百万、上千万不等。他们总揽企业的全部权力，拥有对企业的人、财、物的支配权，生产经营决策权，指挥权和企业内部的分配权。个体劳动者层：没有雇工，从事贩菜、卖水果、卖熟食品和糕点等；也包括一些由农村外来人口承包经营的便民服务店，从事干洗、衣服翻新和整烫、家电维修等。"散工"：从事各种自由职业的人，无个体营业证件，非合法雇佣者；没有固定的工作或经营场所和时间；以付出体力劳动为主，以给雇工打短工、临时雇佣为主，搬运泥沙、砖瓦，挖土方等，在城市中修路、挖下水道、铺煤气管道；也有一类是手工业劳动者，如木工、泥瓦工、修鞋、修自行车、弹棉花等，还包括各种流动性商贩，包括走街串巷的菜贩子、捡破烂者、收旧货者和沿街摆地摊者等。散工集中在繁华的商业区、商业街、大小商场附近。雇工层是由农民工人所构成的一个职业层级。"农民工人"就是指身份上属于农民而职业上属于工人的那部分劳动者。包括"蓝领"工人，没有专长或特殊技能，主要靠出卖体力劳动谋生，多在都市中从事脏、累、险的工作。"白领"工人，掌握有专业技术或有较强的经营管理能力，主要在企业或公司负责经营管理或技术工作，主要靠出卖脑力劳动谋生，在职业分工位置上处于优势地位［周运清、刘莫鲜：《都市农民的二次分化与社会分层研究》，《中南民族大学学报（人文社会科学版）》2003年第1期］。

续表

空间类型	构成样本对象	空间地点	样本编号
老城区	外出租房的企业员工、垃圾清洁工、服务行业的员工（如餐饮业、商业服务业、居民生活服务业、娱乐服务业等，服务对象：城市居民）	中山市北区老城区	B1—B10
城市边缘区（城乡结合区）	摩托车送客者、出租车司机、垃圾和废品收购者、从事农业生产者（种菜、养家畜等）、散工	中山市南区环城金叶新村 韶关南郊五公里	C1—C12
城市新区（包括新的工业区、开发区、大型厂矿）	企业员工（企业宿舍区、"新二元社区"）	东莞市企业集中区（新城区）	D1—D10
流动空间	散工①为主：建筑工、捡垃圾者、乞丐群体、没有找到工作的人、临时被解雇的人、搬运工	韶关市南郊开发区 中山小榄镇开发区建筑工地 广州天河建筑工地	E1—E15
城市居民社区（购买商品房）	白领工人 按摩、保健等服务行业农民工	广州天河区 中山教师新村	F1—F10 G1—G7

---

① 散工：一般没有文化知识，没有手工技术，进不了工厂和公司，其工作是偶然的、随意性的。政府称之为"三无人员"，即无固定职业、无固定居所、无有效证件（周大鸣：《渴望生存：农民工流动的人类学考察》，中山大学出版社，2005，第65页）。

访谈对象及其基本构成情况

性别	40 岁以上	40~30 岁	30~20 岁	20 岁以下
男	A12 C5 C6 D5 F1 F2 G2 G3 G7 E3	A6 A11 A13 A14 B1 B3 B7 D7 D1 D2 E4 E7 F3 G4 G5	A7 A9 A10 A16 B5 B8 B9 C8 C9 C10 E1 E2 E6 E8 E13 E9 E10 E14 F4 G6	D6 E5 E12
女	D8 F3	C1 C2 C4 E15 F9	A2 A4 A8 A15 A17 B2 B10 B4 C3 C11 D3 D4 D9 D10 F6 F7 F10	A1 A3 A5 B6 C7 C12 D11 D12 E11 F5 F8

3. 进入空间的方式、空间类型和研究对象的选取

对于流动农民工空间的实地研究，第一个重要的问题就是如何"入场"。由于流动农民工在城市中具有流动性、分散性的特点，加上流动农民工劳动时间长，晚上经常加班到 10 点多钟，这样的社会调查难度大，而且耗时多。我在现场调查时，基本上启用的是老乡关系，也启用亲友关系。通过这种关系，我一般都能够受到尊敬和认真的接待，而且，通过私人关系，也很容易融入，能在短时间内消除陌生感，消除陌生人之间的不信任感和提防感，很快进入谈话的近距离状态，增加心理的认同度。农民工是朴实好客的，通过亲友或老乡关系，然后通过老乡和亲友的推荐，滚雪球式抽样，调查就容易多了，而且进入现场也容易，能获得大量源于他们日常生活的没有经过加工的"活材料"。在样本的选取过程中，由于在实地调查中，发现不同生活空间中的生活方式是有区别的，在那里存在着不同空间的现实类型，因而在研究中，我试图通过不同空间类型的现实比较，走出传统个案研究的局限。这种空间比较类型不是经过抽象的理想类型，而是现实生活中的实践类型。

二 研究过程与方法

1. 研究方法及资料的收集和处理

在实地调查过程中，我们的重新认识是以流动农民工活生生的"经历结构"为起点的，是以"主体性"建立自己"生活方式"的"个人"所形成的。在这里，流动农民工及其"互动者"在不同空间中的"异质共存"问题是我所关心的对象，主要着手从流动农民工在不同空间中无根漂泊、异质性共存以及他们的生存状况等问题入手，聚焦流动农民工的"日常生活实践"，让流动农民工自己讲述生活故事，"自下而上"地书写历史；通过实地调查获取来自流动农民工日常生活中的"活材料"，而不是依赖其他人的解释和分析方式，注重收集研究对象讲述生活经历的叙事和文献。按照研究设计以及理论框架的要求，也根据流动农民工这一特殊群体的特征，我的研究不用问卷抽样调查方法，因为利用调查问卷往往会丢失甚至遮蔽一些有血有肉的现实生活，尤其是流动农民工生存空间的营造过程和"异质性共存"的历史。

研究的具体思路在于：在考察流动农民工的日常生活世界时，引入一种社会空间的视角，试图关注流动农民工在城市空间中主体性的"存在"与过程以及社会对主体进行塑造的力量，即关注流动农民工是如何作为主体而不是被动的个体从社会底层获得动力以及生活策略的过程，关注作为外部力量的全球化、现代化、现代性等重大社会事件，通过流动农民工的主体性及其形形色色的经验本身作为理解其生存状况或危机境遇的一种方式，从农民工"在场"或"缺场"所发生的重大社会事件、结构性的排斥性事实到流动农民工日常生活事件中的行动逻辑和行为策略，到流动农民工在这种情境中的各种经验性事实。最后从经验研究回到理论研究，回到社会空间理论本身。可以表示为：社会空间……社会事件……社会结构……行动逻辑（主体性）……经验性事实（空间秩序）……社会空间理论。

首先，农民工的活动和日常生活实践中的重大社会事件不应该被遮蔽，这些重大的社会事件是隐藏在背后的一只看不见的手，是社会对主体进行塑造的力量。分析这些大的社会事件将有利于我们认识农民工日常生活情境中的各种经验性事实。这就要求我们首先应该研究全球化扩张、现代化战略、现代性谋划、乡土中国的解构等重大社会事件。其次，我们必须关注流动农民工生存状况和危机境遇的内在结构因素，即流动农民工的日常生活实践中的各种结构性事实，即在制度、市场和社会关系网络等内生结构上所遭受的社会排斥，包括社会制度的区隔和另类标签（制度结构）、市场的偏好和运作逻辑（市场结构）、社会关系网络的封闭性（网络结构）等所诱致的排斥性事实，以及不同主体在这种排斥性事实面前的行动逻辑。接着，笔者认为，我们同样必须关注各种重大社会事件、结构性排斥事实和话语背后流动农民工作为底层群体的行动逻辑以及回归到作为经验性事实的流动农民工的社会空间生态或者社会生活语境，即主体性的"存在"与过程以及流动农民工所形成的一种新的秩序。

本书试图在空间理论的架构下，以流动农民工的居住空间作为一个社会学的实验室，选用大量的个案研究，用来作为理解流动工生存方式的经验佐证，这也是理论建构的步骤之一。① 作为流动农民工的分析框架，完全赖于一系列彼此相关的经验研究。② 在研究过程中，我们并没有一种普遍的方法论，而是尽可能对每个个案的技术问题进行论证，以加强方法论上的严谨。本书的研

---

① 克利福德·格尔茨给了我很大的启发："理论建设的根本任务不是整理抽象的规律，而是使深描成为可能；不是越过个体进行概括，而是在个案中进行概括……在个案中进行概括通常被称作临床推断，这种推断不是从一组观察开始，进而把他们置于某一支配规律之下；而是从一组假定的标志开始，进入试图把他们置于某一理解的系统中。"参见克利福德·格尔茨《文化的解释》，韩莉译，译林出版社，1999，第33页。

② 这种通过对不同个案的访谈资料进行分类，类似于皮埃尔·布迪厄的实践活动中的示意图，"'对叙述事实的材料进行分类'，这一做法仅就本身而言确是一种构建行为……"参见皮埃尔·布迪厄《实践感》，蒋梓骅译，译林出版社，2003，第16页。

究方法在于，首先建立一个分析框架，这个分析框架是与理论相互搭配的；然后在这个框架之下通过经验资料来验证，每一个个案研究都在一个分析构架下进行；在处理经验研究的过程中，保证任何被给定的经验事实，应有一组结构清楚的明确命题来加以联结，而且保证所有的事实都必须有经验的基础。本书研究方法以文献回顾、参与式观察、深入访谈作为获得基础资料的手段，并透过"个案研究"的研究方式，解析流动农民工在城市空间中的生存方式；最终以五个空间现象案例，阐述流动农民工群体在城市空间生存方式的演绎历程。

具体的研究方法包括：①参与观察法。主要观察他们的社会生活圈，包括基本的生活方式、社会关系网络、行动策略、价值准则、基本的态度和观念；亲身观察他们的日常习惯行为，体验他们的生活方式，寻找出他们社会空间的生发根源以及在这一空间中如何在异质性认识中实现共同性。②访谈法。访谈法主要采用结构性访谈与非结构性访谈、焦点访谈、深度访谈、个案访谈和小组讨论，事先准备好访谈提纲，多次重复访谈，深入访谈，交换角度访谈。访谈对象不只是流动农民工，还有城市居民、城市管理人员以及执法部门的领导。为保证访谈对象的代表性，研究者有选择性地访谈了寄寓在不同空间、不同职业、不同年龄层次、不同企业类型的农民工。深度访谈集中于四个问题：一是他们在空间实践中的生活经历、生存方式、异质性共存的历史；二是他们对过去经历的回忆以及对身边或自身发生的一些重大事情的理解（痛苦的经历、个体或集体的社会记忆、对行动意义的反思、自己行动的合理化理由及如何归因和评价）；三是关注社会变迁过程中他们对家庭、生活和日常生活情境的社会认知；四是对未来的社会预期或者由于职业的变换、生活方式的变更而引起行动主体有关社会预期改变的问题。焦点团体访谈法也是我在现场用得最多的一种研究方法。由于流动农民工在城市空间中总是成群聚集在一起，或集中居住在一个房子里，这为焦点团体访谈提供了契机。焦点团体访谈主要是对研究的问题进行集体性探讨，集体建构知识，能节省时间，而且信息量大，在较短的时间内能获取丰富的信息，但由于焦点团体访谈法参与者有多人，获得的访谈资料比较杂乱，资料的整理与分析比较困难。③文献研究法。包括以前的研究资料、有关的新闻报道、管理部门的统计数据和案例记录档案资料、政府的政策法规以及流动农民工的来往信件等。④口述史。在社会调查中发现，农民工（尤其是重新回到农村的有过流动经历的人）对所提问题的回答都是建立在个体或者集体记忆的基础上的，"他回忆道"、"他解释说"、"他开始醒悟了"、"他仍记忆犹新"构成了他们话语的原材料。回忆关注流动农民工过去的生活经历和社会认知是如何累积起来的问题，他们的现实生活是如何影响他们对其过去生活的解释的问题（而这个问题一直被崇尚访谈资料的学者忽视，从而犯了一个错误：即简单利用访谈资料来说明农民工问题）。事实上，通过回忆，研究者既可以看到这些经历者对自己身边发生的重大事情是如何思考的，也可以看到这些经历者对他们自身的经历是如何看待的。

这样，研究者就可以对经历者的生活意义的建构做出充分的理解，回忆过去的事件和经历，很容易发现：人们所能够记住的那些事件和经历都标记着在过去的岁月里什么对他们来说是最重要的，人们之所以能记住一些特定的事件和经历主要因为这些事件的经历对他们来说具有特定意义。所有记忆的形成和运用都是将某种联系进行主观性建构的过程，而不是对过去事件和经历进行客观性的重获和再现。流动农民工每个人重构和解释他们过去的经历都是为了理解他们的生活，这些行动必然通过较大的框架和概念化的模式将他们眼前的经历植入过去的经历之中，而过去的经历中未曾有过这样的框架和模式。这要求在社会调查中，应充分构建尽可能多的个案，对特定历史事件进行调查质疑，不断追问和检讨，以确保回忆和主观解释在现实生活中是真实可靠的，以便真正理解；而且通过记忆的方式收集资料，研究者扮演的是"拓荒者"的角色，采取主动的态度去获取资料，从研究对象的日常生活中去发现社会事实，注重对参与者的言语进行分析，倾听他们话语中所表现出来的内在逻辑以及投射出来的道德意义。

资料收集和处理的技巧：首先，由文献和以往流动农民工的研究资料，深入了解所观察的事物，在进入田野工作之前，把所有可能获得的资料予以检讨和追问。然后，对于田野研究中发现的具有代表性的个别事件，做长期、频繁的参与性观察，在观察过程中做到完全投入；最重要的资料来自对关键人物的访谈，而且在每次访谈前都力争先深入了解受访者，透过与其他资料来源或访谈者的交叉分析，而掌握受访者提供的资料；流动农民工由于都居住在一起，在访谈过程中，发现大家喜欢集体交流，所以我想到做焦点小组访谈，获得了大量的关于同一主题的不同的访谈资料；在小组论辩中，我可以获得来自不同角度的、不同对象所护卫的立场。我和受访者的论辩，同样体现了一个学者的思想和现实中事实真相之间的距离，通过这种方式获取的资料，进入我后面理论框架中的每一个位置。同时，我对所有的访谈资料进行了主题归类，从主题化的经验资料中，形成自己的分析框架，即一种自下而上的理论阐释。

2. 研究中存在的问题

（1）访谈个案的典型性和调查对象的代表性。值得注意的是，凭借访问过的男女小样本，不可能对所有的研究整体作出一般性的结论，这也是社会学研究中面临的共同问题。我们调查首先碰到的问题就是如何从几百万人中选取有代表性的样本作为调查对象。经初步社会调查发现，流动农民工在城市中具有一定的空间形态，在相同的社会空间中的流动农民工具有某种相似的生存方式。因此，在样本的选择过程中，我们以城市空间为主变量，以年龄、性别、教育、职业、家庭背景为次变量，通过有意识地选取来自不同空间形态的农民工作为样本，包括城市边缘区、老城区、城中村、流浪在城市的农民工以及企业员工宿舍的农民工群体，考量他们具体的生存方式、言语习惯、异质性认识、寻求共同性实现以及内部的关系网络和运作状况，考察不同空间流动农民工生存状况的相似性和普遍性，这样在某种程度上有利于克服样本代表性的问题。当然，这些研究成果对于寻求普遍性的结论仅仅是建设性的，要从总体上得出一般性的意义，还依赖于更多具有代表性的样本。

（2）理论研究和理论建构的难度。如何实现社会排斥的中国语境化，实现对流动农民工的重新概念化；如何建立一个有关理解流动农民工的社会空间理论，并建立有关社会空间研究的一个具体的理论分析框架，是这次研究具有一定难度和挑战性的问题。

（3）从微观的个人行动分析到宏观的社会结构分析、从流动农民工个体到流动农民工群体、理论到实践的过渡与连接，也是本次研究中必须解决的一个难题。

3. 研究目标

对于流动农民工在城市中面临着新的社会生活的经验事实，传统的最具共性的意涵和实质性内容不再是一种可靠的凭借，提供一种新的对流动农民工现实生活的观察、体验和理解，对流动农民工的日常生活处境重新进行概念化和重新讨论其因由和症候的新的方法，建立一种全新的知识标准和符合他们具体生活情境的现代知识论的权威范式，超越传统的理论视阈，为重新理解农民工注入一股新的血液，把农民工放在一个更宏伟的工程中，实现他们的社会权利，获取他们应该获取的社会资源，体验最大的社会公正，提供更多获取信息的机会，实现在城市空间中的社会整合，真正消除他们的乏力感、孤独感和边缘化处境，把对流动人口仅仅局限在学者的关注置换到全社会的关注，这是一项宏大的社会工程。

4. 可行性分析

尽管社会空间理论研究在中国的理论研究中并不多见，尤其是社会空间的经验研究更是凤毛麟角，但是，社会空间理论在西方理论研究中已经日趋成型，相关文献特别丰富。空间在那里变成一种社会生活的经验事实，变成一种演绎和理解社会的新方式。空间作为一个具有共享性的概念、理论和方法体系，从本体性的空间到社会日常生活实践空间的话语场域的逻辑延伸，空间的设问方式、话语概念以及范式的理论框架在西方经历了一个缘起、发展和转向的过程，西方理论的成熟为中国社会的经验研究提供了一种可以倚仗的工具和手段。而且，在社会调查过程中我们发现，流动农民工在城市中总是寄寓在某种形态的社会空间中，社会空间构成他们社会生活的经验事实，构成经验现实的表征，构成浓缩和聚焦流动农民工一切重大问题的符码；同时发现，寄寓在不同空间形态的流动农民工的生存方式是有很大区别的，而传统的流动农民工研究由于缺乏一种可依凭的理论旨趣，缺乏一种关于经验性社会事实的对象化研究策略和解释模型，似乎把他们当成铁板一块的整体，预设了他们是具有共同属性的群体，他们的生活方式就具有逻辑上的同质性。对不同空间的流动农民工的实地研究，通过空间的社会学考察来实现对流动农民工现实生活的观察、体验和理解，实现对他们异质性共存的生活方式的涵括，是一种新的理论旨趣、观察角度和智识范域，是一种绝对可靠的凭借。这样，通过对来自不同空间的流动农民工的实地研究，以社会空间取向为理论视角，实现对他们的生存方式、异质性认识、异质性共存、社会类属和群体符号边界生成、现代性体验与获得以及他们为何被隔离和边缘化的社会学分析具有可行性和创见性。

三 研究创新和研究意义

1. 研究创新

以汤普森的《英国工人阶级的形成》为标志的世界劳工史发生的新劳工史转向，在新型劳工研究中强调对主体性、生活经验或个人经历以及现代性问题的研究，同时，社会空间视角作为一种认识社会的新的视角，强调主体性的存在和行为策略的过程，关注空间实践中的日常生活实践，为我们研究流动农民工提供了一个新的分析框架。

这样，中国农民工研究需要开拓一种新的社会学视野和研究潜力，一种新的社会学研究方式，一种新的理论解释方式和新的解释框架，追求一种具有"更广泛对话能力"和"更普遍的解释力"主题化构造。这需要来自农民工日常生活实践的原始素材，去掉一些与主题无关的细节，突出那些与主题联系密切的线索。农民工的切身经验是形成他们日常生活实践的关键元素。这就要求我们突破对宏大叙事的追求，对传统的社会结构、社会网络范式或社会文化范式做出一种诊断式的理解，关注主体性实践以及话语意义，以个案研究为主，将研究视野拓展至农民工的主体性和话语层面，从底层反映和倾听农民工的声音，从他们真实的经历和声音感受他们的共同利益和认同逻辑。

本研究的创新在于：其一，在流动农民工研究事实中采取"社会空间"这一独特的理论视角，将流动农民工研究置放于城市空间脉络中，将城市视为文本空间，将日常生活实践化为空间建造的植入过程，以期揭示城市空间实践中国家、群体、个人在流动农民工空间实践中支配性意义的历史建构，揭示该主体空间范围内空间的使用方式及空间形式转化过程，以期揭示主体空间在遭受社会排斥后的实际图式、策略和经营过程，将空间过程与社会过程结合起来分析，这些都是比较有独创性的。从经验事实到流动农民工的空间实践和书写，我们看到了一种全新的流动农民工的"存在"，看到了流动农民工以往研究中太多被遮蔽的东西，有的甚至是被歪曲的东西。可以说，通过流动农民工的个案研究，将社会空间这一构成要素纳入社会理论分析中来，从某种意义上来讲，具有开创意义，填补了以往社会理论对空间研究的不足。

其二，直指农民工的主体性问题，强调分析农民工的主体性与自我认同，强调在农民工日常生活实践中的主体性作用。流动农民工在城市空间实践的过程中，其主体性层面体现在他们是主体化过程与社会对主体进行塑造的力量相抗衡的过程。主体性问题强调流动农民工对于个人的感知以及由此了解自身与外在世界的联系的方式，这里的主体性是不稳定的，矛盾的，一直处在过程之中，不断在话语中被重新建构和书写。在经验研究的可能性条件和推论情境中，以日常生活实践中城市空间实践、空间的诸生成关系、空间的主体性建构为主题变量，聚焦流动人口的"主体性"层面和日常生活实践，聚焦他们在日常生活实践中作为"据点"的场所，聚焦他们的社会类属和群体符号边界的生成以及在城市中现代性体验与获得，全面考察这种场所在城市空间中"异质性"共存的历史，考察在该场所中与其生活进行互动的各种人的"生存方式"和主体性建构事实。

其三，在研究中引入话语分析的研究范式，强调以权力为基础的话语建构，强调农民工的日常生活实践中所形成的各种话语事件，强调话语以历史的方式对农民工的生存现实赋予某种意义，并把农民工群体定位于各种不同的话语位置，这种不同的话语位置又建构了农民工的存在方式。话语分析的研究范式强调以权力为基础的话语建构，在日常生活实践中，是各种话语把农民工定义为一个特殊的群体，并且建构了农民工群体的各种经验，制造了各种社会分类和污名化标签。这种话语逻辑又嵌入了人们的日常生活情境，并赋予了一种新的行为逻辑事实。这种分析范式要求我们关注流动农民工思考自己工作和生活经验所使用的话语、比喻及修辞习惯。在日常生活实践中，是各种话语把农民工定义为一个特殊的群体，并且建构了农民工群体的各种经验，制造了各种社会分类和污名化标签。这种话语逻辑又嵌入了人们的日常生活情境，并赋予了一种新的行为逻辑事实。借由空间，分析我国流动农民工在日常生活话语实践中所彰显的群体特征、叙事性分类、自我认同以及基于身份、地位的认同空间，进行反思由于社会排斥"嵌入"空间的各种惯性运作之工具与手段，凿通流动农民工在城市空间实践过程中的运行规则和行动策略。

最后，以往的研究往往局限于静态的社会结构或结构的单一层面（如城乡二元结构）来片面阐述中国流动农民工生存状况，缺乏整体性或动态性，而且忽视了发生在流动农民工日常生活情境中的重大社会事件。本研究首次在全球一体化、现代化叙事、现代性生成以及乡土中国解构等重大社会事件的大背景下，在社会结构排斥的多层面和动态累积的框架下，关注农民工在城市空间中的危机境遇和生存现实问题。

这种研究可以说是一种社会变迁语境下的新农民工研究,一种社会变迁语境下的新型劳动主体的研究,在社会变迁语境下将流动农民工的主体性和他们日常生活实践中形形色色的经验本身作为我们理解他们在城市空间中的"存在"的线索。

2. 研究的理论意义

通过互异的切入角度、方法论立场和研究取向,从社会空间视角出发,从流动农民工这一群体自身出发,以其内部的异质性存在为前提,揭示其不同的生活方式和生存状态;将流动农民工看做是主动寻求生活境遇改善的"主体",并结合宏观的社会结构或社会制度变迁为背景对这一过程做出合乎事实的解释;通过长期的实地调查研究,描述流动农民工在城市中的日常生活实践和行为策略,揭示不同的空间策略,以此说明流动农民工的"生活世界"(life-world)和生存状况,进一步丰富作为经验现实的流动农民工研究,倚仗不同的工具和手段为原有的农民工研究提供一种知识反应,提供一种新的对流动农民工现实生活的观察、体验和理解,对流动农民工的日常生活处境重新进行概念化和重新讨论其因由和症候的新的方法,建立一种全新的知识标准和符合他们具体生活情境的现代知识论的权威范式;超越传统的理论视阈,为重新理解农民工注入一股新的血液,对于理论界关于流动农民工研究进行检讨与反思,有助于对这一群体的正确认识。

同时,在理论层面上,通过对寄寓在不同生活空间的流动农民工研究,并在个案研究的基础上对流动农民工在城市中寄寓的空间类型以及在其中的生存方式展开研究,为一种"新型社会空间"的社会学研究提供新的经验和理论探讨,在理论上为流动农民工在城市化过程中获得政府与社会的制度及多样化的政策支持找到一种现实依据。这种空间在城市化过程中具有的独特场域逻辑和功能,决定了其在城市化历程中并在一定时间范围内具有某种合理性的功能价值。这种基于空间实践经验事实的理论创新,为研究中国独具特色的流动人口提供了大量"生成性资源"。这种资源为实现流动农民工在城市中的社会融合提供了一种新的思考问题的方式。更重要的是，空间维度，被纳入了不同的理论层面，实际上表达了对传统社会学知识范式的某种修正，提出了不同于以往传统社会学研究的一种新的视角：空间，可以提供认识社会、理解社会的一种新的视角，一种新的问题意识。

3. 研究的现实意义

在实践层面上，本研究希望对新时期的流动农民工在城市中的生存方式的关注和探讨，以及他们在城市空间中的行动逻辑的社会学解释，为城市化过程中流动农民工问题的解决以及如何实现他们向"新市民"的转变提供一种新的解决思路和例证。对于进一步引导、培育与推进我国城市流动农民工的发展提供理论参考与现实依据，有助于从日常生活实践面向正确认识流动农民工的群体特征、日常生活阈限、现代性之真相；有助于把农民工放在一个更宏伟的工程中，实现他们的社会权利，获取他们应该获取的社会资源，体验最大的社会公正，提供更多获取信息的机会，实现在城市空间中的社会整合，真正消除他们的乏力感、孤独感和边缘化处境。把对流动人口仅仅局限在学者的关注置换到全社会的关注，这是一项宏大的社会工程，也是一种对于现实社会生活的积极参与和回应。

中 篇

"自我"与"他者":空间实践与书写

- 从现代化的叙事逻辑和流动农民工在城市中的现代性培育着手，这是一次伟大的现代主义叙事，从作为"他者"的城市现代化逻辑和作为"自我"的流动农民工的现代性生成来考量"自我"与"他者"是如何在流动农民工的空间书写中完成一种话语叙事的。

- 流动农民工群体在城市中所遭受的社会排斥主要体现在制度性安排和制度性歧视、社会关系网络在城市中的封闭性以及劳动力市场中的弱势处境。社会排斥将流动农民工作为城市空间中"沉默的他者"或者"另类的他者"对待，这是一种对他者叙事的遮蔽。社会排斥同样表现为一种结构性的力量，这种结构性的存在作为一种宰制性的力量又嵌入到流动农民工的具体生活情境中，嵌入到流动农民工的在场情境。

- 关注弱势群体的生存境遇如何？在这种空间中存在着一种怎样的行动逻辑？如何完成在城市空间中的自我书写？他们顺从、屈服、抵抗颠覆、被迫无奈、悬着冷漠又是如何的？他们的转换、裂变、谋划、生成的路径到底如何？

第四章

"自我"与"他者":空间的书写规则与叙事逻辑

　　流动农民工在城市空间实践的过程中,其主体性层面体现在他们是主体化过程与社会对主体进行塑造的力量相抗衡的过程。理解流动农民工在城市空间中的日常生活实践和危机境遇,农民工的活动和日常生活实践中"所嵌入"的那些重大社会事件不应该被遮蔽,这些重大的社会事件,就是社会实现对主体进行塑造的一种力量。这些重大的社会事件是隐藏在结构性事实和流动农民工行为策略背后的一只看不见的手,社会事件的发生和过程就是社会对主体进行塑造的过程,而这种社会实践在某种程度上又是通过空间展开的(如全球化、基于城市或农村不同空间的现代化、流动农民工空间置换①后的现代性培育),体现了一种空间运作策略(如世界体系中的核心和边缘策略、区域性不平衡发展策略、空间排斥和隔离策略)。正是这些重大社会事件从根本上决定了流动农民工在城市空间中的社会地位和生存处境,分析这些重大社会事件将有利于我们认识农民工日常生活情境中的各种经验性事实。这就要求我们首先应该研究全球化扩张、现代化战略、

---

① 这里的空间置换是指流动农民工由农村来到城市,经历了一种社会空间的置换。

现代性培育、乡土中国解构等重大社会事件。在这里，空间并不仅仅是作为一种"容器"，在这种"容器"中某些社会或经济过程得以进行和完成，而是力图将空间过程置于更为广泛的社会经济背景之中来考察，揭示出空间是如何由它嵌入其中的特定生产组织来生产的。

农民工作为城市"新流动农民工"的命运，首先必须考察：第一，在全球化空间脉络背景中的世界劳资关系和工人运动的行动背景及力量对比、世界劳工的地位、经济一体化的劳资关系中的作为世界工人的中国农民工的生存现实；第二，中国城市现代化和发展主义意识形态对农民工的抗拒和排斥；第三，流动农民工在城市中现代性培育和生成艰难的社会事实；第四，城乡二元结构在中国社会中的结构性事实以及"乡土中国"在农民工的日常生活中的顽强和延续性存在。作者认为，中国流动农民工不仅成为城乡二元结构、城乡户籍分割政策的牺牲品，也成为中国城市现代化和发展主义意识形态过程中的牺牲品，成为在全球化背景中的世界劳资关系和工人运动的行动背景及力量对比、世界劳工的地位、经济一体化的劳资关系以及世界工厂发达国家资本积累的牺牲品，同时还成为"乡土中国"在解构过程中传统与现代斗争中的牺牲品。

这里我们必须关注的是：在这些重大社会事件中不同的主体（如国家、政府、社会精英、流动农民工等）是如何通过一种空间实践或空间策略来书写空间本身的？流动农民工在城市中所"在场"或"缺场"的重大社会事件是什么？流动农民工是否是全球一体化、现代化发展逻辑、现代性生成以及乡土中国解构过程中的参与者或受益者？流动农民工是否可能在从乡村流向城市的现代性培育中实现由传统社会向现代社会的转型，实现由传统人向现代人的转变，完成自我的现代性生成？

一 "自我"与"他者"：空间书写中的话语叙事

自我是心理学和社会心理学视阈中的一个核心概念，不同流派的心理学家根据不同的理论旨趣、设问方式、话语概念和范式理解框架,对自我概念进行诠释和解蔽。本文试图从心理学和社会心理学论域对自我给予辨析、诊断和解释性理解,将有关自我问题的讨论引向更为基本的理论问题。

1. 心理学论域中的自我生成

心理学论域中的自我体现在这样一个共同的话语场域中,其共性的内涵和实质性内容体现在自我是一种内部心理空间的人格系统,是一种动态持续性的心理生成或一种人格发展论,或是一种对自己个性品质的知觉或自我概念的生成方式。

首先,心理学论域中的自我生成体现在:把自我看成是人的人格指涉,看成是一种内部心理空间的人格系统或视为人格的一个子系统。作为人格结构中的一部分,作为控制和指导动机、恐惧、需要等机能的内部动因或力量,或是作为综合、有组织的人格化的整体。现代心理学的人格理论认为,人格呈现为一个开放的系统,其中,"自我"作为人格的核心或主题变量,对个性结构中的诸种心理成分实施协调、控制、滋养和培育,役使其衍化成一个有组织的、稳定的整体。① 心理学论域中的"自我"概念更多地与现实生活中个体的人相联系,相当于"人格"或"个性",这种自我概念强调的是作为个体的人与时空变化无关的、具有连续性的、稳定的人格特质。

较早论及自我概念的是詹姆斯(W. James),"现在的自我与记忆中过去的自我同一"的感觉称为"人格恒同感"。"不管我在那里思想什么,我多少总对于我自己有些知晓。所谓我自己,就是我的人格或人性的存在"。② 詹姆斯把自我看成是人的人格,自我指认识、行动着的主体,主要受后天和社会环境影响,是由生物性、社会性以及自我意识诸因素结合的有机统一体。精神分析学家弗洛伊德将自我作为人格的一个子系统,作为人格结构中的

---

① 黄希庭:《心理学导论》,人民教育出版社,1991,第5~7页。
② W. 詹姆斯:《心理学简编》第3卷,伍况甫译,商务印书馆,1930,第1页。

一部分，从心理的角度，将人格分为本我、自我、超我三个子系统，并认为人的精神状态就是这三个部分互相矛盾和冲突的结果。弗洛伊德的自我是意识的部分，受外部世界的影响，经过修改，来自本我的一部分代表着理智、常识和谨慎，受现实原则的支配，遵循现实原则行事。它既控制和压抑发自本我的非理性冲动，又迂回地给本我以适当的满足，主要的机能是对本我的控制和压抑。"自我代表可以称作理性和常识的东西，它们与含有情感的本我形成对比"，①"自我是通过知觉意识的中介而为外部世界的直接影响所改变的本我的一部分"。"在自我中，不仅最低级的东西，而且最高级的东西都可以是无意识的"。② 自我作为一个边境上的产物，它试图在外部世界和本我间进行调节，使本我服从于外部世界，在任何时候它都尽可能力求与本我保持良好的关系。

其次，心理学论域中的自我生成体现在：把自我看成是一种动态持续性的心理生成或一种人格发展论。自我是个人经验和表现的总体，是活着的存在。阿尔波特（Allport）等人认为，人格的各方面都是连续的，在组织建构中有一种发生作用的动因或力量，称之为自我（self or ego）；自我状态是逐渐发展的，即从生理的自我到社会的自我，最后发展到心理的自我；自我呈现一种动态持续性的自我，从具体的生成、演变轨迹、演绎路径到最后的心理生成。在弗洛伊德看来，"每个人都有一个心理过程的连贯组织，我们称之为自我"，自我是本能冲动和超我需求之间的传递者，来自个体外部的客观的观察，是个体精神机能的主体之一。

埃里克森（Erikson）认为，自我是人格中相当有力的、独立的部分，执行着重要的建构功能，其作用是建立人的自我同一性和满足人控制外部环境的需要。他认为自我是个人本体意识同一性的源泉，是个人适应社会环境的保证，他的学说可以看做一种描述自我在人生经历中如何获得或失去力量、如何支配个人心理

---

① 车文博等：《弗洛伊德主义原著选集》，辽宁人民出版社，1988，第400页。
② 车文博等：《弗洛伊德主义原著选集》，辽宁人民出版社，1988，第400页。

发展的人格发展理论。埃里克森的自我既不是防御性的也不是为控制本能服务的,它是帮助个体建设性地适应环境,使个体勇敢地面对危机,解决一生发展各阶段的冲突,顺利渡过人生的每个转折点的组织结构。①

最后,心理学论域中的自我生成体现在:把自我看成是一种对自我的知觉或自我实现的概念。自我意识层面的"自我"概念,将"自我"等同于"自我意识",意为"个人对自己的自觉",或"人对于自身存在的意识和体验"②,具体表现为一个由自我认识、自我体验、自我调控构成的三层次结构。本(Daryl Ben)提出的自我知觉理论(self-perception theory)认为,我们是我们自己行为、情绪状态的观察者,我们通过外部的线索为我们对自己内部心理状态的了解提供参考。根据自我知觉理论,人们是从其行为中的感受获得参照,自我是作为意识、觉知、个人的观念,自我是作为同一性的存在。沙维尔森(Shavelson)等人提出了一个多侧面等级自我概念模型来代替过去的笼统的自我概念,并在此标准的基础上提出了他的自我概念理论。他认为,自我概念是一个人对自己的知觉,这种知觉是通过对环境的解释形成的,它们受他人的评价、对自己行为的反馈和归因影响。罗杰斯(Rogers)的"自我"是一个现象学概念,指个人现象场中与自身相关的内容,是个体自我知觉的组织系统,是个人自我知觉的组织系看待自身的方式。它不仅控制并综合着个人对于环境知觉的意义,而且高度决定着个人对于环境的行为反应,其理论核心是自我实现的概念,包括"个体整个儿地去知觉他的机体,他体验到的所有知觉,体验到的这些知觉与所处环境中其他知觉以及整个外部世界发生关系的方式"。以现象学的立场看,"自我"作为一种体验,是"主我"与"对象"的统一。③

---

① 埃里克·H. 埃里克森著《同一性:青少年与危机》,孙名之译,浙江教育出版社,1998,第 7~10 页。
② 高玉祥:《个性心理学》,北京师范大学出版社,1989,第 115~117 页。
③ 钟启泉:《美国教学论流派》,陕西人民教育出版社,1993,第 245 页。

2. 社会学论域中的自我生成

社会学视阈中的自我更多归属于社会学的社会心理学体系，社会心理学论域中的自我生成体现在自我是一种自我意识和自我实现的社会行为过程，是一种内化的社会期待系统或是一种社会建构论的"关系的自我"。

首先，社会学中的自我是一种作为社会过程或互动的统一性和结构的自我生成。库利（C. H. Cooley）作为一个社会学取向的社会心理学家，侧重于从社会对自我形成的影响方面理解自我，他的"镜中我"（looking-glass self）概念在自我心理学中占有极其重要地位。"镜中我"并非他人的实际评价，而是在我想象之中他人对我的评价，其实质乃是一种自我意识。库利认为，想象他人的看法与评价（自我意识）是构成自我不可或缺的因素，个体面对多少个"他人"，就会产生多少个"自我"，体现了自我内部世界可以镜子般地通过行为或语言较真实地映现出来，而这些又可以作为外部线索镜子般地被自己或他人（研究者）准确地接收、理解和"翻译"成关于某人自我世界的真实状况。

米德（G. H. Mead）的思想是以皮尔士、詹姆斯和杜威的实用主义为出发点的，他把自己的心理学体系称为"社会行为主义"。米德的社会心理学是要说明意识的发生过程，即要说明人自身或自我怎样在人的行为内部和人的行为中表现出来的。米德并不把自我简单地看做是接受刺激并对刺激作出反应的"被动的容器"或"沉默者"，而是用他自己创立的符号互动理论来阐述自我的生成、培育、滋养与发展。自我的本质是社会过程，是社会的产物，是通过主我与客我互动的结果，是通过现实的行动表现出来的。"自我是某种不断发展的东西，它不是与生俱来的东西，而是在社会经验过程和社会活动过程中出现的"。"自我从本质上来说是一种社会结构，是从社会经验中产生的"。① "完整的

---

① 乔治·赫伯特·米德：《心灵、自我和社会》，霍桂桓译，华夏出版社，1999，第152页。

'自我'的统一性和结构,反映了一个整体的社会过程所具有的统一性和结构……与其说自我是一个实体,还不如说它是一个过程",① 是群体内部相互作用的结果。米德对自我的结构进行了分析,自我是客我(the social me)和主我(the I)的统一体,行动不仅仅取决于过去,也不完全由动作开始时的自我意识计划来规定。"主我"是个人对其他有机体态度的无组织的反应,是对处于个体经验之中的社会情境作出的响应,就是个体对于他人的态度所作的回答,是一个人表达意愿的方式。主我就是自我的革新性和创造性方面,它允许行动中出现新的行动形式。这样,现在个人对他人的态度就会有新的成分,主我赋予了自由的感觉、主动在该情境中采取了一种有自我意识的动作方式,即行动的自发性或冲动性,是个人独特的表现方式;"客我"是个人自我反思其他有机体的有组织的态度,即得自于他人的关于自己的观点和看法,其他人的态度构成了有组织的客我,对于个人而言,就存在于他的直接经验中。② 由此可见,"自我"当其为主体时由行动中的主动之我构成,当其为对象(客体)时由被动之我构成。米德修正和发展了库利的镜中自我理论,人的一生将要面对无数的人,而对每一个具体的交往对象都形成一个"镜中我"是难以想象的。人的自我是一个结构化系统,而不是来自每一个他人评价的堆砌。人会把许许多多不同的他人的评价加工成一种具有综合性的意见,以此指导和约束自己的行为。他为这种综合性意见创造了一个主体,即"概化他人"(the generalized other)。在米德看来,后者是个体自我(即自我意识)形成的一个重要影响因素。

其次,社会学中的自我是一种内化的社会期待系统。社会角色理论孕育于20世纪中叶,乔治·米德和美国人类学家拉尔夫·林顿是社会角色理论的先驱。米德首次将社会角色引入社会心理

---

① 乔治·赫伯特·米德:《心灵、自我和社会》,霍桂桓译,华夏出版社,1999,第156页。
② 乔治·赫伯特·米德:《心灵、自我和社会》,霍桂桓译,华夏出版社,1999,第189页。

学，将角色和互动结合起来，社会心理学的角色理论的核心内涵体现在：从社会对处在一定地位上的个体的客观期望和与此相对应的个体在与他人互动中进行的主观表演来解释人的行为，社会通过赋予每一处在特定地位上的个体独特的角色期望，对他们的行为加以限制、规定和引导。[①] 人是社会的产物，人的行为不是由个体内部的特质决定的，而是社会期待、行为规范或社会地位等社会因素的产物。社会心理学中的角色理论就是试图以社会的期待系统来解释自我的，社会中的人同舞台上的演员有惊人的相似，站到某种社会地位就像扮演了某种角色，必须按照适合于这个位置的方式行动。人的自我就是这样一种内化的社会期待系统，反映了社会的期待，是人的社会化过程的产物或某种具体生成。在心理学的人格特质论那里，人的行为是内部特质的外部表达；而在角色理论那里，人的行为是角色的期待作用。由于人同时具有不同的角色，而不同的角色期待不同，人的行为表现就会产生差异。所以角色理论比特质论更好地解释了行为的不一致性。

最后，社会学中的自我是一种社会建构论的"关系的自我"。传统社会科学和心理学有关自我研究表明，自我是存在于人的内部的"精神实体"，自我作为精神实体实实在在地存在着，自我是经验的中心、各种心理过程的组织者和行为的发动者。而从社会建构论的观点着手，就会发现，自我并非人的内部本质，而是社会生活中人际互动的结果，是特定历史和文化的社会建构物，是话语建构的产物。社会建构者最终提出以"关系的自我"取代"本质的自我"的观点，强调社会性。

社会建构主义是兴起于20世纪90年代的一种对知识的独特的理解方向，一种认识论模式。它认为，人类生活不可避免地与社会矩阵联系在一起，特别是由语言所确定。我们对现实的理解

[①] 周晓虹：《社会学的社会心理学：历史、理论与特征》，《南京大学学报》，1989，第472页。

不是一对一的表征，而是以语言为中介的个体与社会相互作用过程的产物。语言改变、选择和转译着我们的经验，自我是在社会生活中通过语言社会建构的。"从关系论的观点来看，内部生活的意识是通过发生于社会生活和话语实践的语言交往而创造出来的，是联合行动的结果"。[1] 社会建构论者认为，代表"自我"不同方面的人格、情绪、认知、态度等等在现实中并不存在，但是我们通过语言的影响、推测的结果、实用倾向、交流的需要感觉它是存在的，"自我不可分割地依赖于我们在日常生活中使用着，并用以了解我们自己和他人的语言和言语实践"。[2] 社会建构论认为，在人的内部并不存在一个作为本质的自我，自我的各个方面，如人格、认知、情绪等等，都是人在社会生活的人际互动中创造出来，通过话语建构出来的。在不同的场合、在跟不同的人打交道时，人的行为表现是不一致的。社会建构论者肖特（J. Shotter）指出："从关系论的观点来看，内部生活的意识是通过发生于社会生活和话语实践的语言交往而创造出来的，是联合行动的结果。以这种观点来看，被心理学家当作现存的认知实体——意向、记忆、动机、知觉、情绪等等并非客观的和最后的形式，而是处在不断建构的过程中，这种建构过程又依赖于各种话语环境中同他人的相互关系。"[3]

从上不难得出：自我是一种社会自主性存在，是一种社会情境中的自我实现，是一种自我的社会创造力。从人格特质论中的人格生成和发展理论到一个人格的知觉系统，从米德在《心灵、自我与社会》以互动论的观点来分析心灵、自我到社会角色理论中的一种内化的社会期待系统，再到一种社会建构论的"关系的

---

[1] 周晓虹：《社会学的社会心理学：历史、理论与特征》，《南京大学学报》，1989，第472页。

[2] Shotter, J., "The social construction of our innerselves", *Journal of Constructivist Psychology*, 1997, 10: 7~24.

[3] 周晓虹：《社会学的社会心理学：历史、理论与特征》，《南京大学学报》，1989，第47~24页。

自我"思想，都要求考量心灵、自我与社会之间的某种互动关系，体现为"自我"和"主观"、"主我"和"客我"、社会态度和自然界、作为社会过程中的自我以及社会情境中的自我实现，也体现为自我的社会创造力等，而这种互动关系也必须回归到日常的生活实践，回到一种对象化的、现实的关系。自我的问题同样是一个现实实践的问题，在现实实践中不断生成和不断衍生的过程；自我呈现为一个结构复杂的知识系统，具有不同的理论旨趣、观察角度、智识范域或想像力限度；自我是一种动态持续性的心理生成或一种人格发展论，也是一种动态的社会生成或社会创造，是一个不停地变化发展的过程，是一个自我和社会生成和再生成的延续性过程，不存在永恒或某种静态的自我状态。自我是"一个在一定社会文化结构中不断进行调节以寻求心理平衡的系统"。自我不是固定不变的实体，而是构成性的和动态的，始终处在与外界互动的状态之中。每一个体都不是固定的实体，都不是被动地接受外界的影响，而是处在一种动态平衡状态中，是开放式的系统。

3. "他者"的叙事

他者（the other）是后殖民主义（post-colonialism）中的一个核心概念，指的是相对于本土（native）的他国，及其政治、意识形态和文化等，以及这种政治、意识形态和文化的具体体现者，还包括其他的种族、民族、宗教等文化内涵。[①] 从哲学上考察，他者概念在后殖民批评理论中的应用，主要是根据黑格尔和萨特的理论。黑格尔在其《精神现象学》中认为，他者的显现是构成自我意识的必要条件。萨特也认为，他人是自我的先决条件，只有意识到"他者"的存在，才能确立"我"的存在。后殖民理论的先驱人物，美国哥伦比亚大学教授爱德华·萨义德（Edward Said）对此作了进一步的阐述，他在《东方主义》（*Orientalism*）一书中把东方主义界定为西方人的权力象征，一种优越感和一个

---

① 张首映：《西方二十世纪问论史》，北京大学出版社，第52页。

地缘政治概念。它不是一个真实的地理概念而是一种观念形态。其理论来源是福柯的"知识和权力"和葛兰西的"文化霸权理论"。福柯认为，知识和权力是一对共生体，权力产生知识，知识本身表现为一种权力，知识凭借其权力创造出其认识对象。在福柯的"知识和权力"的基础上，萨义德进一步把东方主义解释为一种知识的系统、体制和机制，或者视作一个形象再现体系。他认为，根据西方中心主义，非西方的民族，通过知识的生产者，被构成他者，又因西方的文化霸权而不断被重构，从而他者终于湮没在西方的话语中并被西方的话语取代。其存在的意义只在于为西方提供一个他者，没有任何的声音，成了"不在场"，他者"被视为某种生物，彼此属性相同，可以不断被替换，因而也成了殖民符号系统下只具有交换价值的物体"。[①] 西方文化自确立之日起，就一直在寻求那个意识或想象中的他者，作为确立主人的对立面。萨义德认为，要改变这种情况，再现他们的声音，他者必须通过自身的努力再现自己，因为"他者与主体之间的基本关系是冲突，冲突是他者存在的原始意义"。[②]

在女性主义研究中，"他者"同样是作为一个与男性书写和叙事相关联的重要概念，由于性别差异产生的叙事逻辑，导致男性叙述者叙述地位的确立，使男性叙述者既是叙述的主体，也是话语表达的主体，女性事实上是处于被讲述、被言说的客体地位，一个"沉默的他者"，失去了主体话语的表达权，因而她的内心成为无人能够书写、自己也无从表达的"空白之页"。女性主义认为，传统的研究框架人为地拉大了研究者和研究对象之间的距离；作为研究对象的人是被动的，无法发出自己的声音，分析的概念和范畴以及解释的框架和理论都是研究者预先强加于被研究者之上，因此它实际上反映了标准的男性中心立场和导向，是充

[①] 杨金才：《民主义理论的激进与缺失》，《当代外国文学》1999年第4期，第150～157页。

[②] 胡铁强：《后殖民语境中他者的双重建构》，《湘潭师范学院学报》2004年第5期，第45页。

满意识形态偏颇的。

在人类学的视野看来，自我指的是"中心"，即多民族国家内的主体民族、决策层等强势群体；他者意为"边缘"，即少数民族、农村人、穷人等弱势群体及其生态或人文环境。当代人类学研究，往往将少数民族（土著民族）、农村人、穷人、移民、难民、老人、妇女、儿童、女童等"他者"统称为弱势群体，连同他们的生态或人文环境也包括其中，而"自我"所指为主体民族、富人、投资者、决策者、有权的人、男子等强势群体，从而更具有关怀的韵味。就具体的社区发展项目而言，"他者"又分为两类：一是目标群体，指社区内将要受到发展项目直接或间接影响的人群或团体，可分为项目的受益人、受害人、受影响人三类；二是弱势群体，即从目标群体中再分出少数民族（土著民族）、穷人、移民、妇女、儿童、女童等群体；"自我"指投资者、决策者。由于他者长期处于受自我压抑、排挤的地位，后现代主义、后殖民主义者们才提出要关怀他者。

4. "自我"和"他者"：流动农民工空间书写中的话语叙事

在人类学的移民研究中，"自我"和"他者"日益成为一个重要的表述那些漂泊到他乡异国生活情境和发展逻辑的一对重要概念，成为关注人类主体性、人格和自我观念，关注自我性和道德以及对于我们自身道德构型探讨的核心元素。日常生活实践中的"自我"和"他者"呈现为一种实践逻辑，文化身份意识和认同危机主要发生在移民和流亡人群中。这些人由于种种复杂的社会或个人原因离开自己的生活空间，背井离乡来到陌生的异国他乡漂泊，其间往往要经历一个痛苦的类似精神上的"断奶"过程，而最终能否融入城市主流社会，则往往要视个人的性格、环境、机遇等多种因素的共同作用而定。

在中国，流动农民工作为城市空间书写中的"他者"，始终没有能够融入城市主流社会；在流动农民工所寄寓的城市社会，始终存在着一种根深蒂固的对农村人的偏见和歧视。流动农民工在城市的体制外生存和作为城市身份的非合法性存在，使他们以不融入主流之内的边缘视角，书写了一种既是表现"他者"又是"自我"呈现的现实景观，在"他者"与"自我"的互为纠缠中凸现了城市主流话语体系里流动农民工依存的两难境地。

流动农民工作为城市空间中的"他者"体现在外向的互动关系中，是通过日常生活实践活动或城市发展规划，通过人们的分门别类与身份等级制与合法性等面向来确定的，体现在对流动农民工的社会分类、社会排斥与隔离的过程，体现在现代化发展过程中对农民工的有意忽视，即将其排除在现代化发展规划之外。在流动农民工的城市空间书写的情境中，体现了城市居民和城市管理者，把流动农民工降低到沉默的"他者"的地位，并利用异类的眼光和判断标准来表现自身的优越性，实现一种根深蒂固的对农民工的偏见和歧视，或者实现对城市资源的一种垄断性控制和分配；也表现在城市现代化实现和现代性营造过程中，始终把流动农民工作为"他者"对待，把他们视为城市匆匆的过客，把他们排斥在城市的发展规划之中，一旦城市不需要他们，就随时会把他们驱逐出去。

然而，在考察流动农民工作为"他者"的同时，还存在一种"自我"主体性实践的事实，存在一种城市空间中自我的可能性情况。"自我"体现在内向的情感滋养和培育、话语实践中的自我取向、自我认同或自下而上的现代性生成，自我概念或自我界定的逻辑延伸，也体现在自我感和自我人格的形成过程中。流动农民工在城市中，不是完全"沉默的他者"，他们是拥有自我构建能力的自主生命。他们在城市中，往往以自我为中心来看待和改造世界，来创造、培育和滋养自己的日常生活实践。流动农民工在城市空间中，不断重构自己所依生的道德空间，完成一种"自我"的道德构型，这种道德构型被隐藏在与之对立鲜明的另一种道德构型里（即城市主流空间的道德构型）。事实上，成为"他者"的过程就是"自我"这一道德空间被重新构造和重组的过程。因此，从流动农民工从乡村闯入都市世界的"自我"的主体性关注到"空间自我"的日常生活实践和生成方式的经验性考察，又从"空间自我"到"空间道德生态"的道德追问和道德谋划，讲述流动农民工在城市空间实践中的自我生成之域；实现对"他者的关怀"，是实现流动农民工在城市空间中的"异质性共存"、实现流动农民工在城市中的社会视野和社会融合的一个重要前提条件，也是作为道德正义的一个重要的参考标准。下面主要从作为全球化链条中的"在场"和"缺场"的"自我"和"他者"、从"他者"的城市现代化逻辑和作为"自我"的流动农民工的自下而上的现代性生成来考量"自我"与"他者"是如何在流动农民工的空间书写中完成一种话语叙事的。

二 在场与缺场：全球化链条中的中国农民工生存现实

在当前的社会转型中，中国社会在西方全球资本和中国自身追求现代化的压力下向着现代社会转变，经历着世界经济的一体化，也经历着知识经济席卷全球，经历着从传统农业社会向现代工业社会转变。中国农民工正是在这一社会背景下为了生存或获得更好的生活条件做出的一种适应性反应，并进一步转化为一种主体性行为。本部分试图从全球化视角研究中国流动农民工的生存处境和危机境遇，论述全球化的趋势所带来的中国农民工的发展困境，特别是对这一过程中中国流动农民工的生存状况和危机境遇展开讨论，这是一种新的视角，一种重新理解流动农民工的新的方式。

1. 全球化、世界工厂与劳工的命运：一种趋势

全球化带来的一种多元转变正日益将人们裹挟其中，这种转变的一个鲜明标志，就是"时空凝缩"。一方面，日臻完善的现代信息技术消弭了地域的阻隔与断裂，将整个世界联成一个地球村；另一方面，现代性的发展改变了人类的时空距离关系，人们的互动不再受限于必然"在场"这一条件，"缺场"的联系同时变得习以为常。这种时空凝缩内蕴着一种演绎：全球化是"在场"与"缺场"的交叉，是相距遥远的社会事件和社会关系与本土情境交织，是时空穿越和脱离了必然"在场"这一先决条件后

社会关系的重构与人际互动的重组。置于全球化场域开放和动态的时空视野中,流动农民工的日常生活实践同样具有"在场"和"缺场"的交叉。从全球化过程,我们可以看到的是一种基于空间边界的联合,一种全球性、整体性的全新空间,以替代以现代性为背景的资本主义发展。全球化过程所出现的资本主义全球化扩张实质上就是寻求自己的生存环境和转嫁空间的过程。

吉登斯在《现代性的后果》一书中,将世界资本主义经济看做是全球化的维度之一,其中最为明显的是全球性劳动分工的扩张,包含着世界上高度工业化与低度工业化地区之间的分化。"在现代性条件下,数量众多的人生活在这样一种环境中,即各类脱域机制将地区化的实践与全球化的社会关系联结在一起,组织着日常生活的各个方面","在现代,时空延伸的水平比任何一个前现代时期都要高得多,发生在此地和异地的社会形式和社会事件之间的关系都相应地延伸开来。不同的社会情境或不同的地域之间的联结方式,成了跨越作为整体的地表的全球性网络,就此而论,全球化本质上就是这个延伸过程"。[①]

从全球化趋势来讲,国际产业转移的类型是以劳动密集型产业为主,发达国家向中国经济发达地区转移的大都是劳动密集型产业、产品、零部件,如轻纺、服装、皮革制造业、金属、机械设备制造业、化工、仪器电子加工等。劳动密集型产业主要通过劳动者的低成本劳动在竞争中获胜,其中赚取利润的多少直接与劳动者收入和福利的份额以及劳动条件相关。因此,劳动密集型产业大多以冲突型劳资关系为主要特征,存在着劳工权利受损严重、大量超时加班、工资低下、劳动条件恶劣等状况,大量农民工一般从事低价值、低技术和低收入的工业或服务行业。而且,随着经济全球化和贸易自由的迅猛发展,社会劳动问题和劳资矛盾日益突出,劳资矛盾加剧,富人成为全球化的受益者;财富分配严重两极分化,失业工人大量增加,社会保障不足,劳动条件

---

① 吉登斯:《现代性的后果》,田禾译,译林出版社,2000,第56页。

恶化，相当多的工人陷于贫困之中……劳资冲突加剧、劳工地位下降。进入21世纪，特别是中国加入世贸组织之后，"WTO的出现，对于推动全球范围内市场经济、自由贸易"的实现具有无可否认的积极意义。然而，这种推动是以资本的扩张为目的和手段的，而资本扩张的直接要求就是对于劳动的压制和剥夺"。[1] "在国家的协助和支持下，劳资关系意义上的'全世界资产者联合起来'已经成为一个不争的事实，在资本地位不断上升的情况下，世界劳工的地位在不断地下降"。[2] 大多劳工的基本利益也在全球资本主义的强势下一点点丧失。

我们研究中国流动农民工必须从全球资本主义发展的历史阶段来看，离不开全球化背景下的国际经济分工体系，需要一种以世界体系理论为基础的分析方法。在全球化过程中，不同国家或社会的成员，无论涉及的范围有多么广泛，都涉及了"共同在场的情境"，中国不可避免地成为世界的一个生产基地，成为一个为全球生产提供大量廉价劳动力和自然资源的"世界工厂"，要求我们在"世界工厂"的劳资关系中来理解中国流动农民工。20世纪80年代以后，中国的开放政策使中国被纳入了全球资本主义的发展轨道，大批发达国家在中国沿海城市设厂，中国在全球资本主义劳动链条中占有重要的位置，中国也逐渐向世界工厂转变，这是中国全面开放的必然结果。研究流动农民工，必须将其放在全球化背景中的世界劳资关系和工人运动的行动背景及力量对比、世界劳工的地位、经济一体化的劳资关系的框架中来理解，通过使用劳资关系的话语来显示中国农民工作为劳工生活真实的一面。这是一种新的劳动关系，也是一种世界范围内的新的矛盾问题。经济全球化使中国劳工问题不再只是一个国家的问题，而是一个全球性的问题。中国社会的结构重组中资产所有者和经营者阶层

---

[1] 常凯：《WTO、劳工标准与劳动权益保障》，《中国社会科学》2002年第1期，第126页。

[2] 常凯：《WTO、劳工标准与劳动权益保障》，《中国社会科学》2002年第1期，第126页。

的出现以及富有者和贫困者的两极分化,以就业为中心主要包括就业、分配、社会保障、劳动安全与卫生的社会劳动问题就会越来越突出,劳资关系的矛盾和冲突就会日益加剧。

总之,我们在全球化视角下来解释中国流动农民工的危机境遇,在于我们必须清楚地认识到中国农民工的危机境遇不只是通过简单的城乡二元结构或城乡户籍分割政策就能理解。中国农民工的悲惨处境和世界劳工的处境有相似之处,存在共同的社会根源。中国农民工同样是世界劳工的一部分,这是深刻、全面剖析中国流动农民工在"血汗工厂"悲惨境地的一个重要因由,全球化视角要求我们必须秉持全球化进程中的"企业社会责任"① 的理念,必须通过全球化的消费者运动和"反血汗工厂"的努力,

---

① SA8000是对企业社会责任的要求。1. 有关核心劳工标准:(1) 童工。公司不应使用或者支持使用童工,应与其他人员或利益团体采取必要的措施确保儿童和应当地义务教育的青少年的教育,不得将其置于不安全或不健康的工作环境和条件下。(2) 强迫性劳动。公司不得使用或支持使用强迫性劳动,也不得要求员工在受雇起始时交纳"押金"或寄存身份证。(3) 公司应尊重所有员工结社自由和集体谈判权。(4) 歧视。公司不得因种族、社会阶层、国籍、宗教、残疾、性别、性取向、工会会员或政治归属等而对员工在聘用、报酬、训练、升职、退休等方面有歧视行为;公司不能允许强迫性、虐待性或剥削性的性侵扰行为,包括姿势、语言和身体的接触。(5) 惩戒性措施,公司不得从事或支持体罚、精神或肉体胁迫以及言语侮辱。2. 工时与工薪:(1) 公司应在任何情况下都不能经常要求员工一周工作超过48小时,并且每7天至少有一天休假;每周加班时间不超过12小时,除非在特殊情况下及短期业务需要时不得要求加班;且应保证加班能获得额外津贴。(2) 公司支付给员工的工资不应低于法律或行业的最低标准,并且必须足以满足员工的基本需求,并以员工方便的形式如现金或支票支付;对工资的扣除不能是惩罚性的;应保证不采取纯劳务性质的合约安排或虚假的学徒工制度以规避有关法律所规定的对员工应尽的义务。3. 健康与安全:公司应具备避免各种工业与特定危害的知识,为员工提供安全健康的工作环境,采取足够的措施,降低工作中的危险因素,尽量防止意外或健康伤害的发生;为所有员工提供安全卫生的生活环境,包括干净的浴室、洁净安全的宿舍、卫生的食品储存设备等。4. 管理系统:高层管理阶层应根据本标准制定公开透明,各个层面都能了解并实施的符合社会责任与劳工条件的公司政策,要对此进行定期审核;委派专职的资深管理代表具体负责,同时让非管理阶层自选一名代表与其沟通;建立并维持适当的程序,证明所选择的供应商与分包商符合本标准的规定。与国际劳工标准不同的,它是有专门负责认证的公司提供证明的(转引自佟新:《三资企业劳资关系研究》,《学海》2005年第4期,第41页)。

真正改变包括中国流动农民工在内的世界工人的生存状况。我们同样也可以通过中国农民工的劳资关系的现状、变化的特点以及变化趋势来认识全球化或全球资本主义。

2. 全球化、血汗工厂与中国农民工危机境遇

在资本主义早期,西方殖民帝国主义国家在中国设立工厂,尤其是以日本的纺纱厂为甚(如 1925 年日本在中国建立了 41 家纱厂,雇佣中国员工达 88000 人①)。这些工厂利用中国廉价的劳动力,在中国工人恶劣的劳动条件下完成早期的资本原始积累。"社会事件"或"社会历史事件"带有社会戏剧的特点,可以作为一个道德脚本加以分析,这是一种"社会显微镜"和历史比较的方法,意味不同的事件,演讲出同样的语言,显露出人们的内心冲动和可以强烈感受到的社会价值。② 社会事件往往会把人带到一种时间与空间的场景之中。事件的相似性使人们可以抽离时间和空间,找到一种社会事件发生的共同性的社会语境,即事件背后的一种结构性因素——结构性的社会因素。

过了半个多世纪的今天,在中国珠江三角洲的工业区或开发区的外资企业(以港澳台投资为多)数量不断增长,这些不断涌现的工业区或开发区为全球资本利用中国丰富和廉价劳动力资源提供了条件,外商直接投资的比例也日趋加大,外商独资企业数目增加。作者在实地调查和官方统计的数据中发现,广东的深圳、广州、中山以及东莞是外资企业的重镇。有资料显示,仅在珠江三角洲就有接近 1000 万三资企业员工。③ 尤其是从东莞到虎门沿线,外资企业如蜘蛛网般密集在一起,如东莞共有企业 2.5 万余家,其中"三来一补"企业近 1 万家,外来打工者达到 500 万人,

---

① 邓中夏:《中国职工运动简史 1919~1926》,人民出版社,转引自佟新:《社会结构和历史事件的契合——中国女工的历史命运》,《社会学研究》2003 年第 5 期,第 54 页。
② 彼得·帕克:《历史学与社会理论》,姚朋等译,上海人民出版社,2001;转引自佟新《社会结构与历史事件的契合——中国女工的历史命运》,《社会学研究》2003 年第 5 期,第 53 页。
③ 佟新:《三资企业劳资关系研究》,《学海》2005 年第 4 期,第 33 页。

加上三资企业,在总产值中占绝对优势。这些三资企业和外资企业的老板和上层管理人员大都来自香港和海外,仅在东莞就超过10万①。这些企业是资本主义制度下的产物,采取的管理方式也是资本主义的,这些外资企业成为吸收中国农民工在企业就业的一个重要管道,这些厂区集中了大量的流动农民工群体。大规模的外商在中国的投资给中国经济的增长带来了积极效应,但一个严重的事实是,大量中国农民工集中在外资企业,成为世界劳工的一部分,成为发达国家资本积累链条中的一个环节。在这些世界工厂中,中国劳动者劳权的实现和劳资关系冲突成为一个日益严重的问题。作者发现,广东的珠江三角洲是一个较为独特的地方,其以"血汗工厂"为代表的残酷性体现得远比江浙一带明显,大量的流动农民工成为全球经济一体化过程中世界工厂发达国家资本积累的牺牲品。

为了更深刻地描述全球化进程中中国农民工的生存现实和危机境遇,我在这里引进一种剥夺理论的视角。作者在广东为期一年的实地调查和田野研究中,发现存在一种严重剥夺的社会现实。这里的剥夺是"指农民工在经济收入、福利保障方面所受到的一种不公正的待遇,即他们本应该得到的一部分经济待遇被别人拿走了"②。李强在描述中国流动农民工的被剥夺问题时提出:社会学所使用的绝对剥夺(absolute deprivation)是指由于缺少食品、水、住所等,一些人群的基本生活需求得不到满足之状况。在农民工的现实境遇中,存在着绝对剥夺的现实,体现在流动农民工遭受非人的对待、恶劣的劳动条件、超高强度的劳动、几乎耗尽所有精力的劳动时间以及与劳动生产成果相距甚远的工资水平、遭受非人的对待、"畸形"用工模式背后的利润最大化,这是一种典型的严酷甚至残酷的绝对剥削。李强同时指出,在绝对剥夺

---

① 周大鸣:《渴望生存:农民工流动的人类学考察》,中山大学出版社,2005,第164页。
② 李强:《农民工与中国社会分层》,社会科学文献出版社,2004,第241页。

的背后，同样存在着对中国流动农民工的"多阶剥夺"或"剥夺链"现象。事实上，在大量的外资企业，农民工不仅在劳动报酬、劳动时间等方面受到绝对的剥夺，而且由于他们在身强力壮、生命力最旺盛时期过度地支付了自己的劳动力，长期的超时劳动、长期从事有害身体的劳动、缺乏必需的医疗保障等，实际上是将未来的劳动力都支付进去了。李强把这种既剥夺现在的劳动力，也剥夺未来的劳动力现象称为多阶剥夺或剥夺链。从全球经济一体化、中国成为世界工厂的事实来看，大量劳动密集型的制造业、纺织业、化工企业从西方的工业体系中转移到我国经济发展地带，尤其以东莞、中山为甚，从而使大量有毒、有害、粉尘剧烈、污染严重的产业转移到中国，过多地损害了中国劳动力和环境的可持续发展的潜力。这就是一种基于全球化事实的严酷的多阶剥夺现象。在中国，流动农民工是这种遭受多阶剥夺的一个重要群体。这些流动农民工，大都是未来中国主要的新产业工人，或者是中国农业发展的未来精英，而在这种恶劣的劳动条件下，他们透支了自己的身体，透支了自己的劳动力。这是一种典型的、血淋淋的"血汗工厂"的多阶剥夺。

首先，全球化背景下流动农民工的发展困境体现在超时劳动和恶劣的劳动条件。农民工被迫超时劳动更是常见现象。2002年广东省劳动和社会保障厅的有关资料显示，珠江三角洲流动农民工每天工作10~12小时者占30%多，每天工作12~14小时者占40%多。有接近一半的农民工每月没有休息日。农民工的劳动是超强度的，但换取的工资却是低廉的。2006年6月国务院研究室发布的《中国农民工调研报告》表明，农民工的月均工资主要集中在500~800元之间。其中，每月收入在300元以下的占3.58%，300~500元的占29.26%，500~800元的占39.26%，800元以上的占27.90%。由于加班严重超时，如果工人工资不是按月，而是按小时计算，更残酷的真相就清晰显露了。如果一个工人的"保底"工资是400元，而每月总共能拿到800元的话，工厂要求每天的工作时间必须保证14个小时，每月只能休息一天,甚至无休息日。那么,他(她)为了拿到"保底"工资之外的400元工资,每月就要牺牲七八个休息日,每天多干6小时。每月总共加班200多个小时,算下来的加班工资每个小时只有1元多钱①。

实地调查发现,超时劳动和恶劣的劳动条件导致的工伤事故不但损耗了农民工现在的身体,而且损耗了他们未来的劳动力。有多少体质多病的员工昏倒在岗位上的,有多少员工在连续劳作下不慎致残的,也有多少劳累过度付出自己青春的。恶劣的劳动条件也是农民工身体受到多阶剥夺的一个重要现象。在珠江三角洲实地或田野调查中,我发现在外资企业的农民工大都在工作毒性严重、有害、粉尘、污染而通风不好、噪音严重等恶劣条件下工作的,这对于没有劳动保护意识的中国流动农民工,常常在不知不觉的情况下身体受到损害。在农民工访谈中我们发现,大部分农民工都耳闻目睹或者亲身经历身边发生的各种惨不忍睹的事件,有在喷漆厂长期工作苯中毒者、有在劳动过程中失去双手而终身致残者、有在长期电镀工作中长期接触三氯乙烯中毒肾功能衰退者。这种损害对农民工来说,对流动农民工的家庭来说,是无法弥补的,也是灾难性的。"多阶剥夺理论表明,由于工业原始阶段的残酷性,剥夺作为一种'病毒'或'癌细胞',已经生存于中国农民工的生命周期之中,作为社会弱势群体的农民工已经难以逃脱未来的厄运"。②

个案D9:马某,女,23岁,初中毕业,未婚,江西赣州人,东莞一外资企业员工

"我是去年初中毕业就离开家乡来到这里的,在东莞半年多的时间里,我们一起来的7名打工妹经历了超负荷的劳作,遭受了非人的虐待和折磨。我们现在工作的这家染料厂

---

① 国务院研究室主编《中国农民工调研报告》,中国言实出版社,2006。
② 李强:《农民工与中国社会分层》,社会科学文献出版社,2004,第241页。

是台湾老板办的。我们每天在充满有毒化学气体的车间里工作，时间长达12小时以上。我们睡觉的地方只有不到10平方米的地板，10多人要挤在一起。一天两顿只有馒头和白菜，早晨不到6点就得起床，7点就必须进入车间，中餐在车间里吃，一直要工作到晚上10点钟。我们刚来时，主要负责在充满氯气和其他化学物质的滚开的液体里面，从事染料的工序。我们刚来时，浑身疼痛，尤其是疲劳操作，容易发生事故。不信你看我的手，到处脱皮，而且龟裂得很厉害。我左手的食指就是前不久被高温的染料烫的，正在化脓，我的手指都快掉了！"

个案D10：毛某，女，26岁，小学文化，已婚，湖南娄底人，东莞一外资企业员工

"我1997年就来到东莞了，我在鞋厂、玩具厂和塑料厂工作过，我现在在一家台商的鞋厂上班。我在这里现在可以说是技术工人，负责皮革切割。在这样的工厂，必须非常小心，尤其是不能疲劳操作，否则容易发生事故，出现手指被机器压碎或切断，有时甚至会出现整个手臂被机器辗掉。在我身边经常发生这样的事故。去年我就亲眼看到我们的一位职员的两个手指头被机器辗掉，残废了，以后还得回家种田谋生，现在想来还有点后怕。田不能种，工不能打，那就惨了。"

"根据中国媒体透露数据，2004年大约有4万名中国工人的手臂、手和手指被机器压碎或切断，大多数工伤事故发生在拥有重型冲压设备的金工车间和电子工厂、拥有皮革切割设备的制鞋厂以及拥有高温燃料机器的玩具厂和工业塑料厂。"（参考王颖《中国农民打工调查》，中共中央党校出版社，2005，第222页。）

在现场，我发现其他的打工者几乎都有与李某、毛某类似的遭遇。一位江西赣州来的打工妹给我看了胳膊上的一个很大的伤

疤。和这些打工妹交流的时候,我发现无论是从物质上,还是从精神上,这些善良的农民工被雇主无情地盘剥着,奴役着。她们的脸上没有一丝笑容,只有疲惫,眼神的深处藏着惊惶与不安。

其次,全球化背景下流动农民工的发展困境体现在医疗保险和社会保障的缺失,尤其是劳动报酬和人身权利的侵犯。实地发现,在外资企业往往存在医疗保险和社会保障的缺失。由于中国农民工在城市中的体制外身份和流动性,以及他们被城市化拒绝在城市中可持续发展的事实,其社会医疗保障问题始终难以解决。在外资企业,有大量的中国流动农民工缺乏医疗保险、工伤保险、养老保险以及失业救济等费用,这一事实直接带来的后果,就是绝对剥削加剧,外资企业的资本积累更加迅速。外商投资企业的劳资关系冲突问题又重点集中于劳动报酬和人身权利等方面,即低廉的薪水和匮乏的人身权利。研究表明,近十年来,外资投资较多的深圳市劳动、信访、工会等部门处理的劳资纠纷90%与工资有关,几乎所有的罢工事件均由工资问题引发。[①] 除了多年徘徊不前并且还常常被拖欠克扣的工资外,他们往往一无所有。恶劣的工作条件、医疗养老保障没着落、子女入学困难……游离、漂泊在这些打工之地,除了贡献最美好的青春外,他们中的绝大多数无可避免的归宿只能是回返原籍、终老故里。在外资企业中,雇主往往把农民工当成获取更多利润的"免费工具"。一些不良的资方或雇主为了攫取超额利润,采用非法手段,强迫工人在非常恶劣的环境中超时超量地工作,有些老板甚至雇佣打手监视工人劳动并防止工人逃跑。此类类似中国旧社会的"包身工"的强迫劳动现象,在很多外资企业都有发生。

个案:李某,男,32岁,湖北荆州人,东莞市企业集中区(新城区)

"我在南方东莞一家日本人办的鞋厂工作过。这家鞋厂

---

① 佟新:《三资企业劳资关系研究》,《学海》2005年第4期,第34页。

四周是高高的围墙,还有铁丝网,戒备森严,就好像监狱一样,连上厕所都限定时间,更别说平均一天12小时以上的工作时间了。这里的保安和雇主还经常出现对员工施暴的现象,他们可以随便殴打员工。去年,一位员工在加班时偷懒,被雇主抓住,打了一顿。后来那位员工就被解雇了,而且还扣了三个月的薪水。现在我们大家想起来还有点怕。

个案:李某,女,湖北人,初中文化,东莞市企业集中区(新城区)

我在东莞一家台商制鞋厂上班,我们的劳动报酬采用计件工资,我们每周几乎要工作70个小时,没有休息日。公司要求我们在早晨7:30之前就要开始工作,中午休息不到一个小时,有时订单多的时候,中午没有休息时间。本来公司规定下午6点下班,但我们必须还得在工厂继续加班。原来,我们的超时加班不会给加班费,后来大家一起上诉,现在才给加班费,一个小时才补助不到2元。这样辛辛苦苦工作一个月,我们每个月赚钱大约500~650元。事实上,我们无法拿到计件工人应该得到的份额。

上述中国农民工的生存状况和危机境遇同样是世界底层劳工的共同命运,也是世界劳工悲惨处境的一个缩影,也是世界工厂非法雇佣劳工、榨取超额利润和剩余价值的必然现象。中国农民工是世界劳工的一部分,是世界发达国家资本积累链条上的一个零部件,是全球化背景下"血汗工厂"中劳工处境的一个缩影。

3. 全球化与中国农民工危机境遇的背后

为何中国流动农民工能成为西方资本主义国家资本积累的一个重要部件,为何以"血汗工厂"为代表的资本主义原始积累的残酷性能在珠江三角洲如此张扬,这是全球化、中国现代化和发展主义意识形态以及流动农民工的生存逻辑决定的,也是全球化过程中世界工人的共同处境决定的。

首先,中国农民工的处境源于中国同样是世界资本主义资本积累链条中的一个重要部件,是世界发达国家榨取利润和剩余价值的一个重要基地。这些外资来中国投资的目的是为了赚钱,而他们赚钱又是通过剥夺工人的剩余价值来实现的,其中主要是剥夺中国流动农民工的剩余价值。"外资在中国设厂的原因是:第一,中国有廉价的劳动力;第二,中国有广大的商品市场;第三,中国虽有劳动法,但是还有各种可以买通的地方官员,在其他国家无法实现的低工资、低的劳动保护、超时工作,可以不顾工人的安全,在中国可以实现"①,并可以成为一种可以容忍的普遍现象,地方政府片面强调投资环境,过分迁就外商。流动农民工在中国特殊的社会位置成为外资企业最感兴趣的劳动力,涌入的大量廉价剩余劳动力、不具合法城市身份的体制外的存在性事实、片面追求经济发展、忽视劳工生存权利的畸形心理的地方政府使得这些外资企业可以获取最大的资本积累,可以无视中国法律法规、无视工人安全、随意延长劳动时间、忽视劳工者权益、置工人于恶劣的劳动条件、随意克扣拖欠工人工资、拒签劳动合同或只签短期合同、拒绝给予福利保险等。中国流动农民工的这种境遇和早期资本主义工人的境遇很相似。"这十几年,在珠江三角洲的投资使得香港形成了一批新的亿万富翁,一些港商,从投资小规模的加工厂,发展为拥有数家企业的巨头"。② 这种境外投资者的积累从积累的获得和扩大再生产的过程看是资本主义方式的,有这种廉价的国内劳动力提供,资金积累很快。

其次,源于中国城乡二元结构以及乡土中国在解构事实中的某种传统性力量的根深蒂固。在乡土社区,家庭应是一个和谐的整体,任何成员应该为了家庭整体谋求利益,应该成为家庭理念的负载者,而不应该谋求自私自利的个人目的。大多数流动农民工愿意长期遭受非人的虐待,只是为了赢得家庭整体的生存,他

---

① 佟新:《社会结构和历史事件的契合——中国女工的历史命运》,《社会学研究》2003 年第 5 期,第 54 页。
② 周大鸣:《渴望生存:农民工流动的人类学考察》,中山大学出版社,2005,第 165 页。

们确实需要一份工作来养家糊口。国际市场面对的是订单开工的企业，要么加班，要么无工可做。家里的亲人等着他们寄回家里的钱，有的需要供子女上学，有的需要寄钱回家盖房，有的需要寄钱为兄弟娶媳妇，家里需要寄钱回家买化肥。在他们眼中，寄钱回家是天经地义的事情，能为父母分担责任，能够供兄弟姐妹上大学为家庭争光，这是一种家庭共同体的认识，是一种源于乡土中国的天然的"利他主义"，尽管这种"利他主义"只是局限于家庭内部，但其出发点是源于家庭的整体利益。

资本主义的全球化充分利用了中国特有的家庭文化和中国人行动的逻辑，这种策略维持着广大中国农民工的超时劳动和自我牺牲精神被整合进资本主义全球化的历史进程。生存使他们失去了自由选择的权利，他们的家庭一般陷于贫困，贫穷使他们创造了一种生存文化和行动策略，尽管获得报酬不稳定，尽管工作环境艰苦，也尽管超负荷的长时间劳动，也尽管他们在日益透支他们的身体，但他们必须应对每天的需求和家里的期望，他们别无选择。这样，作为社会下层群体的流动农民工一旦遇到侵权纠纷，包括绝对剥夺，一般就不会诉诸法律。虽然会有少数农民工采取底层的逻辑，诉诸暴力或者选择犯罪，但多数人不会这样，他们一般会选择容忍或者保持沉默。他们的逻辑就是，自己是农村人，是低人一等的，忍耐是唯一的出路。加上，这部分没有技能的农民处于社会最底层，也是劳动就业的一个盲点，他们本身没有钱，不可能去学一技之长。这样的恶性循环导致他们思想麻木——破罐子破摔！

而且，随着全球化资本的不断扩张，中国各地方政府往往出于发展经济的需要，对于资本的青睐和扶助自然顺理成章。政府在劳资关系中容易失去公正的立场[①]，以非常宽容的政策允许和

---

① 资产阶级和政府官员勾结在一起，形成一种政治法团主义治理状态，这也是导致新的阶级话语被压制，致使阶级失声的最大力量（参见潘毅：《阶级的失语与发声——中国打工妹研究的一种理论视角》，《开放时代》2005年第2期）。

鼓励外国资本在中国直接投资，这样，众多劳工权益的丧失常常被赋予合理且合法的理由。也正是这些站在"资本"立场上的理由，以"替代性话语"的使用，弱化劳动和资本的关系，从而掩盖了劳资之间的冲突性质，以巨大的话语权使劳工的合法权益的失去成为必然，成为人们熟视无睹的常态现象。地方政府的执政要求大都以经济建设的主流价值为目标，资本短缺和劳动力的就业压力使地方政府对资方形成宽松的社会环境，甚至放松对企业的社会责任的要求。"'官商合流'、'官商勾结'，甚至'官商一体'便在很多国家和地区发生，以牺牲劳工的利益来追求经济的发展，已是许多政府心照不宣的政策出发点"。佟新在调查港商投资的深圳葵涌镇致丽玩具厂1993年11月19日发生的那场大火灾中发现："港商违反我国法律规定，无视工人生命安全，强制工人冒险作业。厂仓合一，安全通道被堵塞"，"中方厂方不仅没有起到消防监督的作用，反而协助港商、贿赂消防整治小组人员，骗取火险隐患整改验收合格证。在整改过程中，镇政府没有进行督促整改，片面强调投资环境，不顾工人生命安全，过分迁就港商"。作者同时指出，"在这样的社会结构背景下，女工只能充当最廉价的劳动力，她们不过是资本主义在全球扩张的生产与资本链条中微不足道的、一个随时可以丢弃的小零件"。①

最后，我们可以发现，类似于资本主义的劳动力市场，自由劳动力市场在中国并没有实现，加上农民工在劳动力市场中的非法性事实，农民工在劳动力市场中处于明显的劣势地位。在工人和企业的劳资关系中，劳资关系的核心问题是管理者和工会之间就有关工作制度的谈判，包括福利的规则，包括工资、休假和倒班等，也包括工会代表和管理代表的各种合法性权利和责任的认知，以及不断协商化和谈判的劳动合约过程。从中

---

① 佟新：《社会结构和历史事件的契合——中国女工的历史命运》，《社会学研究》2003年第5期，第55页。

国流动农民工所在外资企业的劳资关系来看，这里的流动农民工一般都是短期合同，有的甚至没有签订合同，一进厂就上班，根本没有加入工会。其实，事后发现，这些企业根本就没有所谓的以工人为代表的工会组织，即使有工会，也没有得到工人的认可，没有工会代表的活动，在全球化过程中，工会不能也无法成为流动农民工利益表达与利益实现的重要机制。自由结社和集体谈判的权利应当是劳工权益中最为基本和最为核心的权利①，但在流动农民工的日常生活中，这些最为基本的权利处于一种空白状态。在中国，截至1998年，非公有制企业工会的平均组建率仅为7.3%，职工覆盖率仅为11.5%②，在外资企业甚至更低。

总之，正是全球化发展道路的预期把发达国家和发展中国家紧密结合在一起，也正是全球化使世界成为一个整体，经历着世界经济的一体化，也经历着知识经济席卷全球。在全球经济面前，几乎所有的国家皆因世界经济体系的不断周期性扩张而沦为这个体系的一部分。在这种全球化链条中，由于发达资本主义国家的"血汗工厂"的贪婪本性、榨取利润和剩余价值的偏好，也由于中国政府过分强调投资环境，追求经济片面发展，过分迁就甚至纵容外商，加上中国农民工源于乡土中国特殊文化背景和贫困的现实，促成了中国农民工的现有处境和发展困境。我们可以认为，中国农民工是世界劳工的一部分，是世界发达国家资本积累链条上的一个零部件；中国流动农民工的发展困境同样是世界底层劳工的共同命运，也是全球化背景下"血汗工厂"和世界劳工悲惨处境的一个缩影，是"世界工厂"非法雇佣劳工、榨取超额利润和剩余价值的惯性运作，大量的流动中国农民工最终沦为全球化过程中"世界工厂"与发达国家资本积累的牺牲品。

---

① 常凯：《WTO、劳工标准与劳动权益保障》，《中国社会科学》2002年第1期，第131页。

② 常凯：《WTO、劳工标准与劳动权益保障》，《中国社会科学》2002年第1期，第126页。

三 抗拒与变迁:"自上而下"的现代化叙事与发展逻辑

流动农民工由乡村进入城市,意味着进入一个新的迥异于传统乡土社会的新的空间形态,即由"传统社区"进入"城市社区",也意味着流动农民工生存空间的自我拓展。以何种方式进入城市空间,是否为进入的城市空间所接纳,一种道德空间的构型是否可以被隐含在与之对比鲜明的另一种道德空间的构型里,或同化、融合,或并存,或嵌入,或边缘化,始终存在一种空间的秩序和运作逻辑,这也是城市现代化过程中面对大量移民和流动人口所必须解决的问题。我们必须关注的是:流动农民工是否被纳入对主体性塑造的城市现代化之总体战略?流动农民工是否主动投身于现代化之总体阵地战?流动农民工在城市空间中作为一个主体的声音又是如何被国家机器建设现代化的轰鸣声湮没?事实上,中国的流动农民工在城市的现代化逻辑中,进入空间的模式,源于流动农民工的特殊身份和中国城市发展的特殊逻辑,表现为中国城市的现代化叙事和发展主义意识形态本身对流动农民工的抗拒。流动农民工作为城市空间中的"他者",往往作为弱势群体被排除在现代化发展规划和城市财富和权力的连接网络之外。城市居民和城市管理者,把流动农民工降低到沉默的"他者"地位,并利用异类的眼光和判断标准来表现自身的优越性,实现一种根深蒂固的对农民工的偏见和歧视,或者实现对城市资源的一种垄断性控制和分配;也表现在城市现代化实现和现代性营造过程中,始终把流动农民工作为"他者"对待,把他们视为城市匆匆的过客,把他们排斥在城市的发展规划之外,一旦城市不需要他们,流动农民工聚集区往往成为政府努力进行整治和清除的对象。在考察流动农民工作为"他者"的同时,还存在一种"自我"主体性实践的事实,存在着一种城市空间中自我的可能性情况,表现为流动农民工群体通过空间的"自愿性隔离"与主体性书写来践履一种对现代化的抗拒,表现为一种流动农民工主动拒绝这种现代化的发展逻辑,表现为一种弱者的抵抗或弱者的行动策略，即"排斥者"与"被排斥者"互相拒绝，这种脱离断裂是"双向"的。①

根据现代化的理解框架，作为城市的现代化必须关注城市经济的发展，也必须关注政治权力和政治参与的社会平等，任何社会公民都应该有话语权，而不是作为沉默的"他者"。处于贫穷和遭受边缘化的城市流动人口应参与拟订这类战略，拥有他们自己的话语权；同时尽量取消那些造成城市区隔与另类标签的社会政策与制度，城市流动人口与城市合法的居住人口都是社会公民，拥有任何公民所享有的合法权利；而且，在整个国家向现代化发展的进程中，我们应该关注和帮助国民从心理和行为上都转变为现代的人格，使其都获得某种与现代化发展相适应的现代性。

1. 现代化叙事和发展主义意识形态：现代化对农民工的抗拒

在中国，"现代化"或"城市化"可以说是由城市精英的诠释、谋划和全面推广而践履，存在着一种全新的知识标准和现代知识的权威模式。这种现代的知识权威模式，透过来自具有社会正当性之象征权力的国家推动和实施，通过制度机构的强制性来建构，通过制度化形式的实践场域来呈现，以漠视或牺牲个体性的"私人"生活世界场域为代价，完成一种自上而下的重构过程。精英对来自异于城市现代化文化主题的各种文化传统和价值标准侵蚀予以抗拒，城市现代化试图通过建立维护以城市为中心的精英价值和精英圈来抵御那种来自流动农民工群体的具有破坏性的"空间"文化的发展，存在一种以"城市"的姿态来抵御、

---

① 曼纽尔·卡斯特在叙述网络社会时也提出同一种逻辑："在这个世界里，似乎有一种排除了'排除者'（excluder），一种重新界定价值与意义之判断的逻辑，这个世界便是电脑文盲、无消费能力的群体，以及通信低度发展的地域，空间都越来越狭小的世界。当网络切离了自我，这个个体或集体的自我，便无需参照全球的、工具性的参照来建构意义；脱离的过程变成是双向的，因为被排除者也拒绝了结构支配与社会排斥的单向逻辑"（曼纽尔·卡斯特：《网络社会的崛起》，夏铸九、王志弘等译，社会科学文献出版社，2003，第29页）。

戏弄以"乡土"为主要表征的强势"国家"想象①。

  当社会精英利用手中的特定资源,尤其是透过具正当性之权力的运作,以其既定有限的认知,一方面诠释"现代化"的内涵,另一方面挥舞着"现代化"的法器,洒豆兵般地以具体之政策行动纲领来贯彻其理念与信仰。他们决定了"现代化"之实践的内容和方式,这样以制度化形式的实践场域来呈现,其所涉及的基本上不是个体性之私人世界生活场域而已,而是以集体性之公共场域为主,它可以是整个国家、或某个区域性或部分大众。②

  首先,城市现代化对农民工的拒绝体现在农民工身份系统的僵化和排斥性壁垒的存在。农民身份转化是现代化的本质特征,在中国的现代化进程中,农民工却被排斥在现代化的大门之外。"形成一个能够促进具有积极现代化取向和凝聚力的阶层发展的现代制度结构,不仅取决于政治结构的某些特征的定型化,而且有赖于更为广泛的社会结构内某种弹性的发展……特别重要的是身份系统的弹性发展的程度,表现为各种精英和社会群体在身份象征方面的自主性和相互开放性……这种自主性和弹性,能够使某些新的身份标准和群体得到发展……还可以极大促进那些愿意在经济、组织和政治领域内学习新的现代角色的新精英的发展"。③ 在中国,作为城市的现代化的社会精英担心现代化事实中

---

① 一个现代国家在传统社会发展过程中的成长所代表的不仅仅是群体之间一定数量的权力的变化或者转换,这种转换或是变化是以某些群体或个人的收获成倍的增长而其他群体或个人则遭受损失这样一种方式进行的,而是产生一个新的和更有效的机器来生产权力自身,因而增加了社会总体政治能力(参见克利福德·格尔茨:《文化的解释》,译林出版社,2002,第249页)。
② 叶启政:《传统与现代的斗争游戏》,《社会学研究》1996年第1期,第32页。
③ S. N. 艾森斯塔德:《现代化:抗拒和变迁》,中国人民大学出版社,1988,第174页。

流动农民工对城市利益和资源垄断的效力具有潜在的破坏性,便加强从空间或社会制度层面[①]上限制流动农民工的流动或迁移,拒绝给予流动农民工以城市居民同等的公民权利和政治平等,拒绝流动农民工作为"外来者"的身份转换。

这样,以社会精英为主力,让"论述"带动出政策,并以集体成就为目标的"现代化"实践活动,打的是有如强调战略以对整个社会理路规范进行全盘转向和颠覆的总体阵地战。精英们挟持着足以支配别人之种种具有正当性的社会资源,以有整体系统之"理性"考量为战略,在社会的各个重要据点布阵,采取严阵以待,蓄之以发的方式进行攻击战。[②]

个案访谈:困惑中的清醒者——"他者"的话语和叙事逻辑

个案G4:王某,男,35岁,已婚,教师,广州一高校

个案G5:刘某,男,32岁,已婚,教师,广州天河区一高校

个案G6:李某,男,27岁,未婚,教师,广州天河区一高校

个案E13:张某,男,23岁,初中文化,广州天河区一建筑地工人

"城市农民工、外来工、流动人口已逐渐成为城市生活中的一分子,城市中的众多基础设施建设、城市中的众多制造业、服务业工作大多是由这个群体完成的。虽然他们在城

[①] "如果一个国家的人民缺乏一种能赋予这些制度以真实生命力的广泛的现代心理基础,如果执行和运用着这些现代制度的人,自身还没有从心理、思想、态度和行为方式上都经历一个向现代化的转变,失败和畸形发展的悲剧结局是不可避免的。再完美的现代制度和管理方式,再先进的技术工艺,也会在一群传统人们的手中变成废纸一堆"(参考英格尔斯《人的现代化》,四川人民出版社,1980,第4、8页)。

[②] 叶启政:《传统与现代的斗争游戏》,《社会学研究》1996年第1期,第37页。

市中并不居于核心地位，客观地说他们只是城市中的边缘群体。"

"外乡人在这里做生意也不容易，能凑合就得了，不能给人家气受。"

"城市对流动人口应该表现出更多的亲和与宽容，应该能容纳不同的人群和文化，更应该欢迎更多的外来人口能在这里安家落户，定居在城市，这是实现他们融入城市的基本前提。城市应该是他们流动终点，而不是一个旅店，是一个匆匆的过客。"

"我认为，只要是城市建设和发展需要的人才，都应当允许自由进入，而不应该人为地分出三六九等，设置政策障碍。我们看到，成都日新月异，这离开了农村劳动力能行吗？"

"其实，中国的地域差距很大程度上是由于户籍制度及人口迁徙的不自由引起的，城市发展不能排斥外来人口，自由流动是公民的一种基本人权，谁也无权剥夺。"

"现在在报纸上到处流行讲'以人为本'、'构建和谐社会'，这里的'人'当然应该是包括外来人口在内的所有人。'和谐'也是本地与外来人一起，无贵贱、无身份差别，权利与责任对等、平衡，经济与社会发展协调、融洽、和谐。如果我们总是把一些人排除在外，那么'人本'、'和谐'的美好追求恐怕就只能是一句空话。"

"每次城市发展，需要创造财富、促进经济发展的时候，廉价、充足的劳动力之类的话语总被一些城市管理者、社会精英津津乐道、挂在嘴边；而一旦到了讨论城市问题的时候，资源紧张、社会秩序、城市交通拥挤和城市生活垃圾等城市社会压力的矛头总是首先指向'盲目''低素质'的流动农民工群体。为什么呢？说什么'城市资源有限，严重制约了城市的发展'，难道资源困境主要是他们造成的？"

"我们这些人少说也在广州干了十几年，你看，那些大厦，哪一幢不是我们亲手竖起？可是，在有些城市人眼里，我们是什么？我们是进城抢饭碗的乡巴佬，是脏、乱、差的根源，是想赶走却又少不得的累赘，连搭车也要遭人冷眼。"

事实上，在城市的现代化历程中，到处可以发现这样的话语："许多最艰苦的、城里人不愿意干的都是这些流动农民工干的"，"农民工给城市的日常生活带来了便利"，"农民工也给城里人带来了房租收入"，"繁华宏伟的城市建设都是农民工的血汗流成的"。

其次，现代化对流动农民工的抗拒表现为一种空间规训、话语系统或空间隔离策略。各种发展本来就是空间活动，所有的发展项目，从有大批发展专家参与的宏伟工程，到最小型的社区资源管理计划，都是对空间意义和空间控制的重组；就连道路、卫生服务、学校或信贷等基础设施的提供，也是空间活动——有些地方能得到这些服务有些地方则不能。因此，通过现代化过程中的城市规划，在大范围内造成空间和生活的重新安排，昭示发展本身所包含的对空间的重新定义。"发展从根本上说是重新安排空间，因而所有的发展都可能引发迁移。对人口迁移的定义可能引起很多争论，它可能意味着强制、漠视，或'推拉'因素，等等。"① "现代化与发展都是空间和文化活动，需要不断征服土地和人民，让他们按照理性的、逻各斯中心的秩序改变自己的生态和文化。"② "现代化需要社会所有主要领域产生持续变迁这一事实，意味着它必然因接踵而至的社会问题、各种群体之间的分裂和冲突，以及抗拒和抵制变迁的运动，而包含诸种解体和脱节的过程。"③

---

① 彼得·范德吉斯特：《耕者有其田：老挝的发展及其引发的迁移》，《国际社会科学杂志》2004年第1期。
② 阿图罗·埃斯科巴：《迁移、发展与哥伦比亚太平洋沿海地区的现代化》，《国际社会科学杂志》2004年第1期。
③ S. N. 艾森斯塔德：《现代化：抗拒和变迁》，中国人民大学出版社，1988，第23页。

在中国，流动农民工所寄寓的空间，已经结构性地被城市发展和规划隔离和碎片化，并脱离了其发展的内在逻辑和现代化的道德诉求，而且，城市总体性的现代化战略还有意或者无意地把这种现代化的困境归之于这种空间实体性的存在，即流动农民工增加了城市的负担，恶化了城市的环境，毁掉了城市的发展，这种空间是一种"污名化"的社会空间。事实上，这个空间不仅是人们跨区域流动、经营而导致的，更重要的是面对现有国家的有关体制而形成的。这个空间并没有被整合到一个庞大的社会里，相反，还不断地被这个社会隔离、孤立，直接与国家、城市管理者发生摩擦，不被城市规划认同，而且这个空间相对封闭，与外界尚未形成良性的、制度化的联系。① 平等和进步这两个现代化观念要求把农民从土地的束缚中解放出来，使之成为建筑工人和产业工人，流动农民工并没有"逐步向城市生活演进"。城市发展的现代化思想意识把农民工由乡村向城市流动说成是"进步"，又把流动农民工同城市的繁荣空间中隔离开来，使规划过程同流动农民工的日常生活景观脱节。现代化意识形态对进步的偏爱，对把劳动力从土地上解放出来的偏好，是对极端依赖原生态（作为自然的土地）获取生活手段的社区的歧视，也是对被视作"原始"职业（农业生产）的歧视，也是对那些基本无力迁移的社会个体的歧视。可以发现，在现代化过程中，城市正在产生一种不断容纳各种内在于现代化过程中的社会变迁的制度结构以及形成这种结构的能力。

个案访谈：农民工的骑墙状态——被清除的对象

个案 G3：刘某，男，42 岁，已婚，广东中山人，中山市劳动局某人才交流职员

个案 G3：张某，男，38 岁，已婚，广东中山人，中山一派处所警察

---

① 项飚：《传统与新社会空间的生成》，载于《战略与管理》1996 年第 6 期，第 106 页。

个案 G7：李某，男，43 岁，已婚，广东广州人，流动人口管理办公室工作人员

"这些人素质比较低，长期没有工作后，往往会铤而走险，给社会治安带来不安定因素。"

"如果按照传统户籍制度继续将其排除在现行城镇社会保障体系之外，显然有违公平原则；但如果将其全部纳入现行城镇社会保障体系，又欠缺财政、技术及相关政策条件。"

"据了解，现行城市的各种规划，以及政府、社会公共资源的配置，主要依据的是户籍人口的数量。但在珠三角一些城市，外来人口的数量已经开始超过户籍人口数量，对政府提供公共物品的能力提出了巨大挑战。"

"庞大的外来人口给中山带来的巨大压力，以治安为甚。"

"我们警察根本难以承担繁重的负荷。在中山，几乎每个公交车站都有保安和协管员站岗、巡逻，而他们显然参与了公共物品的提供，增加了城市的负担。"

"其实，我认为盲流少点就好还是应该控制，不控制，在短期内会毁掉城市的发展，到处人满乱哄哄的。城里一下子来了那么多闲人，对城市发展不好。"

"在中山治安最乱的地方就是城市边缘区、老城区等流动人口居住的地方，那里经常出现群体斗殴、打架等暴力事件。"

"流动农民工一般很粗野、蛮横无理，不太遵守城市的规范，给城市的治安带来了很大的问题。"

"城市规划这方面来讲，城中村、老城区以及城市边缘的流动农民工聚集地带是城市毒瘤，这些地区往往处在高楼大厦的包围中，村内平房低矮，道路拥挤不堪，填满了人力车、出租车、烧烤摊、菜摊，还有随处可见的短裤、拖鞋一族，以及让人难以忍受的气味，在城市规划中这些地区应该被剔除掉。"

"广州'城中村'存在环境脏乱差,公共设施配套落后、治安状况差等问题,与广州周边地区的繁荣景象极不相称,必须痛下决心解决。"

"城中村一般都位于城市商业或其他产业较繁华的地方,但所建的低矮建筑,使其仅仅停留在一种低密度的开发上,浪费了大量的城市资源。一定要下决心、花大力气整治广州的'城中村',集中力量把集中在那里的流动人口分散掉。"

流动农民工的"没有素质"、"缺乏文明"、"不太遵守城市的规范"、"增加了城市的负担"、"导致了违法犯罪的增加"、"不讲卫生,到处弄得脏兮兮的"、"挤占了城里人的各种公共资源"、"给公共物品的能力提出了巨大挑战"、"抢走了城里人的工作及发展机会"、"把城里人的钱赚走了"等污名化特征构成了城市现代化的痼疾,演绎成一种新的空间规训或话语系统,成为现代化对流动农民工抗拒和弃绝的根本理由。

最后,作者认为,现代化对流动农民工的抗拒体现在强势的城市文化对劣势的"传统农民文化"的鄙视和反感。流动农民工和城市居民的各种差异性都是以城市人为参照的,预设了一种以城市为优势文化的前提条件。各种流动农民工的差异往往成为学者考量和批判的所指或者轻视或鄙视的因由,现代化对这种构成性差异的责难和抗拒是以牺牲流动农民工的主体性为代价的。在传统社会中,农民不仅是一种职业,而且是一种身份,是受剥削、受奴役的宗法共同体成员,社会地位、经济地位低下,农民的全部经济活动都是围绕家庭的生产和生活需要展开的。他们与外界的联系和交流很少,社会组织化程度低,社会结构稳定。他们所充当的社会角色极为有限,社会阅历和体验贫乏,社会生活内容单调,血缘和地缘是传统农民社会两个最主要的联系纽带。血缘所决定的社会地位不容个人选择,地缘的地方性使得农民生活互相隔离,各自保持着孤立的社会圈子。社会学家雷菲尔德认为:"民俗社会的典型形态是和现代社会相对立的,小型、封闭性、不开化和同质性是这种民俗社会的基本特征，而且这种社会还具有很强的群体团聚感；民俗社会的行为是传统的、自发的和个人的；没有立法和经验惯例，也没有对理智、目的的思考；家庭包括它的各种关系和制度就是典型的经验范围；而家庭群体是行动的基本单位……"① 民俗社会是个孤立生存的小世界，在这个世界中，全体成员以完全相同的方式对待重复发生的生活问题。来到城市，在城市的现代化过程中，流动农民工是否实现了一种传统身份的转型？事实上，农民工在城市中的实际社会地位与名义社会地位相差甚远，在城市社会结构中农民的实际地位处于最底层，鄙视农民、看不起农民职业的社会心理根深蒂固。这种现状是由于我国长期运行"双重二元经济社会结构"的结果。中国农民不仅仅是一种从事农业生产的职业标志，更重要的是一种身份的标志，农民在某种程度上仍处于被剥削的地位，在身份上仍属于传统农民。现代化战略需要流动农民工、城市管理者或城市居民都成为一种积极的行为主体，需要一种文化宽容和文化理解，需要建立一种多元文化的交互主体性的融合视野，实现对他们构成性差异的客观尊重。

这样，流动农民工在城市空间中无法弥补他们的损失，无法重建可持续的生活，唯一重要的原因就是由于他们不属于以空间为界的社会或地缘政治实体。在这些地区，归属是享有基本权利的关键"避难国"政府实行不友好的难民政策和安置策略，在很大程度上是因为他们把难民视为过客，一旦迫使他们迁移的原因消失，他们就不再需要安全的避难所和援助，他们也就可以把这些人驱逐出去。

2. 自愿性隔离与空间书写：农民工对现代化的集体抗拒

城市在现代化叙事和发展主义意识形态的谋划中，表现了一种对流动农民工的拒绝，这只是构成事实表征的一部分。在这种表征的后面，同样有一种来自流动农民工自下而上地对城市现代

---

① 〔美〕赖特·米尔斯等：《社会学与社会组织》，浙江人民出版社，1986，第87页。

化的抗拒,而这种抗拒表现为一种弱者的抵抗或弱者的行动策略。随着现代化过程中不同群体的分化,各种群体被纳入一个共同而又相互依赖的框架,这种框架不可避免地破坏某些传统生活中的自给自足性,并把他们带入新的、比较现代化的制度框架之中。同时,各种边缘群体不断强化对社会中心或框架的冲击,产生一种抗拒的运动和取向,即体现为一种城市现代化过程中的政治需要和群体抗拒这两种模式的并存。"'现代化'并不是在真空中进行,它必然冲击到一般芸芸社会大众的日常生活世界,与社会大众既有的社会认知与感受模式产生面对面的对抗互动,面对着'现代化'之规模总体阵地战的攻击,社会大众缺乏以相对等的攻略来对抗,他们采取的是小规模、零星、随时随地机动制宜的游击战,其特点是以迂回、沉默、消极方式的方位战,以习惯经验的实作模式的传统理路,找'空隙'以'对策'来对抗'政策'"①。

个案访谈:抗争性的策略——一种弱势群体的空间抵抗策略

个案C2:李某,女,32岁,小学文化,湖南宁乡人,中山市南区环城金叶新村

个案C3:张某,女,23岁,初中文化,湖南宁乡人,中山市南区环城金叶新村

个案C4:李某,女,31岁,小学文化,湖南宁乡人,中山市南区环城金叶新村

个案C1:陈某,女,32岁,初中文化,中山市南区环城金叶新村一社区居民

"我是1998年来到这里的,当时,这里本地人比较多,我们在这里租了房子。过了一段时间,这里的本地人慢慢地搬往城市的繁华地段,这里就空了很多房子。我后来和这些

---

① 叶启政:《传统与现代的斗争游戏》,《社会学研究》1996年第1期,第32页。

房东联系，这些房子全部由我统一租下来，每月定期把房租给他们。这些房东也愿意，他们也不愿意和我们这些流动人口来往。一户一户收房租，他们嫌麻烦。我再四处联系流动农民工，把这些房子高于原价租出去。现在这里居住的都是流动农民工，这些流动农民工和当地城市居民很少往来，也没有直接的联系。当地居民宁愿绕道也不愿意从这里经过，他们嫌这里脏、乱、差、不安全。其实，我们也不愿意和他们交往，城里人对人冷漠，很功利。"

"城里人有什么了不起？如果没有流动人口，城市不瘫痪才怪。那些送水的、家政服务的，都是外来人口，没有他们，他们准会饿死。外地人常年为城市作出巨大贡献，城里人凭什么趾高气扬，有什么权利不让外地人员进来？这只能说明一部分城里人的狭隘和狂妄，目光短浅。"

"在中山，我们这些流动人口一般集中在城市的边缘区和老城区，这些地方房租便宜，治保会的人也很少到这里来，治理可以说是城市的'真空地带'，也不用看城市人的脸色行事，而且流动人口集中。这里老乡亲戚也比较多，好像在家里一样。不过看着城市越来越漂亮，高楼越来越多，我们还是挺羡慕城里人的。"

"在我们这里住的都是流动农民工，和外界几乎没有任何联系。我们在这里形成了自己的生活方式，没有人敢在这里欺负我们。一旦和外界发生冲突，我们就会团结起来。去年有个当地人和我们这里的人发生了冲突，我们大家都出来，那人一看，形势对自己不利，就跑掉了。"

"在这里，很多农民工不注意形象，影响了城市的市容，也破坏城市的公共设施，使得城市不堪重负，影响城市的发展。"

首先，流动农民工在城市中对现代化的抗拒运动体现在空间的建构、对城市或制度的冷漠和反感以及不断出现的"自愿性隔离"。即流动农民工从城市空间中自愿隔离开来,集中到城市边缘区、被遗弃的老城区,自觉不自觉地回避与城里人交往,囿于习惯性的同乡交往而拒绝突破这一交往圈,从而形成自我隔离状况。这是一个能找到社交世界、能扮演角色、找到适应和安全感、完成自我保护的空间。"将自己的各种性事、本能表现和欲望置于私隐的、避开'外界'眼目的秘密飞地里,或者暗藏在个人心灵居所的地窖里,暗藏在那个半意识或无意识之中"。[①] 城市化或现代化的发展逻辑,对于来自传统中国农村的流动农民工群体来说,正在威胁他们既有的传统生活方式和社会结构,侵蚀着他们乡村日常生活世界的既有惯习和场域。流动农民工在城市中的日常生活世界大都是"现代化"过程中"不在场"的私人生活世界的场域而已,居住在城市的边缘区、被抛弃的老城区、被污名化的城中村。在这样的空间中,他们只得以非制度化的实践场域来呈现,这种实践场域具有高度的生存机会。他们的这种日常生活实践场域由于在城市中不具"正当性",必然会面临来自城市异质性较高的外来文化的刺激和干扰,也只有通过"小规模、零星、随时随地机动制宜的游击战","迂回、沉默、消极方式的方位战","以习惯经验的实作模式的传统理路",在惯习和场域的边界树立起某种防卫,而这种防卫能为城市发展或"现代化"的发展逻辑所接受。流动农民工正是通过寄寓在这种狭小的城市生活空间或缝隙中,以围绕自己的身体来建构以"自我"为中心的世界观[②],或以"自我"为中心而依来自传统乡村的"关系"向

[①] "他们的社会构造迫使他们在相当大的程度上变成行为拘谨、克制情感、拒绝或转移冲动的人,他们已习惯于将自己的各种性事、本能表现和欲望置于私隐的、避开'外界'眼目的秘密飞地里,或者暗藏在个人心灵居所的地窖里,暗藏在那个半意识或无意识之中。"参见诺贝特·埃利亚斯《个体的社会》,翟三江、陆兴华译,译林出版社,2003,第32页。

[②] 流动农民工的处境类似于W. I. 托马斯、F. 兹纳涅茨基所描述的身处欧美的波兰农民:城市中这种种族聚居区对保护外来移民具有重要作用。这些居住区构成了一副外来移民生活的镶嵌画……在社区中,移民们找到了一个社交世界,有名有份,扮演角色,找到适应和安全感(W. I. 托马斯、F. 兹纳涅茨基:《身处欧美的波兰农民》,张友云译,译林出版社,2000,第8页)。

外不断复制和扩大建立一种新的社会关系网络，从而形成一个与城市主流社会断裂的、以利益和情感为基础的、具有自我延存性的"隔离空间"。通过空间的"自愿性隔离"策略，构成了流动农民工的一种主要的对抗"策略"①，即拒绝融入城市现代化阵营的一种本能或防御性的对抗或抗拒。这种抗拒根源于一种被排斥在城市中的合法地位和价值之外，而又丧失了原有社会地位的感觉。

> 作为社会精英引发的现代化之总体战略，事实上"作为承受者，社会大众并非如社会精英一般，会较常抽离以'我'为中心的自身……以环绕自己之身躯来建构之'我'为中心的世界观，或顶多是由'我'为中心而依亲疏远近向外扩散之人际网络建构起来的，以利益或情感为分殊基础，具区域联防性的'区域'世界观，以其有限狭圈之生活场域为基地，利用空隙，靠种种掩饰手法，在被现代化征服的大地上，进行小规模、零星、不定时、不定点，但却也是随时随地的游击战……他们所能做的只是以自己最为熟悉的传统习惯方式来理解，并见招拆招般地来对应，运用其生活世界之惯域中既有的理路与种种资源，从事零星而区域化的游击战，往往以沉默消极而几近乱流扰乱式的方式来对抗现代化之体系理性所开展的精心设计。②

---

① 詹姆斯·C. 斯科特在论述农民的反叛问题时，指出："一连串的有关解释包括了许多适应策略或生存策略，这些策略至少暂时地避开了对生存的直接威胁。其中有些策略是个体性的并且常常是暂时的，有些则是集体性的，还有极少数涉及精英们为了减少造反的威胁而创造的边际机会。"（参考詹姆斯·C. 斯科特：《农民的道义经济学——东南亚的反叛与生存》，程立显、刘建等译，译林出版社，2001，第250页）流动农民工在城市空间中同样也是基于一种这样的运作逻辑，这是一种生存或适应的逻辑。

② 叶启政：《传统与现代的斗争游戏》，《社会学研究》1996年第1期，第38页。

其次，流动农民工在城市中对现代化的抗拒的运动体现在流动农民工亚文化的形成。在这种空间中表现为：犯罪的滋生、对现实社会的反感、不满及敌对情绪、背离城市所推崇的社会道德、欺诈、行骗、及时行乐的个人主义，表现为严重的放荡不羁、松弛的道德观念、流氓行为、诈骗行为、打劫行乞行为，也有沦为娼妓和窃贼等。这种偏常行为一方面源于一种在城市中的挫折感、一种屈辱和不安全感、消沉沮丧的心志，更是源于乡土社区在解构过程中，在由农村进入城市后，失去了乡土社会固有的防范机制和道德观念，失去了家庭和乡土社区所具有的那种阻止成员反抗的能力，失去了乡土社区特有的社会舆论监督功能和力量，尤其是在一个偌大的陌生人世界中遮掩越轨行为比乡村容易。①

社会学者布迪厄把布儒瓦通过纽约毒品贩子把"那些像瘟疫一样袭扰着老城区的暴力、犯罪和实质上的掠夺与破坏，看成是一种'抵抗文化'的体现"，"来反击那个被白人种族主义者把持的、经济上他人无缘进入的主流社会"。同时，他又指出，但"这种反抗方式导致了更严重的压迫和更强烈的自我毁灭，正是这种反抗制度体系的过程，本身正加剧了创伤"。② 这种策略，最终会加剧他们在社会和经济上的边缘地位。同样可以说明的是，流动农民工群体在城市中寄寓的空间变成他们在城市中的"小世界"，具有一种相对的"自主封闭性"。这种空间在某种程度上能够产生一种有效的文化抵抗方式，在那里，使得源于乡村的价值手段或者一种特有的空间生态成为居于支配地位的城市文化，或城市"现代化"历程，或"发展主义"逻辑的敌对因素，如成为城市现代化中的阻碍或"污名化"存在。

---

① 流动农民工的处境类似于 W. I. 托马斯、F. 兹纳涅茨基所描述的身处欧美的波兰农民的堕胎现象。在城市中故意堕胎比乡村中常见的原因在于：严重的放荡不羁、松弛了的道德观念，在城市遮掩越轨行为比乡村容易（W. I. 托马斯、F. 兹纳涅茨基：《身处欧美的波兰农民》，张友云译，译林出版社，2000，第4页）。

② 布迪厄等：《实践与反思：反思社会学导引》，李猛等译，中央编译出版社，1998，第291页。

个案 C5：罗某，男，湖南隆回人，中山市南区环城金叶新村

"其实城里人根本不存在生存问题，但是有很多农民工来到城市之后，经常和遇到没有钱的时候，政府又不管你死活，我们不去偷、不去抢，早就饿死在城里了。其实很多流动农民工犯罪都是没有找到工作，无钱买饭吃，又不好意思去乞讨。"

"外面的房子越来越高，我们这里越来越黑，也越来越乱。这里是城市里的难管地区，这里脏、乱、差是出了名的，这里也经常打架斗殴，让人惶惶不安，缺乏一种安全感。"

个案 G7：李某，男，43 岁，已婚，广东广州人，流动人口管理办公室工作人员

"不是农民工喜欢犯罪，有的人确实是过不下去，没有赚到钱，日子难过。去年我有一位亲戚，来到广州打工。我那位亲戚在家里，人挺好的，喜欢帮助别人。可来到城里后，连续一个月都没有找到工作，整天待在家里，连回家的路费都没有。后来，他偷了邻居家里的钱就被抓住了。钱不多，只有几百元钱，没想到，被关起来了。"

个案 E4：李某，男，27 岁，初中文化，湖南邵阳人，中山小榄镇开发区建筑工地

"其实，我们都想做好公民，可是他们不让我们做。他们歧视我们，有时还侮辱我们，骂我们乡巴佬，心里难受。我有次实在忍不住，就打了一个本地人，后来被警察抓起来了，罚了几百元钱，才出来。"

最后，农民工对城市现代化的抗拒也体现在对来自乡村的那些思想观念或文化价值知识体系的顽强和延续。现代社会的结构特征体现在一个具有现代特征的社会并非由任何固定和先赋的血缘关系或地缘关系所确定，体现在个人在扮演的各种角色与家庭和血缘关系的分离，即体现在专业组织内血缘关系和狭隘的地缘

基础的重要性在减少。农民工进城前在农村已经完成了基本社会化过程，他们的思想观念、思维方式、认知方法等已经形成。乡土文化极深的积淀和极强的生命力、渗透力，传统文化中一些消极、惰性的东西仍然深植于这些农民和农民工的思想品质、道德观念、价值取向之中。农民工对城市价值认知系统社会化的拒绝，是一种典型的对源于城市发展逻辑的现代化的抗拒和抵制，是一种弱者的抵抗方式。农民工虽然离开了土地和农业生产活动，成为城市非农产业的就业者，其职业转换了，地域空间也发生了变化；但是大部分农民工的思想观念、生活方式的非农转移并不明显，先进的城市化意识积累不足，农村及农民的落后意识、落后生活方式仍然根深蒂固。农民工群体，由于自身素质和体制、政策、城市居民等障碍，在城市陷于种种困境和挫折，他们的失范行为、与城市居民的矛盾与冲突，以及犯罪现象，日益成为牵涉城乡社会结构转型、影响城市社会稳定和经济发展的重大问题，更成为近几年来政府公共管理的焦点问题。农民工是否真正完成从农民到市民的角色转换，不仅仅只是他们的职业身份的转变和居住空间的转移，更需要他们的思想观念、社会文化发生转换。

3. 讨论：作为现代化的代价

现代化带来的必然后果就是：现代化不仅为村落非农化、工业化、去工业化到城市化和村落终结的变迁逻辑，提供了可能，而且，现代化所带来的城市化或工业化的社会进程在城市中提供了大量的就业机会，城市需要大量的劳动力，农村有大量剩余的劳动力。农民工进城象征着农民在现代化过程中走向终结的理想类型，也同时展示了农民工所习惯的乡土中国在城市化铁律下被解构的过程。进入城市的流动农民工所寄寓的现代性空间不存在血缘和地缘关系（先赋性或存在性关系）和差序格局的合理性，不存在源于血缘、地缘关系的社会交往、互惠行为、传统社区的归依情感，也不再存在血缘地缘关系的建构性元素以及建立在"熟人社会"、传统邻里社区的关系运作的元素。传统的文化边界和乡土认同在城市的流动过程中动摇了，传统村落的价值体系在城市体验中销蚀,开始趋同于城市的生活方式、思想关系和价值体系,传统的社会边界难以维持,血缘、地缘关系逐步淡化和消解。从依赖土地谋生到城市中寻求职业谋利,这个在西方社会看似寻常的日常生活变化,实际上却孕育着乡土中国的一场巨大而深刻的社会变革。这就是从农民身份到城市新市民的裂变,同时也意味着市场经济对乡土中国的解构和销蚀。关注流动农民工在城市的空间秩序和运作逻辑,我们必须明了在现代化进程中,中国农民由乡村进入城市空间后面对常规生活方式崩溃后所必须面对的危机境遇(crisis situation),这种危机境遇是现代化的代价,也是农民面对乡土中国走向解构所必然面对的事实。

现代化过程中流动农民工在城市空间中的危机境遇和生存现实

体制外身份的合法性事实	排除在基于个人身份的资源获取之外 嵌入的具体情境不再是合法居民的存在性事实 随时可能被城市作为非法居民驱逐 局外生存的现实
面临新的市场不安全性威胁	基于生命、经济上或收入上的不安全感增强 在市场面前变得脆弱和容易受损 变得焦虑、不确定性、不安全和恐惧 认知紧张、情感压力、经济受损严重
破坏了乡村和家族分担风险和困难的保护性功能	邻里乡村的互惠性事实被销蚀,即邻里互助在这里变得不再变现① 社会保护组织匮乏 损失掉了亲友网络关系、危难共济关系 失去了共享的公共资源

---

① "互惠这条道义原则渗透于农民生活乃至整个社会生活之中,它植根于这样一个简单观念:一个人应该帮助那些帮助过自己的人,或者至少不损害他们。"(詹姆斯·C.斯科特:《农民的道义经济学——东南亚的反叛与生存》,程立显、刘建等译,译林出版社,2001,第217页)

续表

瓦解了传统的生存安全阀	土地不再是作为生存的唯一保障 沦为被雇佣的工人,面对的是贫困和变化无常的工作环境、随时被解聘和失去生存保障的现实 失去了大量维持生活的资源:社会保障体系、邻居、朋友、亲戚、牲畜、对土地的感觉 失去了个人归属、认同感和信任结构
乡村盛行的道德观念和公正性被颠覆或受到威胁	在农村不会感受到的不公正或道德差异性在城市中变得可见且嵌入了他们的日常生活情境 不平等容易滋生道德义愤和不公平感受,容易滋生怨恨、焦虑和产生暴力倾向① 城市和农村的道德冲突由隐性走向显性

对于流动农民工,现代化的代价是破坏了中国农民乡村和家族分担风险和困难的保护性功能,瓦解了传统的生存安全阀;乡村盛行的道德观念和公正性被颠覆或受到威胁,面临新的市场不安全性威胁。问题是,农民工进城在真正标志中国农民在真正走向终结?这些农民终结是否真正可能?流动农民工所熟悉和记忆的乡土中国也是否会在现代化的铁律下出现某种创造性的转型?事实是,农民的终结既是非农化、工业化的过程,也是户籍制度的变更过程。但在现实中,城市现代化毫无成效、不愿意或没有能力将他们纳入比较现代化的现代城市空间中,农民工在城市中的体制外身份永远是个不可改变的事实,即表现为现代化对流动农民工的抗拒。

---

① 詹姆斯·C. 斯科特在论述农民的道德难题时指出:"农民出生于其中(农村空间)的社会和文化,为他们提供了既定的道德价值,一套具体的社会关系,一种对于他人的行为模式,还使他形成这一切文化因素过去是如何实现目标的看法……不论在地方常规活动中……共同的道德理念结构,即对于何为公正的共同理念,都融入了农民行为的组织结构……正是这一份道德遗产,使得出于道德义愤的集体行为成为可能。"这无疑在研究流动农民工的经验事实中给了我启发(詹姆斯·C. 斯科特:《农民的道义经济学——东南亚的反叛与生存》,程立显、刘建等译,译林出版社,2001,第216~217页)。

在城市空间中，出现了传统乡村关系的社会结构与较现代的结构在城市生态上的持续存在，两者之间被隔离或形成一种排斥性的关系；这些被城市排斥的群体寄寓在现代生活的边缘区或者萧条地域，形成新的被隔离的社会空间；表现在这种空间的存在与都市以及中心基本隔离的持续性中，即现代化本身不愿意消解这种封闭性，或建立新的联系机制；同时，流动农民工在城市中形成"自愿性隔离区"，仍然依赖一种传统的血缘、地缘关系，是一种对现代化的抗拒。这就决定了中国城市现代化过程的最后结果是，在艰难中前进，在一种无法完成的现实中变成那些政治家们无力的呐喊，在城市发展战略上所提出的提前实现现代化最终只是一种服务于政治谋略的一句空话，因为在他们的现代化发展战略中，农民工作为现代化的代价而成为沉默的"他者"，这种现代化战略注定是不会成功的。

> 社会大众的区域防卫游击战或许无法抵挡住社会精英主导下之"现代化"的总体攻击阵地战，但却可以相当程度地依靠小规模之区域性的零散扰乱，让本土传统文化基素与外来现代文化基素产生汇流。"现代化"原有的体系理路虽产生结构制约性威胁力，却始终无法完全征服人们。①

在我国，城市化过程中所滋养的一种现代化标准，形塑了一种以城市人的生活为标准的现代性模式。这种现代性所营造的认知、思考、行动模式与互动关系，成为一种具有正统意涵的典范，在城市中的发展逻辑中具有一种宰制性的价值判断标准。这种行为模式或价值观念被供奉为具有神圣意涵的制度形式，指引着城市社会的社会实践，或深深植入城市人的心灵深处转变为日常生活之中的自然态度。这种在现代化过程中所衍生的现代性的架构

---

① 叶启政：《传统与现代的斗争游戏》，《社会学研究》1996 年第 1 期，第 38 页。

形式，对那些具有根深蒂固具有传统乡村的认知、价值、思想和行为的流动农民工群体来说，要把那些根植于自己惯习之中的、成为集体记忆的、具有稳定性的社会场域的结构在短时间内彻底击溃，几乎是不可能的。更为严重的是，"现代社会并没有将人们作为完整的人整合到他的各个功能系统中而是基于一个这样的事实：个人并没有被整合到社会中，他们只是徘徊于不同的功能边界之同时，部分地暂时地介入社会"。① 而在我国体现在僵硬的城乡二元分割的社会结构、城乡二元户籍政策，这种结构又与社会资源的分配、个人身份的确定联系在一起。这就要求在社会体系方面创造出能将所有人结合进整个社会的机制，而现在看来，这似乎是不可能的。

中国城市的"现代化"问题或现代化逻辑内涵必须在更加复杂和多样的语境下加以检视。来自城市的"现代化"叙事和"发展主义"意识形态的不可抗拒，来自流动农民工的现代化叙事和抵抗策略同样不可抗拒，流动农民工在城市中的流动经历和现实处境可以为更深入地反思来自城市的"现代化"叙事和"发展主义"逻辑提供有力的思想资源和评价性标准，可以为更有效地理解中国现代化问题的多重面向提供有利的理论途径。只有这种隐含在具体的论说和微观的分析背后颇为重要的"问题意识"呈现出有待进一步研究的必要，这种研究将对研究者的理论阐释能力和经验事实的想象能力提出了新的挑战。而且，对城市现代化的关注，不仅意味着强调"城市"和来自不同区域和空间的"人"之间活跃的互动关系，更重要的是它可能提供另一种方式来回应"现代化"问题；而且在现代化反思的视野中，不仅需要重新考量中国现代城市化进程的历史过程、社会动力和文化影响，而且必须把"城市"作为一个整体，放置到与经济环境、人文地理、自然生态……的复杂关系网络中予

---

① 威尔·赫顿、安东尼·吉登斯编《在边缘——全球资本主义生活》，生活·读书·新知三联书店，2003，第225页。

以重新定位。

总之,作为城市的现代化必须关注城市经济的发展,也必须关注政治权力和政治参与的社会平等。任何社会公民都应该有话语权,而不是作为沉默的"他者",处于贫穷和遭受边缘化的城市流动人口应参与拟订这类战略,拥有他们自己的话语权;同时尽量取消那些造成城市区隔与另类标签的社会政策与制度,城市流动人口与城市合法的居住人口都是社会公民,拥有任何公民所享有的合法权利;而且,在整个国家向现代化发展的进程,应该关注和帮助国民从心理和行为上都转变为现代的人格,都获得某种与现代化发展相适应的现代性。

四 理想与谋划:"自下而上"的现代性书写与艰难

以往的流动农民工研究,存在着以城市为中心的一种现代性表征,忽视了现代性的多元化特征,忽视了现代性存在多种可能和多种张力的概念系统,忽视了现代性所践履的不同经验性事实和现代性知识的地方性视阈。理解流动农民工的现代性必须诉诸历史的语境和融合流动农民工社会生活的经验事实。流动农民工进城是一种自我选择的行为,是一次"自我"的主体性营造,存在一种"自我"主体性实践的事实,存在着一种城市空间中自我的可能性情况和用自己创立的符号来阐述自我的生成、培育、滋养与发展的过程。"自我"体现在内向的情感滋养和培育、话语实践中的自我取向、自我认同或现代性生成、自我概念或自我界定的逻辑延伸,也体现在自我感和自我人格的形成过程中。流动农民工在城市中,不是完全"沉默的他者"或"被动的容器",他们是拥有自我构建能力的自主生命。他们在城市中,往往以自我为中心来看待和改造世界,来创造、培育和滋养自己的日常生活实践。流动农民工在城市空间中,不断重构自己所依生的道德空间,完成一种"自我"的道德构型,这种道德构型被隐藏在与之对立鲜明的另一种道德构型里(即城市主流空间的道德构型)。事实上,成为"他者"的过程就是

"自我"这一道德空间被重新构造和重组的过程,也是一种对自己个性品质的知觉或自我概念的生成方式。可以说,流动农民工作为"自我"的本质是社会过程,是社会的产物,是通过主我与客我互动的结果,是通过现实的行动表现出来的,与传统乡村血缘、地缘关系的撕裂以及在城市中寻求血缘、地缘关系的扩大和生产,是一种个体行为,是一种对传统"理想生活方式"的叛逆行为。

在流动农民工在城市的生活语境中,我们必须关注的是:流动农民工在城市中是否有可能完成一种"自我"的现代性培育?这种现代性知识的建构和秩序安排是如何演绎的?流动农民工现代性的道德知识的特性和在城市中的合法性问题?流动农民工"自我"的现代性生成和城市居民的现代性生成是否存在着一种构成性差异,这种差异性存在的合理性如何,是否需要寻求一种差异的跨越性公度?在学术界那种浸淫既久的抽象普遍理性主义迷妄的逻辑,对城市现代性的总体谋划又是如何伤害了弱势群体的差异性存在事实?这需要一种"现代性道德"的道德语言和道德语句的句法结构。作者认为,在中国城市的发展语境中和政治背景中,流动农民工"自下而上"的现代性培育必将充满艰难,是一次难以实现的现代性谋划,这是作为弱势群体的流动农民工在现代化过程中的一种发展困境,也是我们在探讨弱势群体能否共享社会发展成果和社会公正时所必须思考的问题。

1. 现代性的内涵

现代性和现代化是两个相关联又有着构成性差异的概念,存在着不同揭示问题的语境和差异性话语的建构。维尔姆森认为:"现代性的本质……是假定生活的状况为随机而不是固定的;是可以适应和调整的。这就为特殊性和个性化表达提供了空间。"维尔姆森说:"(涉及发展的)现代化并不是现代性的工具,而是对现代性的破坏。"区分(作为人权和确认差异及弱势力量的基础的)现代性与(作为主导需求的工具的)现代化很重要,这样我们就可以把流动农民工进入城市以及在城市空间中的建构行为视为争取现代性的呼吁。①

布莱克认为:"现代性"(Modernity),是"用于描述那些在技术、政治、经济、社会发展方面最先进国家的共同特征",而"现代化"(Modernization)是"用于描述这些国家获得这些特征的过程……这种现代性的概念,一旦被看做一种模式或一种理想类型,便会当作一种衡量任何社会的尺度来使用"。②将移民视为固定于自己的身份和土地的观念只适合发展和现代化的论点,而维尔姆森(Wilmsen)认为,现代化和现代性实际上是垂直交叉的,后者承认差异、人权和人的建构。"现代性显然是……当代所有种族话语的本源"。"现代性是一种理性的具体历史表征形式,现代化是这一理性发挥作用的历史过程或历史动力"。③"现代性是历史的,也是文化的,其所呈现与反映的是欧洲人自某一特定历史时段起的一种认知和期待心理、价值、信仰、态度与行为基调,现代性是西方理性的一种历史性的表现形式,它得以让理性以不同的转型样态表现在社会中的不同面向"。④

哈贝马斯把现代性看做一种新的社会知识和时代,它用新的模式和标准取代中世纪已经分崩离析的模式和标准。在这种新的时代意识的支配下,逐渐形成一种注重现在的精神气质,从而把人类社会历史看做不断理性化的过程。理性主义、个人主义、进步的历史观念是现代性观念的核心内容。⑤福柯把现代性理解为"一种态度"。福柯认为,所谓态度指的是与当代现实相联系的模式;一种由特定人民所做的志愿的选择;一种思想和感觉的方式,

---

① 路易斯·S. 西尔伯林:《巴西阿尔坎塔拉的人口迁移与基伦博人:现代性、身份和地位》,《国际社会科学杂志》2004 年第 1 期。
② C. E. 布莱克著《现代化的动力》,四川人民出版社,1988 年 3 月版,第 36~46 页。
③ 叶启政:《传统与现代的斗争游戏》,《社会学研究》1996 年第 1 期,第 81 页。
④ 叶启政:《传统与现代的斗争游戏》,《社会学研究》1996 年第 1 期,第 83 页。
⑤ 哈贝马斯:《现代性的哲学话语》,译林出版社,2004。

也就是一种行为和举止的方式,在一个或相同的时刻,这种方式标志着一种归属关系并把它表达为一种任务。按照福柯的这种解释,现代性主要指的是一种与现实相联系的思想态度与行为方式。卡林内斯库在《现代性的五副面孔》中认为,现代性蕴涵着一种不可逆转的时间意识,一种面向未来而不是朝向过去寻求历史意义的意识。① 吉登斯在社会学意义上将现代性看做是"后传统的秩序",它首先是指在后封建的欧洲建立的、在 20 世纪日益成为具有世界历史性影响的行为制度与模式,或者说,指社会生活或组织模式。"现代性指社会生活或组织模式,大约 17 世纪出现在欧洲,并且在后来的岁月里,程度不同地在世界范围内产生着影响"。② 现代性"意指在后封建的欧洲所建立而在 20 世纪日益成为具有世界历史性影响的行为制度与模式,'现代性'大略地等同于'工业化的世界',只要我们认识到工业主义并非仅仅是在其制度维度上"。③ 舍勒指出,从传统社会向现代社会的转变,不仅是环境和制度的转化,而且是人自身的转化;这是一种发生在人的"灵魂和精神中的内在结构的本质性转化,一种人的文化心理性质和内在心性秩序更为深层的变化"。现代性是深层的"价值秩序"的位移和重构,表现为工商精神气质战胜并取代超越性价值取向的精神气质。④

以上的观点为现代性的理解提供了一个具有共性意蕴和共享性的具有共同话语场域的框架,提供了解释社会的路径,首先体现在现代性是"一种态度"、一种思想和感觉的方式、一种行为和举止的方式、一种面向未来的意识、一种注重现在的精神气质,是一种发生在人的灵魂和精神中的内在结构的本质性转化,一种人的文化心理性质和内在心性秩序更为深层的变化,从而把人类

---

① 〔美〕卡林内斯库:《现代性的五副面孔——现代主义、先锋派、颓废、媚俗、后现代主义》,商务印书馆,2004。
② 安东尼·吉登斯:《现代性的后果》,译林出版社,2000。
③ 安东尼·吉登斯:《现代性与自我认同》,生活·读书·新知三联书店,1998。
④ 马克斯·舍勒:《资本主义的未来》,生活·读书·新知三联书店,1997。

社会历史看做是不断理性化的过程。理性主义、个人主义、进步的历史观念是现代性观念的核心内容,现代性是一种现代社会的特征。我们可以以现代性为路径,以弱势群体能否共享社会发展成果为指针,重新理解流动农民工在城市中的发展问题。

2. 城市的现代性营造与一种来自农民工"置错"的话语系统

在中国城市社会中,存在一种必然的不可规避的现代性生成,这种现代性生成是由传统社会向现代社会转型的必然结果。

首先,现代性存在于它的持续不断的个体化(individualizing)的行动当中。个体化意味着新的生活方式对传统的乡村社会的生活方式的抽离(the disembedding),其次意味着再嵌入(re-embedding)。在此过程中,个人必须上演聚拢自己的生活经历。个体化也意味着传统乡村社会的瓦解及其缺乏确定性的自我和他人,以及找到和创造新的确定性的压力。个性化是一种强迫性,它不仅是自己在城市中个人生活的生产、自我设计和自我上演的强迫性;也随着个人偏好和生活阶段的变更,它是个人社会的承诺和关系网的强迫性。① 个体化是一个结构的概念,传统社会的生活状况和生活行为的范畴是以一定的方式被系统地抽离和再嵌入,是对固有的乡村关系和文化仪式在某些方面进行背叛、创新和生产,一方面渴望自己成为自己生活的主宰,另一方面,实现自己身份的创造。离开传统的社区,离开了自己获取力量的集体,传统模式被颠覆,不再与现实相符,就意味着社会不平等的个体化。然而,在思想个体化的过程中,朝向个体化的趋势被基于身份的传统与亚文化的延续性和权威阻碍。在城市中走向个体化也意味着与家庭和传统社区的依赖性削弱,对控制个人自己的财富、时间、生活空间和身体的要求提高,自己成为生活规划和行为的中心(而以前是由家庭或亲属的共谋才能完成的),丧失了传统的社会支持网络,脱离了传统的模式与安排,把自身的命运交付

---

① 乌尔里希·贝克:《个性化历程》,《自反性现代化——现代社会秩序中的政治、传统和美学》,商务印书馆,2001。

给充满风险的劳动市场和一个陌生的社区。

现代性也意味着不确定性的增加,不确定性给人产生一种紧张不安的感觉,出现一种持续的焦虑不安的状态。用舒尔茨(Gerhard Schulze)的话来讲,这是一种新型的不确定性(uncertainty),"是一种不知何为终点目标的不确定性取代了传统的不知何为工具方法的不确定性"。① 这个世界变成了一个可能性的巨大的集合,成了一个在他的边缘充满无数的尚在寻找或已经失去机会的容器。生存的不确定性产生的情感转移到"共同体安全"的疯狂性追求上,建立空间的限定和社会的围场,在城市居民中形成自愿性的隔离区,阻止外来人的进入;而流动人口在这种不确定性中,遭受社会隔离和排斥,生活在一种机会缺乏和被剥夺的空间中。现代性同样意味着视若陌生人的技艺成为一种自我保护的方式。现代性和都市化中,大都市为人们完全冷漠地对待邻人提供了可能。在面对潜在互动的人群时,面对不可抵抗的社会力量,个人不断寻求某种形式的自我保护:即城市居民以冷漠作为相处之道,以之作为一种保持社会距离和维护个体自我完好无损的手段。② 作为都市中的一种防卫机制,矜持和冷漠最有可能被那些有着相对稳固的社会地位、有能力采纳这种反应的社会阶层采用。即戴维·弗里斯比所讲的,"存在一种向内心(innerlichkeit)和室内(interieur)的退隐","由于相互矜持和冷漠,广阔领域的生活的心理状态对个人独立性的影响,从来没有像在这样密集的人群中这样强烈地为人感知……人们从来没有像在都市人群中感到孤独和迷失"。③

流动农民工如何理解这些现代性的必然社会事实,那种基于传统的邻里信任关系、社会凝聚力、确定性以及邻里相处之道,在城市空间中受到了现代性的解构。现在的问题是,流动农民工

---

① 齐格蒙特·鲍曼著《流动的现代性》,上海三联书店,2002年1月版,第93页。
② 戴维·弗里斯比:《现代性的碎片》,周怡译,商务印书馆,2003,第102页。
③ 戴维·弗里斯比:《现代性的碎片》,周怡译,商务印书馆,2003,第99页。

的话语能否直接用来解释流动农民工的社会处境，以及他们对自己与城市人的社会冲突的社会归因。事实上，任何一种创造新的社会空间的尝试必须承认：城市化过程中的个人主义、生活方式的多样性、视若陌生人的技艺、普遍的不信任感及怀疑主义已经内在于城市化过程之中，农民工体验的这种焦虑、困惑，不也是城里人所体验的吗？问题是，以往的文献资料，往往通过对流动农民工的话语系统来解释流动农民工的社会生存状况。比如流动农民工在城市中遭受社会歧视、亚生态空间，缺少感情性互动、狭隘社会交往圈、邻里之间的冷漠、情感淡漠、交往的表层性，都是源于城市对流动农民工的社会歧视，城里人自然成为被责难的对象。这种解释盛行于中国社会学界，是背离了社会事实的。因此，重点是需要改变农民工的社会心智和社会认知结构，而不应该把城市或城市居民作为责难的对象。

个案访谈：作为他者的城里人——一个置错的社会认知系统

个案D1：罗某，女，23岁，初中文化，四川成都人，东莞市企业集中区（新城区）电子厂工人；个案D2：钟某，男，32岁，高中文化，湖南武冈人，东莞市企业集中区（新城区）一外资企业；个案D3：肖某，女，25岁，高中文化，湖南洞口人，东莞市企业集中区（新城区）一外资企业；个案D4：刘某，女，28岁，已婚，初中文化，东莞市企业集中区（新城区）；个案D5：段某，男，42岁，已婚，湖南武冈人，东莞市企业集中区（新城区）

"城里人冷漠，没有多少人情味，不给人面子，讲话大声大气的。大家一下班都关在铁门后面，邻居之间也没有往来，这和我们家里不同。我在家里，邻居之间经常串门。"

"城里人清高，瞧不起我们农民工，好像我们都是小偷坏人一样，看着我们总是怪怪的。"

"我很奇怪，城里人一回到家里，就关起门来，邻居之间好像陌生人一样。"

"我不太喜欢城里人的这种生活方式,邻居之间好像不太信任,都互相提防对方。我每天到家里,很孤独,没有人可以说话。"

现代性与流动农民工对城市现代性的"置错"的话语系统如下。

现代性生成(城市居民)	现代性体验与社会认知(流动农民工)
视若陌路的技艺	冷漠、没有人情(个案 D1)
"他者"的艺术	清高、瞧不起人(个案 D2)
社会距离的保持与本体性安全获得	缺乏邻里信任与本体性安全丧失(个案 D4)
异质性共存的策略	同质性共存失去的焦虑(个案 D3)
拒绝情感涉入、追求理性	没有人情味、不讲面子(个案 D5)
工具理性	价值理性(强调情感)(个案 D3)
不确定性、风险性	焦虑、恐惧(个案 D1)

事实上,在流动农民工"置错"的话语系统里包含着如下预设。

(1)以传统的价值观念来考量城市中的生活方式,必然引发社会冲突和社会不适应,体现了在流动农民工的社会认知中,在其行动和话语系统的背后,有一套不同于城市居民的社会认知系统和评价方式。即在农民工的现代性生成过程中,体现了一种对传统价值观念的固守和对城市现代性生成的抗拒和责难。

(2)城市居民的现代性生成和生活方式与流动农民工的社会认知结构中存在一种差距,存在一种源于流动农民工错误的理解,而在以往的流动农民工文献中,城市居民自然成为被指责的对象,因为他们主要来自流动农民工的话语系统,一种被"置错"的话语系统。"视若陌路的技艺"、"他者"的艺术、社会距离的保持与本体性安全获得、拒绝情感涉入、追求理性以及不确定性、风险性都是现代性社会的基本特征，是一种现代城市人必须面对的生活方式。而这种生活方式却被来自农村的流动农民工理解为冷漠、清高、瞧不起人、没有人情味、不讲面子等，从而作为指责城市居民的话语系统，作为城市流动农民工遭受社会歧视的现实表征。这种话语系统显然是不利于流动农民工的现代性的生成和培育，也是违背现代性内在逻辑的。

3. 流动农民工的"自下而上"的现代性"谋划"

流动农民工的现代性谋划体现在城市化过程当中，城市化不仅体现为一种地域空间上的迁移，也体现为一种精神空间上的迁移，这种迁移显然会对农村生活方式和思维方式进行消解或解构。美国社会学家 L. 沃斯认为，城市化不仅是一种地理空间的位移，更重要的是作为一种生活方式的城市性代表的是一种比农村生活方式更现代的因素，城市化即意味着从农村生活方式向"城市性"生活方式发展、质变的全过程。① R. N. 帕克认为，城市是"一种心理状态"，不同于农村生活所塑造和形成的心理状态。② 索罗金（P. Sorokin）也认为，城市化就是变农村意识、行动方式和生活方式为城市意识、行动方式和生活方式的全部过程。③

现代性的动力源于吉登斯的"脱域"机制（disembedding mechanism）。吉登斯认为，"脱域"机制是产生现代性的另一动力源，"是社会关系从彼此互动的地域性关联中，从通过对不确定的时间的无限穿越而被重构的关联中'脱离出来'"，是把社会关系从地方性的场景中"挖出来"（lifting out），然后再使社会关系在无限的时空地带中进行"再联结"或"再重组"④。这种社会关系的"脱域"（disembedding）"凿通"了社会生活与其"嵌

---

① Louis Wirth, "Urbanism as a Way of Life", *American Journal of Sociology*, 1938, 44（1）.
② R. 帕克等：《城市社会学》，华夏出版社，1987，第1页。
③ 刘传江：《中国城市化的制度安排与创新》，武汉大学出版社，1999，第42页。
④ 安东尼·吉登斯：《现代性的后果》，译林出版社，2000，第18页。

入"（embedding）在场情境的特殊性之间的关节点，也使被脱域了的制度极大地扩展了时空延伸（time-space distanciation）的范围。根据吉登斯的观点可以认为，当社会从原初的自然关联中"脱域"出来时，原来"预设的模式或者标准都已经分崩离析"，人类必须用一种新的"人为的"运行机制、规则或模式去取代原有的自然的和经验的社会机制，必须用理性化的抽象体系来进行再嵌入，形成理性化的生存环境和社会运行机制。利奥塔认为，从家园向大都会的转变，意味着人类的生活从诗意化的田园场景蜕变为理性化的技术场景，"它将压缩、抑制人们复归家庭，将人们推向旅游和度假。它只认识住宅，它压制家长，它把家长权压制成平等的公民权，压制成受雇佣者，压制成一份债单和文字的、机械的和电子的公用档案。它丈量登记各种领地，打乱它们的秩序。它打碎了自然之神，破坏了它的归途，不给它接纳祭品和享受优待的时间，另样的时空调谐占领了自然之神的位置"。①

现代性视域中的关系所处在城市中的未来是一种威胁，不是庇护或者理想的福地。在那里，传统的防备策略被置于一种压力之下，传统社区、团结、正义和身份结构得以"生根"的土壤被连根拔起，其生存所依赖的元素正在失去。现代性正在暗中削弱传统社会所必要的道德前提，现代性、都市化以一个既非人们愿意的、亦非人们预期的方式暗中削弱传统的根基，并不断改变它的参考标准。传统社区中的可控性、确定性、安全性的关系网已经被城市化扩张、个体化历程、不充分就业以及劳动力市场的不确定性等几个相关联的过程破坏了。如何才能使在现代性、城市化威胁下的流动人口的秩序空间被有效地建构？农民从执着于土地到放弃土地，从习惯于没有陌生人的群体生活到渴望走出乡村进入五光十色的外面世界，尤其是青年一代农民对乡村生活方式的全面背离，都显示一种向现代社会急剧变迁时特有的文化断裂现象。这一种变异可以理解为现代文化的全球性的一部分，或者

---

① 利奥塔：《非人——时间漫谈》，罗国祥译，商务印书馆，2001，第210页。

是现代性全面扩张的社会现象。乡村那些过去由人类集体天赋和财富的人类理性来完成的工作已经被打碎了（个体化了），被分派了个体的勇气和力量，听任于个人的管理和个人性的控制策略。吉登斯在分析现代性的特征时指出：现代性的出现并非像许多社会理论所解释的那样，是历史随着某一既定的发展线索内部自身演进的结果，相反，非延续性或者说断裂是现代性的基本本质。① 信息社会的时空延伸，使所有人共享一种世界性的、以技术手段传播的文化。农民工当然也不例外，这不仅使空间（地域的、城乡的）隔离被打破，而且使得文化传递的方式发生根本的变化。米德说过，年青一代正在老一代眼皮底下变成陌生人，这种代与代之间的断裂是全球性的，带有普遍性②。

在农民工由脱离"生于斯，养于斯"的乡村来到城市的行为逻辑中，体现了一种个体的主体性和自我意识的自觉生成，而这正是现代性的本质规定之一。③ 即从按照经验、常识、习俗、惯例而自发地生存的传统乡村的文化模式中脱离出来，从传统的经验式、人情式的血缘、地缘关系或乡村的经验文化模式中解脱出来，是流动农民工作为个体从自在自发的生存状态进入自由自觉的生存状态，而努力去适应一个更为个人主义、更具竞争性的世界，体现在削弱或者销蚀了乡土社区初级群体的控制，进取心的逐步形成，完成对个性的不断肯定，开创一种个人发展的新的可能性，这是中国农民现代性进程中的重大突破。正如英格尔斯所言："传统人趋向于固守家园，不愿意接受新的生活方式和新观念。而一个具有较多现代性的人，则愿意远离家园，体验和适应

---

① 吉登斯：《现代性的后果》，译林出版社，2000。
② 玛格丽特·米德，转引自黄平：《寻求生存——当代中国农村外出人口的社会学研究》，云南人民出版社出版发行，1997年第1版，第113页。
③ 克利福德·格尔茨在解释卡姆彭的进城农民时指出："在卡姆彭所发生的一切并不完全是对新生活的建设，也不是对传统生活方式的破坏；尖锐的社会冲突作为下层阶级居民区的特征，不是直接表明失去了文化认同性，而是表面对新的、更灵活的信仰与价值模式的探索。"参见克利福德·格尔茨《文化的解释》，韩莉译，译林出版社，1999，第183页。

新的生活方式，谋求更多的自我发展机会。"①

　　同乡村生活相比，城市无疑是现代的标志或象征。因此，进入城市、获得城市体验是农民接触现代、培养个人现代性的最便捷、最直接的途径……城市与乡村的不同，对每一个从乡村进入城市的人来说会构成一种全新的社会化力量。城市会对生存于其间的人产生无所不在的影响，城市中的庞大的科层组织、工作机构、社会位置、制度规范和各类角色会对在其间工作与生活的人提出严格的要求，要求他们适应城市里的一切，要求他们同城市里生活着的庞大的人群打交道，并相互适应。正是在这样的意义上，沃思肯定地说："城市改造着人性……城市生活所特有的劳动分工和细密的职业划分，同时带来了全新的思想方法和全新的习俗姿态，这些新变化在不多几代人的时间内就使人们产生了巨大改变。"（帕克等，1987：265）②

"对于下层阶级来说，生活的逼迫、无休止地为果腹而奔波和文化的贫乏，使他们保持着人类自强不息的原始本能和不断更新的活力"。③ 传统的中国农民，将稳定、土地、家园、身份当作固定不变的概念，将身份视为固定于一个固定地域。流动到城市后，流动农民工群体重新建立这些（固定）身份与（流动后的）空间的联系的能力就变得异常重要。④ 如果我们不去诊断背井离

---

① 英格尔斯：《人的现代化》，四川人民出版社，1980，第156页（第五章，两个案例研究）。
② 周晓虹：《流动与城市体验对中国农民现代性的影响——北京"浙江村"与温州一个农村社区的考察》，《社会学研究》1998年第5期，第65页。
③ 帕累托等：《精英的兴衰》，台北：桂冠图书股份有限公司，1993，第37页。
④ 正如诺贝特·埃利亚斯所言："他们必须荒弃他的原本所是，以便在人际网络中获得自保；他受到社会既有结构的持续逼迫，使他违背自己的'内在的真实'，他将无从施展他的那些得心应手的才干，已不会成为他有能力成为的那种人。"参见诺贝特·埃利亚斯《个体的社会》，翟三江、陆兴华译，译林出版社，2003，第35页。

乡的流动农民工作为农民的身份本身，而是将身份视为不断变化，将背井离乡者的能力视为"创造性地建构他们历史"的依据，在寄寓的空间与其他空间的关系中界定他们的话语；如果我们将身份当作"存在的一种复杂的感知，或者不是产生于某个地方体制，而是根据多重空间和多种目的而主动规划建构的从属感"。①

个案访谈：开启新的生命之帆——一种现代性的谋划

个案B7：李某，男，32岁，已婚，湖南邵阳人，中山市石岐区老城区

个案B8：张某，男，27岁，已婚，湖南洞口人，中山市石岐区老城区

个案B9：李某，男，30岁，已婚，高中文化，四川人，中山市石岐区老城区出租屋

个案B10：刘某，女，26岁，已婚，初中文化，湖南人，中山市石岐区老城区出租屋

个案A10：李某，男，29岁，已婚，湖南宁乡人，广州市天河区猎德村

个案A12：沈某，男，四川人，未婚，小学文化，广州市天河区猎德村

个案E8：李某，男，27岁，四川人，初中文化，韶关南郊五公里一建筑工地工人

个案E9：陈某，男，26岁，装修工，未婚，韶关南郊区

个案E10：李某，男，23岁，初中文化，湖南邵阳人，韶关市南郊开发区建筑工人

"我是1996年就出来了，一家八口人，家里当时很穷。由于我们那里耕地很少，一人只有6分田，在家里几乎无事

---

① 转引自路易斯·S.西尔伯林《巴西阿尔坎塔拉的人口迁移与基伦博人：现代性，身份和地位》，《国际社会科学杂志》2004年第1期，第153页。

可干,就出来了。开始在一家皮鞋厂做工,在那里干了一年多,干过很多工种,主要还是想学门手艺。记得当初在这里,薪水很少,一个月才 300 多元,一直想换个环境,到外面寻找机会。后来,我主动离开了那家皮鞋厂,来到现在这家公司。由于我会设计鞋样,能满足很多客户的要求,我在这里干得很不错,老板也很赏识我。我现在做到了领班,一个月 2000 多元。"

"我是 2001 年出来的。当时村里所有的年轻人都去打工了,我初中没有读完,看着家里太穷,再也不想过这种生活了,就和在一个朋友,一起来到东莞。我来到一家小厂做磨具,和师傅一起干。我边干边学,熟悉了整个工艺流程。后来被老板派去参加了磨具的培训,现在我混得不错,我已经是这家公司的一个主要的技术人员了。但是在这里很累,老板也很抠门,以后有机会我想自己干,干一番自己的事业。"

"我来广州的目的就是为了赚钱,家里有孩子要读书,老人要钱治病,在家里过不下去了,就来到这里打工。打工赚钱后,还是希望用来送子女上学,希望自己的子女不再像我们这样在农村吃苦,能出来有所作为。明年我儿子就要高考了,这是我们家里最大的事情。我外出打工虽然每个月能够往家里寄回去 400~600 多元钱,但是,我发现还是小孩教育重要。现在的年轻人如果没有文化,走向社会就会吃亏的。"

"外面的世界诱惑着我,我小时候就想,长大后一定到城市里生活,我是羡慕城里人的生活才出来的。其实,我们很多打工的,和城里人一样,穿着也开始讲究时尚了,那些打工仔大多也穿着西装、夹克、皮衣等新款服装。我身边这些打工的,一起逛街买衣服也很注意衣服的式样和花色,讲究新潮,与城里人没有两样。"

"家里人都认为,在家里务农是一种没有出息的表现,到外面来打工是一种有出息的标志。其实,我们现代的年轻人在家里都不喜欢干农活,成天待在家里心理负担也很重。人年轻,应该出来闯一番,开开眼界,长长见识。我还是对自己充满信心,相信自己有能力,只要没有疾病什么的,靠自己的双手还是可以把生活过得好些的。"

"待在城里总比家里好,在这里能享受一种现代人的生活;在这里也可以找到更多的发展机会,可以实现自己的梦想,可以学技术,长才干。我准备赚一笔钱,如果有机会,我就在这里住下来,我不想回家了。"

"我们那里挺穷的,人多地不多。我家5口人,就四亩地,有1亩多地根本无法种植,地势高,种不了稻谷。收获的粮食,自家人吃都不够。前几年盖房子欠了3000多元钱,加上粮食那么便宜,东西又贵,家里小孩还要读书,日子没法过,就出来了。去年我妻子也出来了,在中山一个电子厂,一个月也就500多元,一发工资就往家里寄。在这里还好,尽管很累,但比家里强多了,只是心里很累,没有归宿感。在城市里也学到了不少东西,感受到一种现代人的生活,很羡慕城里人,希望哪天自己也能在这里买房子,有固定的工作,过上城里人的日子。"

"跟乡下比,城里人的日子真好,有好多地方可以耍,还有好多的商店,购物很方便,我做梦都想做城里人。我老乡说最好能嫁一个城里人,嫁个城里人,也就能留在这里了。其实,在家里也是嫁人,我干啥要回家去嫁人呢,我想现在还是有机会的。况且,我现在也不会回家去了,村上和我一起玩的人都嫁人了,家里人着急。去年家里人给我介绍了一个,我见都不想见。我发现城里的男人比乡下男人文明,我是发誓不回去的了。"

"如今农民负担重,种田亏本,一亩田好的收个1000斤稻谷,如今粮食又不值钱,1000斤卖不到500块钱。一亩地,除了灌溉、耙、犁、翻等,还有种子呢、农药呢、化肥呢,我们那儿每亩平均负担几百元,多的达到250多元。加上现在农村天旱地贫,有时辛苦劳作一年还颗粒无收,这样算,哪还有钱赚?田越种得多越亏得多,还有什么种头?如果粮食价格还这样低,恐怕更多的农民不愿意种田了,都得像我们一样出来谋生。"

从流动农民工的话语中,我们可以发现一种现代性元素的自觉生成。事实上,在农民工的流动实践中,流动农民工的社会心理发生了一种巨变,体现在:大多数农民工都有一种自觉的流动意识;适应新环境的能力有所增强;生活方式也发生了转变,呈现出一种对现代生活的诉求;开始重视子女的教育,期望子女有所作为;成本和收益的理性思考;获得新技术和个人成就感有所增强;在政治上,体现了农民工开始具有很强的政治参与意识,民主意识不断增强。事实上,农民工进城不仅仅是农村人口在空间上移居城市,也是个人由农村人向城市人的转变过程,即城市适应和个人角色转换的过程。

我们就可以思考流动农民工群体在城市中如何受到挑战的问题。这种挑战既来自在城市空间流动中重新确认自己的身份,来源于一种基于利益上最优化选择。将流动农民工的"空间"看做是包括实践、回忆和传说的整体,是某种在一个"流动的世界中"随着流动和放逐而具有空间多重性诉求的概念。这有助于我们重新思考流动农民工如何在非固定的空间中,在非固定的社会关系中重建他们"空间"的能力,重新思考利益追求的最大化选择的能力。消解位置的固定意义,重新考虑农村与城市、身份与流动性之间的关系,用流动性来考察,他们失去了原有物质、社会、政治、经济以及人身的保障,改变了先前的期望与压抑、机会与排斥,损失掉了亲友关系、社会网络、创业精神、对特定居住地的信任,失去原有的日常社会活动得以发生、集体认同因之实现的亲友网络和危难共济关系。原来能给人以安全、资源和情感的地方的归属感,常常被在新居地的孤独和疏离感取代。这是一种现代性书写,也是一种现代性谋划的阵痛。这种阵痛需要他们不断通过流动的方式来改变认同感、家园的意义、归属和权利，日益关注自我与他人的社会建构、民族身份的特征、新生成的主体和身份的多样性，需要一种新的现代性谋划和书写。考虑农民工的现代性书写，我们需要探讨他们以何种方式失去了财产、资源、居所、社会网络、亲属关系和各种物质资源，同样也需要探讨他们如何谈判身份问题，如何应对损失、脆弱、人身危险以及一些对自身的威胁。他们损失了大量维持生活的资源，包括社会保障体系、邻居、朋友、亲戚、可耕作或者放牧的土地、牲畜、工作、住所以及对像林产品、地表水、野果、根茎和野生动物这些公共财产资源的获取，也丧失了个人或者家族与世代拥有的土地相依相连那种非常强烈的感觉。也正是在这种传统资源的丧失过程中，他们践履着一种主体性的日常生活实践，这是一次自下而上的现代性书写和谋划。

4. 流动农民工现代性生成的艰难与苦涩

以往对流动农民工的现代性研究，只是简单地梳理和罗列农民工在城市中的现代性元素，只是对现代性作"单向度"分析，只关注某一方面的文化精神维度，从而简单地认为农民工的现代性正在生成，这存在一种情绪化和简单化的解析模式。流动农民工进入城市、在城市中空间的建立和书写，是一种空间置换后的现代性培育，但这种现代性生成又注定是艰难的。农民工的现代性生成，不是"多种现代性"或"多元现代性"的"一种"或"一元"，而是指在流动农民工的日常经验现实中能动获取的与现代性的具有本质关联的各个维度或作为文化精神的与内在机理的某些方面的一种表征或体现。

现代性的元素，表现为个体的主体性、个性、自由、自我意识、创造性、社会参与意识等现代性的文化特质，但这种现代性的碎片并不是一种福音。现代性作为"脱域"之后的理性化社会的主导性文化模式不仅要作为文化精神和价值取向渗透到个体和群体的行为和活动之中，而且必然作为自觉的制度安排而构成社会运行的内在机理和图式。在城市中，流动人口为什么要建立一个地缘、血缘关系为纽带的社会网络边界?① 流动人口对血缘、地缘关系的依赖是否是为了节约流动成本和交易成本的考虑,是否是一种本能和不自觉的非常理性的社会行为选择?事实上,这种对传统关系的复制和扩大是现代性谋划与失败的产物,是一种职业群体关系建构的艰难和失败,是一种无奈的选择,是一种生存策略,也可以理解为 G. H. 埃尔德所提出的是一种"社会性防御"(social defense)②。流动农民工的现代性谋划并没有带来传统建立在血缘、地缘关系基础上的社会关系网络的破坏。传统乡村的经验性和人情化文化模式在许多方面依旧十分强有力时,反而促进了一系列非正式制度进入功能再现的过程。这种功能在城市空间的实践中还不断被复制和扩大,这就促成了离开乡村进城务工的流动农民工群体,仍然依托着传统的血缘、亲缘或地缘关系所构成的社会网络及乡村的礼俗原则和行为规范,来展开其经济生活和城市生活,其在城市空间中的主导性思维样态本质上依旧是以经验代替理性、以人情代替法治和契约。他们凭借的只是"他人"在城市流动中的经验,寄存的也只是一个被城市边缘化和隔离的空间,并没有成为城市现代性谋划的一部分,更谈不上一种主体性意识的培育。这样我们所发现的就是:一方面是城市化或现代化的符号所表达的一个全新的世界,另一方面是一个重新自己封闭自己,愈来愈看重传统价值、看重传统的一个由价值、纪念场所构成的各种集合体。

有学者简单认为,"农民工进入城市,不仅体现为一种地域

---

① 许纪霖在都市空间视野中的知识分子研究中指出,传统的血缘、地缘自然关系虽然不起主导功能,但在相当大的程度上,依然发挥着其潜在的影响。宗亲关系、同乡关系,深刻地镶嵌在现代都市的人际交往中,与现代的文凭身份等级、意识形态认同和都市地域文化交织成一个巨大、复杂、相互缠绕的交往关系网络(许纪霖:《都市空间视野中的知识分子研究》,《天津社会科学》2004 年第 3 期)。

② G. H. 埃尔德认为,"社会性防御(social defense)是'迷恋事情的旧日面貌'的症状。一味同过去的满足感和标准相比,只能增强经济受损家庭对现实不满,使重新调整的过程变得更困难和更漫长"。参见 G. H. 埃尔德《大萧条的孩子们》,田禾、马春华译,译林出版社,2002,第 37 页。

空间的迁移、社会角色的转变，更体现为一种精神空间的迁移，即变农村意识、行为方式和生活方式为城市意识、行为方式和生活方式"。"农民工以'城里人'为参照群体，不断调整自己的行为方式，重构新的生活方式和思维方式，以适应城市生活对自身要求的社会过程"。①"这种新的关系网络非常有利于农民工现代性的形成，他们通过对关系网络的运用，重释了关系的意义。此时，关系成为一种社会资本，被理性地运用于谋生存、求发展的过程中，这不能不说是巨大的进步，毕竟现代社会在一定程度上是拒绝'情感涉入的'，是追求理性的"。②

流动农民工并没有像所预期的那样，完全"抛离了所有类型的传统社会秩序的轨道，从而形成了新的生活形态"③，也并未在城市中获得一种完全不同于传统的价值观念、心理状态和行为模式。其现代性已经由一种被追求和向往的理想价值而变成在内在精神世界和外部社会领域引发无穷困惑、焦虑、紧张和冲突的麻烦"问题"。其现代性体验也同样没有出现"一种与传统的断裂，一种全新的感觉，一种面对正在飞逝的时刻的晕眩的感觉"。④

农民工难以融入城市生活而成为"边缘人"，除了他们自身的素质较低、文化适应力弱以外，还在于城市社会尚未宽容地接纳他们，流动农民工始终只是一种体制外的存在。由于中国长期的城乡二元社会结构和城乡二元户籍政策，城市和农村、工人和农民有着严格分离和不可逾越的界线，这种制度安排的惯性使改变了生活场所和职业的农民工游离于城市体制之外。他们虽然进入城市，加入产业工人队伍之中，但身份制度的限定，经济地位、

---

① 江立华：《论农民工在城市的生存与现代性》，《郑州大学学报（哲学社会科学版）》2004年第1期。
② 蔡志海：《流动民工现代性的探讨》，《华中师范大学学报》2004年第5期。
③ 安东尼·吉登斯：《现代性的后果》，译林出版社，2000，第3页。
④ 米歇尔·福柯：《什么是启蒙》，汪晖、陈燕谷主编《文化与公共性》，生活·读书·新知三联书店，1998，第430页。

文化素质、思维方式的差异，使他们的生活地缘边界、工作职业边界与社会网络边界背离，处于非城非乡、进退失据的"双重边缘人"状态。他们在城市只能以亲缘关系与地缘关系为纽带，社会交往圈子局限于农民工群体之内，与城市人之间存在严重的沟通障碍，难以进行全面的社会互动。同时，农民工既没时间也没经济条件去了解城市文明，缺少对城市文明的了解渠道。他们一天工作十多个小时，除了吃饭、干活、睡觉，没有自己可以支配的闲暇时间去看电影、报纸、电视等；即使有闲暇时间，也没经济条件。这样，农民工不能融入城市社会，无法通过与城市居民的社会交往、人际互动培养起城市文明所需要的现代思维和意识，积极、进取、自主、自信的现代文明品质，以及现代社会生活方式。这将延缓城市化进程影响整个社会现代化发展。

"我们认为这种（与城市）接触的经验也会带来农民工对城市的认同和归属感的形成……而'村民'心态使农民工对城市无法产生归属感和'主人翁'意识，只有自卑的'陌生人'的感觉"。[1] "农民工不能融入城市社会，就会使他们只有家乡意识而没有他们所在城市的社区意识，对所生活的城市社区没有归属感，更无法产生主人翁意识"。[2] "（农民工）获得了一些较为现代化的观念，但仍对城市没有归属感……引导外来人口对城市的归属感，让他们认识到自己也是城市的主人、社区的主人"。[3]

由于政府公共管理政策上存在分割式偏向，对农民工用经济、行政的处罚手段多，必要的帮助、保护和服务少，忽视农民工正

---

[1] 朱力：《论农民工阶层的城市适应》，《江海学刊》2002年第6期。
[2] 马广海：《农民工的城市融入问题》，《山东省农业管理干部学院学报》2000年第5期。
[3] 朱考金：《城市农民工的心态与观念——以南京市600例样本的频数分布为例》，《社会》2003年第9期。

当的权利要求，农民工在就业、居住、教育等方面得不到公平的国民待遇。有的城市农民工甚至得不到基本的尊重和人际关照，被排斥在城市生活之外。这种状况促使或加重进城农民工的孤立感和无助感，他们与城市社会产生隔阂，难以形成城市市民应有的道德行为规范和法制观念；而且农民工在城市社会的工作和生活中经常受挫或被歧视，还将诱发不同程度的认同危机和心理危机，这种危机发展到严重程度会导致极端的反社会行为。必须加快改变以户籍制度为主的城乡二元分割状态，推进向现代开放的一元社会结构转型，必须解决农民工的生产生活质量和社会普遍参与问题，要促使农民工获得与城市居民相同的合法身份和社会权利，如居留权、选举权、受教育权、劳动权、社会保障权等一系列权利，使他们真正过上城市文明的生活。没有公民享有的许多民事、经济、政治和社会权利，被边缘化并被排除在城市的政治、社会、经济和文化生活之外，其苦难的经历没有激发出新的能量和创造力，其迁移也没能打破或削弱旧的文化价值、权力关系、性别地位以及家族义务、刺激出变化和适应性创新。"具有自觉的主体性和自我意识的个体的生成，需要一种以平等的交互主体性为基础的理性的公共活动空间，来表达主体性的内涵和价值需求，或者抵御公共权力的自律化所造成的体系对生活世界的殖民化"。① 加上城市政府实行不友好的难民政策和安置策略，在很大程度上是因为他们把流动农民工视为过客，一旦迫使他们流动的原因消失，他们就不再需要安全的避难所和援助，政府采取这些对难民不利的政策，会扼杀难民解决问题的能力。

源于城市发展战略的城市宏大发展计划和工程，赋予这类空间存在以"合法性"，成为一种合理性事实。房地产市场的利益偏好和投资倾向对这些地方的抛弃，以在更适宜人居的地方营造一种现代城市的繁荣，这里便成为房租便宜的理想归属；而且，城市发展更需要大量廉价的劳动力，通过这种空间的存在，便带

---

① 衣俊卿：《现代性的维度及其当代命运》，《中国社会科学》2004 年第 4 期。

来了大量的廉价劳动力；但城市化发展的理性逻辑，让城市和流动农民工群体处于一种骑墙状态，流动农民工在城市的空间又成为"骚乱无序的象征"、"城市动荡和罪恶的发源地"、"是偏差和越轨的证据"。基于城市秩序稳定的理性逻辑，这种被城市"污名化的空间①"又成为被清除的对象。流动农民工的现代性谋划就成为这种发展逻辑的牺牲品。一方面，他们在城市中只能寄寓在一个被隔离了的空间，成为城市现代性方案的"局外人"；同时，又不得不面临随时被驱逐的危险，无法在一种合法的秩序中完成对生活状况的反省、维持和培育。这种现代性的谋划注定是失败的，而且流动农民工在城市中所寄寓的空间更多地具有传统社会的特征。丹尼尔·勒纳（Daniel Lerner）曾说："传统社会是非参与型的社会，它通过世袭的办法把人们安排在各个彼此隔绝和偏僻的社区中，它缺少使人们相互依存的纽带，人们的视野被局限在一个地方。"② 英格尔斯认为，在传统社会环境中生活的人们易于具有下列素质：被动地接受命运，缺乏效能感；害怕革新，不相信新事物；同外界隔绝，对外界发生的一切毫无兴趣；信赖传统的权威，接受长者、宗教和习俗领袖劝告；只关怀个人的特别是家庭的事务，对社会的事务很冷漠；等等。③ 从上面的分析就可发现，流动农民工的生活世界和丹尼尔·勒纳、英格尔斯所描述的状况具有某种相似性。

布迪厄在分析阿尔及利亚的准无产者时指出："阿尔及利亚的准无产者无法跨越'现代性的关口'，在关口的这一边，正是这些准无产者们'整个职业生存都受制于任意武断性的规则'的

---

① 曼纽尔·卡斯特在说明同性恋运动时指出："在极度父权的社会中，同性恋运动的另一个重要战场是对抗大众形象中传统的污名和隐形（invisibility）。男同性恋必须去对抗所谓不正常（abornality）的污名，女同性恋必须对抗社会对她们的视而不见。"曼纽尔·卡斯特：《认同的力量》，夏铸九等译，社会科学文献出版社，2003，第246页。
② 安德鲁·韦伯斯特：《发展社会学》，华夏出版社，1987，第30页。
③ 阿列克斯·英格尔斯、戴维·H. 史密斯：《从传统人到现代人——六个发展中国家中的个人变化》，北京：中国人民大学出版社，1992，第454页。

支配，就无法形成理性化的经济所要求的那种'理性惯习'……处于持续不安全感和极端的被剥夺之外……由于行动者完全被束缚在与基本生存相联系的那些紧迫的经济活动中，他们也无法形成根据时间进行筹划的性情倾向。而没有这种性情倾向，就不可能体察蕴含各种选择的未来可能性，不可能作出有意义的决定。'当你朝不保夕的时候，你又怎么能把握明天呢？'"①

个案访谈：穷人的生活背后——这就是农民工

个案 G2：李某，男，43 岁，硕士毕业，广东中山华侨中学教师

个案 C10：张某，男，26 岁，初中文化，已婚，湖南洞口人，中山市南区环城金叶新村出租屋内

个案 C9：李某，男，23 岁，湖南岳阳人，中山市南区环城金叶新村

"我认为这些农民工在城市里和在农村一样，好像没有多大变化。四周经常出现农民工偷盗、违法犯罪的事情。我觉得他们好像没有素质，没有文明。"

"我认为这里的农民工素质很差。在晚上，这里的农民工就只穿一条内裤，并且在工地上的水龙头下面旁若无人地冲凉，洗完澡后，就光溜溜地坐在马路边睡觉。"

"有很多农民工思想意识还是很落后，他们把家里的陈规旧习也带到了城里，如随地大小便、在公园的草地上睡觉、打牌、随地乱丢垃圾。"

"在我们这个地方聚集了大量的流动人口，流动人口复杂，经常出现辖区抢劫、偷盗等刑事案件。这里几乎每天都有治安案件，很难管。这些外来农民工，精神没有寄托，鸡毛蒜皮的小事也会打架动刀动枪。前不久，一帮四川人在一

---

① 布迪厄等：《实践与反思：反思社会学导引》，李猛等译，中央编译出版社，1998，第 307 页。

起喝酒,回家时路过河南人住的地方,调戏一个河南女孩,四川人和河南人大打了一场,差点出了人命。"

个案B5:聂某,22岁,湖南人,初中文化,中山市石岐区老城区

个案B6:张某,女,13岁,学生,湖南岳阳人,中山市石岐区老城区

"我们从来就不会去想明天怎么过,想也没有用,过一天算一天,赚点钱,就回家。"

"我每天在几十层的楼上高空作业,在36度的高温中生活,整天摇摇晃晃地过日子,城里人看了都害怕。我倒一点不眼热城里人物质上的东西,我命里就农村人,不求多富有。我只是眼热人家一家人在一起高高兴兴过日子,我这时就很想家,很想回去,还是家里温暖。"

"我有时也想在城里学点什么技术的,可是脑子笨。我要求其实也不高,但我还是有向往的。如果不是为了过得更好,我也不会出来打工,但是,在这些打工人的眼里,你讲什么计划、想头,他们会笑死你。大家只有一种念头,赚了钱,就回家。"

"我想留在城里,可是我读书少,又没有手艺,人家不想用你,你有啥办法?"

"下班了大部分时间是在宿舍里待着,打打牌,下棋,听听收音机,主要还是睡觉。太累了,一天下来骨头都要散了架,没心思去想别的了。"

"我们每天生活在不安全和耻辱之中,城市人把我们不当人看,因为我们是外地人,我在这里打算过一天算一天,如果混不下去就回去。"

流动农民工也是基于一种类似阿尔及利亚"准无产者"的相同境遇,他们也同样无法跨越"现代性的关口"。他们在城市中由于没有合法的"市民身份",遭受了社会制度、劳动力市场以

及城市社会惯习网的排斥，始终处于一种不安全和恐惧之中。他们凭借这种太弱小的力量和与基本生存相联系的那些紧迫的经济活动，同样难以形成一种"理性惯习"和对时间进行筹划的性情倾向，也就更无从产生那种具有反思性、组织了的生活规划。①而且，尽管城市公共生活空间不断拓宽，咖啡屋、酒吧、网吧、各种会所、各种特色公园，乃至不断改进的街景等，但农民工大多都享受不到。他们蜷缩在低矮的棚屋、矮房子里，屋里没有像样的洗浴设施、厕所等，周围也没有像样的公共厕所，连基本的排水管道都没有。尽管城市的高楼大厦、美丽街景是靠他们的艰苦劳动建起来的，但他们却享受不到自己的劳动成果，他们就这样生活在被城市遗忘的角落。这样，流动农民工往往在城市空间中处于一种被隔离、孤立化的状况，只得寄寓在一个具有同质性的空间中，形成一种具有类别结构的经验现实。这种生存状况的同质性和面对面情境的狭隘框架，使得群体的惯习在客观上也变得客观起来。这是一种从实践体验中流露出来、基于相同身份的同质性存在，使得这些群体总是固守他们所处的这种同质性、与城市现代性迥异的生存状况，从而都被赋予一种稳定的性情倾向；而且这些性情倾向可以在他们生存空间之外发生急剧变化的情况下还继续存在，并在日常生活实践中发挥作用，积淀了一种与世无争的顺从心态。

个案C8：张某，男，25岁，湖南邵阳人，中山市南区环城金叶新村

"我是去年从东莞过来的，现在和我舅舅住在一起，主

---

① 吉登斯认为，"现代性的一个明显特征是外向性和内向性这两端之间渐增的相互关联。一端是全球化的影响，另一端是个人的性情……如果传统越来越失去它的控制力，那么日常生活在地方与全球的辩证性互动下被重构的倾向就会越来越强，而个人越被迫使要在多样选择中对生活方式的选择性进行交涉……具反思性、组织了的生活规划……成为结构自我认同的核心特征。"转引自曼纽尔·卡斯特《认同的力量》，夏铸九、黄丽玲等译，社会科学文献出版社，2001，第8页。

要从事摩托接送客人的业务。我们这里在城市的边缘区，流动人口比较多，交通不是很方便。我们住在这里，和外界没有联系。城市的繁华是别人的，与我无关。我们工作之余，基本上待在这里，很少去逛街。我们这里整天无所事事的人居多。我们最多找老乡聊聊天，一起打牌搓麻将，有时几个老乡一起喝喝酒，发发牢骚，很少看书读报，更不用说去上网了。我们和在家里没有什么区别，生活在一个封闭的老乡圈子里。"

个案 C10：罗某，女，25 岁，初中文化，已婚，湖南武冈人，中山市南区环城金叶新村出租屋内

"我丈夫在这里开的士，每天很忙。我在这里主要是给他们这些开的士的人做饭。这里住了很多民工，有捡垃圾的、在企业里上班的、用摩托接送客人的，什么人在这里都有。在这里的人，平常消遣就是看录像、玩牌、搓麻将，和在家里一样。玩牌、搓麻将是要赌钱，否则一点也不刺激，很多人输得连吃饭的钱都没有了。而且，我们这里大多数年轻人都未婚，在这里也很难谈恋爱，自己都保不了，那还有钱谈恋爱。女孩看他们这样，也看不上这些打工的。听说很多年轻人有时实在憋得慌，受不了，就去找小姐。找小姐，很便宜，一次 20 元就够了。"

个案 E13：张某，男，23 岁，初中文化，广州天河区一建筑地工人

我们这些民工大多来自湖南。这一带的写字楼、住宅都很漂亮，据说一平方米都卖到将近 1 万元了，而我们这些民工就住在建筑后面那片灰蒙蒙的临时搭建的简易工棚里。这个工地被围得严严实实的，只有一个出口，平时锁着门。我们住的地方就像一个狗窝，气味腐臭难闻，屋子里异常昏暗，屋子不到 10 平方米，居然住了 10 多个民工。这样的屋子夏天热、冬天还非常冷。被子都是自己从家里拿来的，大多已经破旧不堪了；有的人甚至没有被子，随便从垃圾堆里捡些

破被子。其实，我们很少走出工地，这里干活，夜以继日，干了活，人累得不像人样，倒在床上就睡着了，哪里有时间出去玩。我们这里的伙食也很差，菜主要是白菜和汤，饿了，什么都能吃。在这里没有双休日，更没有节假日。其实，我们也不想休息，休息就没有钱。我们的工钱按工作日计算，我们不愿意没有活干，宁愿累一点，也不愿意歇工没有工钱。我想现在多赚点钱，过几年就回家。

进城农民工在城市中的处境最终的后果就是助长进城农民工"过客"心态的生成和膨胀。本来大部分进城农民工原初外出的主要目的就是打工挣钱、改善经济状况，这使得他们有产生"过客"心态的潜在条件。这种潜在条件在进城农民工在城市的边缘化处境的催化下被激发和放大，强化了这种心态的效应与影响。这就可能使进城农民工更进一步与城市社会相疏远，只是被动地适应城市生活，难以受到城市现代文明的熏陶和同化，阻碍其向现代公民的转化，造成其在身份和生活空间之外的更深层面的心理上的边缘化。

总之，通过对流动农民工在城市中现代性实践的调查，我们发现，中国流动农民工在城市中的自下而上的现代性培育将是艰难的，甚至是难以成功的。这是作为弱势群体的流动农民工在现代化语境中的一种发展的困境。流动农民工在城市空间中的"孤岛"生活，给农民工带来只会是严重的心理问题，包括：因身份差别和不平等导致的自卑、焦虑、抑郁心理；因自卑导致的自觉不自觉地回避与城里人交往所形成自我隔离的孤独情绪；因收入分配上的不平等和生活水平上的巨大反差产生强烈的被剥夺心理，对政府和社会不满诱发的不满情绪，在人格受损时以破坏城市公共设施、偷窃、群殴等极端方式来发泄自己的怨恨情绪以及不被城市接受、不能与城里人正常交往与合作、不能像城里人一样感受到平等与尊严的压抑情绪。在这种孤独、自闭、精神失常、怨恨的心理状态中，谈农民工的现代性或者发展问题永远只是一句空话。因此，对农民工来说，现代性只是以碎片的、枝节性的、萌芽的形态或方式出现在某些个体的意识中，而没有也不可能作为他们生活世界的深层的和内在的机理、结构、活动机制、存在方式、文化精神等，更不可能全方位地扎根、嵌入、渗透到个体生存和空间运行之中。可以说，在流动农民工的生活境遇中，现代性不可能作为一种主导性文化模式和文化精神全方位地渗透到社会运行和个体生存中，现代性只能是本质上"不在场"或尚未生成。相反，他们在城市的鲜明对照中，距离现代性越来越遥远。这样，流动农民工在城市中陷入一种发展的困境，农民工何去何从成为现代化过程中一个重要的社会问题。这个问题的解决是我们实现弱势群体共享社会发展成果的关键，也是实现和谐社会、实现社会能否共同发展的重要议题。

第五章

"自我"与"他者":社会排斥与边缘化空间的生成

空间在社会空间和社会因素之间,存在一种关联。个人所秉持的阶级、教育、权力、性别或种族等结构或制度性因素决定了主体与空间的社会关系。这些社会因素决定了人们在社会中的空间位置和社会分类。这个空间位置和社会分类又反过来影响人们对资源的获取和社会地位的获得。个体进入空间,就嵌入一个复杂的情境;这个复杂的社会情境,涵摄各种不断生成的结构性事实;这些结构性事实就是社会对主体进行塑造的一股强大的力量,正是主体者背后的那些不断累积和动态的结构性力量,决定了个人的能力和身份、思考问题的方式、个人生命历程的延伸方式,决定了个人的话语方式、话语位置以及获取资源的能力。空间为理解这些社会因素提供了一个现场、一个话题,或者思考人类行为本身的一种新的问题意识;但空间不能替代结构本身,空间需要一种结构的解释元素。正是这些秉承的结构,决定了空间中个人的位置和资源的获取,形成了空间中不同主体的"存在"。

我们该关注的是:在这些重大的社会事件的背后,在流动农民工的空间实践中,在不同的主体性实践中,存在着一种什么样的结构性事实?从制度结构到市场结构,再到社会关系网络结构,是容纳还是排斥？若是排斥，流动农民工又是经由何种过程被排斥到主流社会之外，进而被边缘化？这种在结构上基于不同主体的社会排斥在空间实践中又是如何生成和运作的？又是如何嵌入到流动农民工的日常生活情境中去的？

事实上，流动农民工在城市空间实践中遭到来自不同实践主体的社会排斥，这种排斥是基于一种空间实践中的权力或规训策略，或者源于一种基于权力的利益诉求或资源垄断偏好，表现为一种基于城市发展的现代化叙事逻辑。流动农民工群体在城市中所遭受的社会排斥主要体现在制度性安排和制度性歧视、社会关系网络在城市中的封闭性以及劳动力市场中的弱势处境，是制度排斥、社会关系网络排斥、市场排斥等多重面向相互作用共同排斥的结果，是社会排斥多维度长期累积和过程性强化的结果。

一 社会排斥：对城市流动农民工的重新概念化

首先我们必须解答："社会排斥"作为一种分析以贫穷为表征的现代社会弱势群体及其问题的范式，作为一个政策和分析的架构，是否能在分析流动农民工的语境中广泛使用？是否能为流动农民工的贫穷、不平等、权利、剥夺和边缘化现象提供了原有理论和方法所不能提供的某些东西？社会排斥的分析视角对解决流动农民工的贫穷、不平等、就业和社会整合等问题是否能提供一种新的思路？这是本文必须解决的问题。

1. 社会排斥概念的基本含义

美国社会学家帕金斯从社会分层的角度提出了排斥的运作逻辑，他认为任何社会都会建立一套程序或规范体系，将获得某种资源或机会的可能性限定在具备某种资格的小群体内部，使得资源或机会为社会上某些人所享有而排斥其他人。在社会分层方面，有两种排斥他人的方式，一种是集体排他方式，例如以种族、民族、家族区分标准，而将某些社会群体整体排斥在资源的享有以外；另一种是个体排他方式，例如通过考试来选取人才，被选取者和被淘汰者以个体形式出现,并没有一个身份群体被整体排斥。①

社会排斥概念源于20世纪六七十年代的法国,起源于对贫困问题和社会不平等的研究。社会排斥感兴趣的不是贫富的划分,而是某些群体贫困的过程和以生活不稳定为主要特征的生存状况。明确提出社会排斥这个概念的是 René Lenoir,"这些人(受排斥者)包括精神和身体残疾者、自杀者、老年患者、受虐儿童、药物滥用者、越轨者、单亲父母、多问题家庭、边缘人、反社会的人和社会不适应者"。② 目前,基本上是指那些被排斥于社会保险制度之外的人,意指那些没有受到社会保障的保护同时又被贴上"社会问题"标签的不同类型的人。在这些学者看来,所谓"穷人","不仅生活拮据,而且受到社会排斥,他们因没钱参加经济、社会、政治和文化领域的日常生活而被社会排除在外"。③ 20世纪80年代后,社会排斥被用于指称由于失业和"新贫困"(new poverty)导致的社会现象,即某些群体部分地或全部出局,享受不到人类权利。这是对以往被称作"新贫穷"或在英美被称作"下层阶级"的社会弱势群体重新进行概念化的一种知识反应,如长期和重复失业的上升、不稳定社会关系的增长、不稳定的家庭破碎、社会疏离、阶级团结的削弱等。社会排斥成为描述和分析在个人和群体及更大的社会间建立团结上所存在的障碍与困难的一个新方法;被描述成由于日益增长的长期失业而造成的进步中的个人与社会之间相

---

① 福兰克·帕金:《马克思主义与阶级理论》,纽约:哥伦比亚大学出版社,1979,第11~13页。转引自李强《社会分层与贫富差别》,鹭江出版社,2000;郑杭生、李路路等著《当代中国城市社会结构现状与趋势》,中国人民大学出版社,2004。

② Silver, H., 1995, Reconceptualizing social disadvantage: Three paradigms of social exclusion. In Gerry Rodgers, Charles Gore and José B. Figueiredo (eds.). Social exclusion: Rhetoric, reality and responses. (56 – 79). International Labour Organization (International Institute for Labour Studies);陈树强:《社会排斥:对社会弱势群体重新概念化》,http://www.sociology.cass.cn. 2005.06。

③ 〔法〕埃尔潘:《消费社会学》,《法国社会学评论》1993年第3期。

互关系的中断。① 英国政府"社会排斥办公室"提出:"社会排斥作为一个简洁的术语,指的是某些人或地区受到的诸如失业、技能缺乏、收入低下、住房困难、罪案高发的环境、丧失健康以及家庭破裂等等交织在一起的综合性问题时所发生的现象。"② 从20世纪90年代起,社会排斥概念为欧洲委员会所采纳并作为其形成社会政策的核心。社会排斥(social exclusion)是由欧盟委员会提出的一个社会政策概念并被联合国国际劳工局采用,③ 是应对"人们享有基本的生活水准,参与社交与分享工作机会的权利"④ 而产生的。1995年在哥本哈根召开了一次题为"社会发展及进一步行动"的世界峰会,会议"对消除贫困作出了世界性的承诺"。⑤ 在这次世界峰会上,"社会排斥"被视为消除贫困的主要障碍。"我们的工作集中于范围广大的一系列导致贫困者遭受剥夺,决定其生活必然贫困的形形色色的原因","哥本哈根峰会推进社会整合的承诺","要求我们反对社会排斥,致力于清除种种障碍以获致'稳定、安全而公正的社会'"。克莱尔也同时指出:"他们往往由于民族、等级地位、地理位置、性别以及无能

---

① Gore, C., 1995, *Introduction: Markets, citizenship and social exclusion.* In Gerry Rodgers, Charles Gore and José B. Figueiredo (eds.). *Social exclusion: Rhetoric, reality and responses.* (1-39). International Labour Organization (International Institute for Labour Studies);陈树强:《社会排斥:对社会弱势群体重新概念化》,http://www.sociology.cass.cn. 2005.06;曾群、魏雁滨:《失业与社会排斥:一个分析框架》,《社会学研究》2004年第3期。

② 孙炳耀:《转型过程中的社会排斥与边缘化——以中国大陆的下岗职工为例》,"华人社会社会排斥与边缘性问题"研讨会论文,发表于香港理工大学,2001。

③ Rodgers, Gerry, Gore, Charles and Figueiredo, Jose B. (eds), 1995, *Social Exclusion: Rhetoric, Reality, Response,* Geneva: International Institute of Labour Studies;陈树强:《社会排斥:对社会弱势群体重新概念化》,http://www.sociology.cass.cn. 2005.06。

④ Room, G., 1992, *Observatory on National Policies to Combat Social Exclusion: Commission of the European Community*;陈树强:《社会排斥:对社会弱势群体重新概念化》,http://www.sociology.cass.cn. 2005.06。

⑤ 艾尔泽(Else):《减少贫困的政治》,《国际社会科学杂志》(中文版)2000年第17卷第4期。

力等原因而遭到排斥。特别严重的是在影响到他们命运的决策之处，根本听不到他们的声音。"① "各种社会排斥过程无不导致社会环境动荡，终而至于危及全体社会成员的福利。"伊莎贝拉指出："假如越来越多的人被排除在能够创造财富的、有报酬的就业机会之外，那么社会将会分崩离析，而我们从进步中获得的成果将付之东流。"② 欧洲委员会把社会排斥定义为"涉及公民的社会权……涉及一定的生活水平和涉及参与社会中主要的社会与职业的机会"。以此为基础，欧洲国家制定了一些反社会排斥的政策和方案，包括劳动力市场介入、提升能力、收入支持和地域取向等，这个时期的社会排斥概念可以从公民权遭到否定或者没有充分实现的角度来看待。③ 欧盟统计署的定义是："（社会排斥）……是一个动态过程……某些劣势导致某些排斥，这些排斥又导致更多的劣势和更大的社会排斥，并最终形成持久的多重（剥夺）劣势。个人、家庭和空间单位可能从对资源的享有权如就业、医疗、教育、社会或政治生活中被排斥。"④

Byrne 和 Madanipour 把社会排斥定义为"一个多向面的动力过程，这个过程包含各种各样的排斥形式：参与决策和政治过程时的排斥、进入职业和物质资源时的排斥，以及整合成为共同文化时的排斥。它们的结合，会在某特殊区域内寻找到一块表现空间，并创造激烈的排斥"。社会方方面面的变迁不可避免要导致"排斥"，"排斥"会作为一个社会的总体力量压迫某些个体或群体，制造出贫困；也会以各种不同的形式，对人群做出自然的抑

---

① 克莱尔（Clare）：《消除贫困与社会整合：英国的立场》，《国际社会科学杂志》（中文版）2000 年第 17 卷第 4 期。
② 伊莎贝拉（Isabelle）：《人人有工作：社会发展峰会之后我们学会了什么?》，北京，《国际社会科学杂志》（中文版）第 17 卷第 4 期（2000 年 11 月）。
③ Atkinson, R., 2000, "Combating social exclusion in Europe: The New Urban policy challenge". *Urban Studies*, Vol. 37 Issue 5/6; Byrne, D., 1999, *Social exclusion*. PA: Philadelphia. 陈树强：《社会排斥：对社会弱势群体重新概念化》，http://www.sociology.cass.cn.2005.06。
④ 李秉勤，John, G. Pinel：《能力、贫困、社会排斥及福利》，参见中国社会学网。

或人为的类别区分。① 曼纽尔·卡斯特把社会排斥定义为:"社会排斥是由社会制度和价值架构的社会标准中,某些个人及团体被有系统地排除于能使他们自主的地位之外","社会排斥是一个过程而非一种状态","其中包括有缺乏技能而无法找到工作者、疾病袭击而未受保健给付的社会成员、吸毒酗酒使个性丧失者、监狱文化使人无法重获自由者以及精神创伤者"。② 在香港举办的"华人社会——社会排斥与边缘性问题研讨会"上,与会学者一般都认为社会排斥是指一个群体长期不能在政治上、经济上、文化上进入主流社会,与主流社会处于社会网络的断裂状态。

国内也有很多学者结合中国的具体情况,提出了社会排斥的有关几种内涵。唐钧认为:"社会排斥常常是游戏规则的缺陷造成的。而社会政策研究的目标就是要找出规则的不完善之处,修订游戏规则,使之尽可能地惠及每一个社会成员,从而趋于更合理、更公平……所有的游戏规则都是双刃剑,在它使一部分人成为'赢者'时,另一部人就会成为'输者'。"③ 石彤认为,社会排斥是指某些个人、家庭或社群缺乏机会参与一些社会普遍认同的社会活动,被边缘化或隔离的系统性过程。这个过程具有多维的特点,并表现为被排斥者在经济、政治、社会、文化及心理诸方面的长期匮乏。④ 李斌指出,社会排斥理论主要研究社会弱势群体如何在劳动力市场以及社会保障体系中受到主流社会的排挤,而日益成为孤独、无援的群体,并且这种排挤如何通过社会的'再造'而累积与传递。社会文化、社会结构、国家政策、现存的意识形态等多方面的因素制造了社会排斥,而社会流动率则反

---

① 周怡:《解读社会:文化和结构的路径》,社会科学文献出版社,2004,第180页。
② 曼纽尔·卡斯特:《千年终结》,夏铸九等译,社会科学文献出版社,2003。
③ 唐钧:《社会政策的基本目标:从克服贫困到消除社会排斥》,《江苏社会科学》2002年第3期,第41页。
④ 石彤:《社会排斥:一个研究女性劣势群体的新理论视角和分析框架》,王思斌主编《中国社会工作研究》第一辑,社会科学文献出版社,2002。

映了社会排斥的程度。①

从以上社会排斥的定义我们可以发现，社会排斥和其他概念相比，具有一些新的特征：社会排斥取向具有多面向和相对性（relativity），关注剥夺的多元性；社会排斥取向把焦点放在过程上，强调其动态性（dynamics），是一个动态的过程，重点揭示社会排斥的机制和过程，使人们有可能把剥夺当作一种动态致贫因子的结果来分析；社会排斥强调排斥过程中的被动者和施动者，强调其能动性（agency）；社会排斥具有累积的特点，强调社会排斥多维度之间的关联性和累积性，这为理解造成穷人被持续剥夺的累积因素提供了一种新的观察视角。总之，"社会排斥"一词现已被广泛地应用在政治、社会变迁及社会政策的讨论与争辩中。不同学科的学者在谈及"社会排斥"时，已不再认为贫穷的困境是个人问题；相反，他们关注的是个人的生命历程与宏观历史的交错，以及社会变迁给个人的生活境况及地位带来的变化。"社会排斥"不单是指贫穷，而更广义地泛指除了物质上的匮乏外，弱势社群如何透过不同的过程被排斥于主流社会外，进而被边缘化。这些过程包括参与政治决策，获取与就业相关的资源及参与社区及文化生活。

2. 社会排斥与中国流动农民工语境

"社会排斥"这个概念是基于法国和欧洲思想传统而发展起来的，是在欧洲富裕的工业社会和后工业社会中形成的，并在法国和欧洲得到了广泛的应用。"社会排斥"作为一种分析以贫穷为表征的现代社会弱势群体及其问题的范式，作为一个政策和分析的架构，是否能在发展中国家广泛使用？是否能为发展中国家的贫穷、不平等、权利、剥夺和边缘化现象提供了原有理论和方法所不能提供的某些东西？社会排斥的分析视角对解决发展中国家的贫穷、不平等、就业和社会整合等问题是否能提供一种新的思路？

---

① 李斌：《社会排斥与中国城市住房改革制度》，《社会科学研究》2002年第3期。

第五章 "自我"与"他者":社会排斥与边缘化空间的生成

对把社会排斥概念应用到其他国家和地区持怀疑态度,是以往的相关文献所呈现出来的一个方面,但也有很多文献认为将欧洲的"社会排斥"话语投射或者应用到发展中国家,放在一个更广泛的架构中,提供一个一般性架构的方式,亦即在一系列国家背景之下的方式来形成,是一种产生全球性分析和政策洞见的好方式。Gore 为提出一些有可能形成一个非欧洲性的但却能够产生全球性分析和政策洞识的社会排斥概念的方式做了大量的研究。他认为,社会排斥概念可能为更好地分析贫穷作出贡献的方式,以及社会排斥概念有可能更一般地应用的方式。Faria 也认为,社会排斥概念的有用性源于它作为"把诸如贫穷,剥夺,缺乏获得物品、服务和财产的机会,社会权的不稳定等联系松散的观念整合起来的方式,以及提供一个一般性架构的方式"的潜力。Haan 指出,现有的贫穷研究倾向于强调经济方面,而不太注意贫穷的政治和文化面向;社会排斥对有着内在联系的接纳和排斥过程的分析,有助于人们理解这些面向之间的相互作用,有助于分析陷入贫穷的过程[①]。Kaijage 和 Tibaijuka 在对坦桑尼亚的贫穷和社会排斥的研究中指出,社会排斥的价值在于,它是一个启发性的工具,不是把社会弱势者的不同方面看做是没有联系的现象,而是最终把它们和社会发挥功能的方式联系起来,因而使得内在关系在它们之间确立起来。森(Sen)在对亚洲社会排斥现象的研究中指出,社会排斥的理念近来被用于描述在亚洲特别重要的、多种多样的"排斥"现象[②]。Gore 认为,通过把欧洲政策话语中使用的社会排斥概念放在一个更广泛的架构中,社会排斥提供了一

---

① Gore, C. 1995a. *Introduction*: *Markets, citizenship and social exclusion*. In Gerry Rodgers, Charles Gore and José B. Figueiredo (eds.). *Social exclusion*: *Rhetoric, reality and responses*. (1 – 39). International Labour Organization (International Institute for Labour Studies). 陈树强:《社会排斥:对社会弱势群体重新概念化》,http://www.sociology.cass.cn. 2005.06。

② Kaijage, F. & Tibaijuka, A. 1996. *Poverty and social exclusion in Tanzania*. International Labour Organizations. 陈树强:《社会排斥:对社会弱势群体重新概念化》,http://www.sociology.cass.cn. 2005.06。

个在全球范围内都是关联的定义贫穷的方式。而且，它把贫穷看做是多面向的，而不仅仅是收入和经济方面。因而，它在这方面的一个特殊贡献在于，它超越了贫穷的经济和社会方面，包括了诸如政治权利和公民身份等政治方面，这些政治方面刻画了个人和国家，以及社会和个人之间的关系。

总之，社会排斥取向力求了解贫穷、富有成效的就业和社会整合之间的内在联系，强调过程和关注考察人们的生活如何受到经济重建与社会制度之间内在关系的影响，力求阐述和全球化相连的正在浮现出来的问题，而且，对社会排斥的关注使公民权在发展争论中的重要性明显起来。通过把焦点放在不完全的公民权的情境，它把注意力引向了公民权的实际状况，它是对已有的社会剥夺、边缘化、歧视等概念的丰富和深化。社会排斥概念为我们提供了一个研究社会问题的新视角，同时也为我们解释社会问题和探寻解决社会问题的途径提供了一种新的理论和方法。

作者在社会调查中不断发现和感受到，关系到农民工日常生活改变的根本问题，已经远远跳出了身份合法性的巢窠，只要他们能够寄寓在城市空间中而没有被驱赶，合法身份就会被搁置，被悬括。事实上，流动农民工一旦进入他一直被剥夺合法权的空间，一旦原本那种静态的城乡二元结构在空间上被撕裂，农民工进入城市空间所直接面对的问题就变成了容纳还是排斥的问题、社会整合的问题、社会歧视和社会冲突的问题、边缘化的问题，变成了如何实现他们与城市的社会整合的问题，如何帮助他们实现劳动市场介入、提升能力和提供收入支持的问题，是他们在城市如何发展的问题，是他们如何获得更多的工作机会和获取更多的社会资源的问题，是如何获得一种归属感、幸福感的问题。此时，接纳和排斥的行动主体不再只是国家、政府或者城市管理者，还有城市本身、城市居民。他们不再只是简单地寻求身份合法性的问题，他们需要一种现代性的总体谋划，这种谋划应融合他们现实生活中的具体情境，应统辖政治、经济、文化等面向，应为广大成员所共同接受或践履的普遍视景。

对于流动农民工在城市中面临着新的社会生活的经验事实，传统的最具共性的意涵和实质性内容不再是一种可靠的凭借，需要一种新的对流动农民工现实生活的观察、体验和理解，超越简单的社会制度结构诉求，即囿于城乡二元结构或分割的户籍政策，或只停留在对流动农民工特征的简单描述，或简单地以城市人为参照来分析流动农民工的社会适应、社会歧视问题，或简单地预设农民工是个具有共同本质特征和本质属性的行为主体，来分析他们的行为动机或行为策略（如是社会理性还是生存理性）。如何把农民工放在一个更宏伟的工程中，实现他们的社会权利，获取他们应该获取的社会资源，体验最大的社会公正，提供更多获取信息的机会，实现在城市空间中的社会整合，真正消除他们的乏力感、孤独感和边缘化处境，把对流动人口仅仅局限在学者的关注置换到全社会的关注，这是一项宏大的社会工程。这需要一种对流动农民工的日常生活处境重新进行概念化和重新讨论其因由和症候的新的方法。在理解流动农民工的知识反应中，应建立一种全新的知识标准和符合他们具体生活情境的现代知识论的权威范式，超越传统的理论视阈，为重新理解农民工注入一股新的血液。无疑，社会排斥为之提供了一个很好的概念工具。

社会排斥既关注外在的社会结构（深层秩序的规则总体和潜在的逻辑关系）、经济和市场驱力，也关注内在的文化心理、主体心理体验的结构变化和主体动机结构中的支配性尺度。社会排斥依赖于"嵌入"空间的各种模式，嵌入到"在场"情境，凿通了生活的多重面相。社会排斥取向力求了解贫穷、富有成效的就业和社会整合之间的内在联系，强调过程和关注考察人们的生活如何受到经济重建与社会制度之间内在关系的影响，把注意力引向了公民权的实际状况。社会排斥则把焦点放在不充分的社会参与、缺乏社会整合和缺乏权力等关系议题之上，其价值在于它提出了关于社会正义的本质问题，有助于把注意力引向平等的基本问题。社会排斥理论有利于在研究流动农民工过程中，借由空间面向，将社会结构、社会网络、社会文化和社会心理放在一个共同的社会空间中来讨论，借由主体—实践范式，将他们的日常生活实践并入流动农民工的经验研究。作者在文中采用源于西方语境的"社会排斥"概念，并非完全照搬西方这一概念的所有意蕴。为避免陷入带有强烈西方色彩和强制性意蕴的西方主义泥淖，作者一直努力考量"社会排斥"之中国语境是否可能，关注"社会排斥"之中国问题或中国知识的可能性，诉诸中国历史语境。事实上，"社会排斥"概念在全球化、现代化历程以及新的贫穷现象中理解社会整合就有一定的普遍性，存在着共同的话语场域和共同关注的论题，存在着共享性的概念理论和方法体系，存在着一种普遍性意义的社会知识；而且，通过把欧洲政策话语中使用的社会排斥概念放在一个更广泛的架构中从中剥离出最具共性的意涵和实质性内容，建立社会排斥的一般性的运用方式或一般性的架构方式，显然会提供一种理解和重新概念化社会弱势群体的方式。在诠释一个特殊的进入城市的流动农民工群体过程中，有许多被学术界忽视而又至关重要的元素。作者认为通过社会排斥概念，将对农民工解释乏力的现状提供一股新鲜的血液，为流动农民工的重新概念化提供一条新的思路。在解释流动农民工中引入社会排斥概念，将是一条具有理论创新和政策洞见的一种新尝试，为重新凿通流动农民工的日常生活实践提供一种新的思路。

3. 流动农民工群体与社会排斥：一个分析框架

社会排斥是一个动态的、累积性的过程，主要体现在社会排斥的各个维度之间的相互影响。根据流动农民工的经验研究发现，流动农民工群体在城市中所遭受的社会排斥主要体现在制度性安排和制度性歧视、社会关系网络在城市中的封闭性以及劳动力市场中的弱势处境，作者根据流动农民工的特殊生活语境，首先建立一个基本的分析框架。

（1）社会排斥是一个动态的累积性过程，并非一种状况，是一个生产与再生产的过程，是一个不断强化的过程，包括制度性安排与排斥、社会关系网络的建立与排斥以及劳动力市场的结构与排斥。社会排斥既是流动人口情感性认知、认同性的区隔与游离以及资源占有处境内生的一种社会现象,同时也是社会政策与市场游戏规则外生的一个社会产品。

(2) 社会排斥关注的是个人的生命历程与宏观历史过程的交错,以及社会急剧变迁对个人的生活境况及地位与处境带来的变化,是一种非短暂性的、局部性的现象,是个人、历史过程与国家相互推拉与强化的结果。社会排斥强调施动者的作用,社会排斥是信息社会对这种社会弱势群体不断给予无价值、无政治利益标签而使得社会财富与信息从而跳过这些群体的结果。

(3) 社会排斥是一个多维度相互作用的结果,遭受某一维度的社会排斥可能引发另一维度的社会排斥。制度排斥导致流动农民工在城市中不具合法的就业、定居身份,无权享用社会福利,没有话语权,就业权力和就业保障被剥夺,愈加不利于鼓励他们在自身素质、市场信息等方面投资,会加剧他们在市场中的社会弱势地位,使他们进一步遭受市场排斥;而且,市场通常对所有来者都开放,但那些不具有成员资格的人在市场中是最脆弱和不受保护的,他们往往容易被排除在共同体的安全和福利供应之外。这种弱势地位也会加剧流动农民工的贫穷和边缘化。这种贫穷和边缘化使得流动农民工在城市中只能集中在城市边缘区和老城区,处于社会分割和孤立之中,在空间上与城市隔离,在身份上得不到城市人的认同而遭受社会歧视,使社会关系排斥加剧。社会关系排斥和制度性排斥,使他们处于一种弱劳动力联系,不能有效获取市场信息;在就业市场中,由于缺少进入正规部门的门槛和资格条件,只能进入非正规部门,从事非正规就业,从而被排斥在正规的劳动力市场之外,加剧劳动力市场的社会排斥。

(4) 在强调市场、工业化、农村劳动力等市场力量不羁而又占有强势地位所产生社会排斥的结构性过程时,我们必须加入社会政策和制度性安排,以单位、公共资源的享受、城市身份的认同而建立起来的防御性社区,对来自农村的流动人口形成一道不可逾越的坚强的壁垒。

(5) 流动农民工群体在城市中所遭受的社会排斥主要体现在

制度性安排和制度性歧视、社会关系网络在城市中的封闭性以及劳动力市场中的弱势处境。社会排斥将流动农民工作为城市空间中"沉默的他者"或者"另类的他者"对待，这是一种对他者叙事的遮蔽。社会排斥同样表现为一种结构性的力量，这种结构性的存在作为一种宰制性的力量又嵌入到流动农民工的具体生活情境中，嵌入到流动农民工的在场情境。

最后，遭受社会排斥后的流动农民工又不断通过主体性、能动性与空间实践，策略性地突破排斥性壁垒，建立自己的空间，实现身份认同以及建立自己的意义世界和价值脉络。这种策略又加剧了其边缘化处境。这种贫穷和边缘化处境使得流动农民工在城市中只能集中在城市边缘区和老城区，处于社会分割和孤立之中，在空间上与城市隔离，在身份上得不到城市人的认同而遭受社会歧视，使社会关系排斥加剧，这种情境就形成了一种空间排斥。Littlewood 和 Herkommer 提出的"空间排斥"，指在一个城市或地区的邻里或地带内部被排斥及其所带来的对个人的限制；Percy-Smith 认为，排斥的空间面向是一个重要的分析面向，因为它一般会导致大量的弱势人群居住在一个衰败落后的地区。这会导致那个地区本身被定义成为弱势的，而不考虑居住在那里的人的个人特征，并因而遭受进一步的排斥过程（例如，撤除地方服务）。这也会导致那个地区变得在两个方面高度透明：一方面导致那个地区变成政策倡议的焦点，另一方面导致雇主的"地区歧视"[①]。

因此，关注流动农民工问题，可以从制度性安排、劳动力市场和资源的配置以及社会网络等层面出发，将社会排斥视为一个

---

① Littlewood, Ignace Glorieux, Sebastian Herkommer, & Ingrid Jonsson (eds.). 1999. *Social Exclusion in Europe: Problems and paradigms.* (47 - 66). Aldershot: Ashgate Publishing Limited; Percy-Smith, J. 2000. "Introduction: The contours of social exclusion." In Janie Percy-Smith (ed.). *Policy responses to social exclusion.* (1 - 21). Buckingham: Open University Press. 陈树强：《社会排斥：对社会弱势群体重新概念化》，http://www.sociology.cass.cn. 2005. 06。

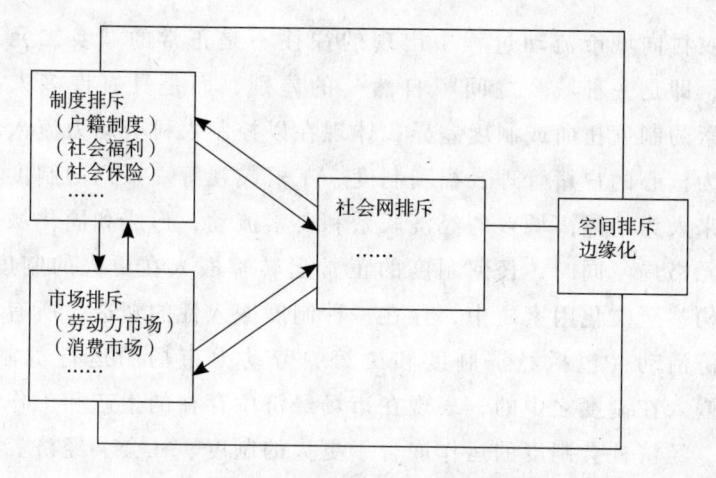

```
┌─────────────┐
│ 制度排斥    │◄──────────────────────────┐
│（户籍制度）│                             │
│（社会福利）│◄──►┌──────────┐            │
│（社会保险）│    │社会网排斥│   ┌────────┐│
│  ……         │    │  ……      │──►│空间排斥││
└─────────────┘    └──────────┘   │边缘化  ││
     ▲▼              ▲                └────────┘│
┌─────────────┐      │                          │
│ 市场排斥    │◄────┘                           │
│（劳动力市场）│                                │
│（消费市场） │◄───────────────────────────────┘
│  ……          │
└─────────────┘
```

社会排斥的一个分析框架

过程。社会排斥创造了一个超越日常互动的特殊时空,边缘化的维持及固化得以在其中发生,社会排斥的力量构造了一个重塑个人生活的极限时空。探讨城市流动人口是如何经历不同的过程而被排斥于主流社会之外,进而被边缘化,形成一个生产与再生产的游戏规则,重点不在于原来政府制度、城市生活空间所带来的社会排斥现象和边缘化处境,而在于制度在调整过程中、社会空间在流动工程中、自我主体在形成过程中,以及日常的社会互动过程中所引发的社会排斥的问题。

二 制度排斥与空间的合法性:场内的游戏与规则

研究中国流动农民工在城市中的发展问题必须关注:流动农民工能否在现代化发展战略中,获得制度支持,制度是关系流动农民工能否共享社会发展成果的一个重要层面。在中国,流动农民工在城市中的流动规模、生存状况的好坏、能否在城市中实现社会整合等是内生于制度变量的,内生于国家、城市政府的人口控制制度模型的,是受城市政府制度性歧视或排斥性影响的,是政府对流动和就业控制制度的一个函数。流动农民工地位变迁的背后都伴随着深刻的制度变迁。在流动农民工由农村向城市流动过程中出现的往往不是正常的城乡二元现象，即是一种城乡之间"自然"的差别，而是具有许多人为因素的制度扭曲或制度差异；体现在以控制农村劳动力流入城市为核心的户籍管理、福利制度、工资歧视等一系列的制度安排来人为地隔离城乡的经济联系和要素流动，形成和固化城乡二元格局。同时，任何制度的正常运转都嵌入在更大的制度、结构甚至文化因素之中，存在一种制度嵌入性的塑造。所有的经济活动（包括经济制度和决策、劳动力市场的运行机制）是嵌入在制度之中的，表现在市场经济中存在的生产和工作体系、经济社会制度的运作嵌合于更大的制度、社会、经济、政治和文化的结构而呈现出多样性。因此，制度作为一个重要变量，决定了流动农民工在城市中的社会身份、经济地位和发展的可能程度，也是决定流动农民工作为弱势群体能否共享社会发展成果的一个重要指针。本章试图以流动农民工为经验研究，能否共享社会发展成果为指针，以制度存在的合理性、合法性、公正性为参考依据，重新检视作为弱势群体的流动农民工在城市中的制度安排以及所遭受的制度性的社会排斥，并提供一种新的制度理解方式。

1. 制度及其运作的内在机理：合法性、合理性抑或公正性

制度，是制度演化理论研究的对象和最基本的范畴，也是考量一个社会公平和正义的主要评判依据。凡勃伦指出，"制度实质上就是个人和社群在某些关系或某些作用方面的流行思想习惯"[1]；康芒斯认为，"制度是有关个人行动控制、自由和扩展方面的集体行动"[2]；新制度经济学的代表人物诺思认为，"制度是一系列被指定出来的规则、守法程序和行为的道德伦理规范，它旨在约束追求主体福利或效用最大化利益的个人行为"，"制度是社会博弈的规则，是人所创造的用以限制人们相互交往的行为的

---

[1] Veblen. 1924. *The Theory of Leisure Class*. London: George Allen & Unwin.
[2] 康芒斯：《制度经济学》，商务印书馆，1967年。

框架"①；而日本学者青木昌彦则从博弈论的角度来考量制度，提出"制度是关于博弈重复进行的主要方式的共同信念的自我维系系统"，制度可以看做是一种博弈均衡，是一种"博弈参与人、博弈规则和博弈过程中参与人的均衡策略"②。考察一种制度的存在理由或内在的运作逻辑，我们可以从三个方面确定理解的框架，即合理性、合法性和公正性存在。

首先，任何制度的存在都是一种合理性的存在（合理性是针对制度本身来说的），都是权力机构实现对秩序建构和维护的一个必要条件。考察制度合理性的一个依据在于制度缺陷性函数，即制度本身是否一个完整体系，并且需要依社会发展而不断创新和完善。如果在选举制度、政务公开制度、监督制度、公民参政议政制度、政治问责制度等方面存在漏洞，或者程序不合理、不科学，就有可能引发政治风险，体现在制度运作的有效性，即制度或权力运作的合理性。哈贝马斯称该层面的危机为"合理性危机"，即政治—行政子系统不能做出足够的工具性决策所引起的③。

其次，任何制度的存在也是一种合法性的存在，在于政治运作过程中的规范性，若随意省掉法定的程序性安排，或者马虎从事走过场，都会影响到政治结果的公正，从而导致风险的发生；如果其间出现严重的徇私舞弊，不仅使信任危机出现，而且还可能导致民众的强烈不满，从而引起动乱。虽然公共权力的产生经过了民主程序，但若在权力运作过程中缺乏有力的监督和约束，就必然产生大量的寻租行为和腐败现象，直接的后果就是人们对政府的合法性失去信任，采取不合作、抵触和对抗的态度，并且通过自己的政治代表提出质询案或罢免案，引发社会信任危机。哈贝马斯把这种危机称为"合法性危机"，即由于行动者不信任

---

① 诺思：《经济史中的结构和变迁》，刘守英译，上海三联书店，1999。
② 青木昌彦：《比较制度分析》，周黎安译，上海远东出版社，2001，第5~11页。
③ Habermas, J. *Legitimation Crisis*. London: Heinemann. 1976.

政治子系统的决策权的决策行为,对政府权力行为的合法性失去社会信任①。总之,当公民对某一届政府整体上失去信任时,管治危机也随之发生,甚至会降低民众参与政治生活的热情。权力进入社会生活领域,是为了防范个体行动的无序化或公共秩序的混乱。权力对维护公共秩序所具有的普遍效力,使得其进入社会生活领域获得了合法性。因为秩序是维持正常社会生活的必要条件,关系到每个人的利益,而公共权力又确实能够防止和控制对公共秩序构成威胁的行为。因此,权力对秩序建构和维护的有效性成为权力介入社会生活的合法性的依据。也就是说,正是在秩序的必要性和权力的有效性话语中,生活领域里的权力获得了合法性。这样,权力对个人社会生活中的方方面面的行为进行控制、干预、制裁和惩戒,也就成了合法化的行为。合法性是现代权力运作的核心逻辑,权力一旦获得合法性,也就成为理所当然、不容置疑的力量和规范,被人接受、遵从和服从②。

最后,任何制度的存在也同样是一种公正性的存在。制度同样是考量一个社会公平和正义的主要评判依据,公正性是制度的第一要义。合法性的外衣通常掩盖了现实中的许多矛盾和问题,从而背离人与社会发展的本质意义,也就是说,人类行为追求的终极目标并非是合法性,而是公正性的存在事实。作为社会制度公正性的社会逻辑在于:基于特定的历史背景和社会的宏观调配目的,所引发的社会差别是不可避免的,但这种差别必须符合差别的可接受性;这种社会分化或有差别的社会结构应具有可接受的社会公正性,而且这种制度本身在运作过程中,应选择一个过程公正的理念和运行模式。

这样,我们研究中国流动农民工的制度排斥,其逻辑重点和理解框架在于考量社会制度的合法性、合理性和公正性问题。首

---

① Habermas, J. *Legitimation Crisis*, London: Heinemann. 1976.
② 陆益龙:《户籍立法:权力的遏制与权利的保护》,《江苏社会科学》2004 年第 2 期,第 91 页。

先，考量社会制度的合理性在于：一方面，我们必须理解对流动农民工的制度性安排是否有利于城市的发展和稳定，是否能实现城市的和谐与发展，这是一种制度的合理性存在的评价标准；另一方面，这种制度性安排又是否能有利于作为弱势群体的流动农民工共享社会的发展成果，实现在城市中的人和谐发展。在流动农民工由农村流向城市的过程中，明显存在着一种典型的身份化制度区隔和排斥性壁垒。流动农民工作为一个寄寓在城市空间的弱势群体，传承城乡二元结构上的不平等和同样是高度传承性的身份化的城乡户籍分割政策，这种身份化的户籍是和职业分层体系紧密联系在一起的。身份化的户籍—职业分层体系进一步地、更加细致地规定了流动农民工在城市里可以从事的职业、可以定居的地方，从而规定了这个群体在整个城市结构中所处的位置以及他们与城市的各种资源的关系。这是一种政治、经济、社会排斥与地理上的空间排斥相重合的制度化排斥，这种政治和行政制度安排使得流动农民工进一步被边缘化[1]。其次，考量社会制度的合法性在于，城市的管理者在执行社会制度和贯彻政策的过程中，是否能秉持制度本身的宗旨和内在的发展要求，即实现社会公平、公正的发展机会，经过了民主程序，保持强有力的监督和约束，避免产生大量的寻租行为和腐败现象的出现。最后，研究中国流动农民工的制度公正性逻辑在于考量是否出现社会差别的形成或社会阶层的分化，以及这种社会差别的形成或社会阶层的分化是否基于一种社会成员自身的能力和努力，或建立在一种公平的市场竞争上，而不是基于某些前定的社会结构或某些特殊的制度化或非制度性安排。尽管构造真正具有活力的社会基石在于个人能力、个人努力与市场竞争制度的结合，但这种市场竞争的结果是社会差别和社会分化的加剧。市场竞争同样无法消除社会动荡的形成，只有作为制度上的某种程度的合理再分配的存在和

---

[1] 陈光金：《身份化制度区隔——改革前中国社会分化和流动机制的形成及公正性问题》，《江苏社会科学》2004年第1期，第36页。

作用，才有利于使在此基础上形成的有差别的社会分化得到抑制，以确保分化本身不至于过大，不至于超出社会大多数成员能够接受的限度①。可以说，流动农民工在城市中的不平等的真正要害在于制度化的不平等，即流动机制的制度化不平等。城乡户籍身份以及这种具有再分配权力的社会制度安排，不仅对个人身份具有表征意义，而且有着明晰的职业和经济意义，体现在从事哪些职业、享受哪些国家福利、能否在城市中合法居住、能否公正地享受城市中的资源等②。

2. 制度之外的歌者：制度排斥的过程和叙事理由

在前面提到，社会排斥概念源于20世纪60~70年代的法国，起源于对贫困问题和社会不平等的研究。从90年代起，社会排斥概念为欧洲委员会所采纳并作为其形成社会政策的核心。社会排斥（social exclusion）是由欧盟委员会提出的一个社会政策概念并被联合国国际劳工局采用，是应对"人们享有基本的生活水准，参与社交与分享工作机会的权利"③ 而产生的，社会排斥和边缘化所带来的偏见和歧视是建立在一个社会有意达成的制度或政策基础上④。"主导群体已经握有社会权力，不愿意别人分享之。"⑤ 譬如他们担心移民具有潜在的破坏性，因而感到有必要从制度层面对这些人加以社会排斥。克莱尔指出："他们往往由于民族、等级地位、地理位置、性别以及无能力等原因而遭到排斥。特别严重的是在影响到他们命运的决策之处，根本听不到他们的声

---

① 陈光金：《身份化制度区隔——改革前中国社会分化和流动机制的形成及公正性问题》，《江苏社会科学》2004年第1期，第36页。
② 陈光金：《身份化制度区隔——改革前中国社会分化和流动机制的形成及公正性问题》，《江苏社会科学》2004年第1期，第36页。
③ Room, G. 1992. *Observatory on National Policies to Combat Social Exclusion*: Commission of the European Commnunity；陈树强：《社会排斥：对社会弱势群体重新概念化》，http://www.sociology.cass.cn.2005.06。
④ 曼纽尔·卡斯特：《认同的力量》，夏铸九等译，社会科学文献出版社，2003，第317页。
⑤ 戴维（David）：《社会学》（第十版），中译本，李强等译，中国人民大学出版社，1999。

音。""各种社会排斥过程无不导致社会环境动荡，终而至于危及全体社会成员的福利。"① 曼纽尔·卡斯特把社会排斥定义为："社会排斥是由社会制度和价值架构的社会标准中，某些个人及团体被有系统地排除于能使他们自主的地位之外。"② 从这些定义中可以发现，制度是社会排斥的一个重要维度，也是理解和解决社会排斥的根本性问题所在。制度排斥意指一些公民被排斥出公民权利和政治平等之外，社会排斥的制度面向重视的是某些群体能否享受人权或政治权利，包括人的安全保障、法制保障、表达的自由、政治参与和机会的平等等权利，涉及个人被排斥出参与决策或者对决策施加影响，被排斥出参与政治权利的监管（选举和被选举）、私有财产、公正、社会保护、基本服务等项权利。有一些学者从社会福利制度的角度来论述社会排斥的制度面向。被排斥者由于不具公民资格而无法享受某些社会权利被排斥出国家的福利政策，或者由于某种特殊的福利制度使得某些享有公民权利的人也无法获得某些国家福利制度，如，个人安全、机会平等、社会保险、最低健康医疗、失业救济金等。

在中国，流动农民工作为城市空间中的"他者"，体现在现代化发展过程中从制度层面对农民工的有意排斥，即排除在作为体制的合法性身份之外。在流动农民工城市实践的情境中，体现了城市居民和城市管理者，利用制度性标准把流动农民工降低到缺失的"他者"的地位，并利用体制内的判断标准来表现自身的优越性和合法性，实现一种根深蒂固的对农民工的制度性偏见和歧视，达成一种制度性的区隔或另类标签，或者通过制度的合法性实现对城市资源的一种垄断性控制和分配。事实上，流动农民工在城市的社会空间中的制度安排及其后果可以作为评价一种制

---

① 克莱尔（Clare）：《消除贫困与社会整合：英国的立场》，《国际社会科学杂志》（中文版）第17卷，2000年第4期。
② 曼纽尔·卡斯特：《千年终结》，夏铸九等译，社会科学文献出版社，2003。

度能否有效运作的依据,检视一种制度是否合理、合法或者公正的指针。

在流动农民工的日常生活实践中,制度排斥意指阻碍劳动力的自由流动,限制劳动力的流动,使劳动力无法配置到最需要的地方,造成资源配置的低效率;也体现在使劳动力市场上的供求双方各个体之间不能公平参与竞争,或无法竞争。事实上,市场机制的发展,形成了新的机会结构,使得那些在再分配经济中处于底层的流动农民工有可能利用新的机制和机会,在城市中实现社会地位的向上流动;但在中国,在向市场经济的转型过程中,国家或政府作为在城市和农村的再分配权力经历了变形而保持了持续性的优势,或者被嫁接到市场体制之上而继续对社会经济地位保持着持久的影响,或者在市场转型中出现了政治市场化并对经济市场和利益分配具有强大的影响,体现在持续的户籍分割政策,以及排斥性的政策的不断出现。这种再分配权力的行使并没有改变其"排他"和"内固"的内在运行机制,反而加剧了社会排斥的程度,这是一种建立在制度层面上的社会排斥"再生产"模式,这种模式成为那些居于支配性地位的社会阶层为了维持和增强自身的特权而用来排斥从属阶级的手段。按照韦伯的说法,"社会封闭"指的是一种社会过程,通过这种过程,社会集体企图把奖酬和机会限制在合适人选的有限范围内,并以此来最大化自身的奖酬。①

作为一种国际通行的人口管理办法之一,户籍制度的基本功能为证明公民身份、提供人口资料和方便社会治安。我国在1958年颁布的《中华人民共和国户口登记条例》,最初也主要是登记管理的功能。1963年,公安部依据是否吃国家计划供给的商品粮,将户口分为"农业户口"和"非农业户口"。在严格的计划经济时代,生活消费品和生产资料的供给都以户口性质为依据,

---

① 李路路:《社会转型与社会分层结构变迁:理论与问题》,《江苏社会科学》2001年第1期。

第五章 "自我"与"他者":社会排斥与边缘化空间的生成

户口的登记注册功能向利益分配功能异化。[①] 新中国成立初(体

[①] 我国现行户籍制度大体经历了形成(新中国成立初~1958年)、发展(1958年~1978年)、初步改革(1978年至今)等三个阶段。1951年7月,公安部颁布实施了《城市户口管理暂行条例》,这是新中国成立以后最早的一个户籍法规,使全国城市户口管理制度基本得到统一。1955年6月,国务院发布《关于建立经常户口登记制度的指示》,规定全国城市、集镇、乡村都要建立户口登记制度,从而统一了全国城乡的户口登记工作。1958年1月,全国人大常委会通过并以国家主席令形式颁布了《中华人民共和国户口登记条例》。该条例以国家法律的形式对户籍管理的宗旨、户口登记的范围、主管户口登记的机关、户口簿的作用、户口申报与注销、户口迁移及手续、常住人口与暂住登记等方面都作了明确规定,标志着全国城乡统一户籍制度的正式形成。1963年,公安部依据是否吃国家计划供应的商品粮,将户口划分为"农业户口"和"非农业户口"。1964年8月,国务院批转了《公安部关于处理户口迁移的规定(草案)》,该文件比较集中地体现了处理户口迁移的基本精神,即两个"严加限制":对从农村迁往城市、集镇的要严加限制;对从集镇迁往城市的要严加限制。此规定堵住了农村人口迁往城镇的大门。1977年11月,国务院批转《公安部关于处理户口迁移的规定》,提出"严格控制市、镇人口,是党在社会主义时期的一项重要政策"。该规定进一步强调要严格控制农村人口进入城镇,第一次正式提出严格控制"农转非"。1984年10月,国务院发布《关于农民进入集镇落户问题的通知》,规定凡在集镇务工、经商、办服务业的农民和家属,在集镇有固定住所,有经营能力,或在乡镇企事业单位长期务工,准落常住户口,口粮自理。1985年7月,公安部颁布了《关于城镇暂住人口管理的暂行规定》,决定对流动人口实行《暂住证》、《寄住证》制度,允许暂住人口在城镇居留,这些规定对《中华人民共和国户口登记条例》中关于超过三个月以上的暂住人口要办理迁移手续或动员其返回常住地的条款,做了实质性的变动。1985年9月,全国人大常委会颁布实施《中华人民共和国居民身份证条例》,规定凡16岁以上的中华人民共和国公民,均须申领居民身份证,为人口管理的现代化打下了基础。1986年,安徽滁州市天水县秦栏镇实行"绿卡户籍制"。1992年,浙江温州推行"绿卡制"。1993年,上海推行"蓝印户口制"。1995年,广东深圳施行"蓝印户口制"。以此为代表,部分地区实行投资入户、购房入户或蓝印户口等政策,以吸引人才和资金。1992年8月,公安部发出通知,决定在小城镇、经济特区、经济开发区、高新技术产业开发区实行当地有效城镇户口制度,以解决要求进入城镇落户的农民过多与全国统一的计划进城指标过少之间的矛盾。1997年6月,国务院批转公安部《关于小城镇户籍管理制度改革的试点方案》。根据此方案,已在小城镇就业、居住,并符合一定条件的农村人口,可以在小城镇办理城镇常住户口。1998年8月,国务院批转公安部《关于当前户籍管理中几个突出问题的意见》,主要规定:实行婴儿落户随父随母志愿的政策;放宽解决夫妻分居问题的户口政策;投靠子女的老人可以在城市落户;在城市投资、兴办实业、购买商品房的公民及其共同居住的直系亲属,符合一定条件可以落户。户籍制度进一步松动。2001年3月30日,国务院批转公安部《关于推进小城镇户籍管理制度改革的意见》,小城镇户籍制度改革全面推进(资料来自http://www.sina.com.cn 2005年11月18日12:44观察与思考,秦烟)。

现在20世纪50年代后期至70年代末期）政府推行的"重工业优先发展"等现代化战略不利于大城市吸纳大量的人口增长带来的劳动力剩余，体现在统购统销、人民公社和户籍管理三位一体的制度安排，减少工业化过程中对劳动力的吸收，断绝农村劳动力的职业转换和农村人的身份变换，城市特别是大城市在巨大的人口压力下不得不关闭城门甚至遣散人口；在此基础上又派生出，作为一个拥有合法户籍身份的城市居民，能获得城市住房、医疗、教育和其他生活设施等具有排他性的补贴，可以得到就业保障，能享受不付房租的住房、公费的医疗、免费的九年制义务教育等，流动人口不能获得合法的户籍身份，就被排斥在这种福利之外。

这种直接的行政不许可的歧视行为，主要体现在市场准入上，即在一些行业、地区、城市，中央或地方文件规定不准招用农民工，清退已工作农民工。这种政策主要运用于20世纪70年代末至80年代中期。80年代中期后逐渐放开，标志性文件是1984年和1985年两个中央一号文件。如1984年1号文件规定："允许务工、经商、办服务业的农民自理口粮到集镇落户。"1985年1号文件则进一步明确："农民进入集镇务工、经商、办服务业，对促进集镇的发展，繁荣城乡经济，具有重要的作用，对此应积极支持。"进入90年代后，允许农村劳动力进城的政策发展为有控制的使用政策，包括行政性限制与歧视性收费。80年代中期以后，出现了大规模的集体流动，城市政府采取了诸如强化户籍管理、关闭或抑制部分劳动力市场、行业性歧视，及其他增大迁移成本的政策措施，加强对市场准入权的管理。如1985年国家公安部颁发《关于城镇暂住人口的暂行规定》："对暂住时间超过3个月的16周岁以上的人，须申请《暂住证》。"一个农村外出劳动力为了在城市中获得一个就业机会必须交纳的费用体现在：外出打工许可证办证费、向外地务工经商人员缴纳管理服务费、外来人员就业证办证费、建筑工人的施工管理费、治安管理费、暂住证办证费、计划生育办证费等，即城市对流动人口的就业管理，应用的是所谓"五证齐全"的管理体制，就是暂住证、出租房屋安全合格证、就业证、婚育证、经商许可证。事实上，要想做到"五证齐全"难度很大。在城市，五证分属五个不同的部门，即公安、房屋管理处、工商局、劳动局、计划生育委员会，繁琐的审批手续，其结果就是外来人员证件不齐。而且，流动成本如此昂贵，对本来就贫穷的流动农民工群体来说，不堪重负，只能在城市的夹缝中"非法流动"。对于这种"非正规"和"违规"行为的应对措施就是查抄和罚款。

这种行政性限制与歧视性收费的指导思想是，通过有条件地允许农民工进城并收取一定的管理或调节费，提高农村劳动力进城务工的成本，以按城市需要调节农民工进城的数量。企业可以有条件招用农民工，但要办许可证，要交管理费，农民工自己也要承担一些管理费。这一政策思路，基本贯穿了整个20世纪90年代国家和地方的农民工流动就业政策。2000年以来，政府对这类政策进行改革，改革的方向是取消制度性歧视和收费，标志性文件先后有三个：首先是2001年10月底国家计委、财政部按中央领导的指示联合下发《关于全面清理整顿外出或外来务工人员收费的通知》，取消针对农民工的七项关键性收费，涉及公安、劳动保障、建设等收费大户。可以说，在中国，制度性排斥的合理性存在源于一种城市主流社会的现代化叙事和发展主义意识形态。在中国，"现代化"或"城市化"可以说是由社会精英的诠释、谋划和全面推广而践履，存在着一种全新的知识标准和现代知识的权威模式。这种现代的知识权威模式，透过来自具有社会正当性之象征权力的国家推动和实施，通过制度机构的强制性来建构，通过制度化形式的实践场域来呈现，以漠视或牺牲个体性的"私人"生活世界场域为代价，完成一种自上而下的重构过程。精英对来自异于城市现代化文化主题的各种文化传统和价值标准侵蚀的抗拒，并试图通过建立维护以城市为中心的精英价值和精英圈来抵御那种来自流动农民工群体的具有破坏性的"空间"文化的发展。来自主流社会的农民工被排斥在体制之外的叙事理由有如下几种。①

（1）"城市基础设施无法承受之说"。政府、国家管理者往往以流动农民工的大规模流动和进城加剧了城市基础设施的负荷，妨碍了城市的正常运转，使得城市的交通拥挤更加难以使人承受，这是一种肤浅的认识。交通设施即城市基础设施的发展应该是流动人口的结果，不应该成为禁止流动人口流动的理由。

（2）"扰乱秩序说"。随着人口的流动性提高，社会秩序有所混乱，犯罪率明显上升，管理难度加大，社会治安状况恶化，直接导致财政补贴增支，而且还降低了城市的安全感。部分居民通过种种渠道反映对外来人口的不满，体现在某些报刊文章或新闻报道过分渲染流动人口的消极面，从社区管理者，甚至到一些地方人大代表和基层干部都建议采取限制、阻截的政治措施。而这些人忽视了一个根本的问题，这种社会秩序的恶化更多的是管理落后、执法效率低下以及政策的不配套引起的，也是因为基于城市霸权引发的一种社会不公正引起的；这种行为或政策的后果就是忽视当地以外的经济利益，是以牺牲其他人生存和发展机会为代价的，是以剥夺一个公民具有自由迁徙和自由流动的权利为代价的。

（3）"社会身份定位说"。即流动农民工不具城市的合法身份，不属于城市居民，在城市中不具合法性，一直作为控制流动人口的一种借口。

（4）"保护下岗工人就业说"。由于现在下岗工人越来越多，人们普遍把这种下岗的出现理解为是流动人口大量进入的结果，是流动人口抢了他们的饭碗，而且给城市人口造成了很大的压力，对城市正在发育的劳动力市场形成不利的影响和冲击。为保证城市的就业，控制流动人口的进入。制度排斥对就业的影响可以从不同的角度来分析：从短期来看，制定和建立一系列制度壁垒确实可以缓解部分地区、部分人群的就业压力；但从长期来看，制

---

① 蔡昉：《中国流动人口问题》，河南人民出版社，2000。

度壁垒阻碍了效率的提高，使市场机制不能发挥其资源优化配置的作用，影响经济的长远发展，反过来抑制了就业。而且，某些针对部分地区或人群实施的制度排斥只是阻碍了隐性失业显性化的过程，还造成不公平竞争，不但不利于公平目标的实现，而且扰乱了人们进行人力资本投资的计划，引起长期性的结构失业，对经济的长远发展也是不利的。制度排斥最终将造成更多失业而非促进就业。

3. 制度排斥的运作逻辑和运行机制：区隔和另类标签

我们从制度变迁的视角论述了中国流动农民工在中国城市中所遭受的制度排斥的过程和叙事的理由，那么这种制度排斥又是如何运作呢？重点又表现在哪几个层面，这种中国城市流动人口由于中国长期以来的户籍政策以及城乡二元分割政策，又是如何使得他们长期被城市区隔和另类标签的呢？事实上，维护和实现社会公正，要依法建立以权利公平、机会公平、规则公平、分配公平为主要内容的社会公平保障体系；要高度重视收入分配问题；要进一步完善社会保障体系；要保证社会成员都能够接受教育，进行劳动创造等。

首先，在中国，制度排斥重点表现在城乡二元户籍分割制度，是通过城乡二元户籍分割制度进行运作的。中国的户籍制度不仅仅具有统计人口和维持社会治安的功能，在历史上更加重要的职能却是证明人们的社会身份，作为控制农村人口向城市迁移尤其是向大城市迁移的基本手段，用以控制公民的迁徙自由和居住自由；而且这种制度"嵌入"到劳动就业制度、人事管理制度、粮油供应制度、住房分配制度、医疗保障制度、义务教育制度和城市人口控制之中，变成了以户籍制度为核心的一系列具体社会制度的总称。这种户籍制度在城市和乡村之间划出了一道身份鸿沟，即划分了两个不同地位、不同利益和不同待遇的社会阶层：一是"市民阶层"，二是农民阶层。由于在城市中的农民工群体不具城市居民的合法身份，使农民在城市中的政治权利、经济权利和人格权利被排斥在城市之外。

"户口及其迁移和变更的限制无疑是人为设置的,社会在设置这些限制时,必须有其正当的理由,即规则必须是正当的。判断这些规则是否正当,其中一个重要的标准是这些规则是否满足实现理想目标的条件。某种意义上,户口迁移限制的理想目标是调节、控制和限制迁移或流动,而现实表明,这一规则并不具有相应的效力,因此,其存在的正当性自然要受到质疑……由于平等权利没有得到具体规则的保护,所以在现实中存在着诸多户口身份不平等的现象。许多部门和单位利用了户籍制度所创造的户口符号,建构各种形式的不平等分配制度。在这些派生的制度中,户口身份不同,人们所享受的权利和待遇存在着极大差别。例如,公民在资源配置、就业、子女受教育以及其他社会分配方面,都因户口类型、户口所在地的不同而存在巨大差别。"①

"过去户籍改革一直徘徊不前,主要是部门既得利益和部门立法的原因。"(胡星斗)

"户籍制度及户口迁移制度只是'替罪羊',附加到户口上的各种利益、隐藏于户籍制度背后的各种制度才是根本所在。"(王太元)

"社会保障也是附在户口身上的一大利益,最明显的就是只有城里人才能享受得到的低保。此外,在住房方面,经济适用房也是本地居民的'专利',低利息的公积金购房也基本只属于当地城市居民。"(刘尔铎)

"从一个人出生开始就有了,伴随整个一生,附在户口上的各种利益和制度,从计生政策、妇幼保健到教育、就业、社保、医疗、失业、意外伤害等等,全用城乡二元户口为依据来区别对待,涉及多个政府部门。"(王太元)

"深化改革的关键,在于加快改革以剥离附着在户口背后

---

① 陆益龙:《户籍立法:权力的遏制与权利的保护》,《江苏社会科学》2004年第2期,第91页。

的各种利益,把隐藏在户口之后的劳动、人事、工资、物价、教育、卫生、社会福利等诸多制度与户口脱钩。"(王太元)

"强迫各种社会管理制度与户口制度脱钩,将迫使在户口制度掩护下的这些制度直接在各自领域改革。减少集中式跨部门、跨地域的决策,让就业、教育、社会福利等各个领域分别进行改革,不仅阻力小、见效快,而且覆盖面广。"(王太元)

（以上资料来自 http://www.sina.com.cn 2005 年 11 月 21 日 14:41 新华网）

"现行户籍制度的一些弊端给解决我国社会发展过程中的公平、发展、稳定等社会问题设置了障碍。现行户籍制度的弊端不除,则公平难至。"

"户籍制度的改革问题,不仅仅是某个条例和规定的修改问题,而是对正义原则的认识问题,也就是从正义原则出发,去认识公民的哪些权利是合理的,需要得到保护。正义原则是制度的首要价值,因为制度追求的是公共福利的最大化,也就是每个公民福利的最大化满足。促进户籍制度符合公平的正义、分配的正义和至善的目标等原则,才是制度正义的本质意义。"

（以上资料来自 http://www.sina.com.cn 2005 年 02 月 25 日 23:00 青年时报）

可见,户籍制度是一种提供就业、获取社会资源和社会保障的关联性资源,"从本质上看,户籍制度是一种社会屏障（social closure）制度,即它将社会上一部分人屏蔽在分享社会资源之外……一些社会集团总是会通过一些程序,将获得某种资源和机会的可能性限定在具备某种资格的小群体内部"。[①] 城乡二元分割

---

① 李强:《当代我国城市化和流动人口的几个理论问题》,选自李培林《农民工:中国进城农民工的经济社会分析》,社会科学文献出版社,2003,第45页。

的社会制度对农民工的结构性排斥最主要是通过户籍身份的差异而表现出农民工在体制待遇上与市民的巨大差异，户籍制度对农民工的排斥就成为其社会保障排斥的根源。"市场通常对所有来者都开放，但那些不具有成员资格的人在市场中是最脆弱和不受保护的……他们往往容易被排除在共同体的安全和福利供应之外……他们在集体中总是没有保障的位置，总是处于被驱逐，处于一种无穷无尽的危险状态。"① 同时，考察户籍制度合法性问题的批判标准应该是社会正义和社会道德的问题，户籍制度不取消，城市和农村户口的二元化管理，迁徙不自由，户籍与政治、经济、文化教育等权利挂钩的现实问题就不能得到解决，与户籍有关的社会不公就会继续存在，甚至还会由此衍生出其他一些社会不公。

其二，体现在社会保障制度和医疗保险制度方面的缺失，是通过剥夺流动农民工在城市中享有平等的社会保障以及医疗保险进行运作的。由于源于制度排斥的户籍制度的存在，农民工在城市就业、生活遭遇风险与困难时，没有相应的社会保障体系为他们提供援助和保护，他们成为游离于社会保障之外的边缘群体和弱势群体。中国传统的二元户籍制度不但加深了农民工与城市居民在经济、政治、文化、心理方面的社会区隔，也使农民失去了在城市中就业的机会和享受正当社会保障的权利，使之成为城镇劳动制度与社会保障体系所排斥的"局外人"或"编外群体"。"当社会保障收入仅仅成为某些工人群体的特权时，政府本身就可能引发社会排斥。"② 目前在劳动力市场，国家或当地政府都规定了最低工资标准，但是，这种最低工资标准并不能真正改变流动农民工在经济上处于受排斥的地位。这种"政府政策仅仅关注劳动力市场，而我们应该强调社会保障收入的作用。工作收入是重要的，但它不可能是唯一的解决办法。我们需要重新考虑社

---

① 迈克尔·沃尔泽：《正义诸领域：为多元主义和平等一辩》，褚松燕译，译林出版社，2002，第32页。
② 迈克尔·沃尔泽：《正义诸领域：为多元主义和平等一辩》，褚松燕译，译林出版社，2002，第32页。

会保障形式，但集体供给——无论社会保险或者市民收入或者参与收入——似乎是确保社会整合的关键"。①

由于流动农民工在城市中不具合法的身份，他们就无法在城市正式的就业体系中找到工作，只能在体制外寻找那些不受任何保护的边缘职业和底层职业；加上流动农民工从事的都是处于常年的流动状况或采取短期的务工行为，基于这种生存状况来讲社会保障，只能是纸上谈兵。如果不能真正消除流动农民工在城市中的制度排斥，即彻底改变那些阻碍和排斥农民工进城流动与就业的制度性因素，赋予他们平等的流动权和劳动就业权；如果不能真正改善他们在城市生存的基本环境，不能真正给予他们在城市的居民权，他们就不会真正意识到社会保障的意义和自身的利益。要消除制度排斥，建立面向农民工的社会保障制度，就必须在改革户籍制度的同时，改革户籍制度背后的福利资源提供的制度性安排，否则，福利制度就会不断偏离城市化和社会保障的根本目标。"目前就整体而言，面向流动农民工群体的社会保障制度的建设仍苍白，部分地区虽然出台了与农民工有关的一些社会保障政策措施。但实践效果并不理想"。②

个案分析：拒交社会保险案例——一种可以揭示问题的语境

个案 D6：刘某，男，15 岁，学生，湖南娄底人，东莞市企业集中区（新城区）。

个案 D7：李某，男，32 岁，湖北荆州人，东莞市企业集中区（新城区）。

个案 D8：李某，女，湖北人，初中文化，东莞市企业集中区（新城区）。

---

① 托尼·阿特金森：《社会排斥、贫困和失业》，丁开杰编译，《经济社会体制比较》2005 年第 3 期。
② 郑功成：《农民工的权益和社会保障》，《中国党政干部论坛》2002 年第 8 期。

"我是去年来到这家电子厂的，来时签订合约，必须每个月交社会保险，每个月18元……后来，离开时，我向老板要求退还所交纳的社会保险，但老板要我去找劳动局。去了几次都没有要到，后来就干脆算了，花的车费比这还多。"

"我们没有买任何保险，刚进来时老板要我们买保险，要我们自己出钱，从工资里扣，我们都不愿意。自己掏钱就不买保险，要自己掏钱，不合算。"

"进城务工的农民工保险比例小的重要原因是体制门槛问题。农民工流动性较大，按照目前的保险体制，即使单位和民工都参加社会保险了，也不能从工作的城市带走，这事属于地方统筹。如果带走，就只是农民工自己所交的那一部分。交了钱之后，多年后，带走的还是那么多，这在客观上影响了农民工缴纳保险的积极性。"

"除了多年徘徊不前并且还常常被拖欠克扣的工资外，他们往往一无所有。恶劣的工作条件、医疗养老保障没着落、子女入学困难……游离、漂泊在这些打工之地，除了把自己所有的青春奉献给最美好的城市以外，他们中的绝大多数无可避免的归宿只能是回返原籍、终老故里。而现在还有很多城市居民抱怨外来人口太多，我以为无论从经济事实还是从社会道义上讲，都并不是恰当的。"

流动农民工游离于社会保险的"安全网"之外，仍然源于中国的城乡户籍政策。由于流动农民工在城市中不属于城市居民，流动性比较大，单位更换比较频繁，加上工资低，事实上，社会保险只会加重流动农民工的负担，不会有多大价值。

其三，体现在基于户籍政策的制度排斥带来的另外一个结果是，弱势群体缺乏参与制定规则制度的权利，弱势群体往往在法规制订过程和执行过程中"缺席"。制度排斥体现在流动农民工群体被排斥出政治决策过程，"这些个人和团体缺乏政治表达的权利"，"没有代表他们利益的声音"。在中国，公民政治权利的行使必须按照户籍登记来进行，对于不具备城市户口的农民工，这一权利根本不可能在居住地即城市行使。实地调查发现，在进城的农民工中，有的在城市已居住长达十多年，早就成为事实上的"常住人口"，但在政治上，却由于户籍制度的原因始终无奈地扮演"局外人"的角色。流动农民工由于城市中不具合法身份，而被排斥在城市决策之外。流动农民工在城市中遭受制度性排斥的一个根本原因就是在制度的制定和实施过程中，始终缺乏他们自己的代言人。所有的制度性排斥是城市居民和政府共同参与决策的结果，是代表城市居民的利益所必需的。由于农民工在城市中不具公民资格（或说城市市民资格）而无法享有社会权利，从而被排斥出某些国家福利制度或社会救助制度。

强调权利平等和社会公正的一大要义是要让弱势群体参与修订制度规则，并促使现有的规则趋于更合理、更公平，① 可是目前中国不存在这样的制度环境。现行制度下，城市流动人口没有代表他们的合法民意代表，各级人代会或政协都没有代表城市流动人口的代表或委员，城市流动人口若自行成立组织，往往未经成立即遭取缔。由于没有自己的组织，也没有联系政府决策部门的直接管道，所以城市流动人口既不能有效地保护自身的权利，更无法参与规则制度的制定。而且有些城市流动人口遭到不公平待遇后往往无法得到劳动仲裁委员会或法院的合法保护。城市流动人口的这种流动基本上是经济型的，很少有政治因素的参与。② 城市流动人口在城市中与公民身份有关的政治和社会权利被合法剥夺，国家和社会没有赋予他们发挥自己能力的公平机会和公正权利，他们被制度排斥于劳动市场和公民社会外。合法权利的贫

---

① The Commitment of European Community. 1989. *Interim Report on a Specific Community Action Program to Combat Poverty*, quoted in Atkinson, A. B. 1993. "The Institution of an Official Poverty Line and Economic Policy", WSP/98.

② 李强：《中国大陆城市农民工的职业流动》，《社会学研究》1999 年第 3 期，第 93 页。

困导致机会的贫困,机会的贫困又导致经济的贫困。户籍政策以及城乡二元分割政策带来了流动人口居住的暂时性和流动性以及就业政策、社会保障以及社会服务供给遭受歧视性对待。①

最后,基于户籍政策的制度排斥带来的另外一个结果是城市流动人口也经历着社会权利资源和机会获取的弱势地位。机会均等要求所有的社会地位都向所有社会成员开放,且每个人都凭借其自身的能力通过公平竞争去获得相应的社会资源,占据相应的社会地位。城市流动人口社会权利相对不足,主要涵盖了与贫困相联系的社会公正和适当的资源分配权、工作权、医疗权、财产权、住房权、晋升权、迁徙权、名誉权、教育权、娱乐权、被赡养权,以及平等的性别权等;同时也存在获取社会权利的机会和渠道不足,城市流动人口无法或难以享受其他人群所能够享受的机会,包括得到工作的机会、积聚资金的机会、投资兴业的机会。城市流动人口的权利没有稳定和明确的法律保证,没有建立和健全一个保护和保障既有权利的社会环境和法律机制。最后,城市流动人口的权利失而复得的机会很少。

个案分析:教育权力的背后——差异性话语背后的真相

个案 G4:陈某,男,40 岁,硕士,广东中山市教育局领导

个案 G5:徐某,男,42 岁,硕士,广东中山市教育局领导

民工子弟进城上学,犹如他们的父辈进城打工一样,处处受到不公正待遇,民工子弟学校则在夹缝中步履维艰。"借读费"提高了民工子女入读公办学校的门槛,客观上制造了城里孩子和民工子弟受教育权的不平等,也由此形成了民工子弟上得起收费的民工子弟学校,却上不起"免费"的

---

① 蔡昉:《劳动力迁移的两个过程及其制度障碍》,《社会学研究》2001 年第 4 期,第 44 页。

公办学校的怪现象。实际上,一些城市的基础教育资源,不是紧缺,而是相对过剩。过剩带来的公办学校生源不足,又反过来成为民工子弟学校受排挤的根源。

大批外地民工进城,推动了城市的发展,他们已经成为城市的一部分。流动人口对城市的贡献,应该被我们正视。给予流动人口必要的城市市民待遇,既是现实情况的反映,也是时代的需要。同样,给予流动人口的适龄儿童以本地生源待遇,取消地区歧视,也是我们城市的现实需要。既无知识,也无技能,身在城市,心却离城市很远的社会边缘性群体的形成……因此,确保农民工子弟入学完成义务教育,意义实在重大。

个案A12:沈某,男,四川人,未婚,小学文化,广州市天河区猎德村

个案A13:段某,男,33岁,四川成都人,广州市天河区猎德村

个案A14:男,34岁,已婚,广州天河区猎德村

个案F1:张某,男,43岁,已婚,湖北荆州人,广州天河区一社区居民(农民工)

"一楼以做生意为主,都是上铺,二楼、三楼、四楼都是房主,本地人。本地人一般没有工作,搓搓麻将。来自公司的流动人口,有企业的职工、医院的职工,有大酒店的厨师。流动人口子女一般就在不远的猎德小学读书,一期要缴1200多元的学费,比本地人高。在消费方面,本地人的小孩,有很大的区别,大把大把地花钱;外来子女很少花钱,不多;本地小孩有一种优越感,贪玩,好耍。"

"我在广州打工,孩子在当地学校借读,每学期要交几百元借读费,负担不起。"

"不希望孩子进民工子弟学校,那里教学不正规,农村娃儿基础差,凑到一起就调皮打闹,老师如果不认真管教,那跟在农村读书有什么区别?很多民工都想让孩子上城里的

正规学校，正常的学习费用就算再多也愿意交。但就是这份额外的借读费，又高又让他们觉得不平等，大家凑到一起说起来都是满腹的怨言和无奈。"

"在这里，进实验班每人每年交1200元借读费，进普通班交800元，而且必须一次交清。我们一个月不过千把块钱的收入，除去生活开销剩下也就几百元，一下子哪掏得出这么多钱啊。就算东筹西凑交了这笔借读费，孩子的学费和书费又从哪儿出呢？"

个案G4：陈某，男，40岁，硕士，广东中山市教育局领导

个案G5：徐某，男，42岁，硕士，广东中山市教育局领导

"其实，流动农民工子弟，回户籍地读高中才是他们最好的选择。高中属于非义务教育，流动人口高中教育没有纳入流入地政府管理。"

"各地公立高中学校都是以高考为教学目标的，办学标准非常高。广东全省高中学位60%已实现优质化，收费也比较高。省内民办高中全部是高收费学校，没听说有普通收费的民办高中，个别外来工子弟学校'戴帽'招收一两个高中班，一般流动人口家庭负担不起。"

据广东省教育厅统计，全省义务教育阶段流动人口在校生123万人，去年初中毕业生只有4万人。据分析，流动人口初中毕业生与在校生比例之所以呈现这种严重不平衡状态，一方面是由于流动人口家庭有人员结构年轻化、子女年纪小的特点，但也从一个侧面说明外来工子女流失问题是相当严重的。他们有的是辍学，有的是转校回乡。

据东莞市中级人民法院介绍，2003年至2004年7月，东莞市两级法院审理未成年人犯罪案件同比上升了5倍多，其中95%以上是流动人口子弟，他们中八成只有初中以下文化，七成以上案件属于暴力性的盗窃、抢劫、伤害。

受教育权是任何公民都有权享有的一种权利，即人人都有受教育的权利。保证人民享有接受教育的机会，是党和政府义不容辞的职责，也是促进社会公平正义、构建社会主义和谐社会的客观要求。民工子弟进城上学，犹如他们的父辈进城打工一样，处处受到不公正待遇。民工子弟学校则在夹缝中步履维艰，"借读费"提高了民工子女入读公办学校的门槛，客观上制造了城里孩子和民工子弟受教育权的不平等。城市流动人口的社会地位与经济状况也受自身教育水平和自身技术水平的限制，他们往往受教育水平较低，多数农民只受过小学和初中教育（李强，1999；吴维平、王汉生，2002），因为他们在农村所能得到的教育资源数量有限，而教育已成为经济中劳动力附加值的重要资源，低收入者或城市流动人口接触较佳教育品质机会小，政府又缺乏教育政策配套。现实中，流动人口子女就近入学仍受到不同程度的排斥和歧视，要交纳所谓的教育补偿金或借读费，这是不公平的。专家指出，流动人口子女就学难反映出的制度排斥现象，影响所及已不仅仅是个教育的问题；如不及时解决，还会导致他们在城市中的对立心理，诱发不同程度的认同危机和心理危机，后果值得警惕。

　　社会的发展和进步不断冲击着这种社会制度，使得这种静态的等级制的人口流动向动态混合型的人口制度转变，职业与户籍开始出现分离；但令人失望的是，流动人口的户籍身份仍然没有多大变化。[1] 中国户籍制度虽然经历了这样或那样的改革，但只是局限于改造某些户口登记、迁移和管理的技术，很难涉及户籍制度的取消问题。在这种修修补补的背后，流动人口又进入政策的另类怪圈，他们在城市中必须具有身份证、暂住证、寄住证且被征收城市容纳费。这种行为又进一步加剧流动人口的社会流动成本，也进一步阻隔社会流动的恒常性。流动人口不存在合法的

---

[1] 李强：《中国大陆城市农民工的职业流动》，《社会学研究》1999年第3期，第93页。

流动空间，必然会尽量通过非制度、非常规的分配方案获利，加剧社会流动人口的社会排斥与边缘化处境。

居住权同样是一个公民所具有的权利。在中国，基于城市发展逻辑的暂住证的继续存在，成为流动农民工身份被重新标定的象征。其持续性存在忽视了一个重要的元素，那就是社会道德正义与自由平等。"国家必须向每一个新移民，每一个居民和工人提供成为公民的机会，接受移民，是一种政治选择，也是一种道德正义的诉求……拒绝授予成员资格是一系列滥用权力的开始，离开成员资格来谈安全和福利都是一句空话。"①

个案分析1：暂住证——居住权利背后的农民工心中永远的痛

作为制度性排斥的个案分析：暂住证

暂住证是源于20世纪90年代初期，为控制和加强流动人口管理的一种制度性规定。据《广州市流动人员权益保障与管理规定（2005）》，在广州居留30日以上的流动人员必须申办暂住证外，还要求流动人员在到达本市30日内，凭身份证办理暂住登记，申领暂住证。暂住证有效期限为1年，采用电子信息卡形式，并统一编号，实行一人终身一号。而除依法核定公布的暂住证工本费外，暂住证的登记、发放和续展不得收取任何费用；对于不办理暂住证或暂住证过期的，将处以50元以上100元以下的罚款。②

清华大学法学院教授许章润认为：目前全国各地公安机关实行的对外地人员的暂住证制度是涉嫌违法的，应当废止。从政府管理的角度，对流动人口进行登记的目的，是通过登记掌握流动人员的情况，及时调整自己的公共政策，更好地

---

① 迈克尔·沃尔泽：《正义诸领域：为多元主义和平等一辩》，褚松燕译，译林出版社，2002，第32页。
② 2005年06月22日14:49，21世纪经济报道，http://finance.sina.com.cn。

第五章 "自我"与"他者"：社会排斥与边缘化空间的生成

为流动人员服务，而不是要在流动人员和本地居民间画一个身份上的尊卑界线。目前大多数地方实行的暂住证制度，租房、购房、就业、求学等都和暂住证挂钩，使得流动人员和本地居民间人为地出现了"鸿沟"。①

暂住证的规定演绎了流动农民工难以承受的心中之痛。

个案 A2：罗某，女，22 岁，东莞一企业工人，东莞长安镇冲头村

个案 A3：李某，女，14 岁，上学的独生子女，东莞长安镇冲头村

个案 A4：张某，女，23 岁，初中文化，湖南宁乡人，东莞长安镇冲头村

个案 A10：李某，男，29 岁，已婚，湖南宁乡人，广州市天河区猎德村

个案 A11：刘某，男，35 岁，初中文化，广州市天河区猎德村

"很少出去玩，出去玩的时候，查暂住证是比较严的。有一次，我们都穿了厂服，我们的厂服就代表一个暂住证。当时由于是年前，他们也要赚钱嘛，那些人也要抓创收，我们都没有带暂住证，他们就把我抓进去，就必须要朋友带钱才能放人。"

"现在在公司还是需要办暂住证、流动人口证，都需要办，经常有人会查。进厂的时候要办健康凭证，我们住在这里要交治保费，不交就罚款。在东莞，流动人口比较多。在东莞，每一个村都有工业区，厂比较多，每一个村都有治保费，不是通过国家的正规派出所，看到你头发长一点，就会有人莫名其妙来查你证。这些人一般身材高大威猛，他们大多是根据你的外形穿着，或外形打扮来的。有的穿的好一点，就不会有这种情况。有的是找工作，看到你在外面走来走去，

---

① http://www.sina.com.cn 2005 年 01 月 15 日 02：14 新京报。

尤其是有的刚从外面来的人，他们看你在外面游荡就会大声对你说'事找不到了，肯定在外面干坏事了'，就故意整你。"

"现在你可以不办暂住证，厂里也不强迫你办，但是你出了问题，你就不能去找厂方，厂里就不会承担任何责任，所以我们在外面租房子，就办了。办暂住证有一个季度的，也有一年的，我们办的是一年的，缴了35元，比以前便宜。"

"必须办暂住证，一般一办就是半年，一个月5元钱。我在前几年，暂住证和身份证是查得很严的，我都被关了几次，有时忘记带了，在外面散步，就被抓了。我们有经验，给在宿舍的老乡带过来，交100元钱就没事了。带来了，也得交钱，不交也出不去。现在没有以前查得严了，但有时也有人查。没有，也不会抓你了，只是罚点钱。你不交，也没有事。"

"我办了两个流动人口证，一个在家里办的，花了60元，一个在这里办的，花了20元。在这里办驾驶证要流动人口证和健康凭证，而且办驾驶证必须在这里住2~3年以上，现在厂里都规定要办暂住证。"

"现在治保会的，对我们很关心，也不要求办暂住证，但以前打工期间就对我们很凶，我们没有暂住证，就不行。记得有一天晚上，我们出去买衣服，忘记带暂住证。有几个治保会的就拦住我们，我们当时也穿了厂服，不行，他们就把我们抓进派出所。那里好像抓了很多人，在那里要打电话叫人带暂住证来才行。我们被关在那里，只有一台电话。打电话要排队，要等很久。只有带暂住证来，交50元钱，才能走人。联系不上就得关上一个晚上，一般你穿上厂服，第二天交上100元钱也会没事。"

"现在不用办暂住证，不办也没有人管你。但现在在出租屋，治安队还是发通知要求我们办，一年60多元。"

"心里别扭，总觉得自己比城里人低一等。"

"以前我在东莞的时候在外面租了一个小房子，本来我们已经交过垃圾费，但那位故意刁难我们，在晚上6点钟，我们下班回来，又来收。我心里烦，很气愤，说话声音大了一点，那个人马上就把治保会的叫过来。治保会一过来就是查证，他们说白话，我们也听不懂。那个治保会的人是一个当兵回来的，看了我的暂住证后，就胁迫说，快点把垃圾费交上，就没事了。"

"有时有身份证又怎么样？他们才不管你呢。有身份证，拿出来，不管三七二十一就没收，让你拿钱到派出所去换。你说没暂住证，他就狠狠地罚你，不给，你和他们理论，这帮土匪就拿电棍吓唬你，你只得给了，真要抵抗，他们就真打。你要说没有暂住证，那更惨了，马上你就得跟他们走，到那里后，你得打电话要亲戚拿钱来领人。"

"去年春节，回家过完年坐车到广州，刚一下车，车站有警察看我像打工的，就问我有没有暂住证。我拿出给他看，他看了一眼，说：'这是去年的，过期了。'我赶忙说：'我到了工作地马上就去办。'他狠狠地对我说：'你们这些人就会给我们添乱。'说完不由得我争辩就被拉上车了，和我一起的还有好几个，后来交了150元钱才出来。"

暂住证是一种批准他们在城市工作一段时间的凭证，意味着时间到了，他们就必须走人；意味着流动农民工应当是"客人"或"过路人"，而不是寻求新家或具有城市公民资格的移民；也意味着城镇或城市为流动农民工规定居留限额，以免他们在城市的居住区域中成为一种开放的状态，严格限制他们在城市中的生活场所。这样，虽然他们长期在城市艰苦工作，但城市又不鼓励他们定居，他们在城市中永远只是陌生人和边缘人。他们唯一的选择就是，在城市勉强过活，然后把钱寄回家。暂住证使得流动农民工永远被锁定在一个较低的社会位置。

户籍制度对个人身份的划分和界定,以及粘附在其上的不公正分配规则,使得户口管理成为权力管制和限制个人行动、影响个人权利的重要途径,某些权力部门借助户口管理向公民"管"、"卡"、"要"。外来人口、来自农村的劳动力以及其他具有不同户口身份的居民,他们的权利和社会地位因为他们的户口身份而与别人形成差别,这种地位的差别也会引发一系列的相关问题。此外,由于户籍制度并不具有真正能调控实际迁移和流动行为的功能,相反却无形中诱致了城市社会管理的非制度化倾向。因为当正式制度失去其目标功能时,自然也就助长非制度化行为的合法化。实际迁移的增长与合法户口迁移的限制之间形成了悖论和矛盾,影响着城市化的正常发展和城市社会管理的制度化、民主化。①

各种形式的制度安排,都有可能导致不同群体之间产生帕金称之为"排他"和"内固"的社会封闭机制,最后在这种制度排斥的背后,出现了一种以流动农民工为主体的空间上的社会排斥,即流动农民工在城市中所寄寓的空间就不具合法性,只是一种体制外的存在。通过实地调查发现,在大部分城市,解决流动人口的管理模式和战略无形中表现出一种空间策略。首先依据社会身份、户籍所在地、工作性质筛选流动人口,然后瞄准流动人口贴上标签,从城市空间或城市居民中筛选出来;然后建立流动人口的公共空间,或通过城市规划,利用市场逻辑(即那里有便宜的房租),默许流动农民工作为社会秩序的"越轨者",建立"自组织空间",即"穷人"的社区,并与城市居民所寄寓的空间隔离开来,理由是为了规划、管理、控制流动人口。用福柯的话来说,便是便于使流动农民工成为规训权力矫治和改造的目标。这种空间策略的后果就是创造出流动人口的亚文化群体,使他们更加牢

---

① 陆益龙:《户籍立法:权力的遏制与权利的保护》,《江苏社会科学》2004年第2期,第91页。

固地锢闭在"边缘"之中。城中村一直不能被政府承认,更不用说给予合法性地位,城市边缘区、老城区等流动农民工寄寓的空间更是一个"体制外实体",是城市现代化叙事和发展主义意识形态所抵制的区域,也是一个体制外被污名化的空间。一旦城市规划战略开始改造这些空间时,也是寄寓城市的利益,这些流动农民工面临的只是被驱赶、被放逐,感到一个不知何为将来的新的社会空间。事实上,流动农民工群体的出路不在于鼓励他们与城市社区相脱离而建立自己的社会空间或穷人社区,相反,他们应该被整合进城市社区;如果他们已经从城市社区中脱离出去,那么他们应该被再整合进城市社区。现在需要的不是使流动农民工群体离心于城市社区的结构性和组织性因素,而是增强那些社区中有利于使社区对他们接纳和整合的制度性因素。

个案分析2:"排他"和"内固"的策略——一个发展主义意识形态的叙事主题

事件发生地点:中山市石岐区老城区出租屋

事件:拆迁

叙事角度:被驱赶的流动农民工;房租的背后

聚集着许多非法建设的棚户区,这里是更为贫困的打工群体的聚居地。这里平房低矮,道路拥挤不堪,填满了人力车、出租车、烧烤摊、菜摊,还有随处可见的短裤、拖鞋一族,以及让人难以忍受的气味。他们非法占用土地,政府给这部分人的身份是"三无人员",或被认为是一种"强占定居"。流动农民工群体由于远离城市经济中心,居住在城市边缘区、老城区或城中村,在空间上的局限性使其处于非常不利的竞争位置。作为一种弱势群体在未能融入城市主流社会之前只能以都市"边缘人"的方式存在,在城市化进程中逐渐形成一种亚文化的系统,即"边缘社区"的文化现象。这几年,中山市开始对老城区进行改造,拆迁和改造就意味着对这里非法的流动农民工进行驱逐。但是,这里的流动人口数目巨大，而且很多是一家人在这里。这里房租廉价，距离市区较近。这里的人都是以卖菜、收垃圾、理发、拉三轮、开餐馆、做服装、搞运输为生。

拆迁也非常顺利，因为这里集中的都是流动农民工，他们都是非法的"空间侵入者"，服务于城市规划和发展的逻辑，不存在继续留下来的理由和对于他们去哪里，如何重建自己的生活空间，就不得而知，也并不重要。但拆迁剥夺了他们获得收入的职业，因为这种职业是凭借他们所寄寓的空间的，如买报、收垃圾或开餐馆；被驱逐，就意味着这些都将失去，他们又得继续漂泊在城市中，寻求新的空间。

个案B3：潘某，湖南邵阳人，男，32岁，已婚，初中文化，中山市石岐区老城区

个案B4：李某，女，24岁，湖南人，初中文化，中山市石岐区老城区

个案B5：聂某，22岁，湖南人，初中文化，中山市石岐区老城区

个案B9：李某，男，30岁，已婚，高中文化，四川人，中山市石岐区老城区出租屋

个案B8：张某，男，27岁，已婚，湖南洞口人，中山市石岐区老城区

"我是1999年来到这里的，我在这里主要以卖菜为生。这里离市中心较近，很方便，现在在拆迁，我只有流浪集中到城市的边缘区，那里房租便宜。可是，在那里，我就不能卖菜了，那里离市中心较远，不方便，我不知道离开这里之后，怎么办。"

"这里虽然治安不好，到处很脏，生活不安全，但我还是喜欢在这里。这里我有感情，这里都是流动人口，不用遭受城市人的白眼，而且，这里到市中心很方便，现在就要拆迁了，我不知道去哪里。"

"昨天，有人到这里，要我们快点搬走，我们就找房东退

还房租,房东不肯,说这是上面的政策,与他们无关,要要,就去找政府,我们怎么能去找政府呢?这不是故意抵赖吗?"

"我们都是非法居民,他们想赶我们走就得走,没有办法的事情。"

"谁叫我们是外地人呢?只要同意我们在城市里就行了,如果这里拆掉了,我们就只好在街头流浪了,我可能选择回家,不想在这里待了。"

"2002年以前我一直住在城市边缘区,但是在那里很不方便,进城交通费用很贵,在郊区又很难找到工作。搬来(中山)这个老城区后,我可以在周围菜市场卖菜为生,尽管一个月要交100多元的房租,但是在这里安全、方便,还可以经常在中山的繁华地带散步。现在这里在拆迁,我们是流动人口,城里人说要你走,你就得走。"

"这里聚集了大量卖菜、理发、拉三轮、开餐馆、做服装、搞运输的流动农民工。这些人平常都做些小买卖,现在房地产商在驱赶他们,他们都很迷茫,又得重新去寻找新的房子租住。现在找房子租很难,而且房租比这里贵几倍,我们租不起。"

总之,以上制度层面的各种安排和具体的表现形式,传承城乡二元结构上的不平等和同样是高度传承性的身份化的城乡户籍分割政策,社会保障制度和医疗保险制度的缺失,在法规制订过程和执行过程中的"缺席",以及城市流动人口所经历着社会权利资源和机会获取的弱势地位。这种典型的身份化制度区隔和排斥性壁垒,导致的结果就是流动农民工群体与城市之间的社会差别和社会分化的加剧。这种分化的加剧不利于作为弱势群体的流动农民工在城市的现代化战略中,获得制度支持,获得发展机会,实现共享城市社会的发展成果,实现在城市中的社会融合;同样也表明,我国在流动农民工的制度上存在的严重的不合理性、不合法性以及缺乏公正性的问题,值得注意。这就要求我们在制定流动农民工社会政策的问题上秉承制度合理性、合法性以及公正性的运作逻辑，实现流动农民工在城市中的健康、和谐发展，这是目前是否能实现社会稳定、构建和谐社会的一种不可忽视的问题。

三　市场排斥与空间的边缘性：场内的偏好与隔离

我国流动农民工在城市中所遭受的社会排斥是一个多维度相互作用的结果，其中流动农民工在城市中所遭受的市场排斥就是一个重要层面。市场排斥大都体现为经济排斥为主，包括有劳动力市场排斥（是否能进入劳动力市场、兴办企业）、贫穷和消费市场排斥，表现为被排斥出劳动力市场、没有指望的长期失业、临时的或不安全的就业；也表现为劳动力市场内部的排斥，即从事的不是"好"工作，而是"差"工作[1]，是缺少职业培训和保护的边缘性工作，从事非正式甚至非法、不稳定、高风险、低收入的工作，从事累、苦、脏的工作；它也表现为被排斥出消费市场，即由于没有足够的实际收入或者有效的能力，由于购买力不足，不但存在着被排斥出消费者社会，而且存在着被排斥出日常的社会消费活动和高消费生活方式。本部分希望能从市场运作的内在逻辑、劳动力市场中流动农民工就业状态以及消费市场所具有的排斥与区隔的逻辑叙事三个层面出发，论述流动农民工是如何被排斥出劳动力和消费市场，又是如何变得贫穷和边缘化的。劳动力市场特有的运作逻辑，使得流动农民工在城市中陷入一种发展的困境，农民工何去何从成为现代化过程中一个重要的社会

---

[1] Littlewood, Ignace Glorieux, Sebastian Herkommer, & Ingrid Jonsson (eds.). *Social Exclusion in Europe: Problems and Paradigms* (47 – 66). Aldershot: Ashgate Publishing Limited; Percy-Smith, J. 2000. *Introduction: The contours of social exclusion.* In Janie Percy-Smith (ed.). *Policy responses to social exclusion.* (1 – 21). Buckingham: Open University Press; Rodgers, G. 1995. *The design of policy against exclusion.* In Gerry Rodgers, Charles Gore and José B. Figueiredo (eds.). *Social exclusion: Rhetoric, reality and responses.* (254 – 282). International Labour Organization (International Institute for Labour Studies); 陈树强：《社会排斥：对社会弱势群体重新概念化》，http://www.sociology.cass.cn. 2005.06。

问题。这个问题的解决是我们实现弱势群体共享社会发展成果的关键,也是实现和谐社会,实现社会能否共同发展的重要议题。

1. 市场运作的内在逻辑:风险、不确定性与遮蔽之手

社会排斥是一个多维度相互作用的结果,遭受某一维度的社会排斥可能引发另一维度的社会排斥。制度排斥导致流动农民工在城市中不具合法的就业、定居身份,无权享用社会福利,没有话语权,就业权力和就业保障被剥夺,愈加不利于鼓励他们在自身素质、市场信息等方面投资,会加剧其在市场中的社会弱势地位,进一步遭受市场排斥。这种弱势地位也会加剧流动农民工的贫穷和边缘化,这种贫穷和边缘化使得流动农民工在城市中只能集中在城市边缘区和老城区,处于社会分割和孤立之中,在空间上与城市隔离、在身份上得不到城市人的认同而遭受社会歧视,使社会关系排斥加剧。社会关系排斥和制度性排斥,使他们处于一种弱劳动力联系,不能有效获取市场信息。在就业市场中,由于缺少进入正规部门的门槛和资格条件,他们只能进入非正规部门,从事非正规就业,从而被排斥在正规的劳动力市场之外,加剧劳动力市场的社会排斥。选择进入体制外的劳动力市场,就意味着在就业市场中面临更多的风险和不确定性,也意味着更有可能遭受非正式经济所带来的贫穷与边缘化,可以说,这里的市场是一只遮蔽之手。下面首先论述体制外的劳动力市场的运作逻辑,并结合流动农民工的具体生活实践,揭示这种运作逻辑所导致的流动农民工的边缘化处境以及这种边缘化处境带来的发展困境。

首先,体制外劳动力市场运作的逻辑之一体现在,"市场通常对所有来者都开放,但那些不具有成员资格的人在市场中是最脆弱和不受保护的……他们往往容易被排除在共同体的安全和福利供应之外……他们在集体中总是处于没有保障的位置,总是处于被驱逐,处于一种无穷无尽的危险状态"。[①] 流动农民工并非只

---

① 迈克尔·沃尔泽:《正义诸领域:为多元主义和平等一辩》,褚松燕译,译林出版社,2002,第32页。

是一个受市场法则指导的"中性"集团，国家权力在法律的创制和执行中起着决定性的作用。没有对流动农民工政治权利和公民自由的否认，以及对他们始终存在的驱逐出城市的威胁，劳动力市场的排斥性壁垒就不可能被消除。户籍制度限定了农民工大多只能处于"次级劳动力市场"①，流动农民工永远在风险中，他们已被剥夺基本权利，面临随时失业和贫困的前景。这样，一些流动农民工群体从劳动市场中被排斥出来就成为一个不可避免的铁定的现实。体制外生存或市场中的弱势地位，同样会改变一个漂泊着的个人意志，使得他们愿意寻求一种体制外的路径在城市谋得一条生路。因此，从在市场经济中的失望感正日渐强烈的流动农民工身上，可以看到流动农民工从文明的市场关系中被排斥出来的趋向，他们正卷入罪行横生的市场结构中。

其次，体制外劳动力市场运作的另外一个逻辑体现在，"劳动力市场灵活性政策就是创造那些报酬或保障均较低的工作，新创造的工作被看作'边缘的'而不是'正规的'就业，后者有持续就业的预期，有进行培训和获得内部晋升的机会，而且受到就业保护。但是'边缘'就业或多或少缺乏这些特性，他们可能报酬很低。在这方面，社会排斥是一个相对性的概念，如果就业扩张是以扩大收入水平最低的人与有平均收入水平的人之间的差距为代价的，那么，社会排斥就不会结束"。② 正是这种边缘的就业，正是缺少进入正规部门的门槛和资格条件，也正是流动农民工在城市中不具合法的就业、定居身份，流动农民工的就业就只能集中在"非正规部门"，从事"非正规就业"。"非正规部门"（或非正式经济）系指那些不受社会制度的管制，"在只有很少资金或者根本没有资金下运营；它们运用低水平的技术和技能；因

---

① 李强：《当代我国城市化和流动人口的几个理论问题》，选自李培林《农民工：中国进城农民工的经济社会分析》，社会科学文献出版社，2003，第51页。

② 〔英〕托尼·阿特金森、丁开杰编译《社会排斥、贫困和失业》，《经济社会体制比较》2005年第3期。

此，它们经营的生产力水平低；它们一般只能为在其中工作的人员提供很低和不定期的工资，以及高度不稳定的就业"。"大多数单位都没有在官方统计中登记和记录；它们很少或根本没有进入有组织的市场、取得贷款、接受正规教育和培训，或享受公共服务和待遇方面的机会；它们没有得到政府的承认、支持和规范；由于环境的压力，它们被迫在法律体制的覆盖范围之外运营；甚至在它们登记和遵照法律的某些方面行事的时候，它们也几乎毫无例外地处于社会保护、劳动法律和工作场所保护措施的范围之外。正是在这些意义上，我们说它是非正规的单位……非正规部门的生产者和工人一般是在令人震惊的、经常危险、不健康甚至没有基本的卫生设施的条件下生活和工作，在城市破烂不堪的地区生活和工作"。①

在非正式经济中缺乏制度性的管制，可能影响工作过程的不同元素，因为每个特定的情境，都界定了十分不同类型的活动。首先，它可能关乎劳动的地位，譬如说，劳动者可能未被申报，不提供他有资格拥有的社会利益，所得低于最低工资，或者在社会规范所不允许的情形下雇佣。其次，他可能关乎受雇劳动的工作条件。譬如说，可能涉及玩弄健康条件、公共卫生、安全或是活动品位，像忽视土地使用分区，或在人口密集地区中设置危险的制造业。第三，他有可能关乎公司的特殊管理形式……②

非正式经济大都接受降级的劳工，接受比正式经济较少的福

---

① 努罗·阿明：《亚洲城市非正规部门：政策和战略》，日内瓦，1994，第17页，转引自李强、唐壮《城市农民工与城市中的非正规就业》，《社会学研究》2002年第6期，第13页。
② 曼威·柯斯特、亚历山卓·波提斯：《底层的世界》，夏铸九、王志弘译，《空间的文化形式与社会理论读本》，台湾大学建筑与城乡研究所明文书局，2002年12月版，第336页。

利或薪资，或是经历较低劣的工作环境的劳工，形成大量的非正规就业。"'非正规就业'就是没有取得正式的就业身份、地位不很稳定的就业，传统上大陆叫'临时工'。对于外来民工来说，主要是指两种情况，一种就是正式单位的临时工……与正式职工在收入、福利上均有明显差别；另一种情况则是，农民工所在的单位本身就是非正式的单位或者称非正规部门"。非正规就业的特点主要在于，"由于没有城市户口，农民工不能够进入到城市的正式就业体系中来，非正规就业主要体现了劳动力市场的分割性"，农民工的非正规就业，主要表现为"作为临时工的农民工，与单位正式职工处于两种完全不同的就业和工资体系；除了工资以外，农民工不享受任何福利保障；农民工与雇主之间的劳动契约十分松散；就业十分不稳定，农民工是城市里更换工作最为频繁的群体，比城市居民更换工作频繁得多"。①

个案访谈：信任的缺失与行动策略——劳动力市场的运作逻辑

个案C3：张某，女，23岁，初中文化，湖南宁乡人，中山市南区环城金叶新村

个案C4：李某，女，31岁，小学文化，湖南宁乡人，中山市南区环城金叶新村

个案C5：罗某，男，湖南隆回人，中山市南区环城金叶新村

个案C6：张某，男，河南人，中山市南区环城金叶新村

"我们不太相信职介所，那里一般都是一个骗局，很难找到好一点的工作，而且还得上交一定的介绍费。"

"我最初进那家厂，是四川一家中介公司推荐过来的，进厂要缴500元钱。后来，我听说这500元钱被厂里和那家

---

① 李强、唐壮：《城市农民工与城市中的非正规就业》，《社会学研究》2002年第6期，第5页。

中介公司平分了，每人一半。其实来到这里之后才发现是一个骗局，这里根本待不下去，我就换厂了，来到现在这家厂，条件比以前好多了。"

"我第一次来是通过职业介绍所，交了50元，填了一张表格，就进来了，后来听老板说，他们还得给职介所一笔经费，后来还从我工资里扣掉了。"

"一般企业还得给职介所一些介绍费。上次，职介所给我们厂找来几个人，我们企业老板说给了职介所800多元，各行各业都在赚我们的钱。我们进厂后，就没有办法，得听厂里的。"

"很多职介所和公司是联系在一起的，互相利用赚钱。职介所推荐一个人，厂里就给职介所一些钱，或有的职介所和厂里的人事主管有关系，每接收一个人就给多少回扣。所以有的厂就这样经常解雇和聘用员工，每个人做不到一年就熬不下去，只好不了了之。"

"我是前不久来到这家厂的，当时我刚好初中毕业，当时我们一共来了七八个人。我们到这儿，每个人都花掉700~800元。他们一般通过组织一批人过来，介绍进公司。他们有的立即找管人事的，给他一笔钱或给提成，推荐一个人给多少钱。"

"有些职业介绍所，在介绍工作时，有很大的欺骗性。我进第一家厂的时候，是通过职业介绍所的，我交了200元。当时，职介所许诺包吃包住，月工资800元，看起来不错。结果我进入之后，发现待遇只有400~500，知道上当了。这是一种职业介绍所的欺骗行为，不是厂的欺骗行为，因为厂里就是这种待遇嘛，大家都一样，所以我现在找工作不会通过职业介绍所。"

"我在东莞的时候，在一家职介所，技术员介绍要交100元。这家职介所在电脑上找了一家厂，然后给了我一个纸条，要我去找那个公司的主管。我去了，那家主管说，我这里不招工呀，他就在那张纸条上回复'不聘用'。我跑来跑去，车费都花了好几百。后来又推荐一家，一去那里说，那里招满了。职介所钱不会还给你，只是不断给你找厂，后来就算了。所以现在我就不去职介所，我就去网上查，一般技术工，在网上和报纸上都能找到。"

在流动农民工行动逻辑的背后，我们通过调查发现，非正规部门是流动农民工融入劳动市场的主渠道，很少的流动农民工群体通过政府的职业介绍所谋取职业，他们不愿意借助这些职业中心，他们对这种职业介绍所缺乏信任，而宁可通过亲戚朋友来找工作。这种行为逻辑的结果就是：大量流动农民工进入非正规部门从事非正规就业，缺乏安全的工作环境，缺乏适应新经济环境做好培训和准备的机会，因资金匮乏而不能实现其计划，缺乏职业教育而与劳动力市场现实需求脱节，对劳动价值的贬值和对个人职业前景失去信心造成了流动农民工群体当中的颓废和迷茫，多数流动农民工群体只能在他们的权利得不到保障的领域就业，他们很快就变得敌对而冷漠。低薪、不稳定的岗位、高度流动和低微的专业地位构成了这些部门里流动农民工的特点；在这些非正规部门，年青人无法和有经验的职工竞争，遭受和正规职工相距悬殊的待遇。所有这些因素的结果，是降低了流动农民工的劳动意愿，把他们推向不事劳动的，特别是犯罪的领域；在劳动关系中，农民工同样饱受社会排斥和人权被侵犯之苦。

个案访谈：维权和抗争的背后——热情的冷漠与权力意识的建构

个案A6：罗某，男，35岁，已婚，河南信阳人，东莞长安镇冲头村

个案A7：李某，男，26岁，已婚，湖南永州人，东莞长安镇冲头村

个案A8：张某，女，24岁，湖南郴州人，东莞长安镇

冲头村

个案 A9：曹某，男，27 岁，湖南郴州人，东莞长安镇冲头村

"老板拖欠我们工资，我们多次向劳动部门反映，没人管，他们的理由是我们没有和公司签订劳动合同。"

"看报纸，现在国家政府好像很重视我们这些农民工，但又没有真正的重视。没有人说不管，实际上还是没人管。大家都在帮助处理问题，但最终却没人解决问题。"

"老板欠我 400 多元，我向劳动部门投诉，他们不管。后来跑了其他部门，哪个也不说不管，但都是一个推一个，推到最后还是没人管。这几百块钱对别人也许不算什么，但是我全家吃饭、孩子上学都靠这点钱，到底我的这点小事谁能帮上忙啊？"

"我们给一家老板打工，后来老板不给钱就跑了。我们找劳动局，可劳动局的负责同志说，他们劳动局只管公司不管个人。现在公司没有了，人也没了，他们也没办法。他还要我们去找公司，他们都找不到，我们去哪找？"

"我们有位员工受伤了，老板不管，我们去找区劳动监察大队，坐车两个小时，好不容易找到。接待人员对我们说，办案人员不在家，让我下午两点再过来，结果等到下午四点，也没有来我们就回去了。第二天，又去了，有人接待了我们，要我们等一个月，听通知。现在都 3 个月了，人都饿死了，谁能等那么久，只好不了了之。"

个案 G3：刘某，男，42 岁，已婚，广东中山人，中山市劳动局某人才交流职员

"拖欠工资最严重的是建筑业和餐饮业，尤以建筑业为甚，因为建筑业'中间链条'太多，任何一个链条出问题，受害的都是民工。再加上民工大多没和用人单位签订劳动合同，处理起来很棘手。"

个案 C8：张某，男，25 岁，湖南邵阳人，中山市南区环

城金叶新村

"我是2003年来到中山打工的,湖南人,家里穷,小孩要读大学,没有钱,我才来打工的。我先来到一个建筑工地打工,给一个四川的包头打的,说好了一个月500元,工地提供吃饭和住宿。我干了半年,包头还没有给钱。3000元钱对我很重要,家里急需钱。我找包头,包头说还要等一段时间才有,我又等了一个月。后来,有人建议我去找劳动部门,我找到劳动部门的有关同志。他们说,这样的事情多,他们管不了。他们要我找民政局,我也去了,没用。我还被民政局骂了一通,说这和他们没有一点联系。我后来和包头吵了一架,他还打了我一顿。我只有又来到劳动局,劳动局不想事情恶化,最后进行了处理。隔了一个月,我得到了我的3000元钱。"

个案A4:张某,女,23岁,初中文化,湖南宁乡人,东莞长安镇冲头村

"我是去年来到这里(长安),在一家电子厂上班。一天晚上加班的时候,由于很累,不小心手被机器轧了。我在一阵剧烈的疼痛之中,大声哭喊,已经晚了,我的两个手指头还是被机器绞断了。老板以我操作不当拒绝赔偿,我走访了当地的信访办、劳动和社会保障部门,但是他们都拒绝替我做主,因为老板没有给我们购买社会保险,无法获得社会保险的赔偿,也由于我们没有工作证,没有劳资关系证明,也无法顺利申请劳动仲裁来要求老板赔偿。我在劳动局听他们说,必须要有劳资关系证明(如工资条、工作证或劳动合同),他们才代理。其实,我们在外面打工的,没有几个人有这些。大家也不知道,我没有办法,只好找老板,后来老板给我支付了7000多元的医疗费,后来给了300多元钱作为回家的路费。其实,那300元钱是去年我进厂的时候扣留的押金,即每月扣50元,共6个月。"

在劳动关系中，农民工同样饱受社会排斥和人权被侵犯之苦。"非正式部门不是总是在国家的视野外发展的社会过程，相反，它是新的控制方式的表现，它的特色是使一大部分的劳工失去权利，而且获得国家的默许。"① 加上非正规部门中的法律缺席，这就是流动农民工劳动维权的艰难的背后逻辑。体制外劳动力市场运作的逻辑也要求我们考虑雇主的用人决策和市场基于利润的逻辑，关注企业的偏好、企业的行动策略和企业自身的潜规则，流动农民工群体现在正被公司的就业实践排斥在劳动力市场之外。"劳动力市场上有雇主和雇工两方，我们需要考虑雇主的作用，因为他们在劳动力市场上的决策可能导致工人受排斥，为了追求高回报率，或者出于短期利益。"② 考察劳动力市场性质上的变迁和对流动农民工群体边缘化的后果，流动农民工在城市中是受保护最少的劳力，遭受着各种社会歧视：雇主非法或随意解雇、处罚甚至体罚工人，擅自调整或延长工作时间，人处于恶劣的工作环境，没有明确限定的工作时间。这意味着在没有固定岗位或适当报酬保证的情况下，流动农民工还要经常在所谓的"试用期"从事无偿劳动，而城市的劳动保障部门却往往视而不见，使他们在劳动市场的合法权利得不到保障。

个案访谈：市场运作的背后——一种描述

个案 D3：肖某，女，25 岁，高中文化，湖南洞口人，东莞市企业集中区（新城区）一外资企业

个案 D4：刘某，女，28 岁，已婚，初中文化，东莞市企业集中区（新城区）

个案 D5：段某，男，42 岁，已婚，湖南武冈人，东莞

---

① 曼威·柯斯特、亚历山卓·波提斯：《底层的世界》，夏铸九、王志弘译，《空间的文化形式与社会理论读本》，台湾大学建筑与城乡研究所明文书局，2002 年 12 月版，第 351 页。
② 〔英〕托尼·阿特金森、丁开杰编译《社会排斥、贫困和失业》，《经济社会体制比较》2005 年第 3 期。

市企业集中区（新城区）

"进厂后不用缴押金，但必须扣半个月的工资，辞职的还会扣除半个月的工资。我去年去过一个厂，进厂时交100元押金，进去后还得押一个月的工资。第一个月，试用期，工资是计时，一个小时9毛钱，厂里不包吃，一般工作12个小时以上，加上加班费一个月能得300~400元钱，所以进厂后前面2个月还得到处借钱度日，工作一段时间以后，就多劳多得，计件工资。"

"我们进厂，没有经过培训，工作时间长，有的没有从事过这种工种，生手。本来需要技术工种，但在中山很少能找到这种熟练工，于是就聘用一些生手。入厂后又没有培训，很容易发生安全事故。一旦出事后，厂里在赔偿过程中，就不会按劳动合同赔偿。厂里一般以违反操作制度，给予很少的赔偿，大多还被从厂里踢出来。有的事故是由于工作时间长，一天至少工作12个小时以上，加上晚上可能没有休息好，疲劳操作造成的；也有粗心大意造成的。加班费一个小时2.8元，没有休息日，加班时间从下午6点到8点。"

"我在原来那个厂，进厂交了200元押金，后来进去后，发现那里条件很差，加班现象也非常严重，老板很凶，伙食又差，而且必须满两个月后才能领工资。我不到一个月就待不下去，身体也垮了，就离开了，没有赚到一分钱，还欠了一屁股债。"

个案E5：刘某，男，初中文化，湖南邵阳人，韶关市南郊开发区一建筑工地工人

个案E6：王某，男，26岁，湖南新化人，韶关市南郊开发区建筑地工人

个案E7：刘某，男，34岁，湖南人，初中文化，韶关南郊五公里一建筑工地工人

"每天要干12小时的活，天气热得很，强撑着干满一个月。谁知到结账时，老板说每月只有500元，还要扣除200

多元生活费,只给了300元。"

"我在那里(建筑工地)和泥、筛沙、担水、搅拌只有他一个人,要供7个师傅用泥,一天工钱20元,干了整整一个月。老板说他干活慢、不下力,给了400元不到,就把他辞了。"

"给建筑老板打工,经常有人受伤。去年我给一个老板打工,在劳务市场讲好的报酬是每天20元,干满了两个月,应得工钱1200元,但老板断断续续只给了我600元。"

"非正式经济沿着社会斗争的界线演变,容纳了那些太过虚弱的、无法保护自己的人,排除那些变得过度好战的人,并且推动那些有精力和资源的成为代理的企业家"。[①] 流动农民工群体在岗位上能否成功往往取决于他们与老板及同事的关系,这一情况极大地左右了流动农民工在城市中的职业流动,使之受主观因素而不是受能力所决定;通过这种潜规则,对处于弱势地位的流动农民工来说,是不现实的。工资水平低、缺乏友好的同事和温和的老板、整天忙于工作、缺乏晋升和加薪的机会、工作负担沉重、卫生环境恶劣,在劳动力市场的边缘化处境,导致在市场中个体被边缘化,在企业中与现实隔离,个人整天沉浸在自我天地中。

个案 D1:罗某,女,23岁,初中文化,四川成都人,东莞市企业集中区(新城区)电子厂工人

个案 D2:钟某,男,32岁,高中文化,湖南武冈人,东莞市企业集中区(新城区)一外资企业

"要想得到提升,工厂里的关系非常重要,你还得有一定的人气,大多不是通过自己能力上升,而是通过在一起玩,

[①] 曼威·柯斯特、亚历山卓·波提斯:《底层的世界》,夏铸九、王志弘译,《空间的文化形式与社会理论读本》,台湾大学建筑与城乡研究所明文书局,2002年12月版,第351页。

和关系好的领导一起找个理由到外面娱乐娱乐,主要看上面是否有人拉你,不像其他正式企业,通过考核。我们的考核只是一种形式而已,领导说你行你就行,说你不行你就不行,什么考核不考核的,考核都是不规范的,考核意义不大。"

"我们都不是企业的正式员工,不可能有提升的机会,工资是计件工资,根本就不存在加薪,老板也只是临时雇佣我们,所以不存在培训的机会。"

"我们和那里的正式员工有天壤之别,他们有奖金,享有社会保险,年终还有分红,一年也比一年的工资高,过年过节还在一起聚餐。我们这些农民工什么都没有,我们都很气愤,难道我们就不是企业的员工吗?"

再次,体制外劳动力市场的另外一个逻辑表现在市场对技术、信息、教育的偏好。影响社会资源配置的几个重要变量是教育、文凭和专业技术资格。[1] 缺少技术和教育也是遭受体制外劳动力市场排斥的一个重要原因。信息社会的发展,有技术是获得工作机会和个人发展的一个必要条件。英国政府的"社会排斥办公室"把社会排斥定义为:"社会排斥作为一个简洁的术语,指的是某些人或地区遇到诸如失业、技能缺乏、收入低下、住房困难、罪案高发环境、丧失健康以及家庭破裂等等交织在一起的综合性问题时所发生的现象。"[2] 城市流动人口的社会地位与经济状况也受自身教育水平和自身技术水平的限制,他们往往受的教育水平

---

[1] 威尔森、甘斯等认为:"贫穷阶级的产生主要是由于不平衡的信息经济、空间的隔离以及错误的公共政策等因素共同造成的。信息经济的发展强调教育,却减少了稳定的制造业的工作机会,使得处在就业市场中初级的黑人变成劣势了。中产阶级黑人则脱离内城,留下身陷其中的庞大的一群都市贫民。"参见曼纽尔·卡斯特《认同的力量》,夏铸九等译,社会科学文献出版社,2003,第63页。

[2] 孙炳耀:《转型过程中的社会排斥与边缘化——以中国大陆的下岗职工为例》,"华人社会社会排斥与边缘性问题"研讨会论文,发表于香港理工大学,2001。

较低，多数农民只受过小学和初中教育①，因为他们在农村所能得到的教育资源数量有限，而教育已成为经济中劳动力附加值的重要资源，低收入者或城市流动人口接触较佳教育品质机会低，政府又缺乏教育政策配套。现实中，流动人口子女就近入学仍受到不同程度的排斥和歧视，要交纳所谓的教育补偿金或借读费，这是不公平的。在城市，流动农民工所不堪承担的读书的各种费用，早早地挡住了流动人口子女的升学之路；流动农民工不堪承受教育的各种收费，其子女大都初中毕业之后就选择加入流动农民工大流，早早地进入劳动力市场，寻求工作。而城市要求提高外来人口准入门槛，广州市劳动力市场上，稍稍像样点的工作岗位都要求高中以上学历。今年广东省劳动部门对企业招工摸查情况显示，近五成招工岗位要求高中以上文化程度。另一方面，城市又把外来人口提高学历之路死死堵住。

广东省教育厅统计，全省义务教育阶段流动人口在校生123万人，2004年初中毕业生只有4万人。据分析，流动人口初中毕业生与在校生比例之所以呈现这种严重不平衡状态，一方面是由于流动人口家庭有人员结构年轻化、子女年纪小的特点，但也从一个侧面说明外来工子女流失问题相当严重，他们有的辍学，有的转校回乡。②

个案 E12：李某，男，15 岁，高中生，湖南隆回人

我现在在一所流动农民工子弟学校读高一，下学期就上高二了。快放假的时候，老师问我们，有多少同学想继续在这里读高二，结果大多数都说要走。放假时，学校通知我们，下学期不能再接着读了，人数太少，学校办不下去了。其实在广东，民办学校办高中的几乎没有。我父母亲想到给我转

---

① 李强：《中国大陆城市农民工的职业流动》，《社会学研究》1999 年第 3 期，第 93 页；吴维平、王汉生：《寄居大城市京沪两地流动人口住房现状分析》，《社会学研究》2002 年第 3 期，第 94 页。
② 资料来自《人民日报—市场报》2005 年 3 月 8 日。

到公办学校，我爸爸找了好几个学校，听说公办学校很贵，还要交借读费，一学期要5000元，一年一万，肯定是不能读了。我想下学期或者回家，或者跟着父亲在这里打工。可是，我在学校的成绩很好，考一所好大学没有问题，我还是舍不得就这样放弃自己的学业。

个案E12：李某，男，15岁，高中生，湖南隆回人

我现在要读高中了，高中在这里只有公办学校，收费很贵，我读不起，父母亲要我回老家读，我不想回家读。家里很偏僻，教学质量差，实验室都没有。

由此可见，体制外劳动力市场的运作逻辑使得更多的流动农民工被排除在正规的劳动力市场之外，处于市场的边缘化而变得贫穷，陷入一种发展困境。流动农民工就好像生活在一个不受保护的孤岛上，贫困和孤岛经济效应往往意味着缺乏发展的机会、信息的贫乏和分化、与主流社会脱节、被技术和信息社会抛弃、处于一种贫困化不断加剧的境况中，在那里，弱信息，弱发展机会，弱资源的再生产性。社会空间极化和隔离影响了城市社会关系结构的变化：失业者参与的社会活动多局限于家庭，而且失业者交往的对象亦多是失业者。其带来的后果就是与外界联系困难的加剧，并没有带来很多中国学者所想象的地域性不再具有重要意义，这种现象并不适用于城市贫苦地区，这种现象带来的是该地区的信息的城市分化和贫乏。加克森和沃尔舍认为出现这种现象的原因是：由于缺少金钱，失业者缺少参加社交活动；由于耻辱感，失业者较少与有工作的人来往；失业使失业者与因工作原因而建立起关系的人的交往中断。威尔森在其贫穷集中理论中指出，由于有工作的中产阶层的迁出，使得集中在旧城区的大量失业者和穷人缺少与就业者的联系。这样，失业者的社会网络结构呈现单一化的趋势，与主流社会交流和联系的机会减少，尤其是缺乏就业的信息和机会，导致弱劳动力联系，进一步恶化了失业者再就业的可能性。莫瑞斯和加利称这种现象为社会分割或社会

网络分割,威尔森称之为社会孤立。由于失业者和穷人的集中,且与主流社会脱离,使得整个地方社区也逐步衰败,形成社会空间排斥,而这种空间排斥反过来又影响个人层面上的社会排斥。比如,居住于被排斥社区中的个人,无论他们的个人特征如何,都会遭受"地方歧视"。斯尼兹和罗森伯格对美国布鲁克林的红地角街区(贫民区)的研究发现,由于歧视以及缺乏联系,即便是当地的私人企业主也不会雇佣这个街区的居民。[1]

流动农民工的就业状况动荡不定,尤其在缺少技能和培训这一点上同病相怜。由于合同是临时的,他们不能在劳动市场上提升其资历或改善其地位;他们的劳动条件,是不稳定的——薪水微薄,总是在寻找各种工作。他们毫无例外地居于劳动市场等级制的最下层,这种情形最糟糕的结果表现为流动农民工的流动总是水平式的,而且经常是每况愈下。

个案访谈:城市陷阱中的个人自强——芭蕾舞的陨落

个案A14:男,37岁,湖南武冈人,已婚,广州天河区猎德村

"我92年来到广东打工,跟老板做了一段时间的图书批发生意,后来老板不做了,我就回去了。在家里没有事情干,在家里没有这边好,来到这里后,根据自己的打工经验,我自己投资,做起图书批发,越做越大。做图书批发不像其他生意,几次进货不好,图书就好像一堆废纸,风险比较大。当时由于规模比较小,如果大一点的话,就可以自己开一个挡口,加上当时没有人在身边帮助,当然与缺少资金和信息有关,主要还是自己的判断能力不行。做图书生意与文化程度没有关系,主要跟行情有关系,跟大趋势有关,主要是市场行情不行,后来发现继续做下去,没有任何利润,做不下去。"

---

[1] 转引自曾群等《失业与社会排斥》,《社会学研究》2004年第3期,第11页。

"和当地人比较劣势在于，缺乏资金、人缘关系不行。而且，在图书批发的过程中，时常遭受当地人的威胁和排斥。进一批同样的货，对方就说'只有我能进，你不能进'。我经历了好几次，对方想独霸、垄断，也有干脆直接跟我们讲，通过言语和威胁性的口气，如'这个东西是我以前买的，你不要买'。"

个案E7：刘某，男，34岁，湖南人，初中文化，韶关南郊五公里一建筑工地工人

"我小学毕业就来到韶关打工。我先在韶关一家采矿厂当工人，挣工资。那时工资很低，一个月只有300元钱不到。在那里做了一年，身体受不了，太累，就来到一个家具厂当搬运工。做了一年，又去了一家私营建筑队做小工，和水泥或者做架子工，一个月600多元。尽管断断续续换了好几次工作，从事的都是苦力活，别看现在钱多赚了，其实现在的600元还不如以前的300元好用。因此，在韶关这么多年，根本没有赚到什么钱。现在身体也垮了，农活也不会做，我也不知道将来到底怎么办。"

个案E14：李某，男，48岁，高中文化，已婚，湖南邵阳人，广州市天河区一建筑工地

"我在广州打工有近10年了，我干过制砖工、搬运工、建筑工，也干过装修工、木工，我发现一年不如一年。现在在外面打工的越来越多，工资也越来越少，日子越来越难过，我准备做几年，赚点钱就回家。"

个案D4：刘某，女，28岁，已婚，初中文化，东莞市企业集中区（新城区）

"我16岁就出来打工了，当时和同村的几个女孩子一起出来的，刚来时在东莞一家玩具厂打工。这家玩具厂工资很低，一个月才300多元，经常加班。不加班，一个月的工资就更加低了，维持日常的消费都难。后来我换到一家鞋厂，这家鞋厂是香港一家老板开的，对工人很苛刻。在那里，我

们住的房子很差，里面又脏又破，几十个人在一个房子里，非常拥挤；而且，我们上班时间很长，每天工作10多个小时，有时订单多时老板还随意拖长时间，虽然大家很不满，但我们是打工的，嘴里不敢发牢骚。现在外面的流动人口多，找一份工作不容易，老板想炒谁就是谁。我在这家公司干了一年多，后来在一个老乡的介绍下来到一家饭馆干活。在饭馆干活，钱多一些，但也经常熬夜。客人吃饭时间很难说，有时有的吃饭吃到凌晨，我们这些服务人员只得陪着熬。有些客人还很无礼，经常说些不三不四的话，有的还动手动脚，可我们又不能得罪客人。我现在想来，到广东这么多年，没有赚什么钱，也没有学到什么技术，感觉一天不如一天，很迷茫。"

正如前面所言，市场规范和价值在流动农民工群体中被搁置，农民工在只有很少资金或者根本没有资金下运营，它们运用低水平的技术和技能，因此它们经营的生产力水平低；它们一般只能为在其中工作的人员提供很低和不定期的工资，以及高度不稳定的就业；它们很少或根本没有进入有组织的市场、取得贷款、接受正规教育和培训，或享受公共服务和待遇方面的机会；它们没有得到政府的承认、支持和规范；由于环境的压力，它们被迫在法律体制的覆盖范围之外运营，甚至在它们登记和遵照法律的某些方面行事的时候，它们也几乎毫无例外地处于社会保护、劳动法律和工作场所保护措施的范围之外。于是，主要问题之一便是整合过程的失败（由于没有融入和/或没有认同），造成流动农民工最终被排斥在市场经济之外。在危机丛生的市场结构中，年轻人在劳动力市场被排斥造成了整个社会系统的失衡，导致各部分之间的断裂以及整合渠道的失效。正在发生的系统的危机对社会结构产生了有害影响，使流动农民工无法在社会上占有应得的一席之地，他们的处境大多是混乱的、不可预期的。排斥影响着所有群体，并且与日俱增，甚至受过教育和有一技之长的流动农民工也面临歧视、疏离和边缘化的危险，他们大多生活在接二连三的风险当中，这些风险由各种政治、经济和法律因素所致。流动农民工的不同群体面临的风险，一方面是每况愈下的社会及职业流动，另一方面是他们的目标无从实现。

2. 劳动力市场中的流动农民工就业：在边缘的歌者

从上面的分析可以发现，中国城市流动人口由于中国长期以来的户籍政策以及城乡二元分割政策，使得他们长期被城市区隔和另类标签。以户口制度为基础形成的城乡二元社会结构使城市劳动力市场被人为地分割为正式市场和非正式市场，高度区隔的劳动力市场导致了严重的就业限制，绝大多数城市流动人口只能在非正式市场寻找就业机会，从事的是城市人不愿干的"脏、累、粗"工作。同时这种高度区隔的劳动力市场大量存在用人单位侵害城市流动人口取得合理劳动报酬的权利。劳动报酬权是劳动者有按照劳动的数量和质量取得报酬的权利。然而，农民工城市流动人口的劳动报酬权却屡屡受到用人单位的侵害。表现在同工不同酬，农民工虽然从事的是与城市人同样的工作，却拿着不一样的报酬；也表现为加班不给加班费或少给加班费。另外，城市流动人口休息休假的权利往往得不到保证，劳动者有劳动的权利，同时也应享有休息休假的权利。但是，城市流动人口普遍反映劳动超时现象严重，加上工作环境恶劣，缺乏劳动保护。劳动安全卫生权是指劳动者享有在劳动过程中要求改善劳动条件，以使自己的身体健康和生命安全得到有效保护的权利。城市流动人口的社会保险和福利权利缺失，社会保险、福利权是指劳动者享受国家和用人单位提供的福利设施和种种福利待遇，在年老、患病、工伤、失业、生育和丧失劳动能力的情况下获得物质帮助的权利。它是劳动法的一项基本原则，宪法和劳动法对此都做出了详细规定，但是在实际中，农民工的社会保险和福利权利普遍缺失，流动农民工成为在城市边缘的歌者。

首先，流动农民工在城市就业中往往存在工种的限制，即不能从事那些较好的、薪酬高的工作。他们从事的都是薪酬低、劳动强度大的工作,还体现了就业权利不平等、就业无保障。农民工进城打工,首先遭遇的就是就业歧视。由于户口、身份的限定,他们只能进入城市的"次属劳动力市场",即收入低、工作环境差、待遇低、福利缺失的劳动力市场,从事的多是"脏、险、苦、累、差、重"的工作,许多人面临随时被解雇的命运。

> 个案C2:李某,女,32岁,小学文化,湖南宁乡人,中山市南区环城金叶新村
> "里面没有任何正式职工,在外资企业打工,时间观念比较强,上班的钟一般都不准随便请假,上班的条件和待遇都是时间打出来的。乡镇企业的工作,本地人打工有关系的,一般都有优势,他们都在人事部、总部、财务部,在办公室。而流动农民工,由于不懂当地语言,不懂白话,就不能进某些厂。说普通话的有时也会被拒之门外,或不能在同一个厂的某一个岗位工作,尤其是一些比较关键的岗位。尤其是一些香港老板,台湾老板好一些,因为台湾老板都说普通话。有些岗位,本来说白话和普通话都没有影响,但有些厂很明显存在一种语言歧视行为。"

其次,流动农民工从事的工作都是艰苦的工作、危险的工作、劳累的工作或肮脏的工作。饥饿、无力,自我意识和个人力量缺乏,从事无需智慧的工作、单调乏味的工作、令人陷入讨厌环境的工作,他们常常处于不安全之中,他们构成了城市发展的后备军。"艰苦的工作是一种归化程序,它给那些忍受艰难困苦的人以成员资格。"[1] 只要还有后备军,还有一个被贫困和自我价值的无力感驱赶的卑贱的男人和女人阶层,市场就永远不会有效率;而且在市场铁律下,最艰苦的工作也是报酬最低的工作,尽管没

---

[1] 迈克尔·沃尔泽:《正义诸领域:为多元主义和平等一辩》,褚松燕译,译林出版社,2002,第217页。

人愿意干。这就是市场运作的逻辑。

个案访谈：艰苦的工作——数字背后的陷阱

地点1：广州天河一保健中心 访谈对象：四位按摩女

个案F5：段某，女，18岁，未婚，小学文化，湖北荆州人，广州天河一保健中心

个案F6：周某，女，20岁，未婚，初中文化，湖北荆州人，广州天河一保健中心

个案F7：肖某，女，21岁，未婚，初中文化，湖南衡阳人，广州天河一保健中心

个案F8：肖某，女，19岁，未婚，初中文化，湖南衡阳人，广州天河一保健中心

"我们进公司前要交押金300元，培训费200元，服装费200元，退出公司前服装可以带走；合同规定，每月扣一半的工资，一年后结算。"

"我们每个月的任务规定得很详细，在这里的服务人员必须完成：20个熟钟（即那些以前为其服务过的回头客且下次点名要求继续由原来的小姐服务的）、8个套钟（即完成全套服务）、18个点钟（即点专项服务的）；第一次来或者没有点小姐的顾客，采用轮钟形式，即按职工编号轮流分配，工资支付方式为服务一个钟给10元（如此推算完成指定的钟就是460元），一个月没有完成这个标准的，一个钟扣10元。"

"我们在这里压力比较大，漂亮小姐自然收入高，一个月多的有1500多元，即能完成150个钟，一天5个钟。"

"如果在这里工作没有满一年，每个月扣掉的钱和押金老板就会没收，所以这里的老板希望我们能辞职，这样她就能多获得押金和每个月扣留的工资。我们当初一起来的人有10个，因为这里很累，工作很辛苦，又没有保障，赚钱不容易，不到一年，只剩下2个人了。"

"上个月由于有很多人辞职了，老板担心缺人手，就故

意拖欠了我们2个月的工资。我们大家表示抗议，威胁老板要向劳动局上告。后来老板带来了四五个人，自称是劳动局的工作人员，把我们教训了一通，我们大家就不敢做声了。后来我们发现，这四个人是老板的朋友，街头游荡的地痞，根本不是劳动局的人。"

地点2：中山一保健中心 访谈对象：两位按摩女

个案C11：刘某，女，23岁，初中文化，未婚，湖北麻城人，中山一城区保健中心

个案C12：张某，女，19岁，初中文化，未婚，江西赣州人，中山一保健中心

"我们来时交了押金300元，进来一般都要经过培训。洗足的培训费用是200元，按摩培训费用300元，你可以选择一种进行培训，培训后就可以工作了。工作前交服装费80元，离开时，服装退还给老板。"

"我们服务一个钟老板给10元，多劳多得。有时生意好，一个月能有1000多元，有时生意不好，吃饭都难。"

"干我们这一行很辛苦，晚上都要工作到早晨两三点，白天在家里睡觉的时候多。"

地点3：一建筑工地

"干的活也累，每天清晨6点，包工头哨子一吹就得起床，干2个小时的活再吃早饭，再由8点干到12点。中饭之后，再从2点干到6点，劳作时间达12小时以上。住的也差，随便用芦席在马路边或空地上一围，就算作工棚，就是他们栖身的地方。"

地点4：一餐厅

"我在这家餐厅打工的日子是苦的，当初来的时候只是想摘掉家乡贫穷的帽子，憧憬着幸福与富有，才默默地承受着打工之累，心灵之苦。我先在一家公司干了一年就跳槽了，辛苦了300多个日夜，除去开销，只剩1000元。2004年7月，我来到东莞一家酒店打工，一进来，就发现这家酒店的

大厅10间桌子和4间包房就我一个服务员,真累啊!可还得时时对顾客彬彬有礼,不能无精打采,但往往换来的是别人的傲慢,甚至嗤之以鼻。当时我打心里瞧不起那些有几个臭钱就自以为高人一等的老板们哩,但很无奈,文化低,心想如果跳出酒楼不得不又钻进工厂,做那些没意思简单重复的活,和插秧割谷相比就是不晒太阳,而且还要累。"

还有,流动农民工的工作大都是一种缺乏安全或卑贱的工作,在室外工作(如修路、建筑施工、垃圾收集和整理),充满了辛苦、劳累甚至危险。这种工作成为一种身份的象征,强加在流动农民工的身上;这种工作使他们不受尊重,在城里人的眼里,这是一种最卑贱、受蔑视和耻辱的工作。"与污垢、废弃物和垃圾有关的工作是几乎每个人类社会所蔑视和避免的对象……避免用他那卑贱的自我玷污我们……他成为一个非人的物体……当一个垃圾工感到被他的工作玷污时,耻辱感就会在他们的眼睛里流露出来。"①

个案访谈:肮脏的工作——一种可以揭示问题的语境

个案B1:刘某,男,32岁,小学文化,湖南隆回人,中山市石岐区老城区收垃圾者

"我是1995年就来到中山打工,通过一位在中山环保局的亲戚,我获得了这份工作。我认为收集垃圾是一项艰辛、卑贱而且别人瞧不起的工作。每次我走在街上,就好像低人一等,抬不起头的感觉。每天闻着那些刺鼻、臭味难闻、令人恶心呕吐的垃圾,心里就难受。城里人一看到我,就像见了吃人的妖怪一样,冷漠得很,而且还捂着鼻子,避而远之。有一次,我不小心,把垃圾弄到一个城里人的身上,她尖叫

---

① 迈克尔·沃尔泽:《正义诸领域:为多元主义和平等一辩》,褚松燕译,译林出版社,2002,第250页。

一声,还骂我,我感到这是一种羞辱,这次对我打击很大。"

其实,垃圾清洁工"是一种令人讨厌的工作,想带着精神的、道德的或身体上的尊严去打扫,在我看来,似乎是不可能的。而满心愉快地去打扫,则是骇人听闻的"。①

个案访谈:系在刀刃上的快乐——分享艰难的群体记忆

小组成员	访 谈 记 录
1. 电子厂员工	觉得自己命苦,从事一种单调、乏味的工作
2. 垃圾清洁工	在这里工作,是一种耻辱,是一种堕落
3. 建筑地工人	这里一点也不安全
4. 废品收购	我们做的都是城里人鄙视的工作
5. 印染厂员工	很糟糕的工作环境
6. 印染厂员工	健康条件越来越差
7. 化工厂员工	常常饥饿乏力
8. 化工厂员工	这里的工作环境恶劣,令人不快,难以忍受

另外,在城市中聚集着大量的散工也是中国东南沿海中心城市劳动力市场的一种特有的景观。在广东的大中小城市,你会发现一群衣着简朴,甚至肮脏破烂、装备极其简单的流动农民工。他们大都双手空空,或者配备简单的竹筐、锄头、手推板车、人力自行车,他们踯躅在城市的小胡同、建筑工地、城市边缘区、工业区、生活小区、车站、城市广场周围,等待雇主来揽工。散工可以说是非正式劳动力市场中最弱势的群体。散工一般没有文化知识,没有手工技术,进不了工厂和公司。其工作是偶然的、随意性的,今天有事情做。明天就可能找不到事情做。政府称之

---

① Wilde, *Soul of Man under Socialism*, reprinted in the Artist as Critic: critical writings of Oscar Wilde, ed., Rechard Ellmann, New York, 1969, p. 269. 转引自迈克尔·沃尔泽:《正义诸领域:为多元主义和平等一辩》,褚松燕译,译林出版社,2002,第250页。

为"三无人员",即无固定职业、无固定居所、无有效证件。① 散工一般是指城市里流动的建筑工、小生意经商者、搬运工、泥沙工、维修工、补鞋者、捡破烂者、油漆工、木工等。

> 个案B7:李某,男,32岁,已婚,湖南邵阳人,中山市石岐区老城区
>
> 我是去年来到这里的,我们这些农村人,没有文化和任何技术,在这里很难找到工作。进不了厂,没有活干,就和几个老乡在这里做临时的搬运工。我们经常在汽车站、行人聚集区、小胡同等地方揽活。干我们这一行,很累,有时有事情做,有时运气不好,一天也揽不到活干。幸亏我们年轻,有的是力气。但是,这样在街头日晒雨淋,真的想回家,但是,没有赚到钱回家,没有面子。同村很多人在广东赚了钱,我们这样回去,很难在家里做人,会让人瞧不起。即使要回家也一定要赚到一笔钱才行。我们这些搬运工在这里经常遭受城管人员的敲诈和勒索,城管人员一抓到我们就罚款,如果不交钱,他们就没收我们的搬运工具,有时他们还毒打我们。我们一起的有几个人还被关押了几次,我们拿钱才把他们赎回来。我们有几个人居住在一个出租房子里,房租一个月就要300多元,每个人一个月光房租就要100多元。

> 个案E9:陈某,男,26岁,装修工,未婚,韶关南郊区
>
> 我来自江西赣州,家里穷,兄弟姐妹多,初中没有毕业我就出来了。我现在和舅舅一起在韶关,主要从事装修。做装修就像游击队打游击,从这家做到那家,在一家做,却不知道下一家在哪里。不管我们那些房东的房子多么漂亮宽敞,我们只能蜗居在房间的角落里歇息和睡觉,夏天热,冬天冷。等到房子装修完毕,房子焕然一新的时候,我们就得走人。

---

① 周大鸣:《渴望生存:农民工流动的人类学考察》,中山大学出版社,2005,第65页。

第五章 "自我"与"他者"：社会排斥与边缘化空间的生成

我们都没有自己的定居场所，有时没有工程，只能露宿街头。

个案A14：男，37岁，湖南武冈人，已婚，广州天河区猎德村

我们居住在这里，这间门面是我们租的。在这里（城中村），出租的门面不太贵，我这间只要一个月180元钱。我们这里白天是铺面，主要卖小百货和儿童书籍；夜晚就是卧室，吃喝拉撒全在这里。

场景：韶关江北开发区；时间：中午12:10

在离建筑工地不远的一间砖砌的临时搭起来的简易墙后面，我看到一群农民工正围蹲在一起吃中饭，我蹲下来一边听他们说话一边跟他们聊。他们都是湖南来的农民工。只见他们每人拿着一个瓷盆，大部分盆里泡的是没有油的水煮菜，几乎没有肉。他们的中餐时间很短，大约只进行了不到20分钟。他们的宿舍在一栋刚盖好的高楼的底楼旁边的简易房里，旁边是吊车林立的施工现场和纵横的铁手架。他们住的简陋的工棚里光线很暗，有点阴冷，在100平方米的房子里住了三十几个人。他们的床铺很简单，几根铁柱搭成两排上下两层的架子，硬木板做床板，有几个工人坐在床头上猛劲地抽烟，里面气味呛人。12点30分，休息不到20分钟，他们又全部去了工地。

在中山的实地调查发现，在街头的散工现象还日益加剧，人数越来越多，而且出现低龄化趋势。结果发现，很多年轻人不愿意进厂工作，他们普遍抱怨工厂工资太低，环境又差，工作时间长，不自由，干不下去，宁愿游荡街头，进入散工行列，这样轻松一些，而且自由多了。在这些散工的出租屋内，我们惊讶地发现，他们所用衣食住行一般来自"城市垃圾"，有城里人丢弃的沙发、坐椅、床架等，甚至有收破烂收到的破电视机、洗衣机等家用电器。这些散工日夜聚集在城市的每个黑暗的角落，他们穿着破烂、随遇而安，屈服于自己的命运，对未

来缺乏信心,他们是城市流民的发源地,影响城市的稳定和形象。

3. 消费市场的排斥:排斥与区隔的逻辑叙事

市场排斥表现为被排斥出消费市场。被排斥出商品和服务也可以看做是被排斥出消费。由于没有足够的实际收入或者有效的能力,由于购买力不足,所以不但存在着被排斥出消费者社会,而且存在着被排斥出高消费生活方式。流动农民工是城市中的贫困者,一般买不起或因经济拮据而限制使用生活必需品,他们大都从非正规消费品市场购买,买不起正规市场提供的商品和服务,被排斥在主流的消费方式以外,被排斥出城市的休闲参与,成为被排斥的消费者。

消费中的社会排斥的逻辑是,"如果人们不能参与日常的社会消费活动,他们就可能遭到排斥"。① "人们不能参与正常的社会消费活动。最明显的例子是那些无家可归的人无法获得耐用品、食品(营养品),以及娱乐、文化和闲暇等相关商品。其中,与娱乐、文化和闲暇相关的商品尤其对有孩子的家庭产生影响"。小孩的消费来自同辈群体压力,在城市居民和流动农民工子女混合就读的学校,流动农民工子女由于不能赶上日益消费时髦的城市居民子女时,也由于缺少钱不能参加他们的很多社交活动,而被排斥在同辈群体之外。"贫困分析方法忽视了产品的供给条件。实际上,供给者的定价决定着穷人是否被排斥在消费之外。如果考察一下追求利润最大化的公司选择,我们会发现,追求利润最大化的价格相当可能将一些消费者排斥在市场之外。同样,我们不能确保公司会继续为穷人提供他们想买的商品的质量"。② 因为,生产者在生产某种商品时,也生产了一种消费文化,同时也生产了某类社会身份,而且,"某个人的生活水准应当是怎样的,

---

① 托尼·阿特金森、丁开杰编译《社会排斥、贫困和失业》,《经济社会体制比较》2005 年第 3 期。
② 托尼·阿特金森、丁开杰编译《社会排斥、贫困和失业》,《经济社会体制比较》2005 年第 3 期。

这一点大部分决定于他所隶属的那个社会或那个阶级所公认的消费水准"。① 流动农民工大都住在租金低廉、房门低矮的小房子里，穿得都是廉价、款式陈旧、颜色黯淡的衣服，吃的都是别人扔掉的垃圾食品。在中国，流动农民工的消费大都是一种"家庭共同体"的认识，即在城市里赚的钱不是为了在城里消费，而是以汇款形式寄回家添补家用或者送子女、姊妹等上学，给老人治病修房子。这是一种天然的"利他主义"（altruism），一种限于家庭内部的利他主义，这也是传统中国乡土社会的惯习。李某给了我一幅底层社会的消费图景。

>个案F3：李某，男，34岁，已婚，湖南益阳人，广州天河区
>
>个案F4：张某，男，29岁，湖南益阳人，广州天河区
>
>"我们农民工一般居无定所，哪里还有什么娱乐活动。老板每天加班，根本没有休息的时间。我们天刚亮时就上班了，晚上10点多钟才回来。即使哪天休息，也是在家里好好休息，最多几个老乡在一起打扑克牌、下象棋什么的，或者结伴去看一场录像，有时也会去逛超市和大商场，领略一下大城市的气息。但是这样的机会很少，即使有这样的机会，我们也消费不起。我们赚的钱都寄回家里去了，一方面要孝敬父母，另一方面要扶助弟妹上学。来广州这么多年，我都会迷路，太忙、太累了。我们穿的都是在地下商场买的，那里的衣服便宜，花几十元钱，就可以买到自己喜欢的。我们那台电视机就是旧货市场买的，花了不到30元钱，能看就行。我们睡的床就更加实惠了，从外面捡回来的，用几个铁钉一钉，很好用。那个桌子是老乡收废品时给我们捎来的。我赚的钱基本上全部寄回家里。家里现在需要钱，小孩读书，家里要砌房子，老人也需要赡养。"

---

① 凡勃伦著《有闲阶级论》，蔡受百译，商务印书馆，1997。

"广州的东西很贵,在食堂就是几片白菜也要几毛钱,有时要一块多。其实,这种白菜在家里有的是,我们都吃不完,剩下的用来喂猪。吃肉就更加贵了,几片肉就要几块钱,谁舍得买这么贵的菜呢?有时我们就只吃馒头和咸菜,钱不能多花,家里还有老人和弟妹。家里的父母亲都年纪大了,还有两个上学的,他们都等着我把钱寄回去。我有一个弟弟和妹妹,都在家里上学,我打工就是为了给他们赚学费。"

消费可以说是一种排斥下层的"地位符号",也是一种"社会分层符号",是展示和确定自己社会身份的消费的各种符号。费瑟斯通认为,"消费文化中人们对商品的满足程度,取决于他们获取商品的社会性结构途径。其中的核心便是,人们为了建立社会联系或社会区别,会以不同方式去消费商品"。① 消费是人们在实践中不断地生产和再生产出消费的规则和资源,并把它们在时空中层层积淀下来,从而成为一种"地位符号",成为财富、声望和权力显示的重要甄别指数。这种符号能够增强或巩固一个特定精英阶层或阶级的地位,排斥那些异在群体的规则和资源。"在后工业社会中,随着休闲时间和休闲活动的大量增加,经济与政治机构的价值与文化的价值有了脱节。结果,身份越来越建立在生活方式和消费模式的基础上。"② 流动农民工无法通过消费来获取这种"地位符号"或者获得一种基于身份的消费,他们被排斥在这种消费规则和资源之外。

消费排斥也体现在房地产消费市场。房地产开发商不仅在营造一种住房建筑,而且在营造一种城市居民的生活方式,营造一种中产阶层的理想的生活方式。在那里,拥有自然、空间、新鲜的空气和宁静的生活,在那里建设温泉健身设施、温暖舒适的局

---

① 〔英〕迈尔·费瑟斯通:《消费文化与后现代主义》,刘精明译,译林出版社,2000。
② 〔美〕戴安娜·克兰著《文化生产:媒体与都市艺术》,赵国新译,译林出版社,2001。

部空间气氛、互联网等现代都市贵族的居住空间,而这种理想的生活方式是城市贫困者所无法实现的。城市贫民无力提供资金来获得这种理想的现代空间,必然就会被这种生活区隔和孤立。所以市场的偏好加剧了社会空间的极化和区隔,这同样是一种社会排斥。流动农民工在城市的居住空间也是社会排斥的重要原因。这体现在房地产市场上,在城市的边缘区和老城区,是城市的萧条地带和"社会动乱"的发源地,体面的人是不会在这里安家的;这里的主人也急于从这里搬迁出去,他们需要把这些空余房子租出去;这也是房地产厂商不感兴趣的地方。这是市场的逻辑,也是消费市场排斥的结果,这里具有廉价的房租,也是城市管理的"真空地带",更是被城市主流社会隔离的地方。对于贫困的流动农民工来说,这里是理想的场所,也迎合了他们的消费逻辑和消费能力。

"传统上,甚至在贫民窟内部,其居民也通常分为'体面'和'粗俗'"①,"这两个群体互相隔离,前者尽量不与后者接触,并且禁止孩子之间的往来"。② 巴尔和哈罗(Ball & Harloe)认为,"每个社会都有一种'住房供给结构',这个结构本身存在极大的社会排斥性","商品房具有的排斥性要比公房所具有的排斥性大得多。因为商品房把一大批穷人都排除在外,而公房不太排除穷人。商品房反映和强化现存的社会不平等和来自劳动过程的社会排斥"。③ 美国的中产阶级非常重视选择居住地,追求享受,目的是获得更可以排斥下层的地位符号。④ 通过这种消费,在边界形

---

① Silver, H. 1994. "Social exclusion and social solidarity: three paradigms". *International Labor Review*, 133, pp. 531–577.
② Friedrichs, J. 1997. "Context effects of poverty neighborhoods on residents." In: H. Vesterdaar (Ed.) *Housing in Europe* (Horsholm, Danish Building Research Institute), pp. 141–160.
③ Peter, S. 1998. "Explanations of a Social Exclusion: Where Does Housing Fit in?" *Housing Studies*, Vol. 13, No. 6, pp. 761–780.
④ 戴维·波普诺:《社会学》,李强等译,中国人民大学出版社,2002,第244页。

成一种排斥性的力量。可见,在城市住房空间中,房地产在居住地开发和选择过程中,为追求利润的最大化,会通过居住空间和居住方式的营造,必然会竭力满足一种"差异"的需求;通过这种差异,形成一种"地位符号"或"社会分层符号",建立一种社会类别或社会区分,满足一种社会身份的需求,或作为一种与下层空间隔离的方式。

个案访谈:"另类"的"解放"——创造空间与平等的诉求缺失

个案B10:刘某,女,26岁,已婚,初中文化,湖南益阳人,中山市石岐区老城区出租屋

个案C1:陈某,女,32岁,初中文化,中山市南区环城金叶新村一社区居民

"在城市人的印象里,我们农民工都是衣着破旧、肮脏、破烂、汗臭扑鼻、言行粗鄙、硕大的行囊,其实,谁不爱美呢?可是,在城市里,消费太贵,我们生活上越俭越好,能省就省,多存少花。当然,也有一些流动农民工,受城里人的影响,也很注意穿着,但是我发现他们都穿戴得不伦不类。看着那些身穿劣质西装的农民工、衣着红绿失调的农村女孩,在城市背景的衬托下,不仅强化了'乡下人土气'的观念,而且还让城市人看不起。"

"这里的房子很贵,在这里买房子完全不可能,我们收入很低,就是打一辈子的工,赚的钱也不够。所以,不想在这里长期待下去。赚够钱之后,就回家,建一座自己喜欢的房子,就不出来了。"

"消费情况,很少进超市和那些繁华的商场,很少在这里买衣服。"

"房租400~500元,物价涨,我们的工资很低,到一些购物中心也只是看一看,逛一逛,并不是真正要买什么。去看看有什么活动的、有什么优惠的。去看看,散散心嘛,真

正在那里消费就很少。"

"看到城里人大把大把买东西,开着小车,买了漂亮房子,自己口袋里没有钱,特别难受。挺羡慕别人,好像自己没有能力,没有脸一样,非常自卑,总有一种低人一等的感觉。"

"平常休息的时候,我们往往去一些大型购物广场,原想好好地感受一下大型购物中心的气派,令我们不快的就是,那些警察在旁巡视,用奇怪的眼神看我们,好像我们是贼一样。我们处处遇到异样的眼光,超市的员工好像随时都在监视我们,我们感到非常压抑。"

个案 D6:刘某,男,15岁,学生,湖南娄底人,东莞市企业集中区(新城区)

"当地的学生瞧不起我们外地的学生,他们不愿意和我们交往,躲我们远远的。我们外地的学生有时和本地的学生一起进商店,同样一个学校的学生,都是一样的人,进商店就有很大的区别。当地的小孩有钱总是挑选最贵的,我们这些乡下孩子只能在最便宜或者打折的柜台前面徘徊,有时他们还对我们说:'这边很贵哟,那里有便宜的,你去那边吧。'我当时很尴尬,看他们选了最贵的东西付款时,我们很难受。"

个案分析:一个民工的收入—消费账本

个案 D5:段某,男,42,已婚,湖南武冈人,东莞市企业集中区(新城区)

2005年5月份的总收入:560(工资)+180(加班费,每天加班4个小时,即一天工作12个小时)=740元

房租:60元(2个人合租了一间不到7平方米的房子,总共120元)

电费水费:30元(没有电视,只有一台风扇)

管理费:20元(街道收的,环保、垃圾清理费)

餐费:120元(买菜、米饭,两个人一起做饭吃,其中

分别买菜：80元，买米40元）

日用：30元（包括油、盐、纸等）

买烟：20元（2块钱一包的那种，2~3天就抽一包烟）

交通费：10元（去上班一般骑自行车）

寄往家里（给儿子生活费或念书、孝敬老人）：200元

给老婆买件衣服：30元（一条牛仔裤）

以外支出：120元（在外面请朋友吃饭：40元；母亲生病寄回80元）

2005年5月的最后剩余：80元

（另外，该民工每年回家一次，即春节回家过年。春节票价特贵，从家里到东莞要200多元，来回就要400多元）

由农民工一个月的消费账本可以发现，农民工的日常消费是非常节俭的，生活上是越节俭越好。流动农民工在城市中的日常消费现实中，由于没有足够的实际收入或者有效的消费能力，由于购买力不足，所以不但存在着被排斥出城市的消费者社会的现象，而且存在着被排斥出高消费生活方式的状况，无法获得耐用品、食品（营养品），以及娱乐、文化和闲暇等相关商品，更不用说进行具有象征性成员身份的炫耀性消费，而这种消费对于身份积累、社会地位提升或者自我满足又是非常关键的。正是因为买不起正规市场提供的商品和服务，他们大都只能从非正规消费品市场购买。这样，他们被排斥在主流的消费方式以外，被排斥出城市的休闲参与；这样，也就被排斥出地位积累、身份提升的门槛之外，成为城市中被排斥的消费者。

总之，流动农民工在城市中由于处于劳动力市场的边缘，被排斥在正规的劳动力市场之外，处于市场的边缘而变得贫穷，陷入一种发展困境。这种体制外的劳动力市场的运作逻辑的结果就是：一方面，大量流动农民工进入非正规部门从事非正规就业，面对的是一种缺乏安全和恶劣的工作环境。低薪、不稳

定的岗位、高度流动和低微的专业地位构成了这些部门里流动农民工的特点。流动农民工从事的也只能是那些最脆弱和不受保护的工作，那些报酬或保障均较低的工作，一种艰苦的工作、危险的工作、劳累的工作或肮脏的工作，或者是一种缺乏安全或卑贱的工作。另一方面，由于这种体制外劳动力市场的运作逻辑决定了流动农民工的行为逻辑，体现在：由于流动农民工对政府和职业介绍所的信任缺失，流动农民工宁愿借助社会关系网络，通过复制或者扩大原有的乡村的血缘、地缘关系，通过亲戚朋友来获得就业机会，而不愿意通过政府或正规的职业介绍所谋取职业；由于流动农民工在劳动市场的合法权利难以得到保障，或者维权和抗争的艰难，加上执行者的个人行为的合法性难以得到保证，流动农民工最终选择放弃或者保持沉默；也由于处于体制外劳动力市场的事实，流动农民工大都从城市空间中自愿隔离开来，集中到城市边缘区、被遗弃的老城区，具有自我延存性的"隔离空间"，完成了一种通过空间的"自愿性隔离"的行动策略；也由于这种运作逻辑，流动农民工的行动逻辑表现为一种弱势群体的多元抗争策略，或者，一种流动农民工亚文化的形成，包括犯罪的滋生，对现实社会的反感、不满及敌对情绪，背离城市所推崇的社会道德、欺诈、行骗、及时行乐的个人主义，严重的放荡不羁、松弛的道德观念、流氓行为、诈骗行为、打劫行乞行为，也有沦为娼妓和窃贼等。流动农民工的行为选择，事实上只会加剧流动农民工的边缘化处境，使他们在城市中处于一种危机境遇。这样，体制外劳动力市场的运作逻辑和流动农民工的行为选择，加剧了流动农民工的边缘化处境。流动农民工在城市空间中无法弥补他们的损失，无法重建可持续的生活，被排除在共享城市社会发展成果之外，陷入一种发展的困境。可以说，在市场运作逻辑的背后，农民工何去何从成为现代化过程中一个重要的社会问题，这个问题的解决是我们实现弱势群体共享社会发展成果的关键，也是实现和谐社会，实现社会能否共同发展的重要议题。

四 社会网排斥与空间的隔离性：场内的"他者"与局外生存

1. 社会网排斥的内涵和研究视点：社会网络的封闭性现实

社会关系排斥同样是社会排斥的一个面向。Percy-Smith 指出，社会排斥是一个"关系"概念，意味着个人和群体在社会地位上被排斥出其他个人、群体和整个社会，体现在：交往的人数、交往的对象、社会网络的密度和分布、基于社会网络所能获得的社会支持，或是否为当地的社会关系网所容纳。某种结构性过程通过建立种种障碍阻止特定的群体和其他群体形成对于充分实现人类潜能极为重要的社会关系。Littlewood 和 Herkommer 用"由疏离造成的排斥"来表述社会排斥的关系面向，认为这个面向包括人们由于受到社会接触、社会关系和群体身份的限定和限制而成为边缘性的和被打上耻辱烙印。Sen 则进一步指出，排斥出社会关系亦会导致其他剥夺，由此会进一步限制人们的生活机会；被排斥在社会网络和文化团体之外的人将在社会、心理、政治，甚至经济上处于不利地位，这将使人变得贫穷或长期不能摆脱贫穷。[①]

社会网排斥体现在区域性的关系隔离、有空间的人际网络的隔离等层面，对传统社会资源的挖掘和依赖。传统以血缘与地缘为基础的社会资源网络为什么在现代城市中仍然能够生存并蓬勃发展，金耀基认为，民工并未完成社会心理的现代转型，因此坚持乡土心理认同，进而依赖传统的社会资源网络。[②] 陆绯云则将这种依赖归因于传统关系网络提供人际信任或者提升安全感的社

---

① Littlewood, Ignace Glorieux, Sebastian Herkommer, & Ingrid Jonsson (eds.). *Social exclusion in Europe: Problems and paradigms*. (47 – 66). Aldershot: Ashgate Publishing Limited; Percy-Smith, J. 2000. "Introduction: The contours of social exclusion." In Janie Percy-Smith (ed.). *Policy responses to social exclusion*. (1 – 21). Buckingham: Open University Press; 陈树强：《社会排斥：对社会弱势群体重新概念化》，http://www. sociology. cass. cn. 2005. 06。

② 金耀基：《关系和网络的建构——一个社会学的诠释》，刊于《中国社会与文化》，1992。

会功能。① 从关系网络的视角出发来研究中国城市流动人口的生活世界及其行动链是一种重要而且有效的研究范式。在流动人口的早期，学者和政府担心，流动人口离开了文化上同质性的、"生于斯，养于斯"的乡村，迁往方言混杂的城市和工业化地区的大潮流中，他们是否会在抛弃了故乡的规范性导向之后，在"大众社会"中发生隔绝和解组，是否真的陷于冷漠的绝望境地。事实上，这种担心忽视了流动人口的生存能力和行动策略，流动人口不仅在新的城市环境内部形成了紧密的社会支持性联系，建立了以新的地缘和血缘关系为纽带的社会网络边界，而且他们同祖先的乡村故土保持着密切的联系。流动人口与其说在都市化、工业化、技术变迁下变得畏缩不前，毋宁说他们陷入了跨越村落、居住地和工作地点界限的复杂的支持性网络之中。

从以往对城市流动人口的研究理论框架和经验事实可以发现如下情况。

以往的研究对于这种社会关系网络的封闭性和开放性以及社会归因缺乏研究，缺乏对城市居民之间的社会关系网络的研究，缺乏对流动农民工之间关系的研究，缺乏对流动农民工与城市居民之间的社会关系网络的异质性存在逻辑中的相互之间的开放性或封闭性动力和运作逻辑进行研究。科尔曼认为，社会网络的封闭性是指处在特定的社会关系中的行动者之间相互保持着密切的联系，存在着广泛的两两之间的义务与期望关系，每个行动者控制着蕴涵他人利益的事件，并可利用这类资源向对方施加影响。社会网络的封闭性增加了系统内部行动者之间的依赖程度，减少了内部行动者对网络外部行动者的依赖性及资源的可替代程度，从而为有效规范的建立创造了前提条件。尽管科尔曼在谈到社会资本的产生时强调了社会网络的封闭性，但科尔曼却忽视了封闭性在使社会网络内部的个体之间在相互依赖、联合行动的同时，

---

① 陆绯云：《关系网络与中国大陆的"民工潮"》，城市大学公共及社会行政学系，2000。

也对外部人采取了一种排斥态度。①

而且,以往的研究仅仅局限于在流动农民工群体之内来探讨社会关系网络的内在动力和意义,或对这种关系的具体而又全面的深度描述和归类,或对流动人口在建构关系策略中的具体行动策略的全面呈现,大都陷入了把流动人口在城市中对传统地缘、血缘关系的复制、维护和扩大以及通过非正式制度策略性建构关系的行为完全看做是纯粹幸事的认识陷阱,缺乏流动人口建构这种关系背后的故事,即缺乏对这种社会关系网络运作的外在动力机制和运作逻辑进行研究。这种行为策略是在一个陌生的城市空间,在不确定性、现代性隐忧、个体化历程中的一种特有自我延存的策略性行为,是在遭受制度性、市场以及社会网络的社会排斥与隔离的悲惨化处境过程中的一种生存策略,而不是一次"伟大的转变"(渠敬东语)。流动人口由农村走进城市,体现了由传统社会向现代社会转变过程中,流动人口向传统社会的生活秩序提出了挑战,为了获得更好的生活条件进入城市,但流动人口并没有真正改变自己的传统身份,只要中国社会依然没有完成传统农业社会向现代工业社会的根本转变,流动人口也就不可能完成由传统人向现代人的转变,这也就决定了流动人口在现代工业社会中的"不在场"。

以往对流动农民工的社会关系网络的传统分析重视社会网络的工具性特征和类属,而忽视了网络变异性,忽视了个人的现代性特征,即不同群体的主观动机和主观态度;重视人际关系所形成的网络以及人们身处在什么网络中,而不是重视社会网络在城市发展中的社会类别,忽略了以生活空间的城市化程度来作为衡量流动农民工这种社会关系网络的价值标准;重视人际间的联系性和资源的嵌入性,不看人在城市中的社会归属感和社会公平感;重视个人能够通过这种人际网络摄取多少资源,而不是人们现实

---

① 科尔曼:《社会理论的基础》,邓方译,社会科学文献出版社,1990,第33页。

占有多少资源；重视人们在网络中的位置或者网络所能使用的资源，而不重视人们在城市结构，或在更大的社会网络中的社会资源摄取能力和社会地位的获得。

作者认为，在这里有必要考量流动农民工在城市中社会关系网络建构过程中所遭受的社会排斥，通过社会关系网络排斥得以形成的内在动力和内在的运作逻辑的社会学分析，就能理解为什么流动农民工会在城市空间中只能依靠传统的血缘、地缘关系，而不能与城市居民建立一种新的地缘关系或基于职业上的业缘关系，真正融入城市居民社区，而只是成为城市的一块飞地。社会不平等可能也存在于作为社会关系网络的社会资本之中，服务于某些团体的惯例和网络可能会阻碍其他人，特别是如果这些惯例是歧视性的或者这些网络造成了社会的隔离或排斥。

2. 现实与话语逻辑：社会网排斥的社会生成与惯性运作

既然我们可以从社会关系网络的封闭性和排斥性层面重新理解流动农民工的日常生活世界，那么我们就必须解决：流动农民工与城市居民之间的社会关系网络的排斥性的外在动力机制和运作逻辑是什么？在流动农民工社会关系网络中，对流动农民工的排斥源于一种空间策略，这种差异性或排斥性的社会关系是通过空间关系，特别是通过把差异性置于某个地点或时空来体现和体验的，又是通过把有关空间的法规、计划、地图和表征置于社会差异的识别之中。社会关系网络的排斥根源也在于一种资源的垄断和个人偏好，在于一种污名化的叙事和话语系统。

首先，社会关系网的排斥性源于一种空间策略，表现在城市公共空间的土地私有化或住宅化和保证本体性安全或同一性[①]的需要。通过区域封闭方式，城市将平民限制在一些居住区域内，

---

① W. I. 托马斯、F. 兹纳涅茨基在描述身处欧美的波兰农民时指出：外来移民给许多美国本土出生的美国人带来一个严重的问题……一些美国本土出生的美国人感到他们自己国家的文化、宗族和种族同一性已经受到威胁（W. I. 托马斯、F. 兹纳涅茨基：《身处欧美的波兰农民》，张友云译，译林出版社，2000，第2页）。

从而使他们变得"不可见",满足一种本体性安全的需要;这种排斥也源自城市支配性的利益和城市发展的逻辑,城市精英和城市居民之间的联合与流动农民工之间的区隔化和解体同时出现。那些占据中心的人确立了自身对资源的控制权,维持自身与那些处于边缘区域的人的分化。已经确立自身地位的人或者说局内人(established)可以采取各种不同形式的社会封闭,借以维持他们与其他人之间的距离,其他人实际上被看做低下的人或者局外人(outstander)。精英形成了他们自己的空间,构成了象征隔绝的社区,对资源的控制和垄断资源变成了一种空间策略。排斥在空间之外就意味着对流动农民工作为平等公民的拒绝,他们不得享有城市居民所有的一切资源的配置,从某些好的工作岗位到社会福利再到社会救济。社会网排斥的情形包括位居不同地方的区位以及只开放给精英的空间之安全控制,从文化的顶峰及其文化中心起始,组织了一系列象征性社会空间层级,而在一个隔离空间的层级性转移过程里,底层的管理者可以构成次级的空间社区,也将他们与其他人隔绝开来,以便模仿权力的象征并挪用这些象征,而这一切共同营造了社会空间的片段化。这种空间的封闭性的社会功能表现为:空间的封闭性及其在时间空间上与周围场所进行的活动之间明确的分野,也都防止了外部空间对城市空间的威胁;城市中的同一性和本土性安全方面不至于受到威胁;中心与边缘的区别经常与时间上的持久性联系在一起。

其次,社会关系网的排斥性源于一种"污名化"的叙事和话语系统。埃利亚斯在研究胡格诺教徒的时候,发现了一种典型的"污名化"现象,即一个群体将人性的低劣强加到另一个群体之上并加以维持的过程。[①] 污名化体现了一个动态的过程,将群体的偏向负面的特征刻板化,成为该群体特征对应的一种"指称

---

① 孙立平:《城乡之间的新二元结构与农民工的流动》,李培林主编《农民工:中国进城农民工的经济社会分析》,北京:社会科学文献出版社,2003,第155页。

物",也可以说给对方贴上标签的行为,如指责流动农民工小农意识、说话粗鲁、手脚不干净、随地大小便、看黄色光盘、肮脏、偷盗等。就如鲍曼所言,"与穷人、每况愈下的流动的工人阶级、边缘的个体群体的居住地联系在一起的强烈的地区性特征,这些居住地被认为是'垃圾倾泻场'"。① 这种污名化的过程的同时也就是一种社会关系排斥性壁垒形成的过程,加剧城市人口的分隔性。"城市人口分隔的过程又形成了城市各区域的道德差距,使城市分裂成许多小世界,这些小世界互相毗连,但却不互相渗透……这使得城市带有一种浅表、冒险的性质,它使得社会关系复杂化,并产生新的、彼此相差很大的人格类型……每个人在城市环境中都会找到一个最适合的道德气候(moral climate),使自己的欲求得到满足"。② "在大城市中,凡是寻求同一种方式的兴奋生活的人,总是常常聚集在一个地方,结果这些具有相同嗜好和性情的人,就会把人口分成种种道德区域"。③ 这样,"居住在原地的其他人则对后来到他们土地上的外来者产生憎恶……保护自己的空间不被陌生人侵入……居民地变成封闭的或狭隘的共同体"。④

来自社区的消极评价或污名化过程,即城市流动人口带来了城市的动荡与混乱,占用了城市中有限的公共资源,使得城市缺乏安全感。这又使得城市流动人口不为城市所接纳,既受到当地人的歧视,也受到政府管理部门的欺负,从而为主流社会所区隔,具有游离特征,就更不用说参加流入地社区的交际活动。这样,他们便缺乏明确的社会归属取向⑤,在社会结构中缺乏明确定位,

---

① 齐格蒙特·鲍曼:《共同体》,欧阳景根译,江苏人民出版社,2003,第147页。
② R. E. 帕克、E. N. 伯吉斯、R. D. 麦肯齐著《城市社会学》,宋俊岭等译,华夏出版社,1987,第42、44页。
③ R. E. 帕克、E. N. 伯吉斯、R. D. 麦肯齐著《城市社会学》,宋俊岭等译,华夏出版社,1987,第42、44页。
④ 迈克尔·沃尔泽:《正义诸领域:为多元主义和平等一辩》,褚松燕译,译林出版社,2002,第381页。
⑤ 王春光:《新生代农村流动人口的社会认同与城乡融合的关系》,《社会学研究》2001年第3期,第64页。

未来归属不明产生社区的认同危机和个人身份的认同危机。同时，城市流动人口与政府和组织的互动过程中，政府和城市管理组织往往代表城市合法居民的利益，因为他们本身是作为城市代言人而被城市选举出来的。城市流动人口没有权利参与他们的政策制定，这直接带来的严重后果是城市流动人口与政府管理部门的关系恶化，城市流动人口感受到被歧视与被欺负，缺乏对组织与管理的认同，进一步意识到主流社会的排斥，产生边缘化的感觉。

个案访谈：关系排斥的背后——一个被贬损和污名化的空间

个案G3：刘某，男，42岁，已婚，广东中山人，中山市劳动局某人才交流职员

个案G6：张某，男，38岁，已婚，广东中山人，中山一派出所警察

个案G1：陈某，女，42岁，大学文化，广东中山华侨中学教师

"流动人口的行为短期化，管理难度大，犯案率高，成为一个'法外世界'"。

"到处都是污水，遍地都是垃圾，毒品泛滥，偷盗横行，抢劫猖獗，假冒伪劣产品到处都是。"

"是城市典型的脏、乱、差地区。"

"我经过这些地方，宁愿绕道，尽量避免走这条路，那里臭气熏天，到处都是垃圾，而且还不安全。"

"偶尔抄近路经过，但那里治安不太好，大家的眼光很怪，总是怪怪地看着你，给人一种不安全的感觉。"

"这里的农民工整天无所事事，经常聚在一起赌博，喝酒闹事，整天吵得我们睡不了觉。我已经在外面买了房，在装修，过段时间就搬出去。"

"治安太差了，有一次我刚买的一双皮鞋，一觉醒来，

就没了。"

"以前老动刀动棍,现在好些,但打架的还是常有,为一些小事就打了起来。"

"这里的流动农民工和我们没有任何交往,和他们住在一起,很不安全。"

"在街上、公共汽车上,城里人总要翻白眼,嫌我们脏。"

"现在人们一谈起民工,总认为我们是一盘散沙,是乌合之众。"

"乡里人到城里来打工、做生意,遭点白眼、受点欺负是常有的事。"

这是一种城市"公众""固化"的意识和记忆,是在传媒、公众的社会认知推波助澜的"污名化"的过程,这就是那些超高密度流动人口聚居空间中不断演绎出来的种种真实与非真实的叙事逻辑。由于"污名化"等原因,城市居民不愿意去包容甚至接近流动农民工群体,怕而远之成为常见的心态。人们容易认为凡是流动农民工都是不道德的人,因而对农民工采取道德谴责的姿态。

接着,社会关系网络排斥同样源于一种对社会资源垄断的偏好。社会关系网络本身就是一种社会资本,因此,社会关系排斥首先体现在一种对流动农民工获取社会资源排斥性壁垒的生成。布迪厄认为,社会资本是资本的三种基本形态之一,是一种通过对"体制化关系网络"的占有而获取的实际的或潜在的资源的集合体。[①] 罗纳德·伯特认为,社会资本指的是朋友、同事和更普遍的联系,通过它们你得到了使用其他形式资本的

---

① Bourdieu, P. 1986. "The Forms of Capital", in Richardson, J. G. (eds), *Handbook of Theory and Research in the Sociology of Education*. New York: Greenwood Press. p. 248.

机会……企业内部和企业间的关系是社会资本；它是竞争成功最后的决定者。① 普特南认为，社会资本是一种组织特点，如信任、规范和网络等，像其他资本一样，社会资本是生产性的。它使得实现某种无它就不可能实现的目的成为可能，并能够通过推动协调的行动来提高社会的效率。② 亚历山德罗·波茨认为，社会资本指处在网络或更广泛的社会结构中的个人动员稀有资源的能力。③ 科尔曼认为，社会资本是个人拥有的表现为社会结构资源的资本财产，由构成社会结构的要素组成，主要存在于人际关系和社会结构之中，并为结构内部的个人行动提供便利。④

在国内观点中，张其仔认为社会资本从形式上看就是社会关系网络；⑤ 边燕杰界定社会资本是"个体通过社会联系摄取稀缺资源并由此获益的能力"。⑥ 这里的社会联系包括两个方面，一方面指个体与所属组织的关系，即由"社会成员关系"所形成的社会资本；另一方面指个体的社会关系网络。社会学研究重视社会网络以及个人由社会网络汲取社会资源的过程。

社会资本是可以通过内部交换而获益的社会关系，其核心是可以快速扩张"关系"的"信任"，具体表现形式是亲缘关系、朋友、同学、同乡、邻居、某一特殊小团体、党派的成员资格等。这些关系都是基于个人之间的紧密性关系，一般具有排他性。社会资本基本的特点就是行动主体对社会资本持有回报预期。

把社会关系网络作为一种社会资本体现在紧密的、排他性的

---

① Burt, R. 1992. *Structural Holes: The Social Structure of Competition*. Cambridge: Harvard University Press. pp. 69~70.
② Putnam, R. 1993. *Making Democracy Work: Civil Tradition in Modern Italy*. Princeton: Princeton University Press.
③ Portes, A. 1998. "Social Capital: Its Origins and Applications in Modern Sociology". *Annual Review of Sociology*. (p.14).
④ 科尔曼：《社会理论的基础》，邓方译，社会科学文献出版社，1990，第330页。
⑤ 张其仔：《社会资本论——社会资本与经济增长》，北京：社会科学文献出版社，1997。
⑥ 边燕杰：《找回强关系》，张文宏译，《国外社会学》1998年第2期。

社会关系网络本身就是一种身份标志,也体现在社会关系网络是社会资源分配的一个重要途径,流动农民工在城市社会关系的排斥性壁垒的存在也就意味着流动农民工难以在城市中获取城市居民所拥有的那种获取社会资源的能力甚至资格,包括组织资源的获得(如作为组织成员关系所获得的资源)、个人动用稀缺资源的能力(如制度内生性的资源配置)、作为身份性标志的资源获取等。

最后,社会关系排斥体现在一种社会距离的自觉生成。塔尔德在《模仿法则》中首次使用社会距离,表征阶级差异。社会距离是一个客观性的概念,强调不同群体之间的客观差异。帕克把社会距离变成一个主观性的概念,强调心理上的区别和隔离状态。社会距离"描述的是一种心理状态,由于这种状态使得我们自觉地意识到自身与我们所不能完全理解的群体之间的区别和隔离"。[①] 而最终使社会距离这一概念成为社会学中普遍适用概念的则是博卡德斯,博卡德斯将社会距离从概念变成了具体的测量刻度,通过考察行动主体是否愿意与其他人或者其他社会群体交往,来测量社会成员对于他们之间或者他们与其他社会群体成员之间距离的感觉,社会距离是存在于行动者心理空间中的、行动者与其他行动者之间的心理距离。拉米尔对博卡德斯社会距离的心理性提出质疑,认为社会距离应当回归塔尔德时代的客观性,认为"社会距离是最形式化也是最普遍化的社会关系,社会关系则是社会交往过程的结果;社会距离因此可以被界定为一种社会关系与其他社会关系发生关联时所产生的情境","社会距离是一个包含了多层含义的术语,这些含义包括人与人之间各方面的社会差别和相似点,以及在社会空间上的社会位置"。[②]

[①] 转引自郭星华、储卉娟:《从乡村到都市:融入与隔离——关于民工与城市居民社会距离的实证研究》,《江海学刊》2004年第3期,第92页。

[②] 转引自郭星华、储卉娟:《从乡村到都市:融入与隔离——关于民工与城市居民社会距离的实证研究》,《江海学刊》2004年第3期,第92页。

张某，女，19岁，初中文化，未婚，江西赣州人，中山一保健中心

"我是从江西赣州来的，在这里已经5年了。在家里，邻里之间来往非常多，有啥事大家都会互相帮助。比如家里砌房子、过生日、举行婚礼什么的，大家都是随叫随到，绝对不会含糊。而在广州这样的城市，大家都好像生死不相往来，人与人之间比较虚伪。有用你的时候就讨好你，不用你的时候就懒得搭理你，有的好像什么事儿也不会求你，你也不要去求任何人。邻里之间来往非常少，左邻右舍的也互不搭界，铁门紧锁，平时很少走动，没有什么人情味。在菜场买菜，鸡毛蒜皮的小事都要啰嗦半天。城里人总会认为我们外来人文化素质低，不讲卫生，手脚不干不净。其实，我们不是不讲卫生，只是我们的工作环境很差，工作一天下来，身上不脏才怪，哪像他们整天坐在办公室，没有任何污染。其实我们外地人对本地人也会敬而远之，很少跟他们说话，也不愿意。"

个案A8：张某，女，24岁，湖南郴州人，东莞长安镇冲头村

"广东虽然是一个好地方，但却不是我们这些农民工能长期待的地方。城里人总是好像是高人一等似的，可以说上至领导下至街头扫地的，对我们这些外地人，特别是对我们这些来自乡下的更加瞧不起。他们认为乡下人无知，读书少。态度也十分恶劣，言语里总透出不屑和蔑视的样子，很让人反感。我实在很难忍受这种鄙视的态度，其实我们和他们不是一样的吗？我们也是凭自己的劳动吃饭，自己养活自己，城里又不是他们的。他们没有理由瞧不起我们，我看这些城里人，特别懒，说得多干得少，所以，我不敢也不愿意和城里人交往，自己找气受，去自找没趣。当然，现在我们只能忍忍，等攒足够钱，我就准备回家去，再也不会出来受气。"

个案C4：李某，女，31岁，小学文化，湖南宁乡人，中山市南区环城金叶新村

"我在中山经营服装已经多年了，在中山，这些当地人经常欺负外地人。有些当地人买了衣服，买走后，明明是他们自己不小心弄坏了，不是属于质量问题，他们一进来就骂人，硬要退换，不退换就好像要打人似的；而且，还经常有些当地的地痞、无赖来找我们外地人的麻烦。他们拿走衣服不给钱少给钱的现象也有，有的则故意来惹事，无非是要钱，不给就打、就砸，让你做不了生意，也有些当地人，在这里动不动就说我们是乡下人。"

郭星华、储卉娟运用中国人民大学社会学系 2002 年所做关于"海淀区流动人口生活方式研究"的调查数据表明：

> 新生代民工与城市居民的社会距离正在逐渐增大，他们缺乏主动介入城市生活的积极性，并且感觉与城市生活和城市居民之间的关系日趋隔离。社会距离的增大使得民工群体自愿选择结成自己的社群网络，并以此与城市生活产生隔离……对城市居民生活的向往程度，新一代民工表现出更加冷淡的倾向。当被问及是否经常与城市居民一起娱乐、日常交往、共同居住以及谈恋爱时，与上一代民工相比，新一代的肯定性回答比例都有所下降……新一代民工在这些交往上的冷淡，在某种程度上可以表明他们对于城市居民生活主动介入程度的减弱……新一代民工与城市居民的社会距离要大于上一代，而不是像某些研究所指出的那样，随着城市化进程的加快而不断缩小。与上一代民工相比，新一代民工更加不愿意主动介入城市生活，他们中更多的人拒绝与城市居民共同分享私人空间（娱乐或者居住）与情感交流（比如谈恋爱），对于城市居民对自身的排斥有更强烈的感触和预期，对城市居民抱有更多的偏见，并且形成了对于城市居民疏远

隔膜的整体印象。①

流动农民工在城市空间中受到隔离,居住在企业的围墙内或被半遗弃的老城区或城市边缘区。"这些村落在陌生人的现代社会中搭建出一个传统意义上的熟人社会,为村落内部的人提供各种各样的社会资源。这些资源包括谋生路子,能够实现社区认同的共同体情感"。

3. 社会网排斥之后:"自我"与"异己"边界策略之发展困境

融入主流社会,成为城市正式居民的主观意愿,被现实生活中的社会排斥现象破灭之后,城市流动人口的内心产生出对城市社会的反感和排斥。他们很少与城里人交往,担心被城里人看不起,觉得与相同身份、相同境遇的人在一起才是安全的;久而久之,形成较为封闭的生活圈子,即形成狭小的社会交往的社群组织以及较为封闭的心理结构,这就加剧了一种社会关系的排斥性生成。现在的问题是,这种网络的排斥性特点会给流动农民工带来一种什么样的发展困境?

首先,农民工形成一种孤立化的、相互隔离的、封闭性的群体存在,形成孤岛经济效应,陷入一种严重的发展困境。由于在城市,社会关系网络的建构遭受社会排斥,存在一种排斥性壁垒,流动农民工失业者参与的社会活动多以局限于老乡或建立在传统的那种血缘或地缘关系,交往的圈子亦多是与自己相似的流动农民工,参与的活动多以老乡之间的可接触"生活半径"为主,大都集中在房租低廉、流动人口集中的城市边缘区、老城区,且交往的对象多为老乡,社会网络结构呈现单一化、封闭性的特点,形成一个"自愿性的隔离区"②或自我交往的封闭群体。

---

① 郭星华、储卉娟:《从乡村到都市:融入与隔离——关于民工与城市居民社会距离的实证研究》,《江海学刊》2004年第3期,第92、94、96页。
② 在这里延续着布迪厄所谓的"习性","习性能在与之交往的处所之间、事件之间、人之间进行选择,通过这种选择,使自己躲过危机和免遭质疑,确保自己有一个尽可能预先适应的环境,也就是说,一个相对稳定、能强化其倾向的情域,并提供最有利于它之产品的市场"。参见皮埃尔·布迪厄《实践感》,蒋梓骅译,译林出版社,2003,第93页。

个案 E1：张某，男，21 岁，初中文化，未婚，河南人，中山小榄镇开发区建筑工地

"我们这里住的都是流动农民工，平时交往的对象主要是聚在这里的流动农民工，平时交往的主要是在这里的老乡。平常工作很忙，老乡之间也很难聚在一起，只是有时实在无聊，在晚上和几个同乡、同村的人一起逛街，但是这种机会很少。和本地人基本上没有任何交往，不存在与邻居和居委会的联系。和城里人相比，自己的文化低，穿着又很寒酸，和城里人交朋友是不可能的。本地人一般都住在那些比较高档一点的社区里，有铁门，我们不可能进入。即使住在一个社区，也都通过围墙和我们隔离开来，和我们没有任何联系，所以，和当地人也很少交往。"

个案 D3：肖某，女，25 岁，高中文化，湖南洞口人，东莞市企业集中区（新城区）一外资企业

"和本地人没有任何交往，本地人瞧不起我们，而且对我们很霸道。坐公交车，你如果碰一下外地人，说声对不起就没有事了，要是碰见本地人（东莞人），就没有那么简单。上次我们有个老乡，不留神踩到了一个当地人的脚上，那个人张口大骂，骂我们是乡下人。大家都看着我们，我当时真想找个洞钻下去，那个老乡不停地说对不起，还是不行。"

个案 C9：李某，男，23 岁，湖南岳阳人，中山市南区环城金叶新村

"到中山来有两三年了，在家里小学没有读完就出来了，跟我姐夫住在一起，住在这里的都是湖南老乡。我最初来打工是在东莞长安一家印刷厂，是一家老乡开的印刷厂，后来就离开来到中山。和本地人没有任何交往，他们讲白话嘛，他们是本地人嘛，干嘛要跟我们交往。我们互相生活习惯不一样，他们都有钱，哪里还看得起我们。外地人跟外地人在一起也才放心。"

个案 A9：曹某，男，27 岁，湖南郴州人，东莞长安镇

冲头村

"最让人生气的就是，你给城里人干活，他们还瞧不起你，他们瞧不起我们这些乡下来的出苦力的。有一年夏天，我给一家人从一楼搬家具到六楼，家具太多，我背了好几趟，背得我眼前发黑，眼睛发花。我担心自己会中暑，就跟女主人讨水喝。当时可能女主人家里没有一次性杯子，她犹豫了很久，就用玻璃杯给我喝水。我只用了一下她那玻璃杯，喝完我就放在桌子上。没有想到，就在我出门时，发现她把这个杯子扔进了垃圾袋。我穷，可是我没有病呀，干嘛这样，消消毒不就行了吗？"

个案 E11：刘某，女，14 岁，高中学生，湖南宁乡人

"我很少跟城里的学生玩，我们都有自己的生活圈子，住在我们周围的都是外地人，其实附近全都是。这里没有本地人，这个生活圈子都是外地来的。我感觉在这里和在农村没有什么区别，和我们打交道的都是老乡，大家也愿意互相帮忙。本地人的生活圈子也进不去，广东人邻居之间关系也不太顾及情面，就是自己管自己的事情，融入他们的圈子几乎不可能。"

这个隔离区或狭小的生活圈子与主流社会交流和联系的机会很少，处于一种弱联系的状况。带来的后果就是处于一种自我封闭的世界，与外界联系困难的加剧，这种现象带来的是该空间信息的城市分化和贫乏。威尔森在其贫穷集中理论中指出，由于有工作的中产阶层的迁出，使得集中在旧城区的大量失业者和穷人缺少与就业者的联系。这样，失业者或穷人的社会网络结构呈现单一化的趋势，与主流社会交流和联系的机会减少，尤其是缺乏就业的信息和机会，导致弱劳动力联系，进一步恶化了失业者或穷人再就业的可能性。莫瑞斯和加利称这种现象为社会分割或社会网络分割，威尔森称之为社会孤立。由于失业者和穷人的集中，且与主流社会脱离，使得整个地方社区也逐步衰败，形成社会空

间排斥，而这种空间排斥反过来又影响个人层面上的社会排斥。比如，居住于被排斥社区中的个人，无论他们的个人特征如何，都会遭受"地方歧视"。斯尼兹和罗森伯格对美国布鲁克林的红地角街区（贫民区）的研究发现，由于歧视以及缺乏联系，即便是当地的私人企业主也不会雇佣这个街区的居民。[①] 流动农民工同样也是处于这种困境，由于流动农民工群体在城市边缘区、老城区的集中，且与城市主流社会脱离，使得自己的生活半径局限在自己的、具有同质性的空间中，形成空间排斥。而这种空间排斥反过来又影响了个人层面上的社会排斥。而且，由于社会分割或社会孤立的原因，流动农民工无法融入城市主流社会，获得的有效社会支持不多，可以创造例外的社会流动的机会比较少，所获得的信息也就只是局限在寄寓在同一个空间的老乡圈子里，具有信息的同质性，且信息质量不高，只能获得过剩的工作信息和市场，不利于职业的流动；而且在地位获得中，难以联结不同的等级地位层次，很难获得一种地位资源的累积，更不用说实现一种地位的向上流动。

其次，流动农民工同样也难以在其群体内部建立一种类似于传统的那种互惠的、相互信任的、具有承担风险和困难的保护性功能的关系。他们来到城市，损失掉了传统的亲友网络关系和危难共济关系，失去了原有的个人归宿感、认同感，从而陷入了发展困境，不像以往学者所论述的那样是个具有凝聚力的群体。[②] 帕克曾对芝加哥城市移民集居区和隔绝地区有过一段阐释性说明，"所谓贫民窟中的移民和有色人种的与世隔绝，以及隔离地区中的人口的孤立状态，都会继续保持……由同一种族或同一职业的

[①] 转引自曾群等《失业与社会排斥》，《社会学研究》2004年第3期，第11页。
[②] 流动农民工的处境类似于 W. I. 托马斯、F. 兹纳涅茨基所描述的身处欧美的波兰农民：移民们在此地组成的群体显然没有在欧洲时的社区具有凝聚性……在一个历史不长的长驻居民核心周围有一个变动的群体，不断地从外来人群中得到补充，这些人或是住上一个不长的阶段后离去或是准备随时动身，至少要离开几年。W. I. 托马斯、F. 兹纳涅茨基：《身处欧美的波兰农民》，张友云译，译林出版社，2000，第119页。

人口集居而形成的隔离地区中，共同的种族意识或共同的阶级利益会把邻里情感熔炼得十分紧密"。但流动人口却不然。在流动人口所寄寓的空间中，由于人口流动比较频繁，人口分布差异性比较大，加上职业不稳定，人与人之间缺乏信任的基本生成机理，而且这些地区往往还是城市中的"恶习地区"（Vice district），成为各种犯罪分子的聚集地带，缺乏一种基本的本体性安全和归属感。在流动人口寄寓的空间中，邻里之间也存在很明显的差异。在这里，农民工不但经历了从城市发展整体中被隔离，而且还继续被再次分隔，有来自不同地域的流动人口之间的互相隔离，有不同职业类别之间的隔离，还有不同血缘、地缘类属上的人为的隔离，形成一些新的封闭隔离区，形成一些道德秩序日益解体的空间。

个案访谈：话语的背后——呈现困顿之像的关系

个案 C10：张某，男，26 岁，初中文化，已婚，湖南洞口人，中山市南区环城金叶新村出租屋内

个案 C3：张某，女，23 岁，初中文化，湖南宁乡人，中山市南区环城金叶新村

"这里的四川人，很团结，他们打架很狠，我们不敢与他们打交道。"

"我们这里经常有人流出，经常出现一些新的面孔，相互之间没有什么交往，人与人之间的接触很短促和肤浅，最多只是一种偶然的、临时的接触关系。"

"我在这里，很孤独，没有人听我说话。记得刚来，我没有找到工作，可是没有人愿意帮忙，大家都在忙自己的事情。"

"这里我没有老乡，当初来这里只是因为这里的房租便宜，离工厂很近。"

"我每个晚上都要加班，10 点多钟才回家，又没有休息日，所以和邻居之间几乎没有往来；偶尔碰见了，只是点点头。"

第五章 "自我"与"他者":社会排斥与边缘化空间的生成

"虽然这里住的都是流动农民工,但我认为在这里人与人之间冷漠,不重人情,人际关系以利益和金钱为重,有点受不了,邻居之间很少往来,这样下去,人都会疯掉。"

"这里的人互相孤立、分割,不相往来。"

"和本地人接触很少,几乎没有接触,因为和本地人接触少,和本地人没有机会发生冲突,只是外地人之间经常互相发生冲突。跟河南的、四川的,互相发生一些生意上的冲突,和一些买菜的、拉客的发生冲突,互相争抢客源。"

个案A14:男,37岁,湖南武冈人,已婚,广州天河区猎德村

"对于这里的空间环境,比以前差点,一直有一种漂泊感,没有一种归属感。自己租房,事业不成功,平常和一些老乡有交往,生活方面互相帮助,没有任何娱乐活动,很少有聚会,没有情感交流,仅仅只是在生活方面有所交流,很少在一起喝酒聊天。这里的邻居来自五湖四海,邻居一般从事经商,做小生意。楼上的人以打工为主,从事建筑业,小包头。来这里租房子住的都还是混得不错的,很多都是企业里面,一个月有几千元收入。在这里,你不能相信别人,最多只有比较信任的几个老乡。邻居之间素不相识,都互相提防,流动比较大,互相信任度都不高。"

个案D8:李某,女,湖北人,初中文化,东莞市企业集中区(新城区)

"交往对象,员工接触比较多,不做太多深交,只是和宿舍和同车间的人交往。不太喜欢和别人太多深交,相互之间,情感交流很少。"

"现在只是和自己的同事交流,也只是工作上的交流,没有情感交流。一般生活范围比较小,上班、下班,没有任何活动,一般也没有时间。下班回来就是睡觉,和邻居

没有任何交往，只是认识几个厂里的人，这里的老乡比较少。"

这里的流动农民工，在乡村是基于一种家族纽带和地方情感的邻里社会组织，进入城市后的空间，虽然具有乡土社会的某些相似性，但源于乡土社区的那种功能实质已经解构，最多只能是一个乡土社会的"仿制品"；而且在这里，并没有像人们所认为的那样是建立一种基于职业利益和行业利益的新的社区组织。人与人最多只是一种偶然的、临时的接触关系，根本不可能建立一种亲密的、稳定的人际关系。人们对地方的依恋情感被破坏，乡村秩序中本有的抑制作用和道德训诫被削弱，带来城市流动人口环境中各个分割的、隔绝的群体中的道德变化和歧异，不良习惯和犯罪现象的增多就是必然的。

最后，更加严重的是，市民对进城农民工的社会网排斥和不友好态度映射在农民工的思想中，转换成农民工对城市居民群体的不认同、不满意，甚至怨恨，进而转化为农民工与市民在生活交往中的互不谅解、互不认同甚至到发生剑拔弩张的冲突的地步。这种现象在进城农民工的新生代身上表现得更为明显，也就意味着存在一种跨代性的罪恶迁移，也就是通常所说的"集体罪恶"，即存在着罪恶、耻辱和伤痕的迁移现象，那么第二代及第三代人也许有责任为我们父辈的罪恶或遭受的伤害负责，暴力周而复始的危险就存在于这种伤痕的跨代迁移。如果这种局面得不到及时有效的引导，随着时间的推移和进城农民工群体意识的不断发育，可能导致进城农民工与市民两大群体的群体性对立与暴力冲突。

城市流动人口所从事的职业是他们不认同体制给他们设定的农民身份，他们大多不满足于被当做是城市的过客和外来者，他们已做好在城市长期生活和工作的打算，并希望被城市接纳，早日融入主流社会，成为城市的正式居民。但来自城市空间的策略和污名化的叙事和话语系统，来自社区的消极评价，即城市流动人口带来了城市的动荡与混乱，占用了城市中有限的公共资源，使得城市缺乏安全感，这又使得城市流动人口不为城市所接纳，既受到当地人的歧视，也受到政府管理部门的欺负；[①] 排斥在城市社会关系网络之外，从而为主流社会所区隔，具有游离特征，就更不用说参加流入地社区的交际活动。这样，他们便缺乏明确的社会归宿取向，在社会结构中缺乏明确定位，未来归属不明产生社区的认同危机和个人身份的认同危机。同时，城市流动人口与政府和组织的互动过程中，政府和城市管理组织往往代表城市合法居民的利益，因为他们本身是作为城市代言人而被城市选举出来的，城市流动人口没有权利参与他们的政策制定，这直接带来的严重后果是城市流动人口与政府管理部门的关系恶化，城市流动人口感受到被歧视与被欺负，缺乏对组织与管理的认同，进一步意识到主流社会的排斥，产生边缘化的感觉；一旦产生对社会的认同危机，就会产生对权力资本集团和权力资本经济充满对立与敌意，这种敌意的积累是异常危险的。

总之，基于流动农民工在城市中所遭受的关系网络的社会排斥、一种自愿性隔离的策略、群体内部的那种缺乏信任和互惠的防卫性的浅表关系以及不断加剧的农民工和城市居民之间的社会冲突，导致流动农民工在城市中，形成一种孤立化的、相互隔离的、封闭性的群体存在，也难以在流动农民工群体的内部建立一种类似于传统的那种互惠的、相互信任的、具有承担风险和困难的保护性功能的关系。他们来到城市，损失掉了传统的亲友网络关系和危难共济关系，失去了原有的个人归宿感、认同感；加上，市民对进城农民工的社会网排斥和不友好态度所诱发的农民工对城市居民群体的不认同、不满意，甚至怨恨，进而转化为农民工与城市之间的社会冲突。这种境况，使得流动农民工在城市中陷入一种发展的困境。

---

① 王春光：《新生代农村流动人口的社会认同与城乡融合的关系》，《社会学研究》2001 年第 3 期。

第六章

社会排斥后的竞技场：
空间实践中的"主体性"书写

流动农民工寄寓的空间是一种"自我"主体性实践的事实，存在着一种城市空间中自我的可能性情况，或者说自身的主体化过程，即有一种能动的主体性"存在"与书写。当正式制度、市场或者城市的社会网络远离流动农民工的日常生活时，指导农民工日常生活的是农民工社会的日常逻辑，农民工只能在合法化的话语内部寻找一种表达的方式，这是一种夹缝中的表达。"自我"体现自我概念或自我界定的逻辑延伸，也体现在自我感和自我人格的形成过程中。流动农民工在城市中，不是完全"沉默的他者"，他们是拥有自我构建能力的自主生命，实现"自我"的生成、培育、滋养与发展。他们在城市中，往往以自我为中心来看待和改造世界，来创造、培育和滋养自己的日常生活实践。这里的自我既不是防御性的也不是为控制本能服务的，它是帮助个体建设性地适应环境，使个体勇敢地面对危机，解决一生发展各阶段的冲突，顺利渡过人生的每个转折点的组织结构。

因此，本章关注的是：

流动农民工主体又是如何从社会底层获得动力以及生活策略？流动农民工是如何完成在城市空间实践中的自我书写？在这种空间中存在一种怎样的行动逻辑？他们顺从、屈服、抵抗颠覆、被迫无奈、悬着冷漠又是如何的？他们的转换、裂变、生成的路径到底如何？

一 空间的书写：底层群体的行动逻辑和弱者生存策略

流动农民工寄寓中的城市空间是他们展开策略性行为的场所，在那里存在一种行为策略。流动农民工可以迂回进入那个强加在他们身上的空间限制，克服、逃避了各种强制性力量，适应或吸收了各种强制性格调，并把这种强制性转换为各式各样的策略性产物；或者从该空间的束缚性秩序中找到一种利用方式，凭借一种介于其间的艺术，通过空间的再造、拼贴、混置或多元差异的工程逃避结构或制度的宰制性操作，创造出日常生活词语的能力，建立某种程度的多元性和创造性，在宰制性的内部完成自己的空间书写和对空间意义的重新界定。

1. 传统"效力场"和"规则场"：手边现成性和自在类本质活动

传统文化和乡村生活方式是一种隐含现实的隐喻，是一种调适个人行为逻辑的历史过程，是一种"自在的"类本质活动，是一个"手边现成性"的世界。这种"自在的对象化"为进入既定社会的个人提供既成的先验图式，人们在习惯性的情境中，在现成的、历史形成的意义体系中，根据相关的先验图式来安排和整理自己的经验。① 这种生活方式等同于社会生活的持续性，其运作手段等于占有它的生成方式，其秩序被放置在他们自己的文化在内的整个文化家庭之中，他们倾向于优先从积淀的结构关系中来演绎自己的行动，而不是从实践的行动中积淀结构关系。其生活的意义图式、文化安排、文化秩序习惯于以历史方式进行安排，文化在历史中以历史的方式被再生产出来。"自在的类本质"是一种重复性的社会实践，是一个历史变量，是维持生存和维持自我的一个必要的条件，是作为整体存在的一个基础结构，能为个人行为提供一个"效力域"和"规则场"，是一个习惯世界，存

---

① 阿格尼丝·赫勒：《日常生活》，衣俊卿译，重庆出版社，1990，第134页。

在着日常生活行为域知识的"一般图式"和"知识库存",存在着日常生活的强制性和结构性成分。①

传统包含过去仍然存在于无意识中,记忆是一个动态的社会过程,不能被仅仅看做是回忆。我们不断在生产出关于过去事件活状态的记忆,这类重复赋予经验的延续性。传统具有控制力,意味传统的道德性为坚持传统者提供一种"本体性安全",传统一般有一种深沉的感情投入,传统的行为模式和信仰所提供的焦虑控制机制是感情投入的结果。②而且,任何空间中由人所形成的社群,都会呈现出一些在象征意义上的具有共识性的文化因素,这些文化因素就是促使人们产生集体意义,形塑某种凝聚归属感的基础,产生具归属感的集体认同意识。这种文化因素必然是一种传统的文化元素,是一种历经数个世代的考验、能存活下来的"手头的库存知识"。这种知识是能滋养社会信任和社会情感归依的符码,是无问题的人们的一种自然的态度。这一传统能把一个社会文化中的历史场域和社会成员的惯习连接上,呈现出某种可预测的秩序性和极具规则性的惯性行为模式,衍生出一种"理所当然"的惯性。③

费孝通指出,中国社会关系的建构和互动是围绕"差序格局"来运作的,中国传统社会是以亲疏的差序原则来建构的,是"以自我为中心,像石子一般投入水中,和别人所联系成的社会关系,不像团体中的分子一般大家立在一个平面上,而是像水的波纹一般,一圈圈推出去,愈推愈远,也愈推愈薄……在差序格

---

① 阿格尼丝·赫勒:《日常生活》,衣俊卿译,重庆出版社,1990,第59页。
② 乌尔里希·贝克:《自反性现代化——现代社会秩序中的政治传统和美学》,商务印书馆,2001,第84页。
③ 诺贝特·埃利亚斯认为,"他是在与他人的这些联系的历史、依赖性和依托性的历史,进而在一个更大的范围上,在他赖以并存的全部社会关系网络的历史中,获得了自己的特征。这个(基于传统的)历史,这个人际关系网络,无时无刻不伴随着他,并且通过他得以展现,不论他现在有没有与他人相联系或者孑然一身,不论他是否正奔波于某个都市抑或落难在千里之外的一个孤岛上,成了远离社会的海难幸存者"。参考诺贝特·埃利亚斯《个体的社会》,翟三江、陆兴华译,译林出版社,2003,第31页。

局里，对个人而言，他的社会范围是一根根私人联系所构成的网络，而所有的道德也只在私人联系中发生意义"。① 在理解这样一个乡土社会时，金耀基指出，关系、人情和面子是理解中国社会结构的关键性的社会—文化概念，是中国人处理日常生活的基本储备知识；"分类"的概念乃是中国社会结构的构成性原则，人情是中国人的人际关系的规范，培养人情是建立或维持关系的先决条件，中国人的关系网可以说是一种以自我为中心的网络建构的社会工程。关系实践本身并不一定跟现代化发生冲突，它可以扮演一重要的工具性角色，帮助人们实现一些通过正常途径无法实现的目标。② 胡先缙认为，"面子"是个人通过其在社会上的成就而建立起的名望（prestige），"脸"是个人因其道德修养受人敬重而享有的声誉（reputation）。③ 陈之昭的"面子"，"在自我或自我涉入的对象所具有且为自我所重视的属性，当事人认知到重视他人对该属性之评价后，形成的具有社会意义或人际意义的自我心像"。④ 翟学伟认为，"脸与面子渗透到中国人的日常生活中，是中国人人际心理中最基本、最微妙的准则，也是中国人社会互动的最重要的符号"。⑤ 脸是个体为了迎合某一社会圈认同的形象，经过印象整饰后所表现的认同性心理与行为。脸与个体行为比较密切，集中体现人自身的形象或表现；而面子是这一业已形成的行为在他人心目中产生的序列地位，也就是心理地位，面子则和社会互动有较多关联，偏向互动的关系状况。⑥ 翟学伟提出

---

① 费孝通：《乡土中国》，三联出版社，1985，第21~35页。
② 金耀基：《中国社会与文化》，牛津大学出版社，1992；金耀基：《关系和网络的建构：一个社会学的诠释》，《二十一世纪》1992年第12期。
③ 胡先缙：《中国人的面子观》，见黄光国编《中国人的权力游戏》，台北：巨流图书公司，1989。
④ 陈之昭：《面子心理的理论分析与实际研究》，杨国枢编《中国人的心理》，台北：桂冠图书公司，1988。
⑤ 翟学伟：《中国人的脸面观》，台北：桂冠图书公司，1995；翟学伟：《中国人行动的逻辑》，社会科学文献出版社，2001。
⑥ 翟学伟：《中国人在社会行为取向上的抉择——一种本土社会心理学理论的建构》，《中国社会科学季刊》1995年冬季卷。

了用本土的概念来建构中国人际关系的基本模式,即提出"人缘"、"人情"和"人伦"。人缘是命中注定的或前定的人际关系,人情是指包含血缘关系和伦理思想而延伸的人际交换行为,人伦是指人与人之间的规范和秩序,这三者构成了中国人为人处世的基本模式。①② 中国人做人的重点已不落在自己的人格和品性的施展上,而是放在以他人为重或表面应酬上,即处处考虑情面。许烺光认为,中国人的处世态度是"情景中心"的,"以一种持久的、把近亲联结在家庭和宗族③之中的纽带为特征",个人受制于寻求相互之间的依赖,他之依赖别人正如别人之依赖他,并且他完全明白自己有回报别人的义务,而无论这种回报要在时间上耽延多久。④ 黄光国认为,与西方的个人主义不同,中国人的行为是集体主义导向的,但在日常的生活中,儒家伦理、社会取向、集体主义等观念是通过人情、面子、关系等一套社会机制来影响人们的日常行为的。陈午晴指出,中国人的关系包括表象静态关系和内在动力关系两重含义,每种表象静态关系都对应一套内在动力关系的游戏性规则,人们在相互作用、相互影响中选择、解读、操作关系。这一过程是照游戏性逻辑运作的,它起到了延伸社会规范和帮助个体获取社会资源的作用。⑤

流动农民工来到城市,脸与面子仍然成为他们人际心理中最基本、最微妙的准则和社会互动的最重要的符号,成为他们处理日常生活的基本储备知识。"人情"、"人伦"和"人缘"在人际关系中仍然在发挥作用,成为延伸社会规范和帮助个体获取社会

---

① 翟学伟:《中国人行动的逻辑》,社会科学文献出版社,2001,第81页。
② 翟学伟:《中国人际关系的特质——本土的概念及其模式》,《社会学研究》1993年第4期。
③ 翟学伟认为:"中国的宗法制在其经历的不同历史阶段中本身经历了一个由神圣化向世俗化发展的过程,而正是这一普及过程几乎使所有中国人都学会了用复制和缩放的方式来认识、建立和解释他们的生活空间。"翟学伟:《中国人行动的逻辑》,社会科学文献出版社,2001,第31页。
④ 许烺光:《宗族·种姓·俱乐部》,薛刚译,华夏出版社,1990,第2~3页。
⑤ 陈午晴:《中国人关系的游戏意涵》,《社会学研究》1997年第2期,第105页。

资源的一种重要方式，扮演一重要的工具性角色。这种行动逻辑表现在流动农民工的求职和社会交往上，这种传统的"效力场"和"规则场"仍然是流动农民工的手边现成性知识和自在类本质活动的资源。

　　流动农民工进入城市的过程意味着与最传统的行动情境的撤离，意味着其行为经历着一个全新的世界，意味着社会纽带不是从过去继承而来，而是必须被制造出来，聚焦于一种新型的相互依赖关系。事实上，流动农民工来到城市后，其传统的社会结构和意义表达在城市中并没有被彻底摧毁，传统的行动情境的撤离并不意味着地方生活和地方习俗完全变得消失，存在着传统的重新嵌入，传统血缘、地缘关系的复制和再生产，与敌对他者的分离、习惯性的强迫性力量存在。现代化并没有带来传统建立在血缘、地缘关系基础上的社会关系网络的破坏，反而促进了一系列非正式制度进入功能再现的过程。这种功能在城市空间的实践中还不断被复制和扩大，这就促成了离开乡村进城务工的流动农民工群体，仍然依托着传统的血缘、亲缘或地缘关系所构成的社会网络及乡村的礼俗原则和行为规范，来展开其经济生活和城市生活。对血缘、地缘等家庭表象的再度拥抱，出自社会急剧变迁，重新带来的失序、失落与茫然，一种充满依恋的追忆。作为城市化过程中的"代价"与"牺牲品"的流动农民工弱势群体，可能指望和依凭的仍是父母兄弟和家族亲朋。这种血缘家庭的表象、在城市中的"分享艰难"索取着流动农民工弱势群体的奉献牺牲。但是，作为流动农民工，也只有在这样一种生存逻辑之中，在城市现代化的过程中，作为城市化的局外人，面对陌生而急剧变化的现代城市，在日常生活实践中才不会发生剧烈的矛盾冲突和人格危机，才能够在异质性的城市空间中，多一些自然性、和谐性和包容性。流动农民工群体虽然在地域空间上已进入城市，但是其社会交往、思维和心理空间，仍显示出明显的"传统性"。他们在确定交往圈、选择求助对象、"跳槽"信息的来源，以及与厂方讨价还价等方面，所依靠的基本组织资源仍然是初级内群体的成员——"老乡圈",在工厂科层管理规则的表层下面,民工的行为实际靠深层"自组织"规则的支撑。这种潜在的"网络"已成为"打工族"生存方式的重要组成部分,而且文化程度越低,对这一"网络"的依赖性越强。地缘性农民工群体与别的群体,特别是城市社会间有一种"交往屏障",因而农民工或多或少有"疏离感",也就是说他们仍然是城市里的"乡下人"。

总之,一方面,流动农民工的传统性延存体现在一种乡土社会的社会情境的再度嵌入,变成自己在城市空间中的一种行动表征和逻辑叙事,即对血缘、地缘等家庭表象的再度拥抱,传统的重新嵌入以及传统血缘、地缘关系的复制和再生产,与敌对他者的分离、习惯性的强迫性力量存在,而这种对传统资源的利用体现在通过在自己隔离性的空间中,重新建构了一种类似于乡土社会的那种生活秩序,同时利用乡土社会所涵摄的资源来完成自己的日常生活叙事,体现在脸面、人情的持续性存在,乡土信任,血缘及地缘关系的再度拥抱,对现代性的集体抗拒和焦虑。另一方面,流动农民工来到城市后,也意味着关系依存的传统社会生态聚落的破坏与重新建构,这一社会事件源于现代性的后果,即空间的置换、个体化的藩篱、脱域现象。在城市,进入一种"陌生人社区",原生的归依情感被破坏,扩大了的空间结构关系,有一种获得性或生成性关系。都市空间具有隐秘性、私密性,是一种实践性的亲属关系,存在关系的再造和传统关系效用的削弱,从传统人到现代人,生活情感互惠群体到职业群体,存在辈分等级的关系到朋友关系,互惠关系到利益关系,建构性的老乡关系。因此,新的职业或居住空间的新的集体认同摧毁了血缘家庭的结构模式,但这里并存一个双向建构的文化过程:一方面,血缘、地缘以及乡村那种邻里关系的表述在这一重新建构的传统联系中获得新的融合和再生产;另一方面,一种在传统被忽视的关系在血缘、地缘层面获得再度认可,并同时完成了对传统的销蚀,两者并存。

2. 多元弱势的生存策略：底层行为逻辑的一个现代叙事

在前面，我们已经叙述了一种主体性"自我"的行动逻辑，即一种弱者的生活方式。米歇尔·福柯关注日常创造力的程序。福柯并没有关注和分析那些运行权力的机构，而是这些机构的力量以及运作者他们"细小"的技术运作程序，重新建立和划分在城市边缘的分散性的空间，关注"生产性的机构"和"权力的微观技术"以及"日常生活在使用着的规训机制"，"我们关注的不是去弄清楚等级的暴力如何成为规训的技术，而是揭示那些早已被规训之网俘获的群体和个人，他们是分散的、策略性的以及权宜性的创造力所采取的秘密形式，消费者的消费程序和策略被推到理想的限度后，构成了反规训的网络"。①

尽管在城市化过程中，存在把流动农民工通过户籍制度、职业限制置放在农村身份上，实现限制个人新的空间在城市的自由发展；但存在着一种主体性建构，即一种主体力量的培育和滋养，一种弱势群体的多元抗争策略，在城市主流建制的框架中寻找空间的策略；存在着一种拒绝抽空社会关系而存在的个体主义，表征为一种实践的策略、弱者利用强者的聪明方式。流动农民工可以说是未被承认的创造者，是自己行为的诗人。他们在城市中空间的建构和体制外的延续性存在，是一种弱者对强者的胜利。聪明的伎俩，知道怎样成功地逃避，猎人的狡猾、花招、多重伪装、快乐的发现，都是一些策略性的实践方式。这些策略体现在流动农民工在体制外对自己行动的经营，表现为他们是如何在体制的夹缝中重新建构自己的生活世界的，他们是如何和城市管理者进行周旋的，又是如何在城市现代化叙事和发展主义意识形态中完成自己的生活叙事的。

> 个案 E15：费某，女，29 岁，初中文化，已婚，湖南邵阳人，广州市天河区

---

① 米歇尔·福柯：《规训与惩罚》，生活·读书·新知三联书店，2004。

我是1998年来到广州打工的。我们农村人，由于文化程度不高，在家里只能干粗活。现在来到城市，好像别的活什么也干不了。我还是选择做家务事。我在这里主要做小时工，给人洗衣服、打扫房子、带孩子，也就是给人家做保姆。这是一个老乡介绍给我的。我从早上7点半到晚上6点半，给主人做好晚饭后就可以回家。我老公主要给公司送货，在这里从事运输业，他的工资比我高。我是去年把小孩接过来的，在附近的一家小学读书。其实，现在在家里种田不容易，种田只有一口饭吃，买种子、化肥，买农药，一年累得要死，连送小孩读书的钱都没有，还是出来的好。

个案E13：张某，男，23岁，初中文化，广州天河区一建筑地工人

我家在一个四川的农村，家里很穷，连吃饭都难。像我们农村人，哪里有钱赚就去哪里，这是我们这些穷人的行动逻辑。你不要笑我们，记得刚出来那年，从亲戚那里借了500多元钱，只身一人来到广州打工。刚来广州，连公共汽车都不敢坐，一坐就要2元钱，一般在外面选择走路。你不知道，我来广州那几天，一天只吃一餐。我很想回家，可不回去，回去就要让乡亲笑话，让父母亲难过。我心里想，只要能吃苦，就一定能找到工作。我后来在一家建筑工地干活，是一个初中同学帮我推荐的，其实也不用推荐，那里缺少人手。我在广州，发现，城里人看不起我们，总骂我们"工仔"、"乡巴佬"，认为我们素质低、品质差。一开始，我有点受不了，后来慢慢想通了，也就觉得很正常。我们凭自己的力气赚钱，无所谓。

事实上，下层阶级不是公开语本前台表演的后台操作，而是反抗的策略和技艺的形成和运用场所，是自发的、零碎的、随机地避免与权势者直接冲突，在外围或暗地进行。弱势群体公开接受了统治者为他们描述的合理现实，并不等于他们成为丧失了

"能动主体意识"的傻瓜,这种反抗表现在日常生活中哪怕是最明显接受统治意识形态的行为中。① 正如斯科特(James C. Scott)所言,作为底层群体的农民日常生活中经常的形形色色的回避、拖延、嘲讽、作弄及抵制等等不合作和抗拒行为不过是"弱者的权力",是一些社会弱者不得不采取的、成本最低的,也是最常用的手段。这些"不合理"行为恰恰是一个理性农民的合理选择和理性行为。② 斯科特意义上的"弱者的武器"(weapons of the weak)的运用就已经是公开地以违规来表达弱者对社会游戏规则的不合作。

同样,通过这种弱者的多元弱势的生存策略,来完成底层行为逻辑的一个现代叙事,完成在行动中寻找创造力的痕迹、日常生活的运作模式以及日常生活消费的基本特征,来揭示边缘化是如何成为一种普遍现象的。流动农民工在日常生活实践中的行为策略,可以看成是一种"抵抗文化"的体现和自我延存的技艺,来反击那个被城市精英和城市居民把持的、经济上他人无缘进入的主流社会。同时,我们也应该看到,这种反抗方式导致了更严重的焦虑和更强烈的自我毁灭。正是这种反抗制度体系的过程,本身正加剧了流动农民工的边缘化,这种策略,最终会加剧他们在社会和经济上的边缘地位。同样可以认为,流动农民工群体在城市中寄寓的空间变成了他们在城市中的"小世界",具有一种相对的"自主封闭性"。这种空间在某种程度上能够产生一种有效的文化抵抗方式,在那里,使得源于乡村的价值手段或者一种特有的空间生态成为居于支配地位的城市文化,或城市"现代化"历程,或"发展主义"逻辑的敌对因素,如成为城市现代化中的阻碍或"污名化"存在。

---

① 徐贲:《弱者的反抗——詹姆斯·斯考特的弱者抵抗理论》,载《文化研究》,天津社会科学院出版社,2005。
② James C. Scott. 1985. *Weapons of the Weak*: *Everyday Forms of Peasant Resistance*. New Haven and London: Yale University Press.

个案 A6：罗某，男，35 岁，已婚，河南信阳人，东莞长安镇冲头村

"我几年来一直在这里（东莞）拉平板车人力车。做这种事情，在这里也都要有营业执照。一个营业执照办下来，一年要 2000 多元钱。而我们有些人，运气不好的时候，半年都赚不到这个数，只好到处打游击，经常待在一些警察不去的地方，甚至有的警察下班之后才出动，即使见了警察也会立即躲藏起来，和警察是一种捉迷藏的游戏。"

个案 C5：罗某，男，湖南隆回人，中山市南区环城金叶新村

"我在中山环城区摩托带人，没有办营业执照。办照很麻烦，而且很贵。我们赚钱不容易的，所以就和警察打游击，很少被抓住，但也有失手的时候。抓住就自认倒霉，一般也是罚款了事，他们也希望我们罚款。有时，直接给他们一些钱，不要发票就行，他们也挺乐意的。"

个案 A10：李某，男，29 岁，已婚，湖南宁乡人，广州市天河区猎德村

"我在这里（猎德村）的商店，主要的经营对象就是这里的流动人口。我没有办营业执照，没有人会管你，大家都这样，赚不了几个钱。这里的房东很好，在外面有关系。对面有一家商店其实不是卖东西的，卖东西其实只是个幌子。那个人以前是个乡下医生，在他的商铺的后面，开了一间病房，给这里的流动人口看病。去正规医院很贵，我们去不起，我们农民工一般很少去，大家生病了，都到这里来。"

个案 A8：张某，女，24 岁，湖南郴州人，东莞长安镇冲头村

"我在长安已经工作 5 年了，我现在办了一家手提袋生产家庭作坊，雇了十多个人。我们主要给一家大公司做，那家公司给我们订单，我们做好后，就交货给他们，他们负责营销到台湾等地区。其实，那家公司没有厂房，都是以这种代

做的形式。老板和当地的负责人关系很好,很多事情都能搞定,所以,我们不用办营业执照,也不用纳税。"

个案F3:李某,男,34岁,已婚,湖南益阳人,广州天河区

"我来广州已经五年多了,一直在天河区的一个菜市场卖豆腐。我是和几个老乡一起来的,白天我主要负责在菜市场卖豆腐,其他几个人在家里做。我们做生意很不容易,赚钱很难。在这里租了几间房子,每月租金500多元,还有水费、电费等。经常有工商、卫生防疫部门来查我们,说我们做的豆腐不符合卫生标准,经常罚款,有时也不让我们做。我们有时只好换地方,这样打游击战,只能和警察玩猫抓老鼠的游戏,但这样影响我们的生意,收入不稳定,有时赚有时亏,但总的说来还是能够赚到钱,比在农村好多了。"

流动农民工在主流空间中表现出两种行为逻辑,即逃避或捉迷藏游戏和一种直接的对抗。在流动农民工的逃避过程中,尽管可以获得一种逃避的快感,但快感不仅仅是逃避,其本身就是一种新的意义的探索和诠释,就是对某种强制性的社会意义的抵抗。这里的对抗性意义或者空间的建构,不是一种简单的"读者性文本",而是一种"作者性文本",他们能够不断利用城市所能提供的资源,在消费过程中生产出意义和快感。这种意义和快感是他们自己生产的,也是他们自己需要的。另一种直接的对抗表现为流动农民工成为城市现代化叙事中犯罪和动荡的根源。选择犯罪或者制造动乱一方面源于生活的仇恨或者怨恨,另一方面源于生活的无奈,即缺少获得生活资源的手段和合法性工具,通过抢劫或剽窃等犯罪行为,实现自己身体或情感的存在。底层社会群体具有强烈的反社会倾向,这种反社会倾向通过社会不满或社会仇恨等方式表现出来。底层社会群体在城市中的破坏行为就是底层群体反社会的一种,其他还包括在城市中利用不规范手段谋取利润者,即非法牟利者、盗窃者、抢劫者、敲诈勒索者、打架斗殴

者等。

3. 空间实践和书写：行为逻辑背后隐藏的空间策略

农民工在城市中的行动逻辑同样可以看成是一种空间策略。空间浓缩了流动农民工的集体经历，流动农民工主体与价值观的重建，在空间和日常生活实践之间，存在一种主体实践的积极性现实，空间是一套主体性的社会实践。空间以特有的方式凿通了人们的日常生活实践，影响主体性行为的流动向度，但同时也通过主体性的社会实践和行动策略来培育、滋养和维持。通过聚焦"主体性"面向和日常实践，人们可以借由其所寄寓的空间来考量行为主体的社会行为、行动意义以及行为主体的生存方式。人们可以通过身体在空间展演的姿势，倚仗主体性行为，通过日常生活的叙事、分类系统以及隐喻来赋予这类空间以意义，营造一种空间想象，改变原有的空间安排或建立新的空间来表达他们的生活需求，或者通过主体性行为来完成空间的培育、生产和维护，完成一个日常性世界，建立一种新的生活方式，空间与日常生活实践存在一种社会学的隐喻。例如，空间可以为日常生活实践提供取得社会认同身份的表演场所，为权力和规训的实现提供一种凭依之工具。人们可以借由空间完成新生成的主体和身份建构，创造并保持一种身份认同感，主动规划和建构一种新的归属感，或者保证权力的实施和规训系统的社会运作，完成自我与他人的社会建构。

个案 C5：罗某，男，湖南隆回人，中山市南区环城金叶新村

"其实，我们这些流动农民工在这里可以说是一个城市三不管的地方。我们住在这里，有着和城里人不同的生活方式。我们这里都是流动农民工，没有一个当地人。大家经常在一起喝酒、玩扑克、看电视、聊天，我们的小孩也一样。这里很多人都有小孩，我们的小孩也不和城里人玩，只是和住在这里的几个小孩玩耍。在这里，我们的生活方式又是和

农村不同的,和我们在家里不同的。在家里,除了种田,大家有的是时间,可以整天在一起聊天。在这里不行,大家都很忙,没有人能有很多时间和你说话,有时觉得很孤独的。这就是我们的生活,我们必须适应才行。"

社会空间同样是人们展开策略性行为的场所,在那里存在一种行为策略。人们可以迂回进入那个强加在他们身上的空间限制,克服、逃避各种强制性力量,适应或吸收各种强制性格调,并把这种强制性转换为各式各样的策略性产物;或者从该空间的束缚性秩序中找到一种利用方式,凭借一种介于其间的艺术,通过空间的再造、拼贴、混置或多元差异的工程逃避结构或制度的宰制性操作,从日常生活的宰制性空间中通过宰制性体制所提供的资源和商品来创造自己的意义世界,创造出日常生活词语的能力,建立某种程度的多元性和创造性,创造出某种自由感,即一种解放、一种创造性的自由、一种不受规训的自由,在宰制性的内部完成自己的空间书写和对空间意义的重新界定,在转瞬即逝的现象中捕捉秩序和意义,并建立起精神上的控制。

个案 A8:张某,女,24 岁,湖南郴州人,东莞长安镇冲头村

"其实,在这里的一个最大的优点就是,这里都是流动农民工,大家都集中在一块,城里人不敢欺负我们,我们可以互相保护。在这里没有几个老乡,日子很难过的,别人会欺负你。而且,我们做生意也可以互相有个呼应,公检法,或市场管理人员来检查时,我们互相呼应,一般没有问题。"

流动农民工的行为逻辑必然引入布迪厄的场域,即作为空间性的场域的存在。通过场域可以全面呈现流动人口的关系网络、意义空间、行为策略以及资本的争夺的动态特征,可以呈现流动人口作为弱势群体是如何被遗忘、被贬损、被误解的经过与历史

历程；通过场域可以全面呈现流动人口与场域之间如何通过关系共同打造入场的规则，搭建在场的优势和行为策略，以及所引发的争场的冲突。这里的场域是一个运作的空间，也是一个游戏的空间。"权力场域是一个游戏和竞争的空间……一切社会行动者和机构……为了维持这种力量的均衡，或要去改变它，就产生了各种策略。"① 这里的场域也是一个争夺的空间，场域是一个基于不对应和对应的社会关系，以及这种关系的不断再生产。通过这种关系，控制和抗争，冲突与再构，规训与退让，是一种弱者和强者的游戏，是局外生存和局内控制的一种策略。通过这种策略，建构了我们活动和我们的场域，也在日常生活的周围，树立了某种边界，以实现一种秩序的需要。"权力场域是一个包含许多力量的场域，受各种不同的权力形式或资本类型之间诸力量的现存均衡结构的决定……也是一个存在许多争斗的领域，各种不同权力形式的拥有者之间的权力争斗都发生在这里。"② 场域是一个具有差异性的社会空间，场域中存在各种不同特殊力量之间的距离、鸿沟和不对称关系，存在各种变化和再变化的差异性群体。各种群体不断借助场域中的某种力量，区分和维护差异性，完成这种差异性的不断再生产，并进一步强化这种差异的存在；通过这种差异性，通过某种身份的合法性来确定场域中的各种资源配置关系。场域又是一种历史生成。场域可以看做一种生产性的实践或生产性的网络，场域也是形塑的中介：对这置身于一定场域中的行动者产生影响的外在决定元素，并不直接作用在他们的身上，而是通过场域特有形式预先在经历了多次重新形塑的过程，才能对他们产生影响，也是通过一种"不在场"的积累。如：来源于社会结构的构成性差异的边缘化的过程、社会排斥的生成性语境、认同的长期性缺乏等，不只是个人生活际遇的积累，而是作为一

---

① 布迪厄：《实践与反思——反思社会学导引》，中央编译出版社，1998，第285页。
② 布迪厄：《实践与反思——反思社会学导引》，中央编译出版社，1998，第285页。

个特定历史场域的积累过程,是不同时期、来自不同区域的群体际遇不断累积的结果。对农民工来说,城乡二元结构长期以来对这种差异性的社会积累,从身份意识的形成、固化到进一步强化,再到变成一种日常生活实践中的"惯习"或"手头的库存知识",并内化为一种行为的潜在性规则,一种不言而喻的事实性存在。

最后,理解流动农民工的行为逻辑必须采用一种过程性视角。关系网络及其适应策略、传统的理解更加侧重于工具性、功能性、情感性效用。关系是一种资本(结合布迪厄的资本理论),是一种社会资本,是一种知识性力量,是一种结构性力量,是一种累积起来的劳动,是一种潜在的社会能量,是一种镶嵌于主观和客观结构中的潜在的力量,是一种物化的活的劳动,是一种时间积累的产物,既能实现社会关系的生产和再生产,也能复制社会关系本身。关系网络是城市流动人口就职的社会资本;关系网络不是单一的和固定不变的,而是组合性的和可开发的;关系是持续不断从实践中创造出来的,结构与实践、系统与事件、状态与过程以及规范与行为是关系建构过程中的核心要件。本文倾向于从实践的行动中积淀结构关系,而不是优先从种种关系中决定行为,是一种关系结构与实践的辩证法。

一句话,在社会排斥之后的竞技场域中,存在流动农民工空间实践中的"自我"书写,存在着流动人口与场域之间通过关系共同打造入场的规则,搭建在场的优势和行为策略,以及所引发的争场的冲突和退场主动。

二 入"场":时空分离的入场规则

1. 时空分隔的入场谋划

将流动农民工在城市中所寄寓的空间作为考量其入场的一个依据,从其日常生活实践中抽取一个临时现场,作为流动农民工在城市空间历程中的一个停留点,使"不同的人群遵守各种不同的路径在这个'停留点'上交汇。""它通过把人的社会活动场景'固定化',创造性地促发日常生活的惯例,使人的实践意识固定在特定的客体性场景中"。①

流动农民工在城市建构的空间是一个关系的围场，通过各种关系的策略，重新打造各种入场的规则。这种入场的规则也是通过各种关系而形式多样，既包括那些以实践状态存在、旨在维护关系网络的各种物质力量和符号交换，也包括各种发展成为社会制度的关系形式。流动农民工入场的成功与否取决于一个人可以有效调动的关系网络的规模，也取决于与这些网络有过关联的各种人拥有的资本的数量，铺设一系列入场的规则，利用那些潜移默化的连带关系，而这种关系必须是存在某种有用性附在其中。流动农民工时空分隔的入场规则体现在与传统的脱榫，体现在流动农民工必须在农民工由脱离"生于斯，养于斯"的乡村来到城市的行为逻辑中，从按照经验、常识、习俗、惯例而自发地生存的传统乡村的文化模式中脱离出来，从传统的经验式、人情式的血缘、地缘关系或乡村的经验文化模式中脱离出来，失去了原有物质、社会、政治、经济以及人身的保障，改变了先前的期望与压抑、机会与排斥，损失掉了亲友关系、社会网络、创业精神、对特定居住地的信任，失去原有的日常社会活动得以发生、集体认同因之实现的亲友网络和危难共济关系，失去了财产、资源、居所、社会网络、亲属关系和各种物质资源，同样也需要探讨他们如何谈论身份问题，如何应对损失、脆弱、人身危险以及一些对自身的威胁。他们损失了大量维持生活的资源，包括社会保障体系、邻居、朋友、亲戚、可耕作或者放牧的土地、牲畜、工作、住所以及对像林产品、地表水、野果、根茎和野生动物这些公共财产资源的获取，也丧失了个人或者家族与世代拥有的土地相依相连那种非常强烈的感觉。原来能给人以安全、资源和情感的地方的归属感，常常被在新居地的孤独和疏离感取代。

"全球化是在场和缺场的交叉，是相距遥远的社会事件和社

---

① 安东尼·吉登斯：《社会的构成——结构化理论大纲》，生活·读书·新知三联书店，1998，第8、225页。

会关系与本土的社会情境的交织，是时空穿越和脱离了必然在场这一先决条件后社会关系的重构和人际互动的重组。"即流动农民工在城市中寄寓的空间，往往是一些似乎漂泊于城市时空的和城市社会关系背景之上的飞地，是一些没有历史的空间，一些在缺乏历史连续性的断裂的空间碎片。这些空间仅仅只是一些现实的存在，是现实中不断生产的碎片，这些碎片从时间深处剥离出去，没有历史。在这个意义匮乏的外在世界，流动农民工成了拓荒者，成了先验的无家可归之人，他们必须在这里发现一种新的意义，并达成"自我了解"；也体现在流动农民工所入场的空间，已经结构性地从被城市发展和规划隔离和碎片化，只能是一种体制外的存在，脱离了城市发展的内在逻辑和现代性的道德诉求。这个空间并没有被整合到一个庞大的社会里，相反，还不断地被这个社会隔离、孤立，直接与国家、城市管理者发生摩擦，不被城市规划认同，而且这个空间相对封闭，与外界尚未形成良性的、制度化的联系。① 流动农民工在城市的日常生活实践中是一种在场和缺场的交叉，这是一种弱势群体的生存境遇。

空间边界的再构，则是重新改变入场的规则或重新划分边界，把不同的人重新介绍或安排到某个场域，以便形成各种不同的场域相遇。流动农民工来到城市，意味着一种新"场域"的诞生。流动农民工进城，意味着由同质性的乡村进入一个异质性城市。空间和边界的存在，是一种区域性的社会安排，通过各种制度性或日常生活的惯例，或者通过"发展主义逻辑"或"现代化叙事"，或者通过某种"现代性的道德谋划"（当然这里更多的是一种道德话语霸权），把人的活动场景"定格"或"固定化"，以便维持一种秩序的存在，使人的日常生活实践和各种实践意识"嵌入"在各种客体性的场景之中；通过种种场景，来实现行为主体的身份、地位、规则权力的确认、协商或权衡，或完成一种现代

---

① 项飚：《传统与新社会空间的生成》，载于《战略与管理》1996年第6期，第106页。

性知识的建构秩序和安排,以铺设"入场"或者"退场"的规则。

2. 入场的策略与规则

入场首先体现出一种个体的主体性和自我意识的自觉入场,从自在自发的生存状态进入自由自觉的生存状态主动生成,任何人都不得不由"自在存在"变为"自为存在",每个人都是自己行为的行动者和范示者。在这里是一种创造性实践,每个人必须实现"自为的对象化","塑造自己的进入","再生产日常生活"。入场强调进入城市空间的多种策略和在边缘的行动逻辑,多种入场规则的生成方式,更多的异质性体验的初步形成,如何有效进入一种差异性,是一种进入策略;进入一个陌生的城市,在陌生的场域中的逃避或捉迷藏游戏,不是一种直接的对抗,而是一种行为策略;如何获得入场券,预定什么样的入场券,是否能获得入场券是问题的关键所在。

个案 F6:周某,女,20 岁,未婚,初中文化,湖北荆州人,广州天河一保健中心

"我来到城市后,没有任何亲人,一切问题只能靠自己解决,没有人能够帮助你。我一直在街上游荡,晚上就睡在桥下和街道旁,警察还经常驱赶我们,真想回去。可是,我不能就这样没有赚到一分钱就回家,怕乡里人笑话。"

"在家里,从来不用多想该怎样生活,别人怎样生活你就怎样,大家都过着一种相同的生活。即使有困难,也可以向亲戚和邻居求助。现在不行了,一切都只能靠自己,老乡之间都过得很不好,连自己都顾及不了,哪能帮助我。"

个案 B4:李某,女,24 岁,湖南人,初中文化,中山市石岐区老城区

"最初进入中山是 16 岁,我姐夫在这里工作,我就过来了。当初我还没有到合法劳动年龄,我就借了别人一个身份证,没人管,进去时对方连身份证看都不看,我就进厂了。"

不难得出结论，在城市里，没有人能够帮助你，任何人都不得不由"自在存在"变为"自为存在"，每个人都是自己行为的行动者和范式者。在这里是一种创造性实践，每个人必须实现"自为的对象化"，"塑造自己的进入"，"再生产日常生活"。

传统文化和乡村生活方式是一种隐含现实的隐喻，是一种调适个人行为逻辑的历史过程，是一种"自在的"类本质活动，是一个"手边现成性"的世界。这种"自在的对象化"为进入既定社会的个人提供既成的先验图式，人们在习惯性的情境中，在现成的、历史形成的意义体系中，根据相关的先验图式来安排和整理自己的经验。[①]"自在的类本质"是一种重复性的社会实践，是一个历史变量，是维持生存和维持自我的一个必要的条件，是作为整体存在的一个基础结构，能为个人行为提供一个"效力域"和"规则场"，是一个习惯世界，存在着日常生活行为域知识的"一般图式"和"知识库存"，存在着日常生活的强制性和结构性成分[②]。在这种复杂的社会情境中，流动农民工的入场策略就体现在以下方面。

其一，选择性移植、扩大、复制或"激活"原有的社会关系网络策略。在中国的乡村，"亲缘、地缘关系依然是村民唯一所熟悉，并加以利用的关系。由婚姻、生育、共居而自然建立起来的原始初级关系，依然是村民社会关系的基础……地缘关系可以层层推进，从同村推到同乡、同县，甚至同省。共同的乡土人情，方言习俗，加之同一地缘内可能存在的亲缘关系，使得地缘关系成为仅次于亲缘关系的一种关系"。[③] 因此，作为个体的流动农民工进入城市空间的具体策略自然就体现在社会关系网络的选择性运用，体现在选择性移植或"激活"原有的血缘、地缘关系，或者利用一种扩大了的血缘、地缘关系，在这里是一种"移植"策

[①] 阿格尼丝·赫勒：《日常生活》，衣俊卿译，重庆出版社，1990，第59页。
[②] 阿格尼丝·赫勒：《日常生活》，衣俊卿译，重庆出版社，1990，第134页。
[③] 曹锦清、张乐天：《传统乡村的社会文化特征：人情与关系网》，《探索与争鸣》1992年第2期，第52页。

略、"扩大"策略、"复制"策略、"激活"策略或者"组合"策略，但这种社会关系网络必须有一种空间上或信息上的直接可获得性。换言之，这种交往还是带有地缘性，只是他们的社会网络的地域覆盖范围超出了在原来家乡交往所触及的地理范围。大多数流动农民工群体利用老乡、亲戚或同学之间的关系，获得了第一份工作或者在城市中找到了一个可以暂时寄寓的空间；入场后，又不断地通过这种最初的社会关系网络，在城市中完成了这种社会关系网络的建构。这种社会关系网络，是将乡村那种关系又重新移植到了城市，以原来的关系作为原材料，在行动策略中重新进行一种关系的组合。这不是一种关系的新建，而是一种关系的复制和扩大，也是一种关系的重新组合策略。流动农民工群体初次进入城市寻找工作时，大多通过在城市中的亲戚、老乡或朋友，通过他们提供的信息，获得帮助。此时，以血缘、地缘为基础建立的初级社会网络发挥着重要作用，它不仅提供寻工信息，而且还能为打工者提供基本生存保障，以节约寻工成本。

个案 B2：罗某，女，24 岁，初中文化，湖南岳阳人，中山市石岐区老城区

"我第一次来中山找工作，是因为我有亲戚在中山，我亲戚给我联系了好几家企业。我选择了这家电子元件厂，工作了 2 年多。这里的工资不高，经常加夜班。后来，我亲戚又介绍我来到现在的这家企业，也是电子元件组装，没有以前那么辛苦，工资也高一些。"

个案 D1：罗某，女，23 岁，初中文化，四川成都人，东莞市企业集中区（新城区）电子厂工人

"我初中没有毕业，就来到东莞。听老乡说，在这里打工一个月能赚 500 多块钱，比待在农村强多了。500 多块钱对长期待在农村的人来说，是一笔令人羡慕不小的财富。正好我有一个亲戚在那里，我就利用他的关系，来到了东莞，并进了他在的那个厂。"

第六章 社会排斥后的竞技场：空间实践中的"主体性"书写

个案 A13：段某，男，33 岁，四川成都人，广州市天河区猎德村

"我来到广东，主要是希望来赚点钱，我有两个舅舅早三年前就来到广州，我与他们经常有电话联系。去年，他们回家过年，我妈妈就委托他们把我也带出去，说待在家里没出息。我舅舅不好拒绝，只好带我出来。刚来时没有工作，就住在他们那里。后来一个老乡的公司招人，我就去了，一直干到现在。"

个案 E2：戴某，男，22 岁，初中文化，未婚，河南人，中山小榄镇开发区建筑工地

"我其实在城市里没有关系，只是一个偶然的机会，跟邻村的一个朋友在一起喝酒，这个朋友说他们村有个人在外面当包头，需要建筑工。我当时想到外面去找点事情干，就问到那个包头工的联系方式。联系后，他说没问题，就来了，一直跟他干到现在。"

个案 A12：沈某，男，四川人，未婚，小学文化，广州市天河区猎德村

"我和我的一个远房亲戚，本来十多年没有来往了，但后来听说他在广州办了厂，混得不错，我听说他回来探亲，就直接跟他联系。他二话没说，就带我来了，还说，是亲戚，没问题，自己人，互相帮忙、互相照顾是应该的，而且信得过。后来，我就去了，其实，后来我发现，他们公司正在招人。"

个案 C2：李某，女，32 岁，小学文化，湖南宁乡人，中山市南区环城金叶新村

"我来中山之前，没有工作，住在老乡那里。后来认识了一个湖南老乡，这个老乡很重情，愿意帮忙，把我推荐到他那个厂。现在我们关系不错，我也对他很感激，我们经常互相往来。"

流动农民工在入"场"的策略行为中，正是凭藉这种移植、或扩大、或复制的社会关系网络，或利用原来的交往频率高、空间距离比较接近的血缘、地缘关系，或利用没有交往，但事实上存在的地缘、血缘关系，通过重新"激活"策略，满足入"场"寻求工作和住所的需要。

其二，拟似的血缘关系策略。由于"人口从乡村到集镇城市的流动加速，亲缘地缘关系已不再满足全部的交往需要，因而朋友关系得到发展。朋友间关系密切的，往往兄弟相称。这实际上是一种拟似的血缘关系或朋友关系，是兄弟关系的一种延伸"。① 在实地调查中，很多流动农民工群体进入城市就是通过这种"哥们"朋友。翟学伟认为，中国人的任何社会行为都包括家长权威、道德规范、利益分配和血缘关系。"这一命题不但在中国人稳定性的社会互动中存在，而且在初次社会互动一开始就可以表现出来……初次社会互动中的利益分配和血缘关系表现为互报性行为和拉入自家人范围的可能性"。②

> 个案E3：洪某，男，42岁，小学文化，已婚，河南信阳人，中山小榄镇开发区建筑工地
> "我最初来到这里，是一个以前喝酒认识的'哥们'给我推荐的。我那'哥们'挺仗义，也豪爽。他比我先来到这里，经验比我丰富。我刚来时，就住在他那里，后来他推荐我进了他那个厂。我在这里也有几个亲戚，但我没有找他们。他们有点不够意思，怕我麻烦他们。看他们那样，我就不求他们了。"
>
> 个案D7：李某，男，32岁，湖北荆州人，东莞市企业集中区（新城区）

---

① 曹锦清、张乐天：《传统乡村的社会文化特征：人情与关系网》，《探索与争鸣》1992年第2期，第52页。
② 翟学伟：《中国人行动的逻辑》，社会科学文献出版社，2001，第279~281页。

> "我在家里有几个牌友,以前我们根本不认识,经常在一起打牌,就兄弟相称,很够哥们义气的那种。后来这些牌友中有一个人来了东莞,还混得不错,回到老家后,就劝我们也出来,我就出来了,也进了他在的那个厂。"
>
> "其实,出门的人都很容易走到一块,即使不是认识的,只要大家都很豪爽,就能走到一块,互相帮助,也能互相提供工作机会。"
>
> 个案 C6:张某,男,河南人,中山市南区环城金叶新村
>
> "我在中山认识很多当地人,我经常请他们去洗脚、按摩,还经常请他们吃饭。他们也对我很好,不会占我便宜,经常回请。我们只是很投机,在一起,无话不说,我在这里能很容易找到事情做。"

其三,人情、面子策略。人情交往的先决条件是"有关系"的人,双方不是朋友熟人,就是亲戚。倘使原先不存在"关系",那么就得先建立"关系"。"人情"体现为在人与人交往中为增进情感和友谊而实施的相互性应酬和馈赠行为,即"礼节应酬和礼物馈赠",被公众认同的、似乎是不言自明的日常交往行为准则的"人之常情",基于"人情"的某种关怀和帮助"情面和恩惠"。①

> "中国人的人情交换有三种类型,一种是某人在遇到危难的紧急关头得到了他人的帮助,这在人情交往中属于'恩情'的范畴,对此困难提供帮助的人叫做'恩人'。另一种是比较有目的的人情投资,通常叫'送人情'。'送人情'导致接受的对方有亏欠或愧疚感,双方构成一种'人情债'关系,结果在对方提出要求的时候不得不按对方的要求回报。

---

① 孙春晨:《"人情"伦理与市场经济秩序》,《道德与文明》1999 年第 1 期,第 20 页。

第三种是一般性的礼尚往来，也就是有来有往的互相走动、请客或过节时的送礼行为，以加强彼此的感情联络，最终会在'给面子'中实现交换。"①

盛行于乡村的"送礼"、"请客"习俗，体现的是一种关系或感情投资，其目的在于建立、巩固、加深关系，以便利用这种关系。"请客"中客吃下的是"酒席"，欠下的是"人情"；送礼双方所重视的不是礼物的"物"，而是礼物的"礼"，是馈赠之物所表达的双方的感情，此物也称"人情"之物。这里存在一种"送人情"、"受人情"、"还人情"的"人情收支单"。② 正是这种互欠"人情"、"给脸"、"给面子"③，促进朋友间相互往来，从而增加了情谊，而且这种人情类似于一种"储蓄"，可备不时之需。

个案 D2：钟某，男，32 岁，高中文化，湖南武冈人，东莞市企业集中区（新城区）一外资企业

"我来到广东打工，是通过一个朋友的朋友，我们彼此都不认识。后来，我通过这个朋友请他吃了一顿饭，还给他送了一点礼物，他就很爽快地答应，愿意带我去广东，并给我推荐了一份工作。"

"我帮助老乡，实在是没有办法，这些老乡给了我很多的麻烦。一来到这里，不可能立即找到工作，还得提供住房和吃饭。如果不帮助，又不好意思，好像欠别人人情似的。

---

① 翟学伟：《人情、面子与权力的再生产——情理社会中的社会交换方式》，《社会学研究》2004 年第 5 期，第 52 页。
② 曹锦清、张乐天：《传统乡村的社会文化特征：人情与关系网》，《探索与争鸣》1992 年第 2 期，第 54 页。
③ 这里的"脸"是"一个体为了维护自己或相关者积累的，同时也是一个社会圈内公认的形象，在一定的社会情境中表现出来的一系列规格性的行为"。参见翟学伟《中国人的脸面观》，台北：桂冠图书公司，1995；翟学伟：《中国人行动的逻辑》，社会科学文献出版社，2001。

而且，回到家里，连老乡的忙都不帮，会没有面子，感觉无脸见人，老乡会说我不通情理。"

个案A2：罗某，女，22岁，东莞一企业工人，东莞长安镇冲头村

"其实，我们在这里人生地不熟，靠的全是以前的那些关系。找到工作，全靠老乡之间的人情关系。老乡之间不互相帮助都不好意思。在家里，面子很重要的，否则，别人就瞧不起你，一有你有什么要别人帮忙，没有人会帮助你。"

"我当初到广东来打工的时候，是我一个老乡帮忙推荐的。这个老乡在这里是个包头，是个有头有面的人物。现在一到过年过节，我都要去拜访他。回到农村，也经常帮助他家里种田。我欠人家人情，我认为这是应该做的。"

个案B3：潘某，湖南邵阳人，男，32岁，已婚，初中文化，中山市石岐区老城区

"去年，我来到中山的时候，我去我那个亲戚那里，希望他能给我联系一个工作。我家里人都跟他打了电话，而且，我还请他父亲给了他一个电话。可是这个人一点面子也不给，都拒绝了。我当时很难堪，觉得这个人一点人情味都没有，以后我就再也没有联系过他。"

"其实，我在这里也混得不好，自己都难保，但家乡一旦有人来找工作，碍于情面，我还得对他们很热情，不断地帮他们联系工作，否则，对不起他们，就会感觉到欠别人人情似的。"

其四，自强策略。也有人来到广东打工选择的是一种依靠自己力量的策略，这种自强体现了一种主体性建构，精彩的主体建构。弱势群体生存策略，存在着一种主体力量的重建，在城市主流建制的框架中寻找空间的策略，存在着一种拒绝抽空社会关系而存在的个体主义，表现为一种城市政治与空间隔离下的个人自强，一种主体的自强策略，冲出农村的农民工自强行为。

个案F4：张某，男，29岁，湖南益阳人，广州天河区

"我来到广州没有通过任何老乡、朋友关系，是我自己来的。我高中毕业后，没有考上大学，在家里很难受，我就想出来。我在报纸上无意中发现有公司招人，我就来了。我来时，带了300多元钱。我直接找到这个公司，结果他们没有要我，我就满街跑，到处看招工广告。招工广告其实很多的，在街上流浪了几天，就进了一家电子厂，工资很低，一个月只有400多元。我做了不到一年，我就换了厂了，就是现在这家公司。"

个案F3：李某，男，34岁，已婚，湖南益阳人，广州天河区

"我在广州有个老乡在做建筑工，我初中毕业后，就直接去找他。当时，我只有他的联系地址，没有电话号码，我从他父亲那里抄来的。可来到广州之后，那家建筑工地已经搬走了，我又没有电话号码，家里也没有，农村很少有电话。我当时很茫然，就想立即回去。有天在外面游荡时，发现一家公司招人，有初中学历就行，去面试，结果，很容易就进去了，但工资很低，一个月只有300多元。"

3. 入场后的空间嵌入选择

流动农民工在城市中进入空间的类型又是不同的，他们有的进入城市的边缘区，有的进入城市的老城区，有的寄寓在老乡或亲戚家里，有的直接进厂，寄寓在企业安排的住宿区，还有的人进入空间时被迫在街头游荡。也正是通过不同的空间类型，流动农民工完成了自我的城市空间书写，获得了进入城市的入场券。

个案C3：张某，女，23岁，初中文化，湖南宁乡人，中山市南区环城金叶新村

"城市中心地带的房租很贵，我们租不起，就选择了这里（老城区）。这里房租便宜，而且离我们厂比较近。这里

居住的都是流动农民工,到处很脏,卫生环境太差,而且治安也不好,经常有人打架,东西被别人偷走。有一次我把鞋子放在门前,就丢了。"

"我们这里可以说是城市的边缘地带吧,这里房租很便宜,而且离我们的厂很近,在这里还不用和城里人打交道,遭受他们的白眼。这里其实也像家里,前面到处是菜地。"

"我在这里主要是摩托车拉人,这里(城市边缘区)没有人管,安全,而且这里交通不方便,所以生意很好,一个月能赚1000多元钱。"

"我们这里住的都是的士司机,这里房租很便宜。我们做的士的进城也很方便,有自己的车。我们也一天在外拉人,没有时间在家里,所以只要能住就行。"

"我们这里以前是农村,后来周围都被高楼包围了(城中村)。这里很多居民也搬出去了,他们就把房子租给我们,后来流动农民工越来越多,现在这里住的都是流动农民工。"

个案D2:钟某,男,32岁,高中文化,湖南武冈人,东莞市企业集中区(新城区)一外资企业

"我最初来东莞的时候,是住在一个亲戚家里。是我的一个表叔,以前很少往来,只是我来到这里,没有地方住,就住他家里了。住了一段时间,我找到了工作,就搬出去了。"

"我来到这里,没有熟人,就在街上游荡,有时住在树下,下雨就住在高架桥下面,也住过马路边。那些警察也不断驱赶我们,我们也没有什么,他们也没有办法。我就这样游荡了十多天,后来在一家建筑工地找到事情干,就住在工地上。"

流动农民工进入城市没有合法的身份存在,成为城市的边缘人,加上自己来自农村,家里很穷,这就决定了他们进入城市的悲惨境遇。他们在进入城市空间时演绎的是一个个令人伤感、值

得同情的故事，这个故事在他们的日常生活中被不断重写，成为他们心中永远的痛。

三 营"场"：受煎熬主角的营场策略

1. 实践中流动的关系：一种关系的运作逻辑

以往对于关系的研究多为理论化的、静态的分析，作为一种理论上的普遍分析框架和先验图式，探讨了制度、传统文化等与关系网络两者是什么样的关系及如何可能的，但却忽视了更为重要的：关系网络在实践中又是如何运作的。福柯的话给了我很大的启示："我们必须抗拒审视巨型的客体社会和其他巨大的整体性之诱惑，我们同时也要避免这些诱惑所埋下的普遍架构和系统陷阱。"① 社会学研究的目的并不是将社会实践中活生生的社会现象装进一个设定的牢笼里"定性"，制造一个含目的的虚假的社会。这种"社会学"只是一种意识形态，而不再是社会本身。从本土学者可以看出，这些本土性模式的发轫和形成，是在试图克服西方理论对解释中国社会事实的局限性基础上的，而他们在利用这些本土化的模式时，往往与传统的血缘格局、儒家伦理结构结合在一起，看做一块没有受外部价值观念渗透的净土。尽管传统的儒家文化结构、家长权威、伦理规范以及传统中国人的脸面观在现代社会生活中对人们的社会关系形成具有很大的影响，但我认为现代人同时所面对的世界毕竟与传统社会迥异，传统社会的价值观念、道德规范等与现代社会之间仍具有很大的张力，人们在日常社会生活中的实践具有上述概念框架所无法涵盖的权宜性、变通性和策略性。研究中国社会问题应明了中国社会由传统向现代社会转变的轨迹，应回到实践中的文化脉络中去理解，应把关系放在流动性的实践中去理解。流动不仅只是对传统的继承，而且更加在于对传统的不断创新和调整，是一个在实践中动态的

---

① Foucault, M. 1980. "Power and Strategies", in C. Corden (ed.), *Power-knowledge*, New York: Pantheon: 11.

和不断协调的过程,没有流动就会更加传统。布迪厄给了我很大的启发,他提出:从实践图式转到事后构建的理论图解,从实践感转到可以像解读方案、计划或方法,或者像解读一个机械性程序,一种由学者神秘地建构的神秘安排那样来解读一种理论模型或概念框架,这就必然忽视了产生正在形成的实践之时间实在性的东西。① 布迪厄认为,对正在发生或业已变迁的社会事实,不能忽视其产生正在形成的实践之时间实在性的东西。实践是在时间中展开,具有会被同化破坏的全部关联性特征。实践完全内在于持续的时间,故与时间联结在一起,这还不仅仅因为它在时间中展开,还因为它在策略上利用时间,特别是速度。② 布迪厄的实践,具有"本质上是个线性序列",具有紧迫性(urgency)、模糊性和总体性的特点。实践逻辑是一种自在的逻辑,既无有意识的反思也无逻辑的控制。但事实上,实践在客观上又与一个生成原则体系的所有其他松散的系统性产物相一致,而这些生成性规则在彼此千差万别的实践领域中发挥作用,并在实践中得到利用。③

中国学者孙立平试图重新激活实践,更加关注社会因素的实际运作过程,寻求一种接近实践状态社会现象的途径,他提出了"过程—事件"分析法。"过程—事件"分析法是指事件性的实践过程,具有一种创造性的机制,是一种生成的机制。实践是一种链接、一种黏合,是社会现象的再生过程。④ 在实践性的社会活动中,尤其在农村非正式活动中,策略选择中因时、因势、因人而异的权宜性特性表现得非常明显。我们需要通过实践性的创造性空间的分析来帮助达成社会关系,参与形塑社会秩序方面,同时还必须考虑到创造性空间不仅是社会生活复杂性被简单化的场

---

① 布迪厄:《实践感》,蒋梓骅译,译林出版社,2003,第125页。
② 布迪厄:《实践感》,蒋梓骅译,译林出版社,2003,第126页。
③ 布迪厄:《实践感》,蒋梓骅译,译林出版社,2003,第135页。
④ 孙立平:《实践社会学与市场转型过程分析》,《中国社会科学》2002年第5期,第93页。

所，也是不同文化和社会制度因素作用下社会关系差异产生的源泉。总之，通过这种"主体—实践"范式的分析，把人看做是制度下的行动者，同时也是在社会网络中的行动者。在权力的场域中，人不仅仅受制度化的结构制约。他作为一个实践者，根据自己的惯习、知识和利益在决定自己的行为策略，并改变着结构本身，这也是我们在分析关系时的一个基本的逻辑起点。

从流动农民工在城市空间中的实践行动中所引发的各种关系以及关系的关系，是实践流中关系运作的各种可能的方式以及在关系流动中各种关系策略是如何相互耦合起来的形态。通过实践活动嵌入到日常关系网络，在无尽的实践流中不断实现自身的维护、培养、生产和再生产，关系与具体社会中的每一次具体的实践活动都有着内在的关联性。关系是为了承担实践功能而被实践调动起来的存在，这种存在受一系列的养护而处于良好的状态。关系必须嵌入到日常实践中的关系网络中来理解，应该从实践中关系的流动性来看关系，应明了关系在实践运作中具有变通性、策略性。正是这种特有的运作方式，关系被生产与再生产出来。事实上，中国流动农民工在城市中的日常生活实践，实践中的关系不是一个孤立的事件，而是一次连续的实践流动过程中的"切割"，是"主体—实践"在各种"关系—事件"连贯性中的许多实践切口。而正是通过这些实践切口的存在，用日常的生活实践场景，用日常实践中的语言本身来写"关系—事件"本身，就型构了流动中时间和空间关系的实践图式，从而将事件的整个细节过程与实践背景结合起来。理解流动农民工在城市空间中的行为逻辑，就需要一条叙事中的主轴，这就是实践中流动的"关系—事件"，是在主体—实践中思考这一"过程—事件"的流动向度。

2. 营场：一种生活世界的生成逻辑

在前面说过，流动农民工并非完全甘心于永远生活在"夹缝"之中的境遇，他们是作为意义的"载体和传播者"而行动的，是不断跨越"边界"和结构的宰制，在相互"异质性认识"的基础上，通过寻求自身的生活方式、创立自己空间的积极性现实以及能动地加以选择的关系，建立一种作为支撑其生活方式背景的"共同性"，从而不断开拓个体的多种"可能性"。他们既是现有文化意义（结构的、网络的）的"消费者"，又是新意义（新社会空间）的"生产者"。因此，流动农民工在城市空间中的关系是一种在实践中不断营造、滋养和培育的过程，呈现出一种关系的实践图式和经营过程。流动农民工在城市空间中的血缘、地缘关系和亲属关系一旦被纳入城市空间实践中私人网络之中的实践运用，就变成了布迪厄所谓的"实践亲属关系"①。实践集团仅仅是通过和为了实践功能而存在，是为了承担实践功能而被实践调动起来的存在，且这种存在受到一系列养护而处于良好的运转状态。②

流动农民工在城市空间实践中营"场"的一个基本策略就是，维护、拓展和优化社会原有的社会关系网络，即通过选择性"过滤"原有的社会关系网络；通过关系资本再生产机制，通过主体性行为再建构社会网络，实现社会网络的生产和再生产。布迪厄认为，关系网络是"投资策略的产物"，关系网络需要行动者的不断建构。这种建构是"作为一种投资"，一种"有意、无意选择的行为"。社会关系网络的建构，"是由社会体制（作为亲属的体制，如兄弟、姐妹、表兄弟等等或是作为骑士、继承人、前辈的体制等等）产生的，它在（礼物、言词、女人等等）的交换中，并通过这样的交换得到无止境的再生产"。③在流动农民工的日常生活实践的关系营造过程中，存在一种实践性的亲属关系，或者一种组合的关系策略（基于职业、地缘、血缘，或个人身份的社会关系网络）。这种实践性的亲属关系不同于传统乡土社会的地缘、血缘关系，是一种实践中的关系存在，是实践流中关系

---

① 阎云翔：《礼物的流动：一个村庄中的互惠原则与社会网络》，上海人民出版社，2000，第112页。
② 布迪厄：《实践感》，蒋梓骅译，译林出版社，2003，第296页。
③ 包亚明主编《文化资本与社会炼金术——布迪厄访谈录》，上海人民出版社，1997，第202~206页。

运作的各种可能的方式以及在关系流动中各种关系策略是如何相互耦合起来的形态。营场重点关注流动农民工在城市空间实践中如何发展自己的策略，如何实现扩大关系网络的策略，有时如何营造自己空间，实现在异质性中寻求共同性，在差异性中建立一种共同性，是一种体验策略；关注如何在"夹缝"中生活，或生活得更好，体现了多元弱势的生存策略，在流动中寻求主体的自强策略。

营场的过程也体现了重新建构社会关系网络策略的一种机理。一旦流动农民工在城市中开始工作以后，他就有机会建立更多的与工作相关的联系，因此，他就会减少对先赋性关系或初级关系的依赖，而开始建立依赖于他自己的"建构性关系"（constructed relation）。[1] 个人越是被嵌入建构性关系之中，他所能找到的与雇主潜在相连的介绍人就越多。这种营场过程也体现为一种布迪厄的场域逻辑和策略，这里的"场域更是一个具有魔力的宝盒或拐杖，是一种具有生成能力和生成性资源的自我主体性空间，能在日常生活中变幻出各种神奇的空间想象的语境和日常生活中的行为策略，场域中的策略是一种时间的操纵"。[2] 场域中的策略也是一种资本投资，只有积累足够的资本，才能在交换策略中获得优势。

由乡村来到城市，原有的社会关系网络的脱榫，也就意味着建立在原有关系上的社会支持网络将不再存在，包括情感支持、突发事件发生时的出物出力。即便是存在一种传统的社会关系网络在城市中的复制和扩大，但在城市中面临的社会环境是非常复杂和多变的，人们会遇到各种变幻无常的事件的发生。在城市中只有建立新的社会支持系统，才能增强生存能力，减少社会风险。关系资本再生产、关系网络的扩大，也就意味着社会支持网络的

---

[1] 林南、V. M. 恩塞、J. C. 沃恩著，郑路编译《社会资源和关系强度：职业地位获得中的结构性因素》，《国外社会科学》2001 年第 3 期，第 37 页。
[2] 杨善华：《当代西方社会学理论》，北京大学出版社，1999，第 28 页。

扩大，也意味着支持力量的增强。

营场的过程也体现了一种基于"身份关系网络"的关系策略，共同的身份、处境，寻求共同的归属感，消除寂寞、孤独、无助的一种情感上的亲近建立的一种亲近感，并在这种亲近感中，建立了一种社会关系，即一种情感上的拟合关系。在策略上，经由认同形成各个群体的凝聚力和独立公共空间，从中凝聚"同志"感情，培养对"我群"的认同，强化边缘、弱势族群的"社群意识"，以对抗宰制性的"公共空间"，建立多元异质的言说空间。营场的过程也体现了一种异质性共存的策略，"权力场域是一个游戏和竞争的空间……一切社会行动者和机构……为了维持这种力量的均衡，或要去改变它，就产生了各种策略"。①

3. 营场：在夹缝中求生存的策略

传统的中国农民，将稳定、土地、家园、身份当作固定不变的概念，将身份视为固定于一个固定地域。流动到城市后，流动农民工群体重新建立这些（固定）身份与（流动后的）空间的联系的能力就变得异常重要。如果我们不去诊断背井离乡的流动农民工作为农民的身份本身，而是将身份视为不断变化，将背井离乡者的能力视为"创造性地建构他们历史"的依据，在寄寓的空间与其他空间的关系中界定他们的话语；如果我们将身份当作"存在的一种复杂的感知，或者不是产生于某个地方体制，而是根据多重空间和多种目的而主动规划建构的从属感"，入场后的行为逻辑体现在如何完成在空间的谋划和表演，如何完成时间和空间的操纵，如何延续自己在这种空间中的自我生成，这样就可以发现，流动农民工的营场策略的具体经验事实就体现在关系的"维护"或"滋养"策略，"扩大"策略和"组合"策略的再次运用，时间控制策略，"缘"的社会关系网络策略，"过滤"社会关系网络策略等。

---

① 布迪厄：《实践与反思——反思社会学导引》，中央编译出版社，1998，第285页。

其一,"维护"或"滋养"策略。通过老乡之间的不断相互拜访、交流、互相馈赠或回家后给对方家庭出力等方式,给予适当回报。

  个案 B2:罗某,女,24 岁,初中文化,湖南岳阳人,中山市石岐区老城区

  "我们老乡之间经常往来,在这里我们没有其他朋友,一般一个月要相聚两三次。大家在一起,可以说方言,很亲切。以前在农村不觉得这种关系重要,现在才发现这种关系对我们在外漂泊的人来说,很重要。"

  "我们这里的老乡都很好,互相之间都能够提供信息,在生活中也互相帮助,如帮忙找房子、搬家等。相互之间也互相提供信息,有时家里有事,只要一个电话,他们就会过来。"

  "我是 2001 年离开农村的,我表姐介绍我来到这家厂里的。这个厂很大,工人多,我们干活也非常辛苦,从早晨到晚上 12 点。但是我在这里比在原来的工厂开心,因为有很多亲戚朋友在这里,我们经常聊天,还互相帮忙,关系越来越好。"

其二,"复制"、"扩大"策略和"组合"策略的再次运用。农民工在进入城市后,也仍然出现一种"扩大"了的关系策略。尽管流动农民工来到城市后,其传统的社会结构和意义表达在城市中被彻底摧毁,但事实是:在城市中,现代化并没有带来传统建立在血缘、地缘关系基础上的社会关系网络的破坏,反而促进了一系列非正式制度进入功能再现的过程。这种功能在城市空间的实践中还不断被复制和扩大,这就促成了离开乡村进城务工的流动农民工群体,仍然依托着传统的血缘、亲缘或地缘关系所构成的社会网络及乡村的礼俗原则和行为规范,并通过这种关系的复制、扩大和组合,来展开其经济生活和城市生活。我在实地调

查中发现，这些在城里已经多年的流动农民工群体，他们的交往圈子还是以老乡为主，在他们的谈话中提到的更多的是"老乡"和"同乡"。"老乡"和"同乡"是一种颇有弹性的表达，它既包括原来毗邻而居的乡亲、鸡犬相闻的村黎、同镇同县的故人，由此推广开来，还包括来自不同县或地区的、仅为同省的人。这种关系网络的扩大不再是提供住所或推荐工作意义上一种"工具性的行动"，而更多的是一种"情感性行动"。情感性行动遵循同类互动原则，互动对象主要是原有乡土中的社会关系网络。

扩大策略也体现在送礼、请客等中介物品或情感性仪式建构社会关系策略上。很多进城农民工在与个人社会关系网络中不同的成员交往中，不断地投入经济资本，寻找具有象征意义的中介物品或情感性的仪式，比如网络的礼物、送礼、请客等，来保证社会关系的正常运作。"礼物"在乡村遵循的是一种不求回报的馈赠行为，礼物和红包在中国这种乡土社会极浓的国家，往往与人情和面子联系在一起，在社会关系网络中起重要作用，其作用表现在使陌生人变成熟人，使外人变成自家人。作为工具性礼物馈赠的礼物就不同，意味着接受礼物的人必须回报，是一种人情和利益的联合运作，你帮了我的忙，我通过礼物向你表示谢意，还希望你继续关照；红包更多的是一种基于货币的馈赠方式，在这里，具有很强的功利性色彩，是一种投资性的交易，在特定的社会情境下生成，更多的是一种基于利益的驱动。

个案 A7：李某，男，26 岁，已婚，湖南永州人，东莞长安镇冲头村

"在这里，托人办事都要给人送礼拉关系；请人办了事，总得回报，总得给人送点什么；送了礼，别人也高兴，事情也很快就能解决。原来在乡村，给人帮忙，送不送都无所谓；现在不行了，哪怕是件小事情，都这样。送了礼，解决了问题，也建立了一种关系，以后求别人帮忙，也就容易多了。"

"去年，我委托一个当地邻居办了点事，我就给他买了

些水果，还给他的孩子一个红包，他很高兴。现在，我们关系不错，他也信得过我，碰见什么麻烦，他会主动帮我解决，他小孩也经常来这里玩。我每次回家，也都会带些土特产什么的。"

"我下班后经常和老板一起玩牌，老板喜欢这个，我故意输钱给老板，老板很高兴，对我很好。有时我在工作，老板也要我去玩，我现在在大家眼里是老板的红人。和老板拉上关系后，我也顺理成章地可以出入老板家里，过年时，常常给老板小孩红包，还捎带一些家乡的土特产。老板现在很信任我，现在我是一个车间的主管，工作不累，钱也比别人高。"

个案C1：陈某，女，32岁，初中文化，中山市南区环城金叶新村一社区居民

"在这里（中山市南城区），我们有很多人是以收破烂（更多的是收废品，即通过收取一些工厂的下脚料，然后以差价卖给废品收购站）为生。以前，收这种废品的人很少，工厂的老板一见我们，就叫我们清理他们的废品。如果没人收他的废品，他们还得花钱雇人、雇车拉走这些废料，增加垃圾清理成本。现在收废品的人多了，我们这里住的四川人，干的都是这种活，工厂里那些人也不会免费送给我们了。他们还要看我们给的价钱，太低还不行，连守门的有时都不准我们进去。有时还要看关系，关系能提供活路儿信息。没办法，我给那些负责角料处理的人送了一些礼物，如家乡土特产什么的，并请了几个相关的人吃了一顿饭。我还给那个守门的送了点家乡的茶叶，现在，我就垄断了这个厂的所有废料处理，那里的人对我也变得热情起来。"

个案B1：刘某，男，32岁，小学文化，湖南隆回人，中山市石岐区老城区收垃圾者

"以前我在工厂待过，那里工作时间长，钱又少。后来几个四川老乡提议我从事角料收集，然后把这些脚料送给回

收站,能赚钱,比在工厂轻松,没人管你。现在从工厂收集角料需要关系,关系能提供更多的活路。比如想接一个公司的角料,最好首先要通过一个熟人介绍,认识那个负责角料的管事领导,到他家送礼,请他吃饭。一开始建立关系的时候得花钱,等到他比较信任你的时候,再花钱,关系已经不错。但现在存在竞争,收角料的人太多,而且,谁给的钱越多,他就固定给谁。这时给钱最有用,给红包给他小孩,或者直接给人家,刚开始做这种角料收集很赚钱,现在这种事很难做,利润也越来越少。"

在这里,建立关系,是他们获得脚料处理权的资本。没有这种关系,他们就会被拒绝在这种生存方式之外,这种"关系"变成了他们赚钱的"本金"。

其三,"欠债"而适当回报策略或一种时间控制策略。这是一种维持社会关系网络的时间控制策略,存在时间差的互惠交换策略。"个体们为了继续得到必需的服务去履行他们因过去接受了这些服务应尽的义务就是交换的一个必要条件。"① 布迪厄的关系主义视角也引入了时间的维度,"为了恢复实践的本来面目,我们必须引入时间维度",布迪厄同时在时间维度内引入了"策略"这一概念。布迪厄认为,对正在发生或业已变迁的社会事实,不能忽视其产生正在形成的实践之时间实在性的东西。实践是在时间中展开,具有会被同化破坏的全部关联性特征;实践完全内在于持续的时间,故与时间联结在一起。这还不仅仅因为它在时间中展开,还因为它在策略上利用时间,特别是速度。②

在布迪厄看来,结构社会学与行动社会学"二者都将一些发生在人身上的事仅仅当作某个一般性过程的'表现',或者某种特定行动类型的特例……二者在分析过程中都运用了某种化简事

---

① 彼得·布劳:《社会生活中的交换与权力》,华夏出版社,1998,第109页。
② 布迪厄:《实践与反思》,中央编译出版社,1998。

件的方式,前者将事件化简为结构,后者将事件化简为行动(类型)……'事件'并没有被当作对个人乃至对个人生活在其间的社会来说产生独一无二的影响,并彻底改变他们的生活历史和社会历史的'事件'来理解"。① 从布迪厄的叙述中可以演绎出时间控制在社会网络的建构策略中具有重要的作用,流动农民工在日常生活实践中,正是通过各种具体化的时间操纵策略,来完成选择性"过滤",完成社会关系网络的维护、拓展和优化,社会网络的生产和再生产,通过其来彻底改变自己的社会生活。

个案 E6:王某,男,26 岁,湖南新化人,韶关市南郊开发区建筑地工人

"我平常经常给带我到这里来的那位亲戚一些劳动上的回报。以前,在农村,我和他家里很少有往来,现在不同了,他帮了我,我得回报才行。农忙季节,我们回家后,我会主动给他家收割庄稼,有时他有事也会要我给他帮忙。"

其四,"缘"的社会关系网络策略。朋友之间互相推荐新的朋友认识,建立新的朋友关系(通过朋友的社会关系网络获得一种社会关系网络的扩大,建立在兴趣和爱好上)。重要的共同经历在构建社会网络的过程中变得越来越重要。他们在建立社会关系的过程中,更加重视友缘、缘分和情感,重要的共同经历在营构社会网络的作用过程中变得越来越重要,互动的对象大都为城市中再建构社会网中的与自身具有较高同质性的成员。流动农民工群体离开了"生于斯,养于斯"的乡土社会网,城市的那种生活方式和情境不可避免地使他们陷入孤独、忧郁,一种软弱无力的感觉,尤其是现实生活中的种种挫折和打击。这种孤独和恐惧是一个习惯传统的具有浓厚人情关系的乡土社会的人难以忍受的,这种共同的处境使得流动农民工跳出了原有的社会关系网络,在

---

① 李康:《身体视角:重返"具体"的社会学》,《国外社会学》1997 年第 1 期。

流动农民工群体内部建立一种情感上可以慰藉的社会关系网络，这也事实上促成了一种基于情感的同质性的社会关系网络的重新建构。

> 个案 E4：李某，男，27 岁，初中文化，湖南邵阳人，中山小榄镇开发区建筑工地
>
> "我的朋友关系比较多，有本地人，也有外地人。我和这些朋友经常在一起吃喝，还经常一起打牌，多一个朋友多一条路。去年有个本地人欺负我，我很多朋友都来了，也有本地的，他不敢怎样。我这些朋友也都很给我面子，经常在经济和业务上帮助我。朋友中很少有亲戚关系，大都是一些熟人、同行关系。大家有缘分，自然就走到一块。"

其五，"过滤"社会关系网络策略。通过送礼、请客等中介物品建构社会关系，或者"过滤"社会关系网络则更多的是一种基于理性算计为取向的工具性行为，即使在很多初级社会关系中也如此，即林南的"工具性行动"。事实上，"中国人社会行为的紧张性表现在利益分配与道德规范之间的冲突与调适"①，基于工具性行动的目的是为了获得另外的或新的资源，或基于一种资源最优化的动机，也是一种关系资本的再生产。这种行为遵循一种异类互动原则，这种工具性行动将导致流动农民工在城市中建立起与自身异质性较高的社会成员的关系。事实上，流动农民工的日常行为逻辑是理性的，在这里存在一种个人理性的行为逻辑，即一种不同于"功利主义"的"另类"理性。在农村，地方性知识是流动农民工行为的深层逻辑；在这里，那种基于老乡之间的信任、认同关系，不再全是可靠的凭借。经历了认知紧张、情感压力和经济受损的现实，老乡之间也会变得不信任、不安全和焦虑，行动逻辑就表现为一种过滤关系网络的策略。

---

① 翟学伟：《中国人行动的逻辑》，社会科学文献出版社，2001，第 284 页。

个案 E7：刘某，男，34 岁，湖南人，初中文化，韶关南郊五公里一建筑工地工人

个案 E5：刘某，男，初中文化，湖南邵阳人，韶关市南郊开发区一建筑工地工人

"其实，在外面，在生意场上，在建筑工地，老乡骗老乡，朋友骗朋友的事情也常常发生。其实，做生意，对老乡也不能放松'警惕'。我有很多老乡，经常向我借钱。毕竟是老乡，不借不通情理，所以，我一般就会很爽快答应借给他，而且有些老乡，刚来，身无分文，挺可怜的，我就会借给他。借钱的人大都很讲信用，很快就会还给我，但有些人就不会这样。我的钱也是辛苦钱，来之不易，这种借钱不还的朋友，我一般就会和他断绝往来。在这里打工的人，很少推荐老乡来这里，尤其是不把自己的联系方式告诉老乡。有些老乡到这里来，吃我的，住我的，还得给他找工作。没有找到还埋怨你，不讲老乡义气。我在这里又没赚多少钱，养活自己都难。"

"我们这里有很多老乡，我只和其中很少一部分来往，平常也没有时间，经常加班到10点多钟。有些老乡喜欢赚些小便宜，很小气，有的则到处游荡，不好好工作，好打架。我不和这些人往来，嫌麻烦。"

"我在这里很少跟老乡待在一起，我有几个当地的朋友，有一个朋友还是劳动服务公司的主任，我经常请他们吃饭、洗脚。"

个案 E14：李某，男，48 岁，高中文化，已婚，湖南邵阳人，广州市天河区一建筑工地

"亲戚还不如朋友好，亲戚之间也经常闹矛盾。我是一个在建筑工地的老板带过来的，他也是我的亲戚，其实没有他的帮助和携带，我是进不了广州的。我心里想，给他多干一点，也不是给别人干，都是自家人。可干了一年，我发现他根本不在乎这一点，反而以老板的架势对我，给我的工资

又少。后来为一件小事,闹翻了,我气不过,就离开了,再也没跟他往来。"

个案 F7:肖某,女,21 岁,未婚,初中文化,湖南衡阳人,广州天河一保健中心

"我是去年投奔我的一个舅舅来的,我现在在这家宾馆当服务员。刚来时,我住在舅舅家里,我舅舅和这家宾馆的经理熟悉。记得当时,我舅舅很小气,巴不得早点送我出去,他怕我把他家里吃穷了。他把我推荐到宾馆后,就多次催我搬出去。我搬出去后,他就再也没有管过我。我舅舅接受我,给我找工作,并不是真的想支持我,只是怕别人笑话他在广州混得不好,连自己的一个亲戚都帮不了,很没有面子。我现在也很少跟我舅舅联系,过年过节宁愿一个人待在公司的宿舍,也不会去他那里。现在我自己又来到这家保健中心,在这里已经快一年了。"

其六,"新"地缘关系策略。建构了一种新的地缘关系,而这种地缘关系拒弃了任何实质性的意义所在,除了在物理空间上存在着相邻的现实以外,是一种"视若陌生人的技艺",不是一种有助于创造信任和互惠规范的网络,是一种区别于农村"深度信任关系"的"浅度信任关系",这种封闭的、排他性的社会关系网络会创造出累积性的断裂。当然也有一些流动农民工和当地居民建立了一种比较融洽的社会关系,相互之间互相信任,彼此往来也频繁,这同样也是一种新的地缘关系的社会建构。

个案 C4:李某,女,31 岁,小学文化,湖南宁乡人,中山市南区环城金叶新村

个案 C5:罗某,男,湖南隆回人,中山市南区环城金叶新村

"我和这里的邻居没有任何往来,相互之间没有任何信任。"

"我的邻居都是当地人,他们瞧不起我们这些外地人,不愿意和我们交往,总担心我们会给他们带来麻烦似的。"

"我很少和这里的外地人交往,其实住在这里很不安全,这里闲杂人员比较多,经常有人流进流出。"

"房东对我家里人很好,我是1996年就来到这里打工的,我一直就住在这个房东家里,我回家经常带些土特产给房东,过年或者房东生日的时候也会给房东红包,他们也不会亏待我们,有吃的,也会送些给我们吃。我有时工作忙,房东还替我照顾小孩,我现在在这里也有一种归属感,一回到老家,就想着回到这里来。其实,城里人不像有的人讲的,瞧不起乡下人,我觉得他们挺好的。去年,我离开了原来那家工厂,房东主动给我联系了一家公司,这里的待遇比原来的好。"

四 退"场":孤寂中失败者的退场主动

1. 选择退场:场域中的逻辑运作

场域是一种权力关系,是一个强者或弱者抗争的舞台,也是一个博弈的游戏空间,是各种势力的复合体,是这些势力关系通过持续不断地相互抗争、改变或颠覆对方的过程,是不同的权力运作或不同的关系组合的过程。城市管理者或者城市居民凭借社会赋予的权力或"先入为主"的空间占有逻辑,通过各种策略行使绝对的场域支配权,通过设置群体符号边界或制度性安排控制资源的配置和机会的获取,使"外侵者"被隔离在资源获取之外,包括身份的合法化、工作的平等获得、基本的物质生活资料的获取、居住空间的合法性存在等。城市通过制度的排斥性壁垒或城乡之间的户籍壁垒把流动农民工排斥在外。社会行动者是资本的承载者,而且,基于他们的轨迹和他们利用自身所有的资本数量和结构在场域中所占据的位置,他们具有一种倾向,能够使他们积极踊跃地行事,要么竭力维护现有的资本分配格局,要么起而颠覆它。"场域中拥有一定数量资本的行动者们会采取这样或那样的策略,要么起而颠覆,要么退而维持——或者还可以加上一种，就是漠然视之，远离游戏"。①

空间同样是个人寻找社会地位、社会身份、情感归依的场所，是归属感的天堂。流动农民工在城市空间中个人情感和心理精神上正在遭受创伤和磨损，传统一直延续的由于地区亲近带来的归依情感被日益磨蚀掉，人们普遍感受到传统乡村的宁静被城市的喧嚣破坏，传统的社区归属感和社区关系在流失，人的情感被否定，道德被忽视，个人、组织以及地方政府对其生活环境的责任被降低到最低程度。没有合法性的权力、没有情感的归依，他别无选择，退场便是弱者的一种最后的选择。退场是一种自我保护的生存策略，是一种底层群体的抗争策略，一种不争的游刃有余。退场也是一种争中有退，退场也是希望进场，却被排除在外；虽在场内，却不被场内接纳；表面在场，实际并不在场。

对于以农民工形式进入城市工作的农村居民来说，进城打工只是他们人生经历的一个阶段。他们中大部分在经历打工阶段后，又会回到他们原来出生和生长的农村。加上城市拒绝农民工在城市的身份合法化，一旦城市不需要他们的时候就会把他们踢出去。事实上，"对于一个在农村只完成了初中或小学教育的人来说，进入城市完全是进入了另一种社会和文化，甚至是进入另一个时代，这另一个社会、文化甚至文明所需要的技能、知识甚至修养，是他们基本不具备的"。"对于回流的大部分人来说，回流是一种被动选择而不是主动选择的结果"。"城市越进步，农民工融入城市社会的可能性就越小"。②

2. 如何退场：孤寂中的失败者

退场意味着在原有的空间中变成"沉默"的群体，或者成为一个完全被"驯化"的存在，从对主体性的过分约束到对主体性的"自我否定"，或者基于各种规训导致的"主体性被完全监管"

---

① 〔法〕布迪厄、〔美〕华康德著《实践与反思——反思社会学导引》，中央编译出版社，1998，第163页。
② 孙立平：《城乡之间的新二元结构与农民工流动》，选自李培林《农民工：中国进城农民工的经济社会分析》，社会科学文献出版社，2003，第45页。

或"被重新建构",或者意味着"身体"不再以生命的方式存在,把所有的东西或者生命全部留在原来的场域中。退"场"意味着以失败或成功的姿态退出原有的"场域",不再遵循原有场域的游戏规则。

退场的多种存在形式。

其一,退"场"体现在作为肉身的"身体"从原有的"场域"中退出来。"肉身"的身体意指最为肉体的个人已经从城市空间中撤退,或基于无奈的选择,或难以忍受恋家的苦痛,或为了婚姻的天堂,抑或为了人格或自尊的渴望。人的身体已经不在城市,但对城市的渴望、向往和最求,对一种现在城市生活的迷恋,仍然是他们永远不灭的梦。他们不再甘于农村的平庸,他们也不再是过去那个甘于清贫和寂寞的乡下人,他们把心留在了城市,带回农村的只是一个躯体和那不可弥合的伤口。

个案分析:空寂的舞台上——独舞者的悲歌

个案 D4:刘某,女,28 岁,已婚,初中文化,东莞市企业集中区(新城区)

"我是 1998 年来到东莞的,我现在每天生活在梦魇和痛苦中,那次事故留给我的创伤永远难以弥合。我当时进的是一家燃料厂,是别人推荐进去的,没有通过正式的劳动市场,也没有签订劳动合同,没有购买伤残保险。我当时初来城市,根本不知道,只是事情发生后才知道。发生事故的那天,我仍记忆犹新。那是 2003 年 6 月 8 日晚上 11 点多钟,当时由于老板急于赶一批货,我们被迫加班到深夜 12 点。记得当时加一个班一块五毛钱,我那是刚好感冒了,很累。我的任务是把布匹送进机器染。我也许是睡着了,手突然被布匹搅上了,我用另外一只手去拉布匹,接着我就昏迷了。后来醒来,我已经躺在了医院,我的双手也不见了,我当时只得大哭。后来,老板付了我所有的医疗费,以我操作不当为由,拒绝赔偿。后来,我去了劳动局,劳动局以我没有签订劳动合同为由拒绝接受。我走投无路,只有找老板。老板后来赔偿了我 3000 元钱就辞退了我。我现在不能做农活,只能待在家里。父母亲年纪大了,我不知道以后怎么办,有时真的想死掉算了。"

个案 E3:洪某,男,42 岁,小学文化,已婚,河南信阳地区,中山小榄镇开发区建筑工地

"我是去年和几个年轻人一起出去打工的,我在一次建筑事故中被砸断一条腿,后来被老乡抬回家。家里穷,老板也没有赔几个钱,腿伤一时半会儿也治不好。现在家里债台高筑,看着母亲每天流眼泪,我很难受。我再也不去城里遭罪受了,以后在家里好好种田,过自己的日子。"

其二,退"场"体现在"肉体"继续保留在原来的"场域"中,采用一种"远距化"或"差异性"的存在策略,在心里设置边界,自动隔离在"场域"之外,建立自己的空间,实现自我保护,形成一个隔离性的社会空间,或者一块"空间飞地",获得一种自我驾驭的主动性、不变应万变的生存策略。福柯也在《不同空间的正文与上下文》引入了"差异地点"的概念,用以描述与阅读各种差异空间,这种描述被福柯称为"差异地学"。在这种差异地点的叙述中,文化参与建构了差异地点。差异地点以不同的方式运作,差异地点预设了一个开关系统,这个开关系统存在着空间隔离与排他性实践的存在。① 通过建构具有构成性差异的多重空间模式,流动农民工可以获得一种自我保护机制,获得一种资源,获得一种情感性依存的根基,实现个人的生存和发展。流动农民工在城市中,以非制度化的实践场域来呈现,这种实践场域具有高度的生存机会。他们的这种日常生活实践场域由于在城市中不具"正当性",必然会面临来自城市异质性较高的外来

---

① 米歇尔·福柯:《不同空间的正文与上下文》,陈志梧译,载包亚明主编《后现代性与地理学的政治》,上海教育出版社,2001,第 18~28 页。

文化的刺激和干扰；也正是通过"小规模、零星、随时随地机动制宜的游击战"，"迂回、沉默、消极方式的方位战"，"以习惯经验的实作模式的传统理路"，在惯习和场域的边界树立起某种防卫，而这种防卫能为城市发展或"现代化"的发展逻辑所接受。流动农民工正是通过寄寓在这种狭小的城市生活空间或缝隙中，以围绕自己的身体来建构的以"自我"为中心的世界观，或以"自我"为中心而依来自传统乡村的"关系"向外不断复制和扩大建立一种新的社会关系网络，从而形成一个与城市主流社会断裂的、以利益和情感为基础的、具有自我延存性的"隔离空间"。

个案E10：李某，男，23岁，初中文化，湖南邵阳人，韶关市南郊开发区建筑工地工人

"我是1999年来到韶关打工的。刚来到韶关时，这里人的傲慢和鄙视的眼光实在让我受不了。在公交车上，城里人一看到农民工，就躲得远远的，好像我们生来就是与做坏事联系在一起的。我们住在城郊，尽量不和当地人往来。记得刚来时，同村的老乡就反复叮嘱我，千万别跟当地人搭话，要不然就会自讨没趣，还会招骂。所以，我们碰见当地人，都敬而远之，担心自己会莫名其妙被他们训斥一顿，或遭受他们的白眼。"

其三，退"场"体现在自我的屈服，或者形成一种"自我的他性"①，即源于空间变换或职业变化所导致的人格上的转换或断裂。"努力抹去任何可能暴露我的出身根底的痕迹，掩饰任何有可能使我停留在现有的社会位置的特征上（口音、生理素质、家庭关系）……这是一种'无法解救的矛盾'，铭刻在符号支配的固有逻辑之中……抵抗可能走向异化，而屈服也许通向解放……

---

① 〔美〕流心著《自我的他性——当代中国的自我谱系》，常姝译，上海人民出版社，2005，第2页。

这种屈服深深地寄居于社会化的身体内部,体现了'社会支配关系的身体化'。"① 退"场"也体现在获得一种"场域"的合法性身份资格,通过婚姻或者职业上的关系,获得一种合法的"城市居民资格"。原来的"身份"不是被"隐藏",而是一种合法性的"公开",但原来的身份已经不再存在。

很多打工妹,通过与当地男性缔结婚姻实现了永久留在城市的梦想,并彻底改变了农民的社会身份。

个案访谈:另类的解放——不是天堂的婚姻

个案 F9:张某,女,湖南益阳人,广州天河区居民

"我1998年初中毕业后来到广州,看到广州这么多高楼,这么多人,心里很羡慕。我当时就想留在这里,我首先在一家电子厂打工,工资很低,一个月只有300多元,还不提供住宿。后来我来到一家餐厅,当服务员。由于我人长得漂亮,喜欢的人比较多,但我一心想留在广州。后来我认识了一个本地人,没有工作,结婚了。结婚后发现自己的丈夫以前结过婚,后来离婚了,原来他脾气很差,经常打人,喜欢喝酒,喝醉后,稍有不顺眼的事情,就打我。我是外地人,没有办法,只好躲在家里哭,没有事情干。他经常赌博,深夜回家。我现在适应了,无所谓了,毕竟我留在了广州,家里人都很羡慕我,我父母亲也很荣幸,脸上有光,可是我心里很苦。"

个案 F10:张某,女,25岁,湖南邵阳人,广州天河区出租屋

"我湖南邵阳人,我来广州已经6年了,现在已经25岁了,家里人老是催我回家找个男朋友结婚。在农村,25岁的女孩已经是大龄了,早应该回家结婚生孩子了,我也着急。

---

① 华康德、布迪厄:《实践与反思——反思社会学导引》,中央编译出版社,1998,第25、26页。

回去了几次,见了三四个男的,发现家里那些男人太老土了,又没有多少文化,我只好继续待在外面打工。可我还是想待在广州,能过上城市里的生活。可在广州,找个本地男朋友不容易,而且对外地人又不了解,怕上当。我们一起的有个四川女孩子,长得很漂亮,她一直想留在城市里,后来在这里找了一个本地男朋友,长得很难看。后来结婚后发现,那个男的离过婚,吃喝嫖赌,无所不为。可在外地,没有人可以帮你,那个女孩子,一见到我们,就哭。"

个案A15:女,24岁,湖南武冈人,已婚,广州天河区猎德村

"我是2003年嫁到广州的,和一个本地人结了婚,那个人其实家里也很穷,住在长安下面一个比较穷的镇。那里和家里差不多,那里的人好像对我们外地的人不好,认为我们是想留在广州才结婚的。家里的婆媳也看不起我,经常使唤我。我觉得婚姻很失败,丈夫也把我当外地人。我非常寂寞,没有人能聊天,没有人能交流。"

"我不再是乡下人,在我的身上其实你看不到乡下人的痕迹"。这是很多流动农民工给我的一种直接的印象。从有些人的身上,我发现他们已经完全融入城里人的世界,变成了一个地道的城里人。看到眼前的李某,穿着高档的衣服,开着自己的本田雅阁,自信的谈吐,精明的眼神,我绝对不会想到他会是一个农民工。

个案F1:张某,男,43岁,已婚,湖北荆州人,广州天河区一社区居民

我是10年以前来到广州的,我那时在家里种田,觉得没有出息,就出来了。刚出来时,到处找工作。记得刚来时,我连公交车都舍不得坐。为了省钱,我一般选择走路。我后来在一家外资企业里面找到一份工作,我主要做操作工,负责线切割的工作。这个工作技术要求很高,但当时缺劳力,

我跟着一个师傅学，我当时只顾低头干活，默默学技术。后来，这位师傅辞职了，我就接上了他的活。我每天蹲在机床边，反复摸索，现在老板很器重我，我在这里买了房子，有了自己的住房。孩子也在这里上学，我父母亲也过来了，和我们住在一起。我会讲广东话，我和广东人一样，学会了广州人的精明。我现在和家里没有任何联系了，已经五六年没有回老家了。

个案 F2：李某，男，42 岁，已婚，高中文化，广州天河华景新城居民

我是 1992 年来到广州，至今在广州已经十多年了，现在在这里买了房子，一家人生活在这里。刚来广州打工时，与其他农民工一样，我买了一辆人力三轮车。以前的天河区是城郊，不像现在这样繁华，在这里我主要从事搬运活。我那时很能吃苦，也对人很诚恳，讲信用，干的活比别人多。后来有了一笔钱后，我购买了一辆旧的货车，给别人拉货，生意很好。那是 1994 年，月收入我都有 2000 多元。我后来又增加了一辆货车，雇了几个人。我现在在这里有七八辆运输车了，规模也扩大了。我们这些人，现在不再是穿那些满是油污的工作服和解放鞋了，一般平常都穿着入时的西装或夹克、皮鞋等，出入的都是大商场和大酒店。每年春节，我都会和广州人一样，全家出去旅游。交往的对象一般都是个体户、老板和客运的工作人员。

其四，退场意味着脱离城市的空间秩序，或者自发形成城市空间中的一种亚秩序，犯罪便是一种退场的亚文化选择。默顿关于越轨行为的"结构性紧张理论"就是一种很好的说明。在社会不平等广泛存在的环境中，处于下层的人们可能很少或根本没有机会通过合法的途径去实现文化或经济上的目标，结果，他们就有可能失去对这些目标的兴趣，或者失去通过合法途径实现这些目标的兴趣，或者同时失去两者。因此，越轨行为会更多地存在

于社会底层成员中。①

社会秩序还与社会资源在社会各阶层中分布的不平等程度有关。如果社会下层阶层不具备一定的社会资源就无法通过合法的途径来实现自己的目标,就不足以维持在这个社会中的正常生活时,就会直接影响自己对社会地位的满意度,产生一种强烈的剥夺感,导致对社会的敌意从而产生反社会的行为。李普塞特也有过详细的论述,如果某个阶层,当然主要是社会底层阶层,在总体上拒斥既有的社会分层制度和体系,那么由阶层意识或者说阶层成员的相互认同感所带来的这种约束力量,就可能会转化为猛烈冲击既有社会秩序体系的群体性的、组织性的抗争行动的感召力。②

在流动人口所寄寓的空间中,由于人口流动比较频繁,人口分布的差异性比较大,加上职业不稳定,人与人之间缺乏信任的基本生成机理,而且这些地区往往还是城市中的"恶习地区"(Vice district),成为各种犯罪分子的聚集地带,缺乏一种基本的本体性安全和归属感。在流动人口寄寓的空间中,邻里之间也存在很明显的差异,在这里,不但经历了从城市发展整体中被隔离,而且还继续被再次分隔,有来自不同地域的流动人口之间的互相隔离,有不同职业类别之间的隔离,还有不同血缘、地缘类属上的人为的隔离,形成一些新的封闭隔离区,形成一些道德秩序日益解体的空间。

个案访谈:犯罪——可怕的梦魇与美德沦丧

个案 G6:张某,男,38 岁,已婚,广东中山人,中山一派处所警察

个案 G7:李某,男,43 岁,已婚,广东广州人,流动

---

① Robert Merton. "Anomie and Social Structure". *Social Theory and Social Structure*. New York: Free Press, 1968.
② 西摩·马丁·李普塞特:《一致与冲突》,张华青等译,上海人民出版社,1995,第 74、90 页。

人口管理办公室工作人员

"'流动人口的行为短期化，管理难度大，犯案率高'，成为一个'法外世界'"。"到处都是污水，遍地都是垃圾，毒品泛滥，偷盗横行，抢劫猖獗，假冒伪劣产品到处都是"。

"我认为打工的人都是很苦的，用力气换几个钱还要养家糊口，挺不容易的。但有一小部分单身的、二流子式的打工人，到外边什么坏事都干，他们把工地上的部分器材偷出去低价4折销售。我以前在一家皮鞋厂的时候，很多农民工还把那些皮偷出去卖，也有的到小区里，看到别人的自行车，就顺手牵羊，然后再卖掉。这一小部分人都是不能和雇主搞好关系，不能打长工，只好今天在这儿，明天在那儿，也有最后犯了事被抓的。我自己是做苦力的，能多挣就多挣点，不会像那些二流子丢我们农村人的脸"。

"不是农民工喜欢犯罪，有时确实是过不下去，没有赚到钱，日子难过。去年我有一位亲戚，来到广州打工。我那位亲戚在家里，人挺好的，喜欢帮助别人，可来到城里后，连续一个月都没有找到工作，整天待在家里，连回家的路费都没有。后来，他偷了邻居家里的钱就被抓住了，钱不多，只有几百元钱，没想到，被关起来了。"

个案A16：沈某，男，26岁，四川人，未婚，小学文化，广州市天河区猎德村

"我小学刚毕业，就出来了，我们那里很多人小学没有毕业就出来了。看到村里的年轻人，都在广州打工发财，在家里修了很漂亮的楼房，很羡慕他们，就想快点出来，只带了300多元钱出来。结果一来到广州，就发现自己没有专长，一般的厂招工都要初中毕业，自己的小学学历，根本找不到工作。不到一个月，带来的钱用光了，就寄托在一个老乡那里。老乡对我很好，但是他也没有工作，我开始伙同他们偷自行车。我们主要利用一些市民对自行车存放不当，看管不严，在一些大商场、居民小区、地铁站口下手，然后把自行

车以较低价格销赃。心里想,既然出来了,总要赚点钱,但觉得这样做不好,但想到在这里反正没有人认识我,干点坏事也没有人知道,家里人也不知道,赚了钱就回家。没有办法,毕竟没有钱过不下去。去年,我们在偷的时候被警察抓住了,被罚了2000多元钱才出来。现在想来都有点害怕,要是家里人知道,怎样回家做人。"

3. 缘何退场:芭蕾舞者的陨落

退场的原因体现在制度的排斥性壁垒或城乡之间的户籍壁垒、一种基于底层群体自身利益比较的理性选择、家庭责任感的驱使、传统恋土意识的影响以及人格上的维护。

其一,制度的排斥性壁垒或城乡之间的户籍壁垒是流动农民工退场主动的根本性原因。1958年实施的《户口登记条例》标志着中国以严格控制农村人口向城市流动为核心的户口制度的形成。到改革开放以后,开始允许农民进入城市经商和打工,但农村居民仍然没有在城市定居的权利,而是实行暂住证制度。户籍壁垒导致了"社会的断裂",① 这种断裂主要是行政制度的因素建构起来的。特纳(Turner)说:"现代市民身份问题与两个结构性因素相关,一是社会成员身份从属于政府认可的社区;二是享有公共资源分配权利。"② 对中国来说,市民是那些有法律认可的城市户口,同时是国家提供公共产品和福利分配的享有者。因此,市民身份、城市户口的标志具有专有性和排外性,授予权利及优先权的对象仅仅是城市中的居民,而不包括农民工群体。以户籍制度为基础的城乡壁垒,事实上是将城乡居民分成两种不同的社会身份,不同的身份代表着不同的权利、地位和机会。这从城乡之间的不同的物资供应、社会福利待遇、教育和基础设施建设上就可以看出来。制度安排的惯性使改变了生活场所和职业的农民仍然

---

① 孙立平:《我们在开始面对一个断裂的社会》,《战略与管理》2002年第2期。
② 乔纳森·特纳:《社会学理论的结构》,浙江人民出版社,1987,第256页。

游离于城市体制之外，从而造成农民工群体在城市的边缘地位。为了城市现代化和发展主义意识形态的需要，城市把流动农民工当成一种临时的劳动力，视为一个匆匆的过客。一旦城市使命完成后，不再需要他们的时候，这些流动农民工就会被从城市中驱赶出去。

其二，选择退场的原因是一种基于底层群体自身利益比较的理性选择。在简单的利益比较面前，在流动过程中，外出打工的收益常年得不到改善。由于工作的不稳定性或低廉的工资，赚到的钱不够自己的车费和日常开支，加上打工还要承担很多潜在的风险，经常发生的意外伤害，连续发生的拖欠农民工工资等等，使农民工看到了农业经营的比较收益高于外出务工的收益这一客观现实。因此，很多仅能提供简单劳动的低素质劳动力在权衡利益之后选择了风险小，并能够与家人团聚的回乡务农。那些拥有一定资金并掌握某项技术的农民工也确实很想回家干点事业，他们选择风险小、收益高，还可以享受天伦之乐的回乡创业。

个案B4：李某，女，24岁，湖南人，初中文化，中山市石岐区老城区

"在这里待了几年好像没有归属感，总觉得是在异乡。打工嘛，发展程度只有这么高。如果能在这里有4000~5000元一个月，能供楼，就可能有归属感。在这里只有800、900元钱一个月，不可能有归属感，只是赚点钱以后能回家做点小生意。"

个案B5：聂某，22岁，湖南人，初中文化，中山市石岐区老城区

"我还是愿意落叶归根，不过城市还是比农村经济要好，但还是没有在这里发展的想法，觉得自己在这里是迟早要回去的，回去还是要好些，有一种归属感。我很少进厂，那里太累，又经常加班，我受不了那种苦，而且去受那种苦没有意义。我家里又不很缺钱，我一般去那些适合年轻人的环境

的地方求职。"

个案 D8：李某，女，湖北人，初中文化，东莞市企业集中区（新城区）

"我回家只是在那里没有找到好的工作，进了几次厂，工资太低，保自己吃饭都难。"

"我厌倦了城市的快节奏生活，每天早晨天没有亮就起床，晚上 10 点多钟还要工作，我受不了，就不想继续做了，我就回来了。""我在一家塑料厂工作过，在那里我主要做组装工。晚上，工人只能轮流在一张床上睡觉休息，而且，我在那里也水土不服，加上工作环境高温有毒，我浑身出现蜕皮，生满血泡，实在待不下去，只好不领工资不辞而别。"

个案 A7：李某，男，26 岁，已婚，湖南永州人，东莞长安镇冲头村

"唉，在外也难，我是 1998 年就出来的，先在东莞一家建筑工地做散工，记得那时每天只赚 5 元钱。去年我和几个老乡一起来到现在这家公司，这家公司不提供住房，我们只得在这里租了房子。在这里，一个月的开支得 500 元，别看这件小小的破房，房东黑心，硬要 150 块，一个月的生活费加杂七杂八的零花钱得 400 多元，这一年就得 6000 多元。而我一个月的收入还不到 1000 元，弄得不好还糊不住口，干几年就准备回老家算了。在家里，日子过苦点，总算有稀饭喝。"

"我 1993 年来到东莞做建筑散工，干了半年，钱不好赚，加起来就几百元，回家坐车都不够；后来又去了韶关，在那里给一家家具厂搞搬运。1995 年回家结了婚，在家里没有事情干，结婚不到一年又出来了，在中山一家建筑工地做泥水工，包头是我们那里的人，对我们不错，但是，不稳定，三天两天没有事情干。1996 年，我只好回家，就再也没有出去过。后来一打听，那几个一起在建筑工地做事的人都回家了，我们准备回来搞装修。在中山，我们学会了基本的装潢技术，

只要有工程,我们就开工。在家里比在外面好多了,赚到的钱也不少,而且不用拼命地工作。"

其三,选择退场的原因也是受家庭责任感的驱使。外出打工的农民工绝大部分是青壮年,他们一般都是家中的"顶梁柱",在家庭生活中担负着主要的责任。他们不仅要自我生存,而且要赡养老人、抚育下一代。家庭需要他们,他们也放心不下家庭,尤其是农忙季节,促使他们回家,与家人一起共度"难关"。婚姻也是他们选择离开的另外一个重要原因。"女大当嫁,男大当娶"在农村中是不变的信念,很多青年民工到了该成家的时候,毫不犹豫地抛弃了城里的一切,回到了能够让他们找到自己最终归宿的家乡。

个案 A17:罗某,女,26 岁,四川人,已婚,高中文化,广州市天河区猎德村

"在外面打工,你永远都是打工,你不可能在外面打一辈子,你总要你自己的事情。"

"家里人一直催自己回去,没有办法,不回去不行,个人的事情不能老是要家里人操心。老是在外面打工不行,必须要考虑自己的事情(即成家),后来回到家里待了 2 年多。"

"后来还是又想到出去,在家里毕竟比较闭塞,又找不到什么事情做。再说,在家里你不能说靠爹妈来养活你嘛,这样多没有面子,所以曾经也出来过,但是没有找到好的工作,又回去了。当时回去现在想来有点后悔。"

"我在城市打工还行,我回家只是因为婚姻,我父母亲每天给我电话,要我回家结婚,我结婚后,就怀孕了,现在不能出去了。"

个案 A9:曹某,男,27 岁,湖南郴州人,东莞长安镇冲头村

"我是1998年到中山的,当时在一家建筑工地做小工,后来包头不做了,我又去了一家家具厂。2002年家里给我相了一门亲,多次打电话催我回去结婚。我当时不太想回家,自己在外多少能赚点钱。最后,想了几天,发现自己年龄也不小了,到了该结婚的时候了,我最终还是决定回家结婚。结婚后再出来,但后来,老婆怀了小孩,家里要人照顾,就再也没有出来过。""我有个哥哥2002年出去的,结果在外待了不到一年,老婆就劳累过度,生病了。加上孩子读中学了,在学校寄宿,家里还有老人,没有人照顾,就回来了,一直就待在家里。"

其四,选择退场的原因是传统恋土意识的影响。中国的农民大都受传统乡土社会的影响,视土地为命根子,安土重迁、叶落归根的思想根深蒂固;家庭的血缘纽带和脉脉温情,赋予了当事人一种永恒的韵味,一种令人陶醉的温馨和不绝的怀念。"城市虽好,但不是我家;农村虽差,好歹是我家"、"落叶归根"、"金窝,银窝,不如自己的草窝"是很多农民工的感受;在困难面前,农村自然是农民工首选的"避风港"。流动农民工从来就不把自己当作城里人,甚至在心里横亘着一条与城里人无法认同的鸿沟。正是这种"恋家情结",使得大多数农民工在"应该回去的时候",就义无反顾地回到了让他们魂牵梦萦的故乡。

个案A8:张某,女,24岁,湖南郴州人,东莞长安镇冲头村

"我是1998年就出来打工的,当时出来时,村里有好几个老乡已经在这家工厂打工了,我待在家里没有事情干,就出来了。我先在一家编织带厂上班,那个厂有60多员工,总共有16台机器。当时住在职工的临时宿舍,十几个人住一间,两边摆双架床,中间只有一条小小的过道,很拥挤。有时没有订单,整天没有活干,很无聊。赚了钱,还是想回家,

异乡毕竟是异乡，俗话说得好，落叶归根吧，还是回去好一点。毕竟离家里那么远，家里还有自己的父母呀，兄弟姐妹呀，在外面是无亲无故的，只是我们夫妻两人或一家三口也没有什么意思。在外面过年过节的时候特别感伤，想家，真的。记得我第一次在外面过年的时候是捂着被子哭了一个晚上，难道你不想家吗？城里人生活好，羡慕归羡慕，生活还得要自己创造，我回去也可以在城市里生活，我不一定就一定要回到农村里去，家乡的县城离家里很近。""外面的变化比较大，我没有一点变化，生活方式，和以前没有什么变化。在这里没有归属感，如果能够赚几十万，还是回去好。不愿意在这里买房子，有的在这里买了房子，但户口不在这里，小孩读书、办事情很不方便。而且，在这里，没有任何关系网，很孤独。在家里逢年过节，非常热闹，邻居之间互相往来，在这里，冷冷清清。"

其五，选择退场的原因是因人格上的维护。"当行动者并不完全认同那些情境规范，或根本就不认同的时候，各种约束就强加到行动者的身上，在这种情况下，他们的自主性就会受到威胁，需要做出某种妥协。"① 回流农民工大多从事的是粗、重、脏、累的活儿，但他们是通过自己的诚实劳动获得个人收入的，理应与"白领"一样光荣受尊。可是由于世俗的偏见，尽管他们踏实工作，认真做人，但在很多城里人的眼里就是"乡巴佬"，被视为三等公民。为了人格的尊严，在扛着背包出走的人群中出现了一些受不了那种人格羞辱而回流的农民工。人际关系的淡薄，他们无奈、难堪、别扭，这种动荡不安的生活，他们确实受够了，他们厌倦了城市的喧嚣和冷漠，他们焦虑，为了找到心中的那份宁静，他们中的许多人远离了喧嚣的城市，回到了舒心的故乡。

---

① 安东尼·吉登斯：《社会的构成——结构化理论大纲》，生活·读书·新知三联书店，1998，第217页。

"很希望过年,在外辛苦了一年到过年就可以回家。一年来风里来,雨里去,忍饥受冻,还要受城里人的歧视。这里的老板不把我们当人看,经常吆喝我们,顾不得家中妻儿老小的思念,烈日下,饱受太阳暴晒,但又为过年领不到工资担心。我们这里的包头欠我们工资几个月了,有时发誓在家穷死也不出去打工,可是每年又出去了,能有什么办法?人毕竟还要赚钱养家糊口,我准备再做两年就回去,不受这个气。"

"我回家只是觉得在城市里受人欺负,城里人不把我们当人看,家里好,没有人会欺负你。""当初到这里来就是为了赚钱,养家糊口,不会想到到这里来见世面,到外面活受罪,哪是见世面,干一段时间,就准备回家种田去。"

"我在一家餐馆洗碗、端盘子,还负责餐馆的卫生,每天晚上很晚才收场,一天都要工作十二三个小时,没有休息日。有时老板很凶,服务员动作慢些就会被训斥一顿,有时,不小心把菜端错了桌子,老板会大骂。其实,这些我都能够忍受,可气的就是那些不三不四的客人,借酒说些难听的话,动手动脚的。醉醺醺的还让我们陪他们喝酒,我气不过,就回家了,再也没有出来过。"

下 篇

城市空间生态与城市道德空间

- 现代化的发展逻辑、农民工的现代性谋划、社会排斥以及流动农民工的行为逻辑的社会后果，就在于培育、滋养和维护一种空间的社会分类，即存在一种空间的分类叙事和话语系统，存在一种社会空间的分类、指称和叙事。这是一种建立在空间格局中的"自我"与"他者"的社会分类，这种社会分类是通过指称和作为叙事的话语系统来完成的。

- 存在一种建立在空间上的现代性语境中的自我书写的空间，即一种自我认同的主体性生成的困惑和变异，一条言说和寻找自我之路的空间的缺失和畸形生产。

- 在社会分类和自我认同的逻辑中，有一种流动农民工的身体的书写。身体是一种空间位置系统中的实践图式，从言说公正的身体到抗争的身体，从抗争的身体到一种身体的经验事实，即身体在空间中的焦虑和疼痛肉体的记忆。

- 关注流动农民工在城市空间中道德的历史向度和作为主体的道德生活世界，肢解呈现困顿之像的流动农民工生活世界的道德语言和道德语句的句法结构，销蚀作为宰制性权威的以城市为中心的道德话语霸权，在城市空间的"道德集中营"中重建一种新的道德基调和道德乌托邦的边界。

第七章

空间体验：流动农民工与城市空间秩序

　　社会空间也是表达社会意义或社会象征符号的载体或承担者，是一种意义的生成装置。通过行为主体在空间实践中的表征性活动，空间便在生活现实中具有象征符号、社会分类、形成分类性判断的功能，具有差异性符号和差异性标记的功能，使得社会世界客观地呈现为一个根据差别的逻辑、群体符号边界、分化距离的逻辑组织起来的象征空间体系；另外，社会空间是一个实现身份认同、完成主体性建构、产生自我归属感、获取情感归依的场所，借由日常生活实践中的社会空间，通过同一寄寓空间、相同类别的人群的相似性的强化过程，或者寄寓不同空间的不同人群之间的差异性的社会比较过程，改造旧的认同规则或者发明新的认同基础，培育对"我群"的认同，强化其边缘群体的社群意识，完成异质性共存。

　　本章所关注的是：在重大的社会事件、结构性排斥以及底层弱势群体的行动逻辑的背后，流动农民工在城市中的空间秩序如何？他们体验的是一种什么样的社会事实？即处于一种什么样的社会生活语境？即是否存在着一种基于不平等事实的社会分类或群体符号边界？是否能在社会分类或话语框架中完成一种实现自我认同的主体性生成？是否能体验到一种基于身体的本体性安全和生活意义的生成装置?

流动农民工正是在社会分类中完成建构了"我们"和"他们"的世界,在自我认同中完成自我的书写和建构,在身体的现实表征中完成了一种身体在空间中的体验。现代化的发展逻辑、农民工的现代性谋划、社会排斥以及流动农民工的行为逻辑的社会后果,就在于培育、滋养和维护一种基于空间的不平等社会分类,即存在一种空间拒斥的分类叙事和话语系统,存在一种社会空间的分类、指称和叙事;存在一种建立在空间上的现代性语境中的自我书写的空间,即一种自我认同的主体性生成的困惑和变异,一条言说和寻找自我之路的空间的缺失和畸形生产;存在着身体在空间中的焦虑和疼痛肉体的记忆,这是一种走向裂变的空间生态和社会生活事实。空间生态回归到群体边界、主体性和身体事实,以主体性、身体来考量群体生态,这是一种新的社会学思路。

一 社会分类与群体符号边界:"我们"与"他们"世界

在实地调查中,作者发现,在流动农民工、城市居民或者城市精英的言语中,充满了大量的"我们"和"他们"的词汇。在"我们"和"他们"言语的背后,隐藏着这样一种逻辑,即我们属于不同的群体,我们存在着一种群体的符号边界;隐藏着一种基于空间的社会分类。以往的流动农民工研究,关注的只是分层的尺度和形态、分层之后社会资源占有的不平等格局以及不平等格局形成和再生产过程,忽视了社会分层或群体分化的主观界定等社会心理过程,也忽视了流动农民工群体符号边界的社会建构,即忽视了叙事逻辑、话语系统和指称对群体符号边界的强化这样一个经验事实。这样,就容易把多重复杂的关联简约为几个相对简单的概念,如社会资本、文化资本、经济资本和权力资本等,以之作为核心的和价值负荷最重的分类线索。① 流动农民工不是

---

① 方文:《群体符号边界如何形成——以北京基督新教群体为例》,《社会学研究》2005 年第 1 期,第 25 页。

城市中的合法公民,不具有城市中的合法身份,既不是城市居民,也不再是原来意义上的"农民",所以流动农民工的社会分层存在着一种现实上的不可界定性。我在这里选择了社会分类概念,来界定流动农民工的社会身份的重构和变迁、他们的生存逻辑以及空间生态。

我们必须思考的问题是:流动农民工是如何接受这种社会分类的,是如何接受这种社会分层和群体分化的结果?他们又是如何识别自身和所属社会阶层的异同?他们是如何建构或解构对所属社会阶层的社会分类,又是如何通过日常生活中的话语言说系统、日常生活叙事来达成这种社会分类的?又是如何在日常生活实践中通过自己的行动表征这种独特的群体风格的?即流动人口和城市居民是如何识别和形成"我群体"与"他群体"之间的符号边界,形成自己的社会类别?

1. 分析框架中的概念和内在逻辑机理

理解社会分类必须理解在这一分类框架之中的几个核心概念,即最能说明何为社会分类的一个既定性框架构成,这里的核心概念是"社会分类"、"符号边界"以及"社会范畴化"。

(1) 社会分类。社会分类的概念源于挪威人类学家巴斯提出的族群边界理论,即大量具有差异性的族群间的人口迁移使不同文化背景的人相遇之后所形成的组织文化差异的社会结构方式。社会互动和相互承认是建立社会系统的基础,文化差异通过族群的方式组织起来,通过认同和排斥异己的方式使价值差异共存,使社会互动得以持续,从而维持共同社区的社会生产协作和生活交往。族群通过行动者的认同和归属来分类,并不是仅仅或必须靠占有排外性的地域来维持,也不通过定义他们自己的特征来维持内部团结;族群是通过自己的归属和排斥"陌生人"策略来维持这种社会分类的。属于某一个群体意味着做一种特定的人,拥有这种身份便意味着用与这种身份相关联的标准进行自我判断和被他人判断,各个群体又通过使用各不相同的标志和记号相互区别,以此划开彼此的界限。这些标志和记号构成一套符号,代表着每一个族群所特有的一整套价值、规范、族群关系模式以及社会地位等级等等,形成族群边界和某种社会分类。①

在中国农村社会中,不同的家族群体有着相对清晰的边界,这种边界的界定主要是基于农村社群中普遍存在的差序格局而产生的。个体根据其他个体或群体与自己的亲缘或血缘关系的有无、远近,而将自己所处的社群分成"我群体"和"他群体",并相应地产生对我群体的归属感和认同感,以及接受社会及我群体内部对他群体的社会共识性评价,形成一种社会类别。

方文在《群体符号边界如何形成——以北京基督新教群体为例》中对"社会分类"有过比较完整的论述。

> "在特定的社会语境中,每个人都被分类或范畴化,因此获得多重确定的群体身份或范畴成员资格并占有自身确定的社会位置。分类的尺度或标准,有的是先赋的,如性别、年龄、肤色或族群,甚至是户籍和出生地;有的是后致的,如教育水平和个人职业,甚至是消费和品味,这些先赋的和后致的尺度或标准相互纠结,构成多重复杂的相关关联。"②

很显然,在人类学家巴斯社会分类的概念中,社会分类是通过行动者的认同和归属、成员资格以及行为模式互动来完成的。在方文的概念中,更多的是从先赋性的制度安排和后致性的教育水平、个人职业选择、消费品位来界定,并不能涵盖群体符号边界中的一种实践逻辑,即忽视了城市空间实践中不同群体符号边界形成的社会心理过程和心理机制;忽视了社会认知、社会比较以及话语系统、叙事逻辑和指称在这一过程中的生成机理。

(2)群体符号边界。方文在《群体符号边界如何形成——以

---

① Barth, Fredrik. 1969. *Ethnic Groups and Boundaries: The Social Organization of Culture Difference*. Boston MA: Little Brown.
② 方文:《群体符号边界如何形成——以北京基督新教群体为例》,《社会学研究》2005年第1期,第25页。

北京基督新教群体为例》中对"群体符号边界"有过比较完整的论述。

> 边界（boundary），首先意味着差异（difference）、区隔（distinction）或界限（border）。具体说，边界，是人和物的限度或边缘的界线，是自身与他人或他物得以区分并表明差异的刻度。在区分和差异背后，预设人的认知活动，尤其是分类或范畴化过程；并且，这种区分结果是社会共识性的，而不是私人性的……符号边界可界定为社会行动者在对人和物进行分类时所获得的概念上的区分，并且这种区分是社会共识性的。而群体符号边界，就是社会实在中有关群际差异的共识性的概念区分；群体符号边界，同时也就是群际符号边界。①

个体在社会化的过程中，基于"自我"观念及守衡能力的形成，通过与自己具有相同特征的社会行动者的互动，首先将自己隶属于某一群体在社会结构中的位置，并形成我属于"我群体"的观念，形成对"我群体"某种共识性评价和感情；而对于"他群体"往往是在群体内部的互动中，通过我群中其他成员遗传品质或既有的刻板观念的继承，形成了与他群体的符号边界。流动农民工的群体符号边界生成于制度性安排、分类过程和某种范畴的建立，又通过社会认知、社会比较和自我类别化，通过这种社会类别的社会化（内化）和社会建构，达成了群体符号边界的内化；最后借由叙事逻辑、话语系统和指称，实现了群体符号边界的"内固"和强化。

（3）社会范畴化。社会范畴化在这里指流动农民工的群体符号边界的建构——分类过程或范畴化、门槛隐喻的生成、社会化

---

① 方文：《群体符号边界如何形成——以北京基督新教群体为例》，《社会学研究》2005年第1期，第26页。

以及强化的过程，是一个动态的概念，强调社会范畴生成的内在动力机制，是一个具有系统性的内在动力系统，这种内在的动力系统构成了社会分类或社会范畴的内在逻辑机理。

可以说，个体在社会化的过程中，基于"自我"观念及守衡能力的形成，通过与自己具有相同特征的社会行动者的互动，首先将自己隶属于某一群体在社会结构中的位置，并形成我属于"我群体"的观念，形成对"我群体"某种共识性评价和感情；而对于"他群体"往往是在群体内部的互动中，通过我群中其他成员遗传品质或既有的刻板观念的继承，形成了与他群体的符号边界。首先，流动农民工的社会分类的生成源于制度性的安排，即基于城乡一种二元分割制度的社会安排，即先赋性的制度安排，也包括后致性的教育水平、个人职业选择，以及日常生活中的消费品位，其动力机制表现为最初的社会化和先天的类别化安排。这是群体符号边界生成的最初动力，在流动农民工的社会情境里，表现为：我是农民，在城市中不具合法性，我的职业应该是从事农业生产，我的消费应该是一种农民消费等。其次，这种社会分类形成于某种社会心理过程和心理机制，即通过社会认知系统、社会比较和自我类别化，完成再社会化或者自我类别化运作，并通过行为的互动模式，进一步内化这种群体符号边界，实现这种群体符号边界的再生产。最后，社会分类是一种叙事逻辑、话语系统和符号指称进一步强化的结果。叙事逻辑、话语系统和符号指称通过社会建构和知识的生产，达成了群体符号边界的"内固"和"强化"的过程。

因此，与以往研究农民工的视角主要是社会分层、制度安排以及社会地位等内容不同，本章主要从建构主义、符号互动理论出发，从制度生成、社会分类、制度内化以及强化的逻辑顺序展开论述，着力探讨农民工作为一种制度安排是如何通过符号、互动和社会心理建构而成为一种实在的。所以我在这里选择了社会分类和群体符号边界等概念，来界定流动农民工的社会身份的社会建构和变迁及其建构逻辑。

1. 制度性安排、分类过程和范畴：群体符号边界的生成

制度性安排、分类过程和范畴强调的是先赋性的制度安排、社会身份、家庭背景和后致性的教育水平、个人职业选择、消费品位以及个人的社会地位和资源占有情况；更多的是一种先赋性的社会决定以及受这种先赋性所影响或制约的后致性获得，也包括个人的空间位置、社会互动模式、居住格局以及族群之间的差异性。这里的分类是一种积淀在空间中的社会结构模式，形成于社会资源获得的可能性、制度性的社会安排和个人的人际互动序列。这种群体符号边界形成的动力体现在个人或群体的最初社会化、社会类别化（先赋性安排）以及个人的主观能动性。

如图所示：

制度性安排	社会类别化/制度化	
社会互动		群体符号边界生成
居住格局	社会设置、社会互动仪式	
教育、职业、专业技术、消费等		

流动农民工的社会分类最重要的还是一种制度性安排。城乡二元结构首先从空间格局上建立了一种社会分类，即城市和农村；又在此基础上，把流动农民工降低到缺失的"他者"的地位，建立了一种基于个人职业或社会身份的社会类别：农民和城市居民，并通过城乡二元户籍政策实现了一种社会类别的合法性安排。随着大量的农民进城，就出现了一个新的社会类别——农民工。农民工是不同于城市市民的一个社会类别，是中国近20年以来社会建构的产物。"作为一个堪与'农民'、'城市居民'并存的一个身份类别，'农民工'在80年代依赖的中国社会中，是由制度和文化共同建构的第三种身份"，[①] 是社会制度安排和城市公共政策决策的结果，体现在城乡二元结构在中国社会中的根深蒂固。凭借城乡二元分割的户籍制度、城市管理系统、劳动部门、社会保

---

① 陈映芳：《农民工：制度安排与身份认同》，《社会学研究》2005年第3期，第130页。

障、公共教育系统将城市流动农民工排除在"城市市民"之外，制度规定农民工为"非城市市民"，使得农民工作为一个特殊的社会类别被有意或无意地社会建构。①

社会身份理论认为，社会身份是一个过程，在模糊的群体关系中，这是相同类别的人群就其相似性的强化过程，也是不同类别的人群之间就其差异性的强化过程，这种强化过程产生类型的分化。②"社会身份是有关个人在情感和价值意义上视自己为某个社会群体成员以及有关隶属于某个群体的认知，分享共同的身份，是一种相同的社会类别，群体属性是其基本特征"。③ 确定的成员身份是个体区别于其他族群中的相关个体的重要标志，这种成员身份使个体作为特定的群体成员而表现出对群体的归属与认同，以及相关的社会共识性评价。这种群体成员身份的形成需要两个基本要素：①群体成员对我群体的界定；②成员身份为他人所认可，在社会中形成对该身份确定的共识性评价。"农民工"称呼就成为这个群体的类别称呼，成为一个受与户籍身份相关的制度对待的特殊社会类别，这种社会类别的建构为"城市的相关制度提供了某种正当性的源泉；也给'城市居民'确定一个确认外来身份的优势立场；还给乡城迁移者本身提供一个新的身份"。④ 这种制度安排的结果是，流动农民工成为一个与"城市市民"和"农民"不同的一种新的社会类别，这种社会类别在城市中由于不拥有合法的身份，就有理由接受不平等的社会待遇和享受不平等的社会政策。

很多社会学者从居住格局、族际通婚、社会交往等几个方面

---

① 陈映芳：《农民工：制度安排与身份认同》，《社会学研究》2005年第3期，第130页。
② 佟新：《社会变迁与工人社会身份的重构》，《社会学研究》2002年第6期，第3页。
③ 陈映芳：《农民工：制度安排与身份认同》，《社会学研究》2005年第3期，第130页。
④ 陈映芳：《农民工：制度安排与身份认同》，《社会学研究》2005年第3期，第130页。

来测量族群关系的性质和程度。人们选择与什么人做邻居，与什么样的人结亲家，与什么样的人交朋友，与什么样的人打交道，这些人的社会群体特征实际上就反映了社会群体划分的边界。区分自我和他人是人类生活中最重要的分类，个体如何在某种空间或文化生态下，建立自己的分类系统和解释系统受到了社会心理学界的重视，其中包括自我边界的划分，群体符号边界的形成、生产和再生产。

乔治·齐美尔在《大都会与精神生活》就对空间有过自己的观点，提出在城市空间中，人们对所有面孔变得模糊并且转换成无形状的统一地点的距离之维护；这种分裂经常带有厌恶和反感气息，是对在陌生人当中生活存在的危险的自然防卫。他们维持着这种分裂，这种分裂是这种情况下社会交往的唯一形式：彼此相邻而居。它们现在是自我防御自然的、唯一可行的方法。这是一种距离维护，是一种对危险的自然防卫，同样也是一种建立在空间基础上的社会分类：通过居住格局建立一种群体符号边界，满足自我安全感的需要。"站在自感安全的明确立场上的人，他的每一个动作都宣称将他者拒斥在一定距离之外的权利……所有的生命被安排在一定距离之外……在房子里他幽闭了他自己、他的财产、他拥有的职位、他渴望的地位……所有这些都用来产生距离、用来巩固和延伸距离……没有人能够接近另一个人，也不能达到他的顶点"。① 这里的社会分类强调在日常生活中个人控制和排他性的自我概念或自我群体性的概念，这种边界标记清晰，是拒绝将他人纳入边界之内的一种策略，是场域对个人或群体权力或实现控制的一种自我概念。

个案访谈：空间定位——一个农民工的社会分类原则

个案 G1：陈某，女，42 岁，大学文化，广东中山华侨

---

① 〔英〕齐格蒙特·鲍曼著《后现代伦理学》，张成岗译，江苏人民出版社，2003，第 154 页。

中学教师

个案 F2：李某，男，42 岁，已婚，高中文化，广州天河华景新城居民

"选择邻居还是要考虑尽量注意安全，我不愿意和流动人口居住在一起，不安全。他们到处乱扔垃圾，生活习惯、文化程度不一样，没有共同语言，不方便。"

"自从那里住了很多流动人口，我就从那里搬出来了，觉得那里不安全，东西容易丢。而且，每次从那里经过，他们都眼睛怪怪的，挺吓人的。"

"我的房子还在装修，自从这里的流动人口增多了，我就买了房子。不过在这里也不像人们所说的那么乱，这里的人挺好的。他们回家，还会给我们捎上一些从家里拿来的特产。不过我还是决定搬出去，毕竟这里的环境不好，现在连那些清洁工人都不来这里清扫垃圾了。"

个案 C10：张某，男，26 岁，初中文化，已婚，湖南洞口人，中山市南区环城金叶新村出租屋内

个案 A1：张某，女，15 岁，湖南岳阳人，失学的独生子女，东莞长安镇冲头村

"我们这里经常有人流出，经常出现一些新的面孔，相互之间没有什么交往，人与人之间的接触很短促和肤浅，最多只是一种偶然的、临时的接触关系。"

"这里我没有老乡，当初来这里只是因为这里的房租便宜，离工厂很近。"

"我每个晚上都要加班，10 点多钟才回家，又没有休息日，所以和邻居之间几乎没有往来，偶尔碰见了，只是点点头。"

"我认为在这里人与人之间冷漠，不重人情，人际关系以利益和金钱为重，有点受不了，邻居之间很少往来，这样下去，人都会疯掉。"

"这里的人互相孤立、分割，不相往来。"

"进入当地圈子，本地人对外地人的看法就是把我们当

成一个外地人。他们称我们'老仔',听起来感觉就不舒服,有一种歧视的感觉,现在这种态度好像有所改变。"

这种建立在社会空间上的社会分类,以及所达成的一种空间距离上的维护,是建立在一种社会类别与范畴化的基础之上的。即流动人口是一种不为城市居民生存空间所认可的社会类别,是一种具有我群差异性的社会实体,这种实体会带来危险或对本体性安全的威胁。这就需要一种策略,就是建立一种社会分类,拒绝和他们接触,或者尽量远离他们。

2. 社会认知、社会比较和自我类别化:群体符号边界的内化

社会认知或社会比较强调城市空间实践中不同群体符号边界形成的社会心理过程和心理机制;社会类别也是作为共享的社会实在或社会表征,是人的社会知识的一部分,即人在社会互动中能有效识别自身和他人的群体所属,并能犀利和灵敏地觉察到我属群体与他属群体之间有形或无形的差异或边界,或是一种对自己个性品质的知觉或自我概念的生成方式。在社会互动中,援引启发式原则和有限理性判断对其自身和他人的社会位置和社会阶层的所属进行有效的识别。在流动农民工或城市居民的社会认知系统中,既包括一种视为当然的"背景知识",即一种非反思性知识,类似于舒茨的"手头的库存知识",这种知识系统源于社会结构性安排和资源分配结果;也包括在日常的社会互动模式中的社会印象或社会比较,不断地被再社会化,内化为一种知识系统,强化这种社会分类。这里是一种社会心理过程,是一种对自己个性品质的知觉或自我概念的生成方式,是一种刻板印象的社会生成。"在我和他们之间的距离是被知识制造的,发动有意识的知识建构过程,在生活世界中,个体的亲近和远近是通过知识的多寡程度来衡量的"。[①] 这里的自我是一种动态持续性的自我,

---

① 〔英〕齐格蒙特·鲍曼著《后现代伦理学》,张成岗译,江苏人民出版社,2003,第173页。

从具体的生成、演变轨迹、演绎路径到最后的自我生成。

如图所示：

```
社会认知      自我类别化/社会化
社会归因     ───────────────── 群体符号边界的内化
社会比较      社会心理过程
```

首先，流动农民工的社会类别源于城市对农村的偏见和"置错"的认知系统。这种社会分类是通过知识的获得和分配在智力上被建构的，体现在"我们"和一起生活的"他者"以及"我们"对"他者"的认识；每一个人都在对过去相逢者、交流者和共同生活者，沉淀的、选择的和程序化的记忆之外去解释他或他自己，对"他人"的分类①。农村人给人的印象往往是愚昧、无知、自私（个人主义）、贫穷。这些刻板观念在多数情况下，是社会中的强势群体或者所谓的主流文化对农村人这个在社会阶层中处于相对劣势的群体的污名化过程，这是强势群体基于对农村人固有的刻板观念以及一些特殊场景下的农村人的行为而形成的，这是一种基于个别化场景而形成的社会类别意识。在社会心理学内体现为一种个体内过程（intra-personal or intra-individual process）的研究，主要关注作为个体的社会行动者在社会语境中组织其社会知觉、社会判断、社会比较、社会评价和社会情感的规则和机制。

对城市居民来说，现在的事实是，农民大量来到了城市，他们不再是不可见或"被隐藏"的农民，他们"侵入"了自己的空间，变得可见或不可回避；农民来到城市，改变了自己的社会空间结构，也改变了自己的职业，不再是传统意义上的流动农民工。面对这些农民工，城市居民或城市管理者必须改变自己原来的知识结构和社会刻板印象，即改变源于对他们的传统和道德的无知

---

① 〔英〕齐格蒙特·鲍曼著《后现代伦理学》，张成岗译，江苏人民出版社，2003，第175页。

所带来的知识，把他们作为新的社会类别来理解。在城市居民的社会认知系统中①，必须用已经获得的知识和我们相互作用过程中还在不断获得的知识去解释他，必须通过典型化的过程知道他们的存在，作为种类而不是作为个人。另外，对于陌生人，总存在着一种危险，就是陌生人"越过路障"，玷污了本应保持密封的界限，并且因此逐渐侵蚀了"模式化的"安全世界。陌生人是对分类、秩序、社会空间价值定位的一个威胁，对于陌生人，我们了解得太少，避免接触是唯一的拯救，希望从一定的焦虑和不安中解放出来。这样流行在城市中的行为逻辑就是一种视若陌路的技术，扩展视若陌路的技术所导致的结果就是，"剥夺周围潜在的社会空间的社会化"。避免我们周旋于其中的物理空间转变为社会空间，将那些在其他范围的他者驱逐出社会空间，或者否认他们的入场权，意味着避免获取他们的知识。加上，流动农民工在城市里代表着无身份或者身份令人困惑的陌生人所援用的规则的缺乏或与城市的不相容，是城市居民或城市管理者不能获得流动农民工的令人满意的知识量，仍然以"手头的库存知识来理解流动农民工"固化的、刻板的社会认知系统并没有改变，日常生活实践中的农民工事实就变成了愚昧、自私、懒惰或者混乱和粗俗。这样，定居者对陌生人的先验性变为一种认知先验性，即新时期的居民是危险之所在，集中了焦虑和恐惧、危险与恐惧的汇聚点、切实的危险、外来的异类、污染的根源、不适当位置知识等，将陌生关系现象的先验性重新铸进社会空间。

其次，社会比较也会加剧群体符号边界的社会生产，"固化"或"加强"一种社会分类的社会建构；体现为参照群体理论、费斯汀格的社会比较理论，强调社会比较过程、外群同质性和异质

---

① 流动农民工的处境类似于 W. I. 托马斯、F. 兹纳涅茨基所描述的身处欧美的波兰农民：实际情况往往是由于波兰农民的传统和道德观念的无知而使情况恶化，而这种无知正是大多数善意的、理想主义的社会工作者和法官们的特征。

性、内群分化,在流动农民工的经验事实中就体现为,农民工眼中的城市居民、管理者、城市居民眼中的农民等。根据泰弗尔和特纳的社会认同和社会比较理论,在群体成员的知识和观念的建构中,群体外成员是同质性的,也就是都具有作为群体外的个体的成员身份。而作为外群成员,其对某一特定的群体内部的评价却往往使群体内部成员之间存在着一定的分化。①

社会认知或社会知识以及社会比较的心理过程最后达成了"自我类别化"或一种"再社会化",即一种社会分类的自我意识的形成。米德认为,"自我意识的产生主要是基于两种图景,一种是在社会互动过程中作为交流媒介的符号对人的自我引起它在其他个体上的反应,而且这种符号,对任何处于相同情境的人具有普遍性;另外一种图景是儿童在游戏和竞赛中获得某种成员身份,并遵守相应的规则,虽然这只是一种游戏性的反应,并未形成一个整体。但这种在游戏中扮演他人的角色,是完全意义上的自我意识的形成,并变成有组织的成员所必不可少的"。②原初范畴化的过程,使儿童将"自我"与"他人"区分开来。自我类别化或范畴化的过程则是通过反复的社会认知和社会比较,对自己所隶属的群体的认同及对自己所具备的群体成员身份的共识性评价,使个体将自己所处的社会环境分为"我群体"和"他群体",即不断强化相互之间的关系,通过建立我群之间的相同性和他群之间的差异性实现对社会身份的认同,其话语中充斥着"我们"和"他们"。社会身份的建立过程也确立了相关群体的社会位置,使得群体间的互动具有结构性的特征。③

① 泰弗尔和特纳:《群际行为的社会认同论》,方文、李康乐译,《国外社会学》2003年第6期。
② 〔美〕乔治·H.米德著《心灵、自我与社会》,赵月瑟译,上海译文出版社,1992。
③ 佟新:《社会变迁与工人社会身份的重构》,《社会学研究》2002年第6期,第6页。

个案访谈：学校隐藏的分类课程——"自我"言说"他者"的过程

个案B6：张某，女，13岁，学生，湖南岳阳人，中山市石岐区老城区

"我们流动人口大都愿意与当地城市居民交往，可他们瞧不起我们，躲得远远的。我也喜欢城市的生活，希望能成为这个城市的一分子，希望能被这里的城市居民尊重，可这只是奢望，毕竟我们只是外来人。"

声音1：城市人子女往往综合素质较高，比较聪明好动，具有一定的创造和想象能力，并且活泼开朗，穿着讲究时尚，能说会道，话语表达能力较强。

声音2：他们（流动农民工子女）往往成绩不好，跟不上课，经常旷课，缺交作业，不愿意和城里学生说话，性格内向，穿着不太讲究，不喜欢说话，而且比较敏感，容易受到伤害，很少参加学校的活动，很难管。开家长会的时候，家长都不会来。

声音3：老师总是骂我们笨，我们总是低人一等。把我们的座位编在最后几排，理由是我们不听话，喜欢打架。上课很少向我们提问，瞧不起我们。过年过节城里孩子都给老师红包，请老师吃饭，所以老师对城里人很关照。我们很少参加学校的文娱活动，城市人好像多才多艺，我们什么也不会，没有办法。

声音4：我最讨厌上学了，我不喜欢城里人瞧不起我们，他们有钱有什么了不起的。我每天上课都愿意在路上逗留，不进教室，我经常迟到，老师威胁说下学期我不要来了。

声音5：我孩子在附近一家城里学校读书，以前在一所流动农民工子弟学校。哪里是上课，是一间托管所，没有几个老师，教学条件很差，学生经常打架。为了孩子能进一个好点的学校，我托关系才进了这家正规城里学校的。那里教学条件好，升学率高。我每学期要交1200元的借读费，而且

孩子经常回家要钱，说老师要交的。平时我们忙，上班要加班，老板根本不准假，所以根本没有时间参加家长会。我孩子有时不肯去那里读书，经常迟到，我也没有办法，谁叫我是农民呢？

  声音6：流动农民工子女不爱吭声，害羞、忧郁，社交能力也缺乏，作业潦草不细心。我认为在学校，流动农民工子女也好，城市子女也好，应该一视同仁。可是流动农民工子女就是不喜欢说话，他们性格内向，上课死气沉沉的，一点儿精神也没有，老师、同学都和他们有距离。

  声音7：城里人有钱，我们家里穷，我感觉总是低人一等。我父母在这里每天很早就起来了，他们在附近菜市场卖菜，很辛苦，一天赚不了几个钱，还要供我读书。加上我学习成绩也不好，我在班上很少说话，老师也很少关心我，我坐在班上最偏的座位。我不想读书了，可是父母亲不同意我退学，下学期就是家里人打我我都不上学了。

  声音8：我感觉城里的学生好像比我们聪明一些，他们见识广，而且表达能力要强，爱好也很多，会弹钢琴，会跳舞，会画画，而且他们的英语水平也很高。其实，我们并不比他们笨，只是他们的家里条件好，从小就请家教。

失落的声音和教师的分类课程

流动农民工子女	学习差　害羞　过于敏感　多愁善感　自卑感强　不喜欢说话　经常迟到　爱打架　有暴力倾向　社交笨拙　不团结同学　很难管　不爱参加学校的活动
城市子女	聪明　好动　反应灵敏　活泼　爱好广泛　胆子大　听话　反应迅速　理解力强　容易沟通　学习成绩好　具有创造性思维

  学校场域隐藏着一种不为人知的分类课程，隐藏着"自我"言说"他者"的过程。流动农民工在学校、教师、家长和同学眼

中，是一个不同的社会类别，而这种社会类别是一种刻板化印象。这种印象决定了学校、老师、家长和同学的行为逻辑。这种逻辑就是通过类别化把这种偏见和污名化事实内化到流动农民工子女的行为习惯之中。这种惯习产生了流动农民工在学校场域中作为"自我"的犹豫或多愁善感①，表现为在学校互动中的退缩和沉默，产生了一种城市子女"聪明"、"用功"神话的建立；而老师和家长正是促成这种神话建立的推动者，加剧了流动农民工子女的边缘化处境。在边缘中，自卑、逃离或者困守自己牢笼，成为流动农民工子女日常生活的叙事主题。② 正如 G. H. 埃尔德在叙述大萧条的孩子们的情感状况时说的，"当一个人的适应能力无法达到环境剥夺或匮乏的要求时，就会进入一种'社会因果关系的恶性循环'中，碰上'使他不敢再次尝试的失败'"。③

流动农民工子女的另外一种选择就是进入流动农民工子弟学校，在这里可以在城市正规学校之外变得隐而不见，和城市居民的子女隔离开来。然而，制度化生产着差异的社会化机构，建立的流动农民工子女学校，教学条件差，师资力量薄弱，加上流动农民工子女学校的合法性问题很难解决，与城市人之间的交往被隔离，人为建立一种社会不平等的社会事实，复制着一种差异性的社会文化。如果进入正规城市学校，流动人口子女入学必须多交借读费。在社会调查中发现，所有的学校吸收流动人口子女，

---

① G. H. 埃尔德在叙述大萧条的孩子们的情感状况时说："对于中产阶级还是劳动阶级家庭的孩子来说……神经过敏、不快乐、多愁善感与家庭经济受损关系密切……由于从属价值观而持续下去的社会因素诱发的情感痛苦症状，在社会底层更为恶劣的环境中最为普遍。"参考 G. H. 埃尔德《大萧条的孩子们》，田禾、马春华译，译林出版社，2002，第 342~343 页。
② G. H. 埃尔德在叙述大萧条的孩子们的情感状况时说："害羞和社交中的不快乐，代表着以社会地位的不稳定和巨大压力为标志的境遇中人际关系的一个更为普遍问题的一个方面……对他人的含률性的敏感，是一个人的自我意象和他人可能所持意象之间存在差距所表现出来的一种症状。"参考 G. H. 埃尔德《大萧条的孩子们》，田禾、马春华译，译林出版社，2002，第 185 页。
③ G. H. 埃尔德：《大萧条的孩子们》，田禾、马春华译，译林出版社，2002，第 350 页。

都必须交不等的借读费,最少600多元,而且远不止这些。据流动农民工家庭反映,平常经常出现向流动农民工学生收费的现象。贫困子女学校、学校收取流动农民工子女的寄读费、小孩在学校的不合群行为、教师的话语规训(流动人口的子女很难管、喜欢打架、旷课、父母不关心等),本身是一个制造社会排斥和社会分类的过程。① 城市和学校的环境以及城市居民子女的区别性对待(流动子女——我从来不跟城里小孩玩,他们看不起我们,他们喜欢攀比,有很多零食吃和零花钱等),提供了反社会文化的温床,是一种叙事性分类,群体符号边界得以生产,很多流动人口子女就此很早退学。

3. 叙事逻辑、话语系统和符号指称:群体符号边界的强化

要理解流动农民工的社会行动,须承认流动农民工的关系类型决定着这类行为模式,人们不断通过日常生活中的叙事、分类系统以及隐喻来赋予这类社会关系以意义。首先体现在人们总是基于城市或乡村或地区分类系统来解说某人的行为态度,这种不同的分类和叙事系统在左右着人们的日常行为规范,形成不同的群体观念。②

如图所示:

```
话语系统         社会建构
叙事逻辑                    ——— 群体符号边界的再生产和固化
称谓(符号所指)  知识的社会生产
```

---

① G. H. 埃尔德在叙述大萧条的孩子们的情感状况时指出,"被排斥的感觉经常会导致行动上的疏远,例如,那些自我评价比较低的孩子对同学的反应,一般总是进一步巩固他们的恐惧和遭到排斥的感觉。他们总是拒绝人家善意的建议,并且抱着敌意和不信任的态度,同时还拒绝改变一切。"参考G. H. 埃尔德《大萧条的孩子们》,田禾、马春华译,译林出版社,2002,第187页。
② 曼纽尔·卡斯特在叙述女性主义时,同样论及分类的存在,"因为女性已正当地反击她们在历史上长期被分类、被标示成物体而非主体的处境,更有甚者,特定的女性主义运动及运动中的各个女性,在其经验和抗争中纵横于各式类别,混杂了各种认同、抗争的对象以及自我认同的目标。此外有些分类可能代表女性主义的隔阂"。参考曼纽尔·卡斯特《认同的力量》,夏铸九等译,社会科学文献出版社,2003,第227页。

叙事不是对事件或行动的简单描述，而是将它们联系起来，排出次第，组成情节，然后加诸某个人物。所以，叙事是靠编故事或者言说这样的语言系统来制造人物的社会分类，是通过故事的社会分类或语言系统创造了人物的社会身份。"演员"不断地往返于叙事与身份之间（即生活与讲述之间），不断推敲关于自己或别人的故事，使其更符合自己或他人的身份；同时，"演员"还可以利用情节来左右真实，叫真实跟着故事走。城市空间中的不同"演员"根据全然不同的主题来编构他们的故事，他们挑选自己所需的类型、指称、隐喻，用以支持呵护其叙事所要求的那种人物，制度、知识精英、大众媒体在话语框架中成为"农民工"社会类别的"生产性机构"。叙事逻辑或话语系统表现为编织语言符号边界的修辞术，或一种带有道德歧视色彩的叙事话语系统，群众必须将"另类人"变成永恒的"非道德主体"，也就是将一小群人锁定在一个固定的"去道德化"的世界之中。而在现实生活中，这个"道德集中营"般的世界并不存在，或者说它的边界摇曳不定，唯一能够形成恒久"去道德化"世界的，只有语言，也就是符号世界。作为叙事或话语中的"群众整体"并不是一个自明的概念，他们无法靠自己来证明自身，他们唯一的"证题法"就是"合并同类项"。将另一个群体驱逐出假定的道德乌托邦的边界，将他们放逐出境，从而使自己假想的边界透明无比，社会学称之为"去道德化"，也就是否定另一群人的道德主体角色。非道德主体"他群体"，就是道德主体"我群体"的共同敌人。

个案分析：沉默的"他者"和"非道德主体"的社会分类

个案 G6：李某，男，27 岁，未婚，教师，广州天河区一高校

"他们的素质就是差，我们家自行车、晾晒在窗户外的衣服都丢过好多次了，肯定是农民工干的。前年我家装修，

找了一帮'马路装修队'，他们在装修材料时经常以次充好，不负责任、敷衍了事，为此，跟他们吵过很多次。"

个案F8：肖某，女，19岁，未婚，初中文化，湖南衡阳人，广州天河一保健中心

"我们在城市里，经常受气。被人骂不说，城里人动不动就打人。记得有一次，在公共汽车上，有位城里人撞了我，居然破口大骂：没长眼睛吗，乡巴佬。我气不过，跟他吵起来，他居然在车上当着大家的面打我一拳。我看那人游手好闲、流里流气的样子，也不敢还手。通常在打架斗殴中，农民工都处在弱势的一方，因为人生地不熟，若没有外力的协助，他们一般的心理是忍忍算了。车上的人大家都盯着我，瞧不起的眼光，我很难受，没有人会同情一个乡下人。"

"从农村来"、"乡巴佬"、"乡下人"、"他们那些流动人口"的话语，是一种含有社会歧视的叙事方法，语含贬损——文化落后、贫穷、没志气、好逸恶劳、犯罪的根源等。这种指称不是一种对流动农民工的简单描述或称谓，而是一个社会类别化的过程，是将他们进行社会分类，形成一种现实生活中的叙事系统。

个案G7：李某，男，43岁，已婚，广东广州人，流动人口管理办公室工作人员

"看他们那些流动人口，整天在四处游荡，吊儿郎当，醉醺醺，自己没本事怨不得别人，贫穷的根子不在其他方面，在一种特别的生活态度。"

"从农村带来的某些文化上的缺陷和生活习惯，是他们受穷和在城市里受歧视的原因。"

"您穷也不一定非得干那种事呀……如果您是干净人……肯定就老干净，穷……穷不一定偏得脏呀。"（语境：对来自发廊的小姐的不满）

"'他们'，在工厂建筑工地干活的那些人，没出息，干

万别像'他们'那样。"（在访谈过程中意外听到一个当地居民在教训自己的小孩）

"现在城市秩序越来越差，越来越不安全，大都市流动人口造成的，其实，城市中不能让太多的流动人口的人往这儿涌……起码也得有个控制呀……来一道边界什么的。"

"我可受不了这么多流动人口，我受不了自己的城市、自己的居所附近有那么多垃圾。我抱怨外来人，觉得他们要是不来，就不会有这些脏东西、这么差的社会秩序……"

一切犯罪和社会问题都来自流动农民工群体，这种观念在城市中显然广泛流行。它表现在话语系统中，在社会类别、隐喻和叙事中，表达的永远是一个意思：文化素质差、龌龊、犯罪、违章犯禁、好逸恶劳、游手好闲之类社会弊端都是流动农民工造成的，与城里人无关。这种日常生活中的言说变成了一种流行的叙事，而且这种日常生活中的叙事之盛行，已经到了渗入无数常识领域而习焉不察的地步。大多的被访者以我尊人贱的叙事识别"他人"（即流动农民工群体等），访问重复着我尊人贱的叙事主题。

个案 G6：张某，男，38 岁，已婚，广东中山人，中山一派出所警察

"他们文化素质很低，所以很穷，这里经常发生流氓聚会啦，抢劫啦，偷窃啦，杀人啦……这就是流动人口。"

事实上，很多犯罪问题不都来自流动人口，就是面对与之矛盾的现实，他们也不肯改变这种建立社会类别的叙事，总要在言说上使些手段来维持那段叙事逻辑。

当我问道是不是所有的犯罪问题都与流动人口有关时，他们立即回答说：

"其实，很多犯罪都是因为流动人口来到这里之后才发生的，比如现在我们这个社区很多年青人下岗后，不务正业，整天游手好闲，根本原因还是流动人口来了后，抢了我们的

饭碗，让我们失了业。"

"外地人和城里人之间，本来没有什么区别。你是城里的，那又怎么样，都是打工的，他们干嘛瞧不起我们，都应该平起平坐。我也不会因为我是乡下人就感到自卑，为什么要有自卑呢，他也是人我也是人，只是我没有机会罢。"

这就是城市人的叙事逻辑，大量来自城市中的语言资料，在城市中被当地多个的社会"演员"同时搬用、"组织"，通过这种确定自己社会类别的故事，不断地对现实进行取舍和简单归因，完成了对流动农民工的叙事、指称和社会类别。

4. 作为"另类"命名系统的"农民工"称谓

农民工作为一个社会类别，是社会制度安排和城市公共政策决策的结果，是城乡二元结构、城乡二元分割的户籍制度、城市管理系统、劳动部门、社会保障、公共教育系统将城市流动农民工排除在"城市市民"之外的结果，制度规定农民工为"非城市市民"使得农民工作为一个特殊的社会类别被有意或无意地社会建构。这样，"农民工"称呼就成为这个群体的类别称呼，成为一个受与户籍身份相关的制度对待的特殊社会类别。

事实上，农民工作为一个新的社会类别的建构，也是知识精英、大众媒体等知识、文化生产者共同"谋划"的结果，知识精英、大众传媒为这种新的社会类别的形成和强化提供话语场域，参与知识建构和信息传递。"农民工"、"流动人口"、"外来民工"从指称上来讲，本身就是一种对流动农民工群体的社会属性的某种轻视。"包括知识界、舆论界的有关城乡迁移人员权益问题的讨论，往往也是在'流动人口权益'、'农民工权益'的语境中展开"，加上"乡城迁移者的孩子们被普遍贴上'农民'的身份标签，他们在城市中被称为'农民工子女'、'民工子弟'"。[①] 这种

---

① 陈映芳：《农民工：制度安排与身份认同》，《社会学研究》2005 年第 3 期，第 131 页。

特殊的类别概念在舆论界和知识界被合法地予以讨论，使得这种歧视性的社会类别在城市空间中得以延伸、再生产和固化，形成一种"农民工"主体身份的知识建构，也为"城市居民"和公共政策提供了一个话语框架，形成了一种根深蒂固的"城市居民"和"农民工"的二重社会。

在知识精英到大众媒体中，存在一种叙述权威，一种建立在"我在现场的权威，或者说经验的权威"，他们往往以农民工经验的权威者出现，用形式化的农民工经验来完成一种"当代叙事"。所以，这种权威往往容易成为公共决策的依据，也容易成为"城市市民"们普遍接受的社会定义。这种行为后果就是再生产了农民工的社会类别。

农民工"身份符号"或"身份意识"的合法化，接近于布迪厄"符号支配理论"中的核心概念——"阶级不平等的意识形态合法化"。"意识形态的组成结构及其最具特色的运作过程归因于它们生成和流动的社会条件，也就是说，他们首先被专家作为争夺所在场域相应才能的垄断工具来发挥作用，其次附带地才被非专家用于其他目的"。[①] 体现在符号生产中，知识分子是如何通过话语策略、言语系统或是赋予一个阶级位置以合法性的？这种合法性又是如何通过不同系统之间产生的对应惯习才能发生作用的，并促使其对象能心甘情愿为统治阶级服务，即"是以文化生产场域与阶级斗争场域之间的结构对应关系为基础，为维持或颠覆符号秩序，以一种半自动的方式发挥作用的"？这些话语策略或言语事件本身规定了这些群体的社会组织，形塑他们的联盟阵线和他们的身份认同。

在流动农民工群体中，"农民工"指称本身，表明了，在符号上占支配地位的人（包括知识精英和权力精英），通过这一身份的社会建构，"固化"甚至"污名化"了城里人对流动农民工群体的实际价值和预期价值的合理性知识和社会认知。这些精英

[①] 布迪厄：《实践与反思》，中央编译出版社，1998，第300页。

们又回过来通过来自城市人对流动农民工"污名化"的言语,把这种形象又强加到农民工群体的意识之中,并力图通过这种具有偏见和"污名化"事实试图来影响政府决策,便变成了一种集体的谋划。这种谋划的机制所产生的效应,也带来一种集体性后果:农民工的合法性得不到社会、国家的承认,也在农民工意识中培养一种有关他们集体未来的悲惨的图景。

如:知识分子通过对流动人口的另类命名系统,即称为"农民工",然后再通过对这些流动人口的实证研究,从学术性层面或者所谓"科学"层面固化或者"污名化"了这一群体,实现了一种社会群体的社会分类。这种身份或社会分类被政府或城市居民接受或"社会化",作为"另类"加以内化,形成一种固定的社会认知,或作为一个身份的合理性排斥性壁垒存在的合法性理由。城市居民也同时带着一种"另类"的眼光去"过滤"这些群体,同时开始把现代性过程中日常生活中呈现的危险归因于他们的存在,如"我的'下岗'是流动农民工群体侵入的结果","现在城市问题和不安全也是他们的结果"。这些言说系统,又被知识分子在话语中大量引用,变成一种"科学话语"。这种"科学话语"便影响了政府的决策,即拒绝把他们的身份合法化,因为他们会是社会动乱的根源,会加大城市管理成本,不符合城市"发展主义逻辑",时间还不成熟,由"集体知识"变成一种"政治模型"。这是一种知识分子、城市居民和社会管理者共同无意识或有意"合谋"的荒唐逻辑。这里忽视了一些重要的变量,那就是"道德"、"社会公正"、"社会平等",缺少一种基于"交互主体性"的"道德谋划"。流动农民工在这里成为"沉默"的群体。这是一种流动农民工的"集体失语"。

二 社会空间与认同逻辑:我是谁,我将是谁?

社会分类更多地来自制度性、知识精英和大众媒体的知识建构,一方面来自外在社会力量共同"谋划"的结果,另一方面来自个人行为"有意或无意"的结果,其策略在叙事、指称和话语系统中，社会分类更多地是回答"他是谁"或"他是谁的困惑"，或者说"他们"。自我认同则是在社会分类基础上通过主体性建构的结果，即如何在社会分类或话语框架中完成自己的主体身份建构，实现自己的社会认同。社会分类更多地强调社会建构或知识建构，自我认同则强调一种自我意识的心理过程或心理机制，强调社会分类或分类的知识建构如何被吸收、内化和创造以达成一种主体身份的建构，强调对自我身份的确认，更多地是回答"我是谁"、"我存在吗"、"如何超越"或"我是谁的困惑"，或者说"我们"、"因为我是谁，所以我行动"、"我从哪里来，我要到哪里去"、"我曾经是谁，我现在不是谁"、"我为什么如此生活"。这样，我们关心的主要就是：

流动农民工主体是如何发展出与城市主流社会完全不同的主体性和身份认同的呢？

在社会学视阈，空间被诠释为一种身份认同与情感归依生成的领域。社会空间是一个实现身份认同、产生自我归属感、获取情感归依的场所。通过同一寄寓空间、相同类别的人群的相似性的强化过程，或者寄寓不同空间的不同人群之间的差异性的社会比较过程，改造旧的认同规则或者发明新的认同基础，培育对"我群"的认同。自我认同是建立在"自我"主体性基础上的一种对自己个性品质的知觉或自我概念的生成方式。传统的流动农民工生存的空间是自然的、草根的、本土的，与土地有着无法割舍的关联，是地方的、封闭的或半封闭的，以血缘和地缘的时间脉络为其历史的根源。但他们一旦来到城市，他们是流动的，经常在不同城市、不同的空间自由行走，历史感淡薄，空间感敏锐。可以说，广东流动农民工自我认同的因素包括历时态和共时态两个方面：前者是所谓"传统性"和"现代性"的关系问题，我称之为"边际人"或历时态边际人；后者是空间置换问题，我称之为"边缘人"或共时态边际人[1]。流动农民工的身份等级和

---

[1] 该观点源于社会学者周晓虹教授给学生的修改意见。

自我认同，与乡村农民十分不同，不是像后者那样建立在对历史的寻根上，而是看其归属于什么样的空间关系。在都市空间这样一个陌生人社会中，他没有现成的、自然的历史关系可以凭借，一切都必须凭自己的努力去创造和建构公共关系，需要寻找适合于接纳他的社会空间和关系网络，假如他没有被某一个或若干个关系网络空间容纳的话，就会成为这座城市的弃儿。

1. 自我认同：现代性语境中的自我书写

认同在社会学、社会心理学领域是一个重要的元素，把认同置放到现代性语境中来考量是现代社会学者比较感兴趣的事实。理解流动农民工的自我认同之路，需要对现代性语境中的自我认同的结构性要素、逻辑内涵以及共同的话语场域有一个框架式的理解。

自我认同问题的提出源自作为社会主体的个人对于自身生存状况及生命意义的深层次追问。查尔斯·泰勒把它表述为"我是谁"这一涉及人的安身立命的大问题。

> "如何回答这个问题，意味着一种对我们来说是最为重要的东西的理解。知道我是谁就是了解我立于何处。我的认同是由承诺（commitment）和自我确认（identification）所规定的，这些承诺和自我确认提供了一种框架和视界，在这种框架和视界之中我能够在各种情景中尝试决定什么是善的，或有价值的，或应当做的，或者我支持或反对的。换言之，它是这样一种视界，在其中，我能够采取一种立场。"[①]

自我认同是指"现代人在现代社会中塑造成的，以人的自我为轴心展开和运转的，对自我身份的确认，它围绕着各种差异轴（性别、年龄、阶级、种族、国家、地域和身份）展开，其中每一种差异轴都有一种力量的向度，人们通过彼此之间的力量差异

---

① 查尔斯·泰勒：《自我的根源：现代认同的形成》，韩震等译，译林出版社，2001，第 2 页。

而获得自我的社会差异,从而对自我身份进行确认"。① 自我认同概念强调的是在人类总体生存状态中构成的人的整体的自我身份感,其本质是个人在处理与社会的关系过程中通过对于某一群体的价值认同而形成"自我"与他人及社会的和谐关系,从而满足精神归属的需要,进而确认自我、发展自我的问题。当个人意识到自己与周围环境相处和谐、关系融洽时,就会产生较高的自我评价和自尊、自豪等优良的情绪体验,从而进一步肯定自我,形成自我意识,并能通过实实在在的言行建立起"自我"与他人及社会的沟通关系,并在此关系中确定自我在社会中的位置,形成强烈的归属感及安全、温暖、幸福的心理体验,从肯定自我、发展自我到产生自我认同;反之,就会否定自己,产生认同危机。

"认同事实上是一个现代性现象"。"现代性生活的社会力量往往是一种导致不稳定力量和从根本上进行摧毁的力量,它摧毁了人们从以前生活中获得的一种意义感"。② 吉登斯在阐述"自我认同"时,从现代性及其影响入手,将个体置于断裂性、动态性、风险性、连续性的现代情景之中,关注更多的是自我(或个体)在"现代性"中的危机与挑战和"自我认同"的新特征。他认为工业现代化的发展完全改变了日常社会生活的实质,影响到人们经历中最为个人化的那些方面,并进一步提出现代性是一种风险文化,生活于其中的现代社会的成员变得日益焦虑、恐惧、烦躁、缺乏信任与安全感。如何通过"自我和身体的内在参照系统"建构自我认同的一种新机制,以帮助人们通过自我认同实现从"解放政治"向"生活政治"的转化,关心和优化我们的生活环境,并努力塑造一种现代性的制度。③ 吉登斯提出,"自我认同

---

① 王成兵著《当代认同危机的人学解读》,中国社会科学出版社,2004,第9页。

② Joseph E. Davis. *Identity and Social Change*. Transactions Publishers, New Jersey, 2000, p. 185.

③ 安东尼·吉登斯:《现代性与自我认同》,生活·读书·新知三联书店,1998,第1~4页。

是个体依据个人的经历所反思性地理解到的自我","是作为个体动作系统的连续性的结果,是在个体的反思活动中必须被惯例性地创造和维系的某种东西"。① 吉登斯的"自我认同"理论有几个关键点:关注自我在"现代性"中的危机与挑战、"自我认同"的新特征;自我认同的形成既有地方性、本土性的影响,也有来自全球性的社会影响,标志着"自我认同"的时空转向;"自我认同"过程②是一个动态性的连续体,是作为行动者的反思解释的连续性;其"自我认同"是建立在西方的"现代性"语境中展开的,将个体置于断裂性、动态性、风险性、连续性和关系性的现代情景之中,即强调在"现代性"情境下西方人之追求"自我认同"的"现代性"所陷入的"悖论";关注"自我认同"与身体的关系,即把"身体"作为一种行动系统,作为一种客体,被体验为外在情境和事件的实践模式和觉知对象,通过身体的嵌入作为维持连贯的自我认同感的基本途径。按照安东尼·吉登斯的论述,在"晚期现代性"中,"重新发现自我"过程充满了"风险"和"机会",现代生活和个体决策所经历的"转换的每一个片段都倾向于变成一种认同危机"。这种危机常常伴随焦虑:"由于与客体世界的建构性的特征相关的自我知觉变得模糊不清,正在发展的焦虑会威胁自我认同的觉知","焦虑是所有形式危险的自然相关"。③ 尤根·哈贝马斯则从人的自我发展和社会进化的关系来叙述自我认同的内涵,强调人的认识能力、语言能力和相互作用能力以及与之相应的道德意识的形成和发展;强调人的系统

---

① 安东尼·吉登斯:《现代性与自我认同》,生活·读书·新知三联书店,第58、92、375页。
② "不应把认同……看作一个事物,而应看作'关系与表述的体系'……维系者的认同是……一个持续重组的过程,而不是个已知物,在此过程中人们一再纠缠于自我认同和确认差异这两个构成元素……认同被看作是动态的、自然发生的集体行为。"参见戴维·莫斯、凯文·罗宾斯《认同的空间》,司艳译,南京大学出版社,2001,第61页。
③ 安东尼·吉登斯:《现代性与自我认同》,生活·读书·新知三联书店,第13、50、174页。

（社会化的人）和社会系统在结构上的共生性；强调在人类的历史发展中，社会形态、集体同一性和自我同一性的一致性。① 哈贝马斯强调的是个人的认识能力、学习过程和规范因素等问题，关注个人与他人、与社会相互作用和相互建构的思想。法国社会学家布迪厄认为，每一个人在场域中都占据一定的地位，而各种地位之间的关系构成了场域的结构。一个人只有进入场域之后才成其为社会意义上的人。流动农民工在城市空间中自我认同的生成，同样可以说是一种现代性现象，也是一种现代性生成的困境。

2. 自我认同的主体性生成：言说与寻找自我之路

理解流动农民工言说和寻找自我认同之路，同样可以理解为流动农民工的现代性谋划和生成之路，是一种现代性语境下的自我书写之路。因此，自我认同不但包含着心理学意义上的"我是谁？我将成为谁？我的自我认同是否获得人们的承认？"等问题，还包含着社会学意义上的置身于现代性场景中的个体的自我"该做什么？如何行动？成为谁？"的核心问题。

首先，流动农民工自我认同的主体性建构②之路可以理解为"传统性"和"现代性"语境中实现一种主体性与自我身份的建构和自我言说，即表现为一种"边际人"或历时态边际人，涉及自我建构及个别化的过程。认同"是行动者意义的来源，是由行动者经由个别化的过程而建构的"，③ 包括跨越时间和空间并自我维系的原初认同，也包括跨越传统文化特质建构意义的过程。身份应该被理解为一种由环境所激发的认识和认识所促动而表达在一定环境中的互动过程，是"一种在我们对世界的主体性的经验

---

① 尤根·哈贝马斯：《重建历史唯物主义》，社会科学文献出版社，2000，第12页。
② 曼纽尔·卡斯特给了我启发，"我所谓的认同，是指社会行动者自我辨认和建构意义的过程，主要是奠基于既定的文化属性或一组属性上，而排除了其他更广泛的社会结构参照点"。参见曼纽尔·卡斯特《网络社会的崛起》，夏铸九、王志弘等译，社会科学文献出版社，2003，第26页。
③ 曼纽尔·卡斯特：《认同的力量》，夏铸九等译，社会科学文献出版社，2003，第3页。

与这种微妙的主体性由以构成的文化历史设定之间相互作用的理解方式"。① "身份"更多地是考察那些在明显不同的"文化历史设定"的裂缝之间漂移运动的"主体"——移民、亚文化成员、边缘群体——所必然面临的生活重建经验。人们从原居国移民到另一个国家,或者从乡村迁往城市,从一种生活方式转向另一种生活方式,所面对的不仅是居住环境、工作、用品和食物的变化等实际问题,而且是关于"我是谁"的问难。流动农民工在城市空间里体验到城市化过程中源于城乡二元结构所带来的社会变迁过程中出现的社会冲突,重新寻找确定自己的文化身份—认同,这是一个极其复杂的、由多重因素决定的、来自各个话语场域的不同意义流动和交叉后的产物。在乡村,农民工是通过与家庭、邻里、生活群体、同乡的社会价值观念的认同来构建自己的身份;而在城市中,与传统的社区文化突然发生断裂,变得枯竭、解体、失去魅力,人们不得不参与更大的社会群体,人们身份识别意识不断加强,人们不得不通过与陌生人的交往来构建自己的身份,从异质性交往中获得自己的社会角色模型、言行举止的模仿对象及奋斗目标。

爱德华·萨义德说:

"每一种文化的发展与维护都需要一种与其相异质并且与其相竞争的另一个自我的存在。自我身份的建构……牵涉到与自己相反的'他者'身份的建构,而且总是牵涉到对与'我们'不同特质的不断阐释和再阐释。每一个时代和社会都重新创造自己的'他者'。因此,自我身份或'他者'身份决非静止的东西……"②

---

① Paul Gilroy. "Diaspora and the Detours of Identity". in: *Identity and Difference*. Ed. Kathryn Woodward, Sage Publications and Open University, 1997, p. 301.
② 爱德华·萨义德:《东方学·后记》,三联书店,2000。

如果我们不去诊断背井离乡的流动农民工群体固化的身份本身，而是将身份视为不断变化的动态性的连续体，将流动农民工背井离乡的能力视为"创造性地建构他们历史"、"主动建构他们的归属感"的依据，在与城市空间的关系中界定他们的话语，将身份当作存在的一种复杂的感知，是根据多重空间和多种目的而主动规划建构的从属感，我们就会有一种新的视界。这样，我们就会重新理解"家园"的概念，即"家园"是包括了实践、回忆和传说的整体，是某种在一个"移动的世界中"随着移民和放逐而具有地域多重性的空间概念，是一个从事生产的地点，是一个人在集体中相对于他人，相对于与他人的市场关系中所处的空间位置，是一个重新凝聚亲情和情感的地方，是一种意义的重新构建，是一种重新确定他们的身份和与新地方（空间观念、与土地相关的历史观念、情感关系）关系的意义上的新身份。这种新的视界无疑将有助于重新思考流动农民工群体如何在非固定的土地上，在非固定的社会关系中重建他们"家园"的能力。这样，在归属、家园、认同、公民身份和权利方面都将有了新的含义。

其次，流动农民工的自我认同之路体现在一种空间逻辑的存在，即通过空间置换（即由农村空间进入城市空间），变成一个游离于城市与农村空间之外的"边缘人"或共时态边际人，这样，他们便倾向于通过一种新的空间营造来实现一种防御性认同。埃里克森（Erikson）把认同概念引入心理发展过程，开始关注自我的同一性问题。近来出现了认同的叙事转向，把认同看成是在叙事形式上正在进行的建构的过程，在叙事这个概念下个人认同和集体认同是不可分离的；认同是我们所处的位置，它是一项事业和实践，而不是道具。[①] 外在于人的变动的市场现实、新的生存方式、异质性的生存体验空间会打破固定的自我认识，打破人们基于传统地域的认同感、家园感和归属感。流动农民工在城市中所感受到的市场和经济的变化无常与冷漠冲突、传统的理想的

---

① Erikson. 1959. *Identity and the Life Cycle*. New York: Norton.

家园与劳作的现实之间的冲突、生存空间与合法性身份的社会对抗，倾向于利用自己对已知事物的认同来对抗未知的、难以控制的风险。这是一种基于保护自我的"防御性认同"，或者说是一种"拒斥性的认同"① (resistance identity)，即"由那些在支配的逻辑下被贬抑或污名化的位置/处境的行动者所产生的。他们建立抵抗的战壕，并以不同或相反于既有社会体制的原则为基础而生存"。② 这种认同表现为流动农民工通过空间的营造，从根本上打破了中心—边缘的话语支配权，其力量在于对这种支配权的破坏和挣脱，主观建构一种虚拟的、不受中心边缘限制的地域，使得他们不再被边缘化带来的失落感和焦虑困扰，或者使得他们可以将这种焦虑转化为一种积极的力量。这也同样使得这种研究具有一种新的空间隐喻，即流动农民工又是如何改变自己的生活方式，改变交流和联系的方式，谋划先前的期望与压抑、机会与排斥，不断逃避城市化理性话语的压制，逃避抽象的城市冷漠和无助，重建新社会空间来改变认同感、家园的意义、归属和权利，来重新寻求一种社会意义。这样我们也就更能理解流动农民工在失去原有的日常社会活动得以发生，集体认同因之实现的血缘、地缘网络和危难共济的邻里关系后，在失去能给人以安全、资源和情感的地方的归属感而被新居地的孤独和疏离感取代后的社会生活语境；更能理解他们又是以何种方式失去原有的社会资源、居所、邻居、朋友、亲戚、社会网络、亲属关系和各种物质资源，失去原有的传统、习惯、价值和信仰的；更能理解流动农民工在遭受社会歧视或社会排斥的过程中是如何通过创建自己的空间、形成自己的发展计划从而改变安全和权利感种种条件和关系，应对损

---

① 曼纽尔·卡斯特认为："拒斥性认同促成了公社或社区的形成，这是我们社会里最重要的一种认同建构，它建构集体的抵抗力量以对抗无法承受的压迫，通常，认同以从历史、地理或生物等面向能够清楚界定而划定抵抗的边界为基础。"(曼纽尔·卡斯特：《认同的力量》，夏铸九、黄丽玲等译，社会科学文献出版社，2001，第6页)
② 曼纽尔·卡斯特：《认同的力量》，夏铸九、黄丽玲等译，社会科学文献出版社，2001，第4页。

失、脆弱、人身危险以及一些对自身的威胁;也更能理解流动农民工与他人的社会建构、社会身份的特征、新生成的主体和身份的多样性。

"这是"一个表达的过程,一种拼凑缝合的过程,是主观认定如此而不是按客观的标准给自己分类。和一切表情达意的行为一样,它听从"脚本",富于变化;它遵守的不是一种而是几种逻辑。作为过程它要遭遇异样,因此少不了跑题走调,也少不了符号藩篱的拘束、象征性界桩的提醒,少不了要制造"擦边效果"。它需要留在圈外之物,那种其实是它的构成因素的外物,这才能加强这一"主观能动的"过程。①

这样,对建立在传统乡村血缘、地缘关系基础上的自我认同②进一步在城市中扩大和复制,这些群体成立了自己的新的地缘性空间,并且以此形成了各自的身份认同。进城时获取职业时建立的一种老乡之间的互惠关系和一种空间上的集中,强化了其内部的凝聚力;加上在城市中所遭受的社会歧视和不公平对待、源于城乡二元结构上的文化壁垒和结构性的弱势,促成了这样一种寄寓在城市空间中的一种新的"认同关系"。这种认同关系已经远不是传统意义上的那种基于血缘、地缘上的身份认同关系。王春光的研究发现,与第一代流动人口相比,新生代流动人口对

---

① HALL, S. 1996. "Introduction: who needs 'identity'?" In S. Hall, P. du Gay (eds), *Questions of Cultural Identity*, London: Sage Publications, pp. 1 – 17. 转引自巴勃罗·比拉《在跨国环境中建构社会认同:墨—美边境案例》,《国际社会科学杂志》2004 年第 1 期,第 79 页。
② 在这里必须说明的是,流动农民工并没有建立一种理论框架中的认同实体,只是存在一种新的认同正在被建构的事实。这种建构,不是靠回到传统,而是靠着运用传统的材料在一个陌生的空间中形成的一个暂时的、可以寄寓的临时性的空间存在。在这个空间里,血缘或地缘关系的诉求,只是流动农民工在不能融入城市时的一种追求意义与认可的根本架构和基本来源,作为获得意义与认同的基础,以与其他群体区分。

原来农村社会的"乡土认同"在减弱,加之在城市社会遇到的制度性社会排斥,新生代流动人口的社会认同会趋向"内卷化"的建构,从而形成"流民化"的社会认同。①

最后,我们可以把流动农民工的自我认同之路理解为一种弱者或在边缘建立的认同,即一种弱者的主体性建构。认同不仅意味着对自己形象地位的某一固定的认识,而且包括对生活叙事、对闯入自我感的他人生活的一种认可。② 城市作为一种不同于乡村的表征现代生活的文化意象,为流动农民工提供了羡慕、希望、冲动的对象,提供了他们生活格调层面的可供复制、仿效的母本,但同时它又是一种具有压制功能的意象。流动农民工的生活目标的设定以及在城市中的生活原则、生活方式、价值观念,基本上是以农村、农民为参照的。③ 他们往往将城市市民称为"他们城里人",而称自己为"我们外地农民工",他们更多是认同自己是城市的"局外人",或直接说自己是"农民",更多接受自己的原来的农民身份。流动农民工身份的自我认知和自我解释,可以说是一种弱者的话语系统。"弱的认同意味着恪守某一自我形象,缺乏随环境变化而修正生活故事的能力"。④ 正如霍布斯鲍姆所言,定位自身所处的群体其实也是定位这个群体的过去⑤,我们所记住的更多不是我们作为个人所经历的,而实际上是关于社会预先假定我们在群体和共同体中的应该具有的处事能力的记忆,

---

① 王春光:《新生代农村流动人口的社会认同与城乡融合的关系》,《社会学研究》2001 年第 3 期。
② 理查德·森尼特:《街头与办公室:认同的两种来源》,威尔·赫顿、安东尼·吉登斯编《在边缘——全球资本主义生活》,生活·读书·新知三联书店,2003,第 239 页。
③ 陈映芳编《移民上海——52 人的口述实录》,上海学林出版社,2003,第 201 页。
④ 理查德·森尼特:《街头与办公室:认同的两种来源》,威尔·赫顿、安东尼·吉登斯编《在边缘——全球资本主义生活》,生活·读书·新知三联书店,2003,第 242 页。
⑤ Hobsbawm E. J. "The social function of the past: some questions". *Past Present* 55, 1972, pp. 3 – 17.

这就是"社会自传学的记忆"（sociobiographical memory）。

这种认同也是一种建立在边缘的认同。个人的连续感在流动中被破坏，一方面，离开农村，进入城市，意味着传统的社会资源不再存在；另一方面，又无法用固定的、作为职员的工作和稳定的职业群体的社会实践逐渐累积个人的生活历史。在这种工作不稳定也不具连续性的情况下，也在这种变动不居的劳动市场中，人们如何才能建立一种个人的连续感？人们在彼此人格、身份的边缘进行社会互动时，就形成了一种认同。这种认同的边界源于社会的评价和自我认识协调之处，就存在着正式职员、公司高层管理者、城市居民经常避免与流动农民工打交道。

个案访谈：自我的他性——芭蕾舞台上的歌者

个案A10：李某，男，29岁，已婚，湖南宁乡人，广州市天河区猎德村

"我是湖南人，1996年高中毕业就来到了广东。最初我来到东莞，找到的第一份工作是在一家台湾老板办的电子厂，每月工资300元，每天工作时间一般都是10个小时以上，每个月没有休息时间。当时，虽然觉得很累，但是终于可以自己赚钱了，心里很高兴。第一个月我给家里寄了200元钱回去。过了一年，我发现很多公司招人要懂广东话、有一点技术经验，工资高得多。我在这家电子厂主要和几个师傅从事电工这一块，我学到了很多东西，我不想再回到农村去，我于是就在这里边学技术，同时也学当地的语言。不到一年，我已经会讲广东话了，我有了工作经验，就离开了那家公司。通过招工广告，来到了现在我工作的这家公司。现在我已经是这里的师傅了，每个月2000多元。我不想再回到农村了，没有人会把我当成农民看。我很少回家，公司业务忙，老板也对我很信任，以后有条件，准备在这里买房子。我现在在这里有一种归宿感，喜欢这里的生活。去年回家了一趟，发

现农村现在很萧条,我无法适应那里的生活了。村里人看我回家,都很高兴,他们也把我当成城里人,对我很尊重,也很羡慕。"

个案 A13:段某,男,33 岁,四川成都人,广州市天河区猎德村

我在广州算起来也有 8 年了,全家人都在这里,到现在已经有 4 年没有回家了,基本在这里定居下来了。我去年在这里买了房子,但我没有当地户口,不能算广州人,最多也只能算半个广州人。没有本地户口,办事不方便,尤其是小孩读书不方便,小孩读书必须看有户口没有,没有就要交借读费什么的,小孩经常吵着要交钱。就在广州暂时这样待着吧,在这里,再艰难再苦,都比老家强呀。我们老家实在太穷了,没有赚钱的事情做,我在老家也算是一个混得有模有样的人物了,他们不会把我当成农村人了。

3. "我是谁"、"我将是谁"的困惑

实现自我认同,首先必须考虑的是"我是谁的困惑"、"我是否能感知到自己的存在"、"我是否能超越自己"、"我曾经是谁,现在不是谁"。我是谁的困惑实质上就是一种"自我存在性"的问题,表现为进入一个新的空间后,由于缺乏个人连续性一致的感受,不能获得关于其生命的持续观念,体验到一种时间经验中的断裂。形成归属感的基本条件是在自己生活的空间中能够拥有"公民权",即能够合法地隶属于某个以空间为界的社会享有基本的民事、经济和政治权利,能够合法地享有从事个体经营和其他挣钱的事情在内的劳动等权利以及对维持生活的可再生资源的所有权或者用益权。流动农民工群体被剥夺了与分配资源或获得权利息息相关的"城市市民权",他们往往被边缘化并被排除在城市的政治、社会、经济和文化生活之外,所以城市变成一个找不到"归属感"地方。流动农民工的自我意识的困惑,根本原因在于一种"正当性认同"被"悬置"和拒斥。

首先，制度安排和身份认同的困惑。① "认同可以由支配的制度产生，但是只有在行动者将之内化，且将他们的意义环绕着这内化过程建构时，它才会成为认同"。② 事实上，要解释流动农民工认同力量的生成或缺失，需要在更广的层次上寻找诠释架构的元素，联结制度变动的宏观过程，即与一种强加的排外"意识形态"有关。在流动农民工的日常生活实践中，制度安排体现在对流动农民工的作为城市居民的社会身份的否定。农民工作为一个特殊的身份类别，是社会制度安排和城市公共政策决策的结果，体现在城乡二元结构在中国社会中的根深蒂固。凭借城乡二元分割的户籍制度，城市管理系统、劳动部门、社会保障、公共教育系统将城市流动农民工排除在"城市市民"之外，制度规定农民工为"非城市市民"使得农民工作为一个特殊的社会类别被有意或无意地社会建构。这种社会建构的结果，成为流动农民工在城市中难以实现个人身份认同的根本原因，无法获得一种"合法性的认同"（Legitimizing identity）③ 危机。中国的户籍政策，不仅决定了一个人的居住地，而且还决定了一个人的整个生活变迁，包括社会等级、工资、福利、实物配给量以及住房等。政府利用户籍制度将农村人口分为常住人口和暂住人口，使政府无需向流动农民工群体提供住房、工作保障及其他福利，而且在城市规划和发展逻辑中，也完全可以忽视流动农民工群体的存在。城市需要农村的流动人口，然而一旦他们的劳动力不再被需要，他们就无法在城市中继续生存下去，他们是"随时"准备回家的一个"无

---

① 曼纽尔·卡斯特在叙述宗教原教旨主义与文化认同时，提出"在文化/宗教/政治架构中，伊斯兰认同的建构是建基于社会行动者及社会制度的双重建构"。参见曼纽尔·卡斯特《认同的力量》，夏铸九等译，社会科学文献出版社，2003，第14页。
② 曼纽尔·卡斯特：《认同的力量》，夏铸九等译，社会科学文献出版社，2003，第3页。
③ 即由社会的支配性制度所引介，以拓展及合理化他们对社会行动者的支配（曼纽尔·卡斯特：《认同的力量》，夏铸九等译，社会科学文献出版社，2003，第4页）。

根漂泊"的群体。户籍和劳动力混合作用，在城市中形成一种特殊的权力形态，建构出流动农民工的模糊的身份认同，深化、掩盖或加强对他们的剥削。"农民工"这个词模糊了农民身份认同与工人身份认同之间的界限，而且这种模糊身份认同有助于保持廉价劳动力的供给数量和弹性。农民工体制外的社会身份，使之变成名副其实的社会"弃儿"的象征性驱逐的对象，异化成一种畸形的社会地位，一种被剥夺了集体表象和身份认同的控制权处境。

其次，流动农民工与代表传统文化的传统乡村的脱榫。在城市空间中，流动农民工的传统血缘、地缘关系不再存在，他们本应该根据职业、兴趣爱好、生活方式、思维方式，甚至生活习惯和消费方式来寻找同类、确定归属。事实上，流动农民工群体在城市中寄寓的社会空间或接触的文化完全失去了乡村本应有的内涵和作用，不能再成为他们精神的"家园"，而是造成他们日常生活中实质上的文化空缺，成为无家可归的"文化漂泊者"。在乡村，人之生存和发展必须在与邻居或家庭的和谐相处中获得意义和价值，但由于上述紧张、疏离和脱节的存在，导致了"意义的丧失"、"视界的模糊"、"对无意义的恐惧的困境"；[①]反映到个人身上，就形成了各种心理障碍和心理疾病，造成理想与现实的严重冲突、内在精神生活与外在环境生活的脱节以及人的身份的多重性与整体性要求的分歧，产生困惑、迷惘、沮丧、孤独、空虚、无助等等心理体验。

还有，流动农民工在城市中由于体验到的是一种人与人之间的关系的冷漠、疏离，以及这种冷漠和隔离导致的流动农民工在城市中的空间边界被关闭。"在一体化的社会里，最使人感到痛苦的事就是被孤立和被抛弃。在我们的文化里，最使人感到痛苦的事就是主体的崩溃和主体化的丧失，就是因为我们的文化遭受

---

① 查尔斯·泰勒：《自我的根源：现代认同的形成》，译林出版社，2001，第48页。

到了破坏，再没有什么来对市场与社群或种种推进之间的矛盾效应加以滤除，从而使个体走向消沉"。① 在不同的空间中，人与人之间不是团结友爱、互帮互助，而是关系冷漠、相互疏远，接触的是一种身份上的不合理存在所带来的日常生活实践中的社会歧视，缺乏一种认同所需要的基本的精神归属感、本体性安全和温暖幸福的心理体验，个人对社会和他人充满了"敌视"。在这种缺乏团结、宽容、互助、内部和谐的良好的外部环境的社会关系背景中，出现自我认同危机就是不可避免的了。

通过对流动农民工的实地调查可以发现，在流动农民工的日常生活实践中，"我是谁？"这样一个看似简单的问题却是一个难以回答的问题。在城市流动人口的身份中，存在一种明显的城市市民、城市管理者和城市社区的"共谋"关系，使得流动农民工成为城市中一个边缘化的"他者"，一种边缘人的缺乏自我认同的处境与身份。这个"他者"的真正内涵其实就是一个有着更大"异己"特性的、以城乡结构性差异为背景的社会现实。在这个世界中，流动农民工群体感到自己是处在其城市社会"资源整合系统"之外的"异类"。而且，流动农民工群体对城市中心的社会制度和意识形态早已有之的某种理想化的"认同"表现一种无奈地接受，并以之作为自己行动的框架，即一种基于农民工身份的行动框架，作为自己在维护自己权利时不表达、不行动的理由，成为利益诉求中的"沉默的群体"。由于这种"认同"趋向经过了流动农民工群体严酷处境和痛苦经历的试练而剥落了其理想的色彩和进入城市时较高的社会预期，在对这个"他者"的趋同中他们无法不带有失去"自我"的惶惑。

> 个案 A8：张某，女，24 岁，湖南郴州人，东莞长安镇冲头村

---

① 阿兰·图海纳：《我们能否共同生存？》，狄玉明、李平沤译，商务印书馆，2003，第89页。

个案 A9：曹某，男，27 岁，湖南郴州人，东莞长安镇冲头村

　　"我在这里已经好几年了，我现在感觉到我不是农村人。我回到家里，没有人把我当农村人看待。他们觉得我是城里人，在外面赚了大钱。我也不想再回到家里去种田了，我不认同自己是农民的身份，我很少回家。但我其实也不是城里人，我也不会把自己当成是城里人，我不是这里生的，也没有城市户口，没有自己的家，没有固定的工资。城市人歧视我，羞辱我，经常骂我们是乡下人、乡巴佬、工仔，我们应该是城市的边缘人。"

　　"我不知道我是农民还是城里人。"

　　"我想留在城市，可我没有城市户口。城市也不把我当人看，他们把我们当成是外地人，像畜生一样驱赶我们。"

　　"家里人希望我在城里找到一份固定的工作，希望我能够在城里安家，可我还是不把自己看做城里人，我还是外地人，说不定什么时候还要回家呢。"

　　"我不会做农活，我初中毕业就出来了。我真想有一天留在城市，在这里有自己的房子、自己的家。可这肯定不现实，我们不被城市接纳，城里人歧视我们。"

　　不难看出，流动农民工将认同植根于社会纽带和文化想象之中，而不是在僵化的地理疆域中。这种出于地域的认同才可以"既处处无家，又无处无家"，"既在此，又不在此"。

　　在传统的社区，人们通过家庭、社区、亲属的关系的认同来建立一种身份的认同关系，在这里获得了自己的性别、社会角色模型、言行举止的模仿对象及奋斗目标。脱域的流动人口在再嵌入的过程中，努力获取一个职位意味着与传统地域的分离，意味着传统的可以防御的空间的权利被销蚀。在那里，传统社区文化日趋衰落，人们被迫参与到更大的流动群体中，进入陌生的社会，身份变成了一种可以防御的空间。城市的空间被戒备森严的边防

哨所环绕着，它只允许具有"相同身份"的人进入其中，而不允许其他人进去。流动人口的身份确定与认同受到社会排斥和隔离。正是身份的自我确定和认同的这种困境，以及源于个人的身份标志被视为低人一等的从属地位的象征受到歧视与压制的各种负面的体验，传统的关系网和老乡就变成了遭遇海难寻求救援的人最有可能抓住的救命稻草。这种城市中封闭保守具有排斥性的弱势群体空间成为逃避参与和避免相互承诺的空间，在这里有着对话和谈判的枯竭和萎缩。流动人口的群体是一个多变的流动的群体，那里有太多的不稳定性和危险，使这个世界感觉起来不像一个受法律约束的、守法的、符合逻辑发展的、一致的累积起来的行动链条，而更像一个充满怨恨、空虚、希望渺茫的游戏空间；那里也是一个信任稀少的社会，那里复制了褊狭的地方观念和传统封闭落后的思想，那里也并不是一个可以信任的可以自由流动的空间。可以发现，流动农民工，由于不是"城市市民"，并没有融入本地社会，反而致力于建立一个独立的空间和群体，具有外地域性，在一种城市的飞地上建立自己的认同关系。认同是一个不断选择和再选择的过程，当籍贯和方言已经失去意义，农民工创造性地适应了环境，改造旧的认同规则或者发明新的认同基础，创造新的认同关系。事实上，尽管流动农民工建立了自己的空间，但个人还是分裂了，个人的被分裂和认同的丧失带来的是个体的痛苦。"对这种痛苦的感受将愈来愈强烈，因为一方面贫穷、不安全感和被社会排斥的社会现实使两种世界的沟通愈加困难"；"另一方面因文化的分裂将波及所有那些既不能与成功的世界又不能和传统的世界同一化的人"。[①] 这种认同上的分裂，对流动农民工来说，并不是一种因特殊情况而产生的病症，而是一种普遍现象。

个案 A6：罗某，男，35 岁，已婚，河南信阳人，东莞

[①] 阿兰·图海纳：《我们能否共同生存?》，狄玉明、李平沤译，商务印书馆，2003，第 76 页。

长安镇冲头村

个案A7：李某，男，26岁，已婚，湖南永州人，东莞长安镇冲头村

"我出来得比较早，一直在这里租房子住。我是湖南人，但我很少回去。我回到家里，觉得一切都很陌生，我也不太习惯那里的生活，那里的人也把我当成是城里人，我感觉自己不再是那里的人了。待不了多久，就想回到城市里的家。在城里，我也很痛苦，我们没有城市户口，被当成外地人看待，我好像是一个在城市中的漂泊者，但在我生活的那个地方，我有一种归属感，邻居也相处得很好。"

"在企业里，我们都没有和老板签合约，也不是公司的正式员工，干的也是一些基本的技术要求不高的工作，也不能享受厂里的福利待遇，而且，我们随时就会被老板炒掉。在那里，我们没有一点归属感，也不能埋怨别人，毕竟我们是农民工嘛，能接收我们就不错了。不过，我和一些老乡住在一起，在那里好像在家里一样。"

"谁叫我们是农民工嘛。"

"我们农民工大家都喜欢在一起聊天，很少跟当地人交往。""他们城里人。"

"我与当地人不属于同类人，关系比较疏远，接触不多，更谈不上社会交往。"

"当地人把我们当成外地人，很歧视我们，认为我们影响了这里的社会治安，扰乱了这里的社会秩序。"

"当地的政府管理人员经常刁难和欺负我们农民工，对我们凶巴巴的。"

"我对自己不满意，我缺少自信，在这些流动人口中，不是混得太好。我也不想交太多的朋友，但我心里不愿承认自己比别人差，我经常伤心地哭。"

"由于来自农村，我不太活跃，思想不太开放，不赶时髦，有点害羞，没耐心，不喜欢与人交往，生活中也没什么

理想。"

"我不愿让别人知道我家穷"、"我经常感到自己不如别人"、"经常感到自己是个无用的人"、"由于贫困,我不愿与人交往"、"经常有孤独无助的感觉"、"我感到生活的压力很大"、"我感到自己改变不了贫困的命运"及"我感到社会是不公平的"这些说法,反映出他们具有的自我认同困境。他们自我认同度元素中大都表现为:较低的自尊心、较低的自我价值感、冷漠的人际交往观、孤独无助感、压力感、宿命感和不公平感。

首先,"我是谁"的困惑体现在身份的紧张、焦虑或敌对形式,也体现为把这种困惑反馈到参与者的理解和自我意识之中,产生的一种认知紧张(cognitive strain)和情感压力。[①] "身份焦虑",就是指身份的不确定性,即人和其生活的世界联系的被意识到的障碍和有关生活意义解释的困难与危机,以及随之产生的观念、行为和心理的冲突体验,"在异质文化激烈冲突的时代,往往易产生认同危机"。身份的焦虑源于对自己身份的困惑、不安和惶恐,也源于一种本体性的存在性焦虑,一种源于不安全感的漂泊与孤独感。流动农民工不只是由于体制性的社会排斥游离于城市居民的边界之外,而且由于他们长时间脱离原来家乡的社会环境,对家里也产生一种距离感和陌生感,对家庭的认同也日趋减弱,逐渐形成一个游离于城市和农村家乡之间的"独立的社会单元"。

个案 A5:刘某,女,学生,湖南邵阳人,东莞长安镇冲头村一中学

---

① G. H. 埃尔德在解释大萧条时期的孩子们的时候提出,"自我意识和意象角色的扮演,代表了对令人恐惧的、新鲜的或者异变的情境的适应。在这种情境中,他人的行为和态度是未知的,或无法预测的,与不确定性和冲突联系在一起的紧张感"。参见 G. H. 埃尔德《大萧条的孩子们》,田禾、马春华译,译林出版社,2002,第 46 页。

"我是随自己的父母亲一起来到这里的,小学在家里读的,现在在一所当地学校读初中。读初中后很少回老家,只是每年过年的时候回去一次,回家只是回去看看。现在回家很少,跟家里那些一起上小学的同学也很少接触了,跟他们很陌生似的,我发现和他们有很大的差距。我现在也肯定不能适应家里的生活了,我在家里根本吃不惯,睡不惯,反正我以后也不打算回去。我觉得我们既非农村人,亦非城市人,我们可以说是生活在城市中的一种夹缝人,一种哪儿都不属于的人,一种什么都是又什么都不是的人,一种没有归属感的人。"

个案A11:刘某,男,35岁,初中文化,广州市天河区猎德村

"我常常很矛盾,不知道自己属于哪一类人,是城里人还是农村人。我也不能理解我周围的流动农民工群体,甚至讨厌他们,他们都很势利。我也觉得他们没有进取心,喜欢赌博,穿着又不卫生,到处乱扔垃圾。对我来说,重要的是实现我的梦想,我不在乎别人怎么看我。"

个案C9:李某,男,23岁,湖南岳阳人,中山市南区环城金叶新村

"我出来已经5年了,第一次是东莞,当初出来是认识几个在外面打工的。后来,换了很多地方,现在和父母住在一起,在当地有一些朋友,不过,比较少,交往的对象老乡也比较少。在这里的老乡都很忙,都是父辈的人,没有共同语言,有些同龄人,也没有共同语言,与个人兴趣有关。思想上和父母亲绝对有代沟,对很多事情都有不同的看法。现在我会讲白话,和本地人没有什么区别,没有人说我是外地人,我在外面跟一些朋友讲我是湖南的,别人都不相信。我没有任何技术,只在一些厂里零零星星打了加起来不到半年。我认为我在城市里很落伍,而且每天都在荒废,堕落。我还是愿意回去。假如回去,我不想成为一个农民,我绝对是不种田了,也不想种田了,种田没有赚头。"

个案 E12：李某，男，15 岁，高中生，湖南隆回人

"我感觉到自己很城里人不一样，很少跟城里人打交道，和城里的同学也很少交往，他们很歧视我们，躲我们远远的。我很小的时候就来到广州，现在家里什么样子都不知道了。我不知道自己是城里人还是农村人，是广州人还是益阳人，我好像在它们中间，感觉就是这样。"

对身份的认同，是一种心理现象，也是一种心理过程。身份认同也是一个语境式的问题，在社会生活中一个人属于不止一个群体，在特定的语境下他会选择认同某一身份，归属某一群体成为他的主要指向，身份认同是文化认同中考察外来流动农民工进入城市主流社会的一个变量。自我身份感丧失，自我意义感、自我价值感丧失，不是一种简单的断裂，而是标志着即将进入一个新的建构阶段，呈现新的认同形态的开始。[①] 流动农民工面对动荡不安的城市和自我身份的缺失，茫然不知所措。"伴随着这些问题而来的是焦虑、极度的苦恼"，"焦虑打击我们内在的核心：它是我们自身存在受到威胁时所感受到的那种东西"。[②]

其次，"我是谁"的困惑也体现在个人语言的丧失和方向感的丧失和定位的偏差。流动农民工来到城市后，传统熟悉的乡音不再存在，面对广东白话的那种语调和交流方式，他们失去了自己可以表达自己的最基本的语言能力。"随着自我感的丧失，与人俱来的是我们丧失了用来彼此交流深邃的个人意见的语言。"他们的个人语言"就像风从干草中吹过，就像老鼠，在我们干燥的地窖中，踏过剥离碎片的声音"。[③] 语言问题在日常生活中遭受冷遇，主流社会的看法进一步强化其建立独立认同的选择，包括

[①] 王成兵著《当代认同危机的人学解读》，中国社会科学出版社，2004，第 18 页；王宁：《文化身份与中国文学批评话语的建构》，《甘肃社会科学》2002 年第 1 期。

[②] 罗洛·梅：《人寻找自己》，贵州人民出版社，1991，第 25、45~46 页。

[③] 罗洛·梅：《人寻找自己》，贵州人民出版社，1991，第 25、45~46 页。

文化的壁垒、结构性的弱势地位、他者的错识。"这是一种认同危机的处境，一种严重的无方向感的形式"。①

而且，"我是谁"的困惑同时还体现在流动农民工在流动农民工群体内部难以建立一种可以完成自我身份认同的情境。在进入城市前，在获取自己职业的起步阶段，老乡或血缘地缘关系是获取职业成功的一个不可或缺的因素，他们之间有着一种天然的信任关系。这种关系的延续不是基于一种契约关系，而是一种建立在传统乡村延存或复制的情感或者互惠关系，这种关系维持的基础更多的是人情、面子、互惠传统等。那么，问题是，一旦在城市立足下来，这些流动人口的关系是否还是这样呢？事实上，通过经验研究我们可以发现，城市流动人口缺乏认同来自其本身。在流动人口中存在一种多元歧视，歧视不是来自农民与城市居民之间的简单的二元对立关系，更多的歧视来自流动人口本身，更加关注流动人口本身之间的结构等级。流动人口之间往往缺乏信任，充满冲突。流动人口面对面的更加多的是自己的群体，也包括区域内的农民工对区域外的农民工歧视（地域排斥），如广东的农民工排斥外地的农民工。

  个案B7：李某，男，32岁，已婚，湖南邵阳人，中山市石岐区老城区

  个案B8：张某，男，27岁，已婚，湖南洞口人，中山市石岐区老城区

  "其实我们流动人口居住的地方并不是我们的乐园，这里流动人口多，大家流动都比较频繁，互相之间都提防对方，没有信任感。除了几个老乡之间有交流之外，我和这里的流动人口没有多大交往，大家除了工作也没有时间交流。"

  "我们这里的流动人口，都有不同的职业。在我们这里，

---

① 查尔斯·泰勒：《自我的根源：现代认同的形成》，译林出版社，2001，第48页。

主要是垃圾收购者，这些人主要是四川人；的士司机，主要是湖南人；还有一些摩托接客的人，这些大都是湖南人。我们和城里人不住在一起，很少发生冲突。发生的冲突主要是我们这些流动农民工之间，我们经常为了争抢一个客户发生争吵，有时还打架。大家在外面都是为了赚钱，谁不想多赚呢。"

"交往对象，一般都是厂里的职员，和外界交流很少，几乎没有交流。老乡之间很少见面，大家都没有时间，最多只是在一个厂的老乡能有时间见面。但我们厂老乡很少，除了上班，就是回家睡觉。和当地居民甚至邻居都没有交往，大家都是住在自己的铁门后面。加上流动比较频繁，大家也互相不信任，提防得很。我们这一栋住的都是流动农民工，都是来自不同厂的，互相之间没有任何来往。"

"和本地人接触很少，几乎没有接触。因为和本地人接触少，和本地人没有机会发生冲突，只是外地人之间经常互相发生冲突，跟河南的、四川的，互相发生一些生意上的冲突，和一些买菜的、拉客的发生冲突，互相争抢客源。"

个案E8：李某，男，27岁，四川人，初中文化，韶关南郊五公里一建筑工地工人

"我们的包头都是新化来的，我们这里的建筑工人都是他们从家里直接带过来的。没有来之前，包头向我们许诺，一个月给800元钱，包吃包住，一天只工作8小时。结果来到这里，一天工作将近12个小时，机器日夜不停地运转，我们只能睡在工地上，一天吃饭的时间加起来不到一个小时。每个月老板只给我们600多元，现在已经有半年没有发工资了。包头说会给我们的，可是现在还没有。面对老乡或者熟人，你不好意思跟别的陌生人一样斤斤计较。我们明知道包头骗了我们，可既然出来了，就只有这样了。真是哑巴吃黄连，有苦只能往肚里咽。其实这种老乡骗老乡、朋友骗朋友的事情太多了，所以以后，对老乡也不能随意相

信,还是提防的好。"

认同是一种有亲和力和凝聚力的公共生活方式,不只是一种"心理"感觉。首先,人们在进行复杂且通常又相互冲突的亲疏远近的交往中,需要突出自我或群体,来自城市文化的成分通过诋毁(denigration)、污蔑(vilification)或理想化的方式将流动农民工程式化时,流动农民工便会强烈地觉察到从外部强加在他们身上的道德身份;同时这种道德身份存在着一种跨代性的罪恶迁移,也就是通常所说的"集体罪恶",即作恶者而非受害者的后代所遭遇的身份问题。对于那些将作恶者的罪恶内化的人来说,罪恶、耻辱和自憎是他们形成负面身份的主要因素,结果,他们拒绝认同他们自己的文化,但又不愿从属于另一种文化。而且,流动农民工之间在城市公共生活空间中互相提防戒备,彼此无信用,不信任,对公共事务冷淡麻木,对他人遭遇漠不关心,幸灾乐祸,待人处事以邻为壑,急功近利,在这样的群体中,恐怕是不会有实质意义的群体认同的。流动农民工也许会生活在一种文化空间中,时间长了,当这一空间中行动主体被玷污、被麻木、被隔离和边缘化时,他们开始用"见证人"而不是"拥有者"的眼光来看待这样的空间。他们必须学会与他们习以为常的群体保持距离,而用个体的眼光来注视和判断该群体存在及价值。当一个个人用这种"见证人"眼光去仔细看他熟悉的生活空间时,就会发现许多具有"危险性"的东西原来不值得认同。

三　社会空间与身体话语:我感到"疼痛"和"焦虑"

身体的社会学研究成为社会学领域近几年一个热门话题,但以往的研究,或者是对身体展开哲学视阈中的理论研究,或者是基于日常生活实践的一种纯经验的研究,并没有上升到一个学科的层次。本节希望能从社会学学科的理论和实践层面,把身体作为社会学领域中一个知识生成系统的一部分,通过身体的理论探讨和实践运作逻辑重新推演发展出理解农民工的一个新的知识系统。身体构成了"自我"环境,它和"自我"不可分割。身体不仅仅是一个展现在空间中的客体,而且是一个对生活世界之空间安排所有经验的基本要件,可以说身体是一种空间位置系统中的实践图式,它"持续不断地参与它所在生产的一切知识"。① 从言说公正的身体到抗争的身体,从抗争的身体到一种身体的经验事实,即身体在空间中的焦虑和疼痛肉体的记忆,构成了流动农民工在城市空间中的实践图式。"共同在场的社会特征以身体的空间性为基础,同时面向他人及经验中的自我"。② 身体是呈现在别人肉身或物质世界之前的每日日常生活场域中的"社会实在",只有通过多个以上的这种身体以面对面或以非面对面的方式,才能产生"主体间性"(inter-subjective)的社会互动,"社会"或"空间"图像才有可能在这种日常生活实践中产生、滋养和拓展。重要的是,这种通过身体互动产生与形塑出来的场域或空间秩序,对个人或流动农民工群体来说,才是一种"社会实在";而且,我们必须关注"自我认同"与身体的关系,即把"身体"作为一种行动系统,作为一种客体,被体验为外在情境和事件的实践模式和觉知对象,通过身体的嵌入作为维持连贯的自我认同感和社会秩序③的基本途径。

1. 从身体的遮蔽和遗忘到身体主体的书写

从古希腊的哲学家贬低身体到中世纪的教会压制身体,身体本身总是作为一个反面警告被深深地刻写在社会的每一片肌理之中,被看做是一种具有威胁性的、难以把握的危险现象,被看做是不驯服的、无法控制的、非理性的激情,情感和欲望的载体和发泄渠道。直到 19 世纪,身体一直在灵魂和意识为它编织的晦暗

---

① 皮埃尔·布迪厄:《实践感》,蒋梓骅译,译林出版社,2003,第 113 页。
② 安东尼·吉登斯:《社会的构成》,李康、李猛译,生活·读书·新知三联书店,1998,第 139 页。
③ 布迪厄认为,"全部社会秩序通过一种特定的方式来调节时间的使用、集体和个体活动在时间中的分配以及完成这些活动的适当节奏,从而把自己强加于最深层的身体倾向"。参见皮埃尔·布迪厄《实践感》,蒋梓骅译,译林出版社,2003,第 117 页。

地带反复低回，这样，对身体的压制和遗忘是一场漫长的哲学戏剧。

从笛卡儿或笛卡儿主义到黑格尔的精神现象学，身体的"去神秘化"或者说"祛魅"主要表现为身体被机械地看待，或是对身体的"遮蔽"和"遗忘"。这种遗忘使得整个社会变成"思想与理性监管的场所"。这种理性"通过约束和律戒人类身体，对情感、性政和情感生活进行控制"。① 这里的身体不是被刻意地压制或贬低，而是逐渐在一种巨大的漠视中销声匿迹了。

从现象学视角看身体，始于胡塞尔，舍勒、海德格尔、萨特、梅洛-庞蒂等也都在现象学视域中阐发过人的身体或生命现象。以柏格森的生命哲学和萨特、梅洛-庞蒂的现象学存在主义或梅洛-庞蒂的身体现象学为代表的后期现代哲学家倾向于：把身体与人的情感、意志、经验、行为等方面联系在一起，于是在身体概念中已经包含了本应属于心灵的要素，出现了心灵的肉身化和身体的灵性化双重进程。在胡塞尔的交互主体性现象学中，胡塞尔认为，对自己的身体的发现要靠"感知"，即通过感知活动，就能够能动地经验到一切自然，其中也包括我自己的身体，"我就获得了'我的身体'和我的'心灵'。对他人的身体的发现则要加上"类比"或"联想"，即存在一种'交互主体性'"；"交互主体性"意味着在各个主体之间存在着共通性，"借助感知活动和类比、联想，那里的外部躯体就从我本己的东西那里类似地获得了身体这一意义"②。

追随胡塞尔的"梅洛-庞蒂将知觉作为直接引出他的现象场的出发点，其动机却是与他所诠释的'生活世界'概念直接相关的"。③ 梅洛-庞蒂把胡塞尔的意向性概念的重心由表象移向了身

---

① 特纳：《身体与社会》，春风文艺出版社，2000，第 14 页。
② 胡塞尔：《笛卡尔式的沉思》，张廷国译，中国城市出版社，2002，第 132~133、160、161 页。
③ 钱捷：《本体的诠释——析梅洛-庞蒂现象学的"肉体"概念》，《哲学研究》2001 年第 5、6 期。

体存在本身,将身体毅然地插入到知识的起源中。他取消了意识在这个领域中的特权位置,最终把一切建立在身体行为、身体经验或知觉经验基础之上,用身体意向性取代了自笛卡儿以来一直受到强调的意识意向性,用身体主体取代了意识主体。梅洛-庞蒂认为,对于现象学来说,首先要做的研究就是对身体的研究,因为身体是产生那种客观思维的决定性的因素,而且也沉淀了这种矛盾。"由于客观身体的起源只不过是物体的构成中的一个因素,所以身体在退出客观世界时,拉动了把身体和它的周围环境联系在一起的意向之线,并最终将向我们揭示有感觉能力的主体和被感知的世界"。① 在梅洛-庞蒂那里,身体的理论已经是一种知觉的理论,"知觉是一切行为得以展开的基础,是行为的前提"。

同样,柏格森的生命哲学,通过把几乎就是物质的知觉看做是记忆的基础,通过强调完全就是精神的记忆不断地渗透知觉,他最终看到的是物质(身体)的灵性化和精神(心灵)的肉身化的双重进程。② "我们已经在关于身体的客观而疏远的知识下面重新找到了我们关于身体的另一种知识,因为身体始终伴随我们,而且我们就是身体。应该用同样的方式唤起向我们呈现的世界的经验,因为我们通过我们的身体在世界上存在,因为我们用我们的身体知觉世界。但是,当我们在以这种方式重新与身体和世界建立联系时,我们将重新发现的也会是我们自己,因为如果我们用我们的身体知觉,那么身体就是一个自然的我和知觉主体"。③

20世纪70年代,福柯决心要从身体出发来构造自己的社会理论,来构造自己的谱系学。与梅洛-庞蒂推进心灵的物性化和身体的灵性化双重进程不同,福柯推动的是心灵和身体二者平行的物性化进程。福柯认为,社会的各种各样的实践内容和组织形

---

① 〔法〕梅洛-庞蒂:《知觉现象学》,商务印书馆,2001,第164页。
② 杨大春:《从法国哲学看身体在现代性进程中的命运》,《浙江学刊》2004年第5期,第33页。
③ 杨大春:《从法国哲学看身体在现代性进程中的命运》,《浙江学刊》2004年第5期,第33页。

式、各种各样的权力技术和历史悲喜剧，都围绕着身体而展开角逐，都将身体作为一个焦点，都对身体进行精心的规划、设计和表现。身体成为各种权力的追逐目标，成为代表和表征权力关系的符号系统，权力在试探它，挑逗它，控制它，生产它。福柯通过考古学方法指向话语的无意识层次，目标同样是要扬弃意识主体的优先地位。在他看来，主体并不是一种统治性的、支配性的主动力量，相反，它或者是通过受支配的实践，或者是通过自由的实践而被构造出来的。福柯的全部工作都旨在揭示现代性（合理性）进程是如何用道德和知识来遮蔽疯癫、犯罪、疾病、性欲之类经验的，旨在表明欲望主体或身体主体是如何被转化、改造成知识主体和权利主体的。"福柯通过历史分析提供了自我在现代文化中的模式，但是他的视角忽视了消费主义、时尚和生活方式即对当代这种自我观产生的最重要意义"。①

2. 身体与空间：位置系统中的农民工身体图式

身体在现实生活中直接和空间相关联。"我不是在空间里和时间里，我不思考空间和时间，我属于空间和时间，我的身体适合和包含时间和空间。"② 身体在梅洛-庞蒂的现象学分析中既不是与其他物体一样并置于空间和时间中的一种物体，也不是意识思考的对象，甚至不是通过象征功能与其他物体发生关系的，而是直接作为一种位置系统而与其他物体构成空间或时间关系的。这种位置系统是运动中的不变者，不论情形发生怎样的变化，这种位置始终是等同的，这种等同系统就是梅洛-庞蒂所谓的身体图式。同时，"用梅洛-庞蒂的话来讲，这种以身体为核心的在场的时空关联，被纳入的是一种'情境空间性'（spatiality of situation），而不是'位置空间性'（spatiality of position）……是积极活动的身体面向任务的情境定位"。③ 简言之，梅洛-庞蒂借身体确定空

---

① 特纳：《身体与社会》，春风文艺出版社，2000，第31页。
② 〔法〕梅洛-庞蒂：《知觉现象学》，商务印书馆，2001。
③ 安东尼·吉登斯：《社会的构成》，李康、李猛译，生活·读书·新知三联出版社，1998，第139页。

间和时间,并由此而嵌入一个情境世界,这是存在主义的;而这种进入又是在一定的系统下发生的,借助于身体图式而完成的,这又是结构主义的。① "成为身体,就是维系于某个世界,我们已经看到,我们的身体首先不在空间里:它属于空间","身体的空间性是身体的存在的展开,身体作为身体实现的方式"(同上引书)。就《知觉现象学》而论,空间形式就体现为身体图式,这同样类似于布迪厄的"身体空间"和"社会空间"之间的等价意识。② 布迪厄认为,"对身体经验的一切象征运用,首先是在一个以象征方式结构化的空间内位移,强行实施了身体空间、宇宙空间和社会空间的一体化……"③

个案 C2:李某,女,32 岁,小学文化,湖南宁乡人,中山市南区环城金叶新村

"我们整天被关在车间里,一天工作十多个小时,一年四季看不到阳光。公司的外面是高高的围墙,即使在车间和生活区之间,也有铁丝网和铁门把我们密封起来。我们上班时,监工管得很严。监工是本地人,对我们外地人很凶。我们不能互相说话,不能中间休息,也不能有任何怨言。在这样的环境里工作,就像坐牢一样,尤其是在车间里,污染很严重,很多人不能忍受,就离开了,可是离开这里,又能去哪里呢。"

个案 E8:李某,男,27 岁,四川人,初中文化,韶关南郊五公里一建筑工地工人

建筑工地就像战场,起重机、搅拌机还有推土机,到处是隆隆的响声。尤其是做建筑工,不管刮风下雨、日晒雨淋

---

① 〔法〕梅洛-庞蒂:《知觉现象学》,商务印书馆,2001,第 197、222 页。
② 布迪厄认为,"使身体操练的基础动作,特别是这一操练之本义……负载过多的价值和意义,这无异于灌输身体空间和社会空间的等价意识,从而使一个集团的最基本结构扎根于身体的原始经验之中……"皮埃尔·布迪厄:《实践感》,蒋梓骅译,译林出版社,2003,第 110 页。
③ 皮埃尔·布迪厄:《实践感》,蒋梓骅译,译林出版社,2003,第 119 页。

都必须工作。建筑工地上,你不能偷懒。你赶不上进度,就会耽搁工程进度,师傅就会大喊大叫,包工头就会扣你工资。你没有选择,承受不了,就只有挺,挺不了,就只有走人。你走就意味着你所有薪水就没有了。有时天气热,实在不行,水龙头下面一冲,猛喝自来水,有时天气很冷,也不能休息,再冷也得干。

从上面的访谈资料可以发现,流动农民工由熟悉的乡土社会来到一个陌生城市,进入一个陌生的空间,在这里有一种身体面向任务和现实的情境定位。在身体空间和社会空间之间有一种关联,身体通过嵌入这样一种情境,完成了一种身体的叙述。事实上,福柯有关空间纪律的技术与权力的论述进一步丰富了身体与社会空间的多维性研究,为空间权力的经验研究提供了内在的参照、依托和动力。福柯引用边沁的圆形监狱"全景敞视建筑",说明现代权力机制和纪律技术的无处不在。这里的圆形监狱是权力机制和纪律技术化约成其理想形式的简图。这个环形建筑里,监视者可以监视、命令及考核各个罪犯而不被认出真正身份;而被监视者,知道有人会监视自己,便随时努力使自己符合纪律要求。福柯赋予医院、监狱、工作场所、学校、街道规划以及住宅等建筑以不同方式涉及权力的培育、维护和惯性运作,在军队、教育、医院、修道院、工厂等地方都有像监狱一样打造身体规训的时空秩序。① 通过对理性统治、临床医学、监狱体系和性问题的研究,福柯强调空间的规训使得身体成为一个政治领域,并产生了用以控制身体的空间政治的策略。针对生命的权力有两种基本形式,一种是对人类身体的解剖政治,包括优化它的能力,增加它的用途以及顺从,从而对身体加以规训;另一种是人口的生命政治,包括调节生育率、道德、健康水平,等等,规训的要素充斥整个社会,涉及

---

① 米歇尔·福柯:《规训与惩罚》,刘北成等译,生活·读书·新知三联书店,2004。

社会的细微环节。规训社会的发展与其他历史变迁,诸如人口的猛增,学校、医院、军队人数的增加,资本主义经济的发展是相一致的。① 在福柯看来,特定的时间文化与空间文化是一种"纪律",是对个体的一种规约和训练。而戈夫曼更进一步将严格的时间文化与空间文化的结合称为"总体性制度",强调个体在无所不包、无所不在的时空文化规则中的"无可逃逸性"。

流动农民工的身体不仅仅只是一个展现在空间中的客体,而是一个对生活世界之空间安排所有经验的基本要件。"共同在场的社会特征以身体的空间性为基础,同时面向他人及经验中的自我。"② 身体是呈现在别人肉身或物质世界之前的每日日常生活场域中的"社会实在",只有通过多个以上的这种身体以面对面或以非面对面的方式,才能产生"主体间性"(inter subjective) 的社会互动,"社会"或"空间"图像才有可能在这种日常生活实践中产生、滋养和拓展。重要的是,这种通过身体互动产生与形塑出来的场域或空间,对个人或流动农民工群体来说,这个场域才是一种"社会实在",任何事物与活动都要回归到这个场域,意义才能充分彰显出来。这样通过身体互动所形塑的主体间的场域,在每个人的生活之中,都有一个界限相对清楚的范畴,从而在每个人的生活世界中产生中心与边缘的区分。

作为流动农民工所寄寓的空间的身体性的存在也体现了身体与环境的关系。"由于客观身体的起源只不过是物体的构成中的一个因素,所以身体在退出客观世界时拉动了把身体和它的周围环境联系在一起的意向之线,并最终将向我们揭示有感觉能力的主体和被感知的世界"。③ 身体图式却不是对身体的部分的一种归

---

① 米歇尔·福柯:《规训与惩罚》,刘北成等译,生活·读书·新知三联书店,2004,第 27~30 页。
② 安东尼·吉登斯:《社会的构成》,李康、李猛译,生活·读书·新知三联书店,1998,第 139 页。
③ 梅洛-庞蒂:《知觉现象学》,商务印书馆,2001,第 125、164、194、222 页。

纳或抽象，它与环境联系在一起而不可分，部分要从这种作为总和的身体图式那里得到说明。"'刺激'不能还原为各个不同的孤立的要素的拼凑式的总和，倒不如说，在各种要素的组成或配置关系中也决定了每个'刺激'的特点"。① 对环境或社会空间的适应与行动的惯性有关系，行动并不是每时每刻都经过身体严格的理性化思考过程。"行动的'理性化'过程并非是时刻明确地诉诸行动者的反思监控意识。"② 这依赖于一种"行动流"的惯性绵延，"灵魂和身体的结合每时每刻在存在的运动中实现"。③ 通过身体这种"习惯性"的行动流，身体的行动由开始时有意识地学习和训练，逐渐变为无意识的身体习惯。

在流动农民工的空间实践中，"身体在行动流中的这种活动直接关系到本体性安全或信任，即相信日常生活绵延中包含的自我及世界具有连续性"。④ 以前农民工的身体是放置在一种安全、信任的传统邻里空间中的，现在与传统社会的脱榫，成为城市化过程中的局外人，现代性过程中的不在场，失去了时间的连续性，身体感受到孤独、苦闷、无助、缺乏信任感和亲情感。身体与认知的关系不仅体现在身体的认知和反思能帮助流动农民工了解所处的环境和自身情况，而且还体现在通过认知或意义的获得能够对身体的规训产生作用。弗兰克尔说道："在这个世界上，我敢讲，能如此有效地帮助人们在最恶劣的逆境中坚持下来的，莫过于对生命意义的认识。"⑤ 事实上，"当身体被一种新的意义渗透，当身体同化一个新意义的核心时，身体就能理解，习惯就能被获得"。⑥ 另外，也体现在与身体的脸面相关的一种空间性的存在，

---

① 梅洛-庞蒂：《知觉现象学》，商务印书馆，2001，第164页。
② 刘江涛、田佑中：《从二元性到二重性：吉登斯对社会学方法规则的超越》，《河北学刊》2003年第3期。
③ 梅洛-庞蒂：《知觉现象学》，商务印书馆，2001，第194页。
④ 安东尼·吉登斯：《社会的构成》，李康、李猛译，生活·读书·新知三联书店，1998，第140页。
⑤ 弗兰克尔：《人生的真谛》，中国对外翻译出版公司，1994，第80页。
⑥ 梅洛-庞蒂：《知觉现象学》，商务印书馆，2001年，第222页。

"在人身上,脸面不仅仅只是言语的生理器官,还是体验、情感和意图复杂交错的主要身体区域。在人的社会关系上,脸面会通过某种方式影响个人在共同在场情境下彼此的空间安排,这些方式虽已为人司空见惯,但意义却非常重要"。①

总之,现代性将社会关系和人的身体从原来境域中"脱域"或"抽离"。一方面,传统社会的基本矛盾,即人的身体的个体性及其所要求的独立取向,与他们作为群体这个"大生命"的某一器官的局部性的矛盾,得到实质性的扬弃。由于现代社会的发展,渊源于人类境遇的传统关怀大多都被征服、控制和取代了,现代生活允诺人们可以脱离变幻莫测的身体、脱离自然的限制以及脱离对地方的乡土联系。于是,身体与世界原初的各种关系和限制被消解,人的身体从周围世界抽离出来的同时,进入到更大的风险和空虚之中,人变得更加躁动和焦虑,更容易随波逐流、游戏人生。

3. 疼痛肉体的记忆:来自农民工的身体实践

身体不仅仅是我们拥有的一个物理实体,它也是一个行动系统,一种实践模式或实践信念②;并且在日常生活的互动中,身体的实践嵌入是维持连贯的自我认同感的基本途径,身体主要从外貌、行为举止和身体的生活制度与自我认同有一种特殊关系。③

涂尔干、莫斯、布迪厄这一人类学传统在社会学理论和经验研究中同样重视个人的身体实践和训练,认为身体是一套社会实践,这一反复的实践逐渐内化进身体中并养成习性;但是这个习性不仅仅是身体性的,它也以认知的形式出现。在莫斯看来,

---

① 安东尼·吉登斯:《社会的构成》,李康、李猛译,生活·读书·新知三联书店,1998,第140页。
② 布迪厄认为,"实践信念不是一种'心理状态',更不是对制度化教理和信条大全的由精神自由决定的信从,而是——如果可以这样表述的话——一种身体状态"。参见皮埃尔·布迪厄《实践感》,蒋梓骅译,译林出版社,2003,第105页。
③ 安东尼·吉登斯:《现代性与自我认同》,赵旭东等译,生活·读书·新知三联书店,1998,第113页。

"身体是一种生理潜能,通过人们所共有的个体收到的训诫、约束和社会化的各式各样的身体实践,这种生理潜能才能被社会的、集体的实现"。① 布迪厄试图用他的实践一元论来克服身体和意识二元对立,尤其是要克服意识在认知和实践中对身体的压制,身体和意识在此水乳交融。布迪厄借鉴了梅洛·庞蒂的一些思想——有关主体与世界之间的对象性接触的固有的肉体性,"以图重新引回身体,作为实践意象性的源泉,作为根植于经验的前对象性层面上的交互主体性的源泉……将社会化的身体视为一种理解的生成能力和创造能力的宝库,视为被赋予了某种结构形塑潜力的一种'能动的知识'形式的载体,而不是某种客体对象"。② 被支配者的被排斥和被压制,不仅仅只是他们自身合作的结果,"这种屈服源于他们的惯习与他们身在其中、进行实践的场域之间物意识的契合关系,它深深地寄居在社会化的身体内部……体现了'社会支配关系的身体化',即导向这种契合关系的那些性情倾向也正是体现在身体层面上的支配他们的效果"。

其一,身体是一种语言,身体也是一种再现,只是一次认知或反思的凸显,而这种凸显会把身体的行动痕迹更清晰地刻印到意识中③。这种反思性或源于地位上的不一致的"认知紧张"与身体的行动痕迹相会合后,通过对自我或他人身体事实的感知和记忆,就形成了一种身体的认知④,即体现在身体上的情感压力、

---

① 特纳:《身体与社会》,春风文艺出版社,2000,第37页。
② 布迪厄:《实践与反思——反思社会学导引》,中央编译出版社,1998,第21页。
③ 江中:《身体:以军营新兵训练为例》,《社会学研究》2004年第3期,第103页。
④ "我们已经在关于身体的客观而疏远的知识下面重新找到了我们关于身体的另一种知识,因为身体始终伴随我们,而且我们就是身体。应该用同样的方式唤起向我们呈现的世界的经验,因为我们通过我们的身体在世界上存在,因为我们用我们的身体知觉世界。但是,当我们在以这种方式重新与身体和世界建立联系时,我们将重新发现的也会是我们自己,因为如果我们用我们的身体知觉,那么身体就是一个自然的我和知觉主体。"(杨大春:《从法国哲学看身体在现代性进程中的命运》,《浙江学刊》2004年第5期,第33页)

失眠和恐惧、疼痛等。由于这种身体的认知经过个体最真切的身体体验和"刻印",它就成为最深刻的、"独属于我"的、内在的"阅历"而被封存起来,成为伴随人生一直走过的记忆。"通过身体的社会记忆,过去在某种程度上积淀在身体里,"① 正如梅洛-庞蒂所言,"由于客观身体的起源只不过是物体的构成中的一个因素,所以身体在退出客观世界时,拉动了把身体和它的周围环境联系在一起的意向之线,并最终将向我们揭示有感觉能力的主体和被感知的世界。"② 同时,任何人的身体都不是孤立自存的实体,而是一个场域、一个世界,因为在世的身体又在世地活动着。"我的目光一旦落到正在活动的一个有生命的身体上,在该身体周围的物体就立即获得了一层新的意义:它们不再仅仅是我能使之成为的东西,而且也是这种行为将使之成为的东西。是我的身体在感知他人的身体,在他人的身体中看到自己的意向的奇妙延伸,看到一种看待世界的熟悉方式……这个外来的生命,同与之建立联系的我的生命一样,是一个开放的生命。"③ 真正的记忆或记忆的艺术是一种能力,只有那些不断引起疼痛肉体的经验才会被人记住。记忆力充满了与悲剧命运相关的经验,一种感官和肉体密切相关。记忆是一种积极主动的力量。行动流具有一定的惯性,"当人在'行动'时,他就会沉浸于绵延的时间流中,而只有当他意识到这种时间流并对这种绵延进行回溯,也就是说诉诸反思时,行动流才被概念化为离散的部分和碎片"。④ 它在初始时可能有一种动机激发和意义认定的过程,但这种认定一旦完成,就会在身体中留下"印痕",产生一定的延续性。人不可能时时刻刻诉诸反思,意识也不可能时时刻刻监控身体,于是身体在多数情况下依赖于一种行动流的惯性。只有遇到能够再次激发动机

---

① 斯特拉桑:《身体思想》,春风文艺出版社,1999,第43页。
② 〔法〕梅洛-庞蒂:《知觉现象学》,商务印书馆,2001,第164页。
③ 〔法〕梅洛-庞蒂:《知觉现象学》,商务印书馆,2001,第223~224页。
④ 江中:《身体:以军营新兵训练为例》,《社会学研究》2004年第3期,第103页。

的"事件"或打断行动流的"时空隔断"时,这种身体的认知本能就会再次凸显出来。借助类比、联想,其外部躯体就从其本己的东西那里类似地获得了身体这一意义,产生一种基本的身体体验。

个案 D2:钟某,男,32 岁,高中文化,湖南武冈人,东莞市企业集中区(新城区)一外资企业

"最初(1999年)来到广东在东莞长安一家香港人办的纺纱印染厂做文员,最初没有通过老乡。配色,工作条件比较好,每天工作12个小时,以日计算工资,1200元一个月。刚进入时缴200元押金,工作满一年,才能离开,否则得不到押金。工厂经常发生安全事故,因为纱必须经过染缸高温消毒,所以经常有烫伤的、轧断手的,厂里一般负责医疗费,有后遗症才有所赔偿。我刚进去的时候,有一个女孩子,轧断手了,一年没有上班,后来被辞退了。现在我还不断想起她那血淋淋的双手,我的身体会有一种恐惧的感觉。"

个案 D3:肖某,女,25 岁,高中文化,湖南洞口人,东莞市企业集中区(新城区)一外资企业

"我是1996年就来到这家生产编织带的工厂,我负责几台机器的运转,在货源比较多的情况下,我们一般都要工作到晚上10点多钟,还没有休息日。这件事情是发生在去年的夏天,我记得当时天气很炎热,我当时非常疲倦,记得那时加班到深夜11点多钟,我居然在机器边睡着了。我突然感受到一阵剧痛,我的两个手指头被机器轧断了。现在,我一旦很疲倦的时候,就有一种恐惧和危险的颤抖,我的身体就会突然警觉起来,一种本能的焦虑和伤痛就会刺激我的神经。"

其二,流动农民工的身体实践表现为一种"言说公正的身体",或一种基于道德的身体呈现,即"道德身体"。凸现流动农民工从心灵到身体的创伤,这是一种陌生而残酷的以身体为代价的生活经验。源于这种生活经验和目光的"身体意识",是在日

常生活实践中形成的。它可能在任何时间、任何空间中表现出来。这是一种通过身体的"凝缩技术"或"呈现技术",即通过流动农民工群体的"身体"凝缩或呈现他们的日常生活经验,然后与话语交织混合在一起使用,以呈现一种凝缩或呈现基于城乡二元结构或不同身份的"社会公正、公平"和"社会平等"的"身体意识"。这种"身体意识"对于理解流动农民工主体形成过程中的结构性与历史性的因素是最有帮助的。以一种"身体"话语取代"现代性"话语或城市发展逻辑,通过自己的故事、体验、疼痛和煎熬,使得身体不仅仅只是一种肉体的存在,或作为一个意义上的空洞的意符,他同样卷入了一种集体性身份认同的建构过程,变成了一种"道德身体",即一种基于社会道德的身体呈现。"话语"或"言说"是作为"身体"的一种基本功能,"言说公正或权利"这是一个具有公民权利的基本构成性元件。身为农民工、身为农民、身为外出打工者,流动农民工群体是生活在变动社会中的一个游离的主体,他们的声音被主导话语湮没。

个案访谈:道德被遮蔽的身体——言说公正的身体悲剧

个案C2:李某,女,32岁,小学文化,湖南宁乡人,中山市南区环城金叶新村

个案C3:张某,女,23岁,初中文化,湖南宁乡人,中山市南区环城金叶新村

个案C4:李某,女,31岁,小学文化,湖南宁乡人,中山市南区环城金叶新村

"我是2001年离开农村的,我表姐介绍我来到这家厂里的。这个厂很大,工人多。我们干活也非常辛苦,从早晨到晚上12点,每天都累得精疲力竭。"

"在我的生命中还不断闪现着刺骨的疼痛和记忆,机器的轰鸣声让我反感和憎恨,我强烈地感觉到一种社会的不公平,这种不公平让我感到愤怒、失眠和恐惧。"

"我们在公司里哪有什么人格和尊严,整天看着高高的

围墙,还有铁丝网,戒备森严,那叫监狱。我们连上厕所都限定时间,更别说平均一天12小时以上的工作时间了。"

"建筑工地的活又苦又累,说工资是民工的'血汗钱'真是一点都不假。刚开始干的一周内,腰酸腿疼不说,满手的血泡,早晨起床时,浑身散了架一样。一天干10小时能挣10元。尤其领工资的时候,工头还要找理由克扣你的工资。有时很气愤,找工头论理,工头一般不理睬,转身就走。"

"有位员工由于不到招工年龄,用别人的身份证进了工厂。在没有经过任何培训的情况下上班,加上疲劳操作,第一天就受了伤。他的老板以他冒用他人身份证为由拒绝任何赔偿,而且还解雇了这位工人。"

"前不久,有个外来工在工地拆房时手被砸伤,鲜血淋淋。张老板给了他10元钱包扎费,就把他辞退了。"

"老板欠我们工资,我们还不能闹。有位老板威胁说'你他妈的想挨揍,你越闹的凶,越不给工钱!你他妈的小心点,把老子惹恼了,叫几个人好好揍你一顿!'"

"我们在这里连续干了4个月,一分钱工资没拿到,还不断遭受包工头毒打和虐待。现在,我们什么也不要,我们只想要回自己的血汗钱,就回家。"

其三,流动农民工的身体实践也表现为一种"抗争的身体",即通过身体的"日常生活实践策略",或一种"文化抗争",隐蔽地对抗着霸权,或将规训权力颠覆或瓦解。正如前面福柯所言,社会的各种各样的实践内容和组织形式、各种各样的权力技术和历史悲喜剧,都围绕着身体而展开角逐,都将身体作为一个焦点,都对身体进行精心的规划、设计和表现。身体成为各种权力的追逐目标,成为代表和表征权力关系的符号系统。权力在试探它,挑逗它,控制它,生产它。①

---

① 特纳:《身体与社会》,春风文艺出版社,2000,第31页。

个案访谈：个人的创伤和痛楚的身体记忆——一种新的抗争文体

个案 C2：李某，女，32 岁，小学文化，湖南宁乡人，中山市南区环城金叶新村

个案 C3：张某，女，23 岁，初中文化，湖南宁乡人，中山市南区环城金叶新村

个案 C4：李某，女，31 岁，小学文化，湖南宁乡人，中山市南区环城金叶新村

"我对在那里的工作经历还记忆犹新，我无法忘记在那里体验到的身体的创伤。记得在工厂里，我一听到机器的隆隆声，就恶心呕吐。工厂污染很严重，我们工作不到一年，好好的身体就垮掉了。记得有好几次，由于身体弱，噪音大，差点晕倒在机器边，而且这样疲劳操作，也容易发生事故。我们厂就是因为疲劳操作，一年内都要发生几起伤残事故。去年就有一个女工不小心四个手指头被机器轧掉，后来老板就以操作不当为由，赔偿几百元就了之，而且，还解雇了这位女职员。现在想起来都有点害怕。"

"那个工厂的职员，由于污染和噪音的严重损害，加上经常暴露在有毒的气体中，一般的职员在这里只要工作一年以上，就会出现明显的头疼、喉咙经常发痒、咳嗽、恶心、眩晕和虚弱等。"

"我们每天都要工作 12 小时以上，晚上经常加班到 10 点，身体就从来没有过休息，眼部疲劳、四肢经常疼痛厉害。我有几个老乡，进来不到 20 天，就离开了。老板不但没有给钱，还扣掉了进厂的所有押金。这里的老板心真黑，他每年赚很多钱，而我们的工资却那么低，在那里的感觉就连一只狗都不如。我也在那里工作不到一年，就离开了。"

"工厂内的气味刺鼻，叫人难受，几乎让人窒息，使人头昏目眩。我们就这样熬过来，我不知道是否会对我以后的身体有影响。"

"我们这里的职工都对老板不满，只要老板不在，经常就会出现有人故意破坏机器或我们生产的产品，以发泄不满。我们可不敢那样做，一旦老板发现就死定了，不但要扣工资，还会开除，不退回押金。"

个案 E10：李某，男，23 岁，初中文化，湖南邵阳人，韶关市南郊开发区建筑工地工人

"这里的工作实在太苦了，每天拉着满满一车砖，一干就是十二三个小时。平时就吃熬白菜、米饭。我们实在撑不住了，可工头不让走。我们被扣了两个月的工资，离开就什么也没有。"

这里的身体也是一种身体的政治实践，身体疼痛和失调是身心失调问题，也是社会环境问题，是人类的痛苦和焦虑在一个空间中的具体呈现。在这里，不是通过个人或群体的主体性行为，而是通过一种身体的本能的反应或生理机能。身体的痛楚或过度敏感[1]使身体本身成为一种抗争的文体，四肢、眼睛、耳朵在这里都成为一种反抗的文本，都成为抵抗日常经验的一个具体过程。身体是一种抗争力量的源泉，是一种向社会关系中的微观政治做出有力挑战的新文体，是一种对现实环境的存在性挑战和本能的新的反抗。对于超出身体极限的身体在劳动中的非常规或反常的经验被归于身体的属性，使得身体遭受的痛楚和苦难，是一种对身体伦理道德的责难和颠覆，也是一种对身体的惩罚。而且，对这种身体幸福或痛楚的关注，是一个人幸福、快乐的最基本的前提，或是一个社会公正与否的最直接的体现。正如伊格尔顿所言："肉体中存在反抗权力的事物。"[2] 人类的身体绝不仅仅具有生物

---

[1] G. H. 埃尔德在叙述经济受损的家庭的孩子们时提出："自我的过度敏感（hyperconsciousness of self），可能是对困境需求的一种适应性反应，但它可能导致严重的失眠和恐惧。"参见 G. H. 埃尔德《大萧条的孩子们》，田禾、马春华译，译林出版社，2002，第 49 页。

[2] 伊格尔顿：《美学意识形态》，广西师范大学出版社，1997，第 17 页。

意义，而且拥有强大的反现实或反意识形态的作用。身体内部难以遏制的欲望和体验对压抑人性的政治、经济、道德秩序构成致命的威胁。

个案访谈：搜身的背后——在操纵和反抗之间

个案 D1：罗某，女，23 岁，初中文化，四川成都人，东莞市企业集中区（新城区）电子厂工人

个案 D2：钟某，男，32 岁，高中文化，湖南武冈人，东莞市企业集中区（新城区）一外资企业

"我记得我是2003年来到这家公司的，这是一家台湾老板开的印染厂。由于这种布质量很好，而且我们的生产区和生活区是分开的，也有人经常出门时偷出一些。下班从厂区出来时两边都有保安看，他们一般从厂区中任意抽样进行搜身，搜身时男孩子一般就在外面搜，女孩子在一间房子里搜。夏天，穿衣服较少，一般只是在身上摸摸，冬天就要脱衣服。"

"我们当时进的是一家皮鞋厂，记得当时总有一些员工偷皮料出来，所以老板每天下班就派几个保安守在门口。我们都像做贼一样，很害怕，他们一怀疑谁，就要搜身。"

"我在东莞一家电子厂工作过，由于电子元件比较小，他们用一种仪器，可以用来搜查。一般每个人出来时，都会在身上探来探去。后来我实在受不了，就离开了那家厂。"

福柯强调，在权力技术、规训过程中，权力对人体进行分割式控制；控制的对象不是符号而是针对身体中蕴涵的力量，在权力的控制上采取的是对过程的不断监视，以便生产出"驯服而有用的身体"。从本体性安全的角度来讲，在企业的搜身事件中，流动农民工为了身体的尊严而"选择离开"或"消极罢工"，体现了流动农民工对工厂运作中的权力运作的反抗。戈夫曼，在对脸面工作的论述中提出，"身体是进行巨大象征工作和象征生产

的场所……身体也因其象征潜力通过禁欲、训练或否认来加以管束和控制的对象"。①

其四，流动农民工的身体实践还表现为一种"身体消费"。"我们当代对身体的兴趣和理解是西方工业社会的长期深刻转变的结果……身体形象在通俗文化与消费文化的突出地位及其无所不在就是身体与社会的经济和政治结构相分离说产生的文化后果……对快感、欲望、差异与游戏性等当代消费主义特点的强调，是后工业主义、后福特主义和后现代主义造成的文化环境的组成部分"（同上引书）。造成身体处于突出位置的原因有：鉴于围绕身体主体的对休闲、身体的美、身体的个体表现和消费的强调，身体成为自我规划和情感表达的一部分；妇女运动的政治冲击，即女性身体意识的觉醒和抗争、女性主义对父权制社会组织的批判以及妇女在公共生活领域角色的转变；医疗实践性质和技术发生了变化，体现在社会人口结构、寿命和两性比例等成为关注的主题。同样，人类学家传统上也把身体概念化为一个符号系统，即把它当成社会意义或社会象征符号的载体或承担者。人类学关注身体的仪式、身体祭祀、身体在传达文化意义方面的重要性。

个案访谈：身体消费——一种作为区分标志的文体。

个案 A2：罗某，女，22 岁，东莞一企业工人，东莞长安镇冲头村

"记得当初来城里时，从我穿着一看，就像一个乡巴佬，很寒酸的样子。在我赚了一点钱后，我开始注意让自己能赶上时髦。现在我会讲白话，穿着跟城里人也差不多，但我不是城里人，比不过人家，我迟早会回到农村去。"

"我们在城市的消费观念也受到城市居民的影响，有些赚了钱的流动农民工在行为上会模仿城市居民的消费习惯，

---

① 特纳：《身体与社会》，春风文艺出版社，2000，第 4、278 页。

但大多数都很穷，不能像他们那样消费。我们大多只寻求产品实际使用价值的'基本需求'。"

"想，做梦都想在这里买房！小点、简陋点无所谓。三天两头搬家，就像生活在城里的流浪汉。广州的楼盘是越来越豪华，不过，大多是商品房，我们外来工哪能买得起？"

事实上，流动农民工女性通过身体消费并不是希望也不可能在城市中获得更多的自我认同，或者说是对自我的肯定，也不是作为享乐主义实践或欲望的一个领域出现的，更多的是社会建构和体验而成的，更多的是为了满足其他主体对她们的态度的一种反抗。作为被体现的意识，身体充满了更多的是象征意义，是通过模仿对城市主流文化的一种解构，走在时尚的前沿、穿着凸显个性的服饰、具有独一无二的背心不会给她们带来强烈的自我认同感。

"正是我的身体知觉到了别的身体，并且它感觉到别的身体是我自己的意向的神奇的延伸，是一种熟练的对待世界的方式；从此以后，就像我的身体的部分一起构成为一个系统，他人的身体和我的身体成为一个单一的全体，单一现象的反面和正面，我的身体在每一时刻都是其迹象的无名的存在，从此以后同时栖息于这两个身体中。"①戈夫曼把构成个人前台的促进因素划分为"外表"与"举止"，外表与举止的控制就是对身体的一种谋划，利用对身体的控制和谋划来维系脸面的策略以达成印象自我管理的艺术。在戈夫曼那里，包括了共同在场情况下对行动领域里的身体的控制，也包括脸面在社会互动过程中的社会影响。

最后，流动农民工的身体实践还表现为一种"身体焦虑"或一种本体性安全遭受威胁的焦虑、恐惧、缺乏信心、狂暴或者沮丧。"一切社会秩序都在系统地利用身体和语言能储存被延迟的思想这一倾向。这一延迟的思想可以被远距离的定时触发——只

---

① 杨大春：《意识哲学解体的身体间性之维——梅洛-庞蒂对胡塞尔他人意识问题的创造性读解与展开》，《哲学研究》2003年第11期。

要把身体置于一种能够引起与其他相关联的感情和思想的总体处境之中，而这类感应状态，凡演员都知道会产生种种心理状态"。① "普通日常生活中蕴含着某种本体性安全，这种安全体现出可预见的例行活动中行动者在控制身体方面具有某种自主性"。② 在传统的社会空间中，人们与周围世界有着信仰、血缘和宗法的关联，他们通过先赋的社会身体与地位，更将这种关联明确为一种当然的义务或责任；并且，实物的生产和消费方式，也限制了人的物欲。传统的那种基于邻里空间的信任和归属感，为人的存在提供一种"本体性安全"。正是这种本体性安全的存在，现代人的焦虑便在这种集体邻里空间所发展的整体安全体系的关系中得到缓解。现在，离开了这种可以寄寓的空间，"生活中的例行常规被扰乱，并且遭到持续不断的蓄意攻击，从而引发了某种高度的焦虑，'剥离'了与身体控制的安全感和社会生活的某种可预期框架联系在一起的社会化反应。在行为模式的不断退化中体现出焦虑的突然高涨，由于无法信任他人，以这种信任为基础的基本安全系统也受到了威胁"（同上引书），处于一种与特定风险或危险相关联的状态中，他们便始终处于焦虑和无助之中。在这样一个不属于自己的新的生存空间中，一个人不得不对自己的身体、语言和态度各方面进行反思性监控，以免在陌生的城市环境中或在"他者"语境中被人嘲笑或愚弄。这便使他时刻处于焦虑之中，体现在对身体的操纵不当处于的一种焦虑状态。这也是戈夫曼强调的身体的"印象管理"。流动农民工由乡村进入城市场域，面对现代城市社会生活的快节奏、现实生活中的各种突发性事件的出现、频繁的社会流动和遭受的社会风险以及社会生活中的不可预见性，加之与传统乡村社会的脱榫或断裂，其身体也前所未有地完全暴露在社会和他人的监控之中，身体出现了前

---

① 皮埃尔·布迪厄：《实践感》，蒋梓骅译，译林出版社，2003，第106页。
② 安东尼·吉登斯：《社会的构成》，李康、李猛译，生活·读书·新知三联书店，1998，第120、137页。

所未有的焦虑,从自己的身体到自己的语言和态度,预感到一种无法规避、无力应付的威胁和社会恐惧。正是由于现代与传统的异质性冲突甚至相互排拒,个体自我与自我的认同问题尤为严重,并特别表现为个人身心的苦恼焦虑。

个案B1:刘某,男,32岁,小学文化,湖南隆回人,中山市石岐区老城区收垃圾者

个案E5:刘某,男,初中文化,湖南邵阳人,韶关市南郊开发区一建筑工地工人

个案D1:罗某,女,23岁,初中文化,四川成都人,东莞市企业集中区(新城区)电子厂工人

个案A1:张某,女,15岁,湖南岳阳人,失学的独生子女,东莞长安镇冲头村

个案A2:罗某,女,22岁,东莞一企业工人,东莞长安镇冲头村

个案A3:李某,女,14岁,上学的独生子女,东莞长安镇冲头村

"由于远离家乡,饮食不规律,冷一顿热一顿,胃病在这里比较容易出现。加上工作强度也比较大,一般从早晨忙到夜里,往往身心比较疲劳。有时候赶施工进度,几乎整夜加班,精神比较紧张,身体几乎不堪重负。"

"我在这个城市流浪了那么久,到现在居然还不能坦然地面对这个我永远陌生的城市,陌生的人群。我每天和上司说话时由于自卑而口吃,我为自己的怯懦而紧张和焦虑。其实,我知道我的口吃缘于自卑,源于不能坦然,缘于对怯懦的紧张和忧虑。"

"按照公司惯例,如果农民工在工作时因为自己操作不当发生意外,医疗费用要自己负担;工伤,则由老板全部报销。"

"以前身体还算可以,偶尔一两次伤风感冒,都是自己上药店买点药对付过去。记得有一次进医院看病,一看,吓

了一跳,医药费怎么这么贵,开那么点药,就 400 多元。后来就没看了,现在也没事。真的不敢生病,一生病,全家都不安宁。"

"有一次,起床后一阵突如其来的晕眩,不得不跨进了多年未进过的医院大门。花了 700 多元钱,CT 也做过了,可到底得了什么病,到现在还没查出来,现在很担心自己的身体。"

场景:建筑工地

他们的脸上没有一丝笑容,只有疲惫,眼神的深处藏着惊惶与不安……

一说到自己在城市里的经历,眼泪就流出来了,男人的哭声让人难受。

天下着雨,建筑工地的机器的隆隆声和那些在高空作业的建筑工人,还有他们"肮脏"的身体、破损不堪的衣服、邋遢的仪表、茫然无助的眼睛……

编号/职业	情感状态(身体反应)
个案 B1:收垃圾者	感觉低人一等、无能
个案 E5:建筑工地工人	整天疲惫、缺乏安全感
个案 D1:电子厂工人	失意和忧虑、烦躁不安
个案 E5:建筑工地工人	周围的人酗酒、有暴力倾向
个案 A1:失学的独生子女	没有家庭温暖、孤独、失意、羞愧
个案 A2:企业工人	每天感到不幸、闷闷不乐和愤怒
个案 A3:上学的独生子女	沮丧、害羞、敏感、不和人交往

"大多数表达身体姿势的词语都与德行和心理状态有关,这一事实表明,这两种与身体的关系孕育了两种与他人、与时间和世界,从而与两种价值系统的关系"。① 身体正是"行动"与它的

---

① 皮埃尔·布迪厄:《实践感》,蒋梓骅译,译林出版社,2003,第 107 页。

周围世界的中介,这是"行动"中的自我复合体;身体在行动系统中直接关系到本体性安全或"信任"的心理状态,也关系到道德或德行。[①] 对流动农民工的精神理性(如孤独、苦闷、社会适应、社会认同等)关注日渐让位于"感性肉体"的关注,从一种精神意象的关注走向欲望肉体的展示。"身体距离"在现代城市中的日益强调,从现代生活的距离感中获取一份相对独立的空间,这种强调距离使得现代人害怕过分接触"他者"。身体所获得的一种空间感是现代人获得一种本体性安全所凭依的手段,也是一种私人权利和私人空间获取和实践的一种惯性运作之手段。流动农民工正是通过在城市边缘区的策略性存在,"回归"身体,寄寓在一个属于自己的空间,从城市空间中隔离或分割开来,获取一种身体的安全。

[①] 安东尼·吉登斯:《社会的构成》,李康等译,生活·读书·新知三联书店,1998,第140页。

第八章

讨论：找回空间与道德关注

一 城市的空间秩序和道德实践

1. 讨论：流动农民工与城市的空间生态或秩序

流动农民工进入城市的过程就是一个不断创造自己空间，不断跨越"边界"和结构的宰制，寻求自身的生活方式，创立自己空间的积极性现实以及能动地加以选择的关系，建立一种作为支撑其生活方式背景的"共同性"，从而不断开拓个体的多种"可能性"，实现一种新的空间生态或秩序的书写。考察流动农民工的空间秩序或生态、嵌入他们的空间情境，关系到如何理解流动农民工的生存状况、日常生活情境，也关系到如何实现社会融合、实现流动农民工的现代性生成的问题。

流动农民工的空间秩序或生态首先体现在作为"环境生态"的空间实体的经验性存在。通过实地调查发现，流动农民工往往居住在城市环境最差的地段，如城市边缘区、老城区，或者生存环境恶劣、与城市隔离的城中村。在那里，住房、供水、排污、卫生条件极差，呈现为住房破败，街区凋敝，残损严重，布局与设计不合理，缺乏通风、光线和排污设施，或者上述现象俱全，对居民的安全、健康和道德构成威胁；各种疾病、犯罪与社会问题也最突出，那里的流动农民工与城市中的贫困者一样被隔离于城市主流社会之外的"孤岛"上，形成了城市中新的底层阶级。

流动农民工在城市中寄寓的空间，往往是一些似乎漂泊于城市时空和城市社会关系背景之上的飞地，是一些没有历史的空间，一些缺乏历史连续性的断裂的空间碎片。这些时间仅仅只是一些现实的存在，是现实中不断生产的碎片。这些碎片从时间深处剥离出去，没有历史。在流动农民工身上就体现为：对生活具有含糊或弥散的不满意感；行动现实中的无能、无目的感；空虚和压抑感；非理性或情绪化特征；自尊体验和维持有意义的人际关系的乏力感；在情感方面具有缔结防卫性的浅表关系的倾向；缺乏那种由建构性记忆所组成的社区。在这种意义匮乏的外在世界，流动农民工成了"拓荒者"，成了先验的无家可归之人，他们必须在这里发现一种新的意义，并达成"自我了解"。

流动农民工的空间秩序或生态同样表现为一个被排斥和隔离的空间，表现为城市公共空间的土地私有化或住宅化和保证本体性安全的需要、支配性的利益和城市发展的逻辑、市场的偏好等，即"自上而下"地把流动农民工排除在外。"他们的角色是创造一个不同的空间，一个完美的、拘谨的、仔细安排的真实空间，以显现他们的空间（如流动农民工寄寓的空间）是污秽的、病态的和混乱的"。[①] 一方面，这种空间的生成源于一种组织或制度安排，源于市场和社会关系网络的排斥性过程。流动农民工在城市中的空间秩序源于一种结构性的社会排斥，是体制、市场和社会关系网络等外部设计的结果。体制外流动农民工的生存现实、市场规则和偏好所导致的流动农民工的弱势处境以及社会网络的封闭性事实，形成了一种外在的社会空间生态。

"污名化"空间的叙事和差异性地点的设定也同样营造了一种"空间"的生态景观。流动农民工的空间也体现为一种"污名化"的空间生态存在。流动农民工在城市中的社会空间也是表达社会意义或社会象征符号的载体或承担者。空间是一种意义的生

---

① 米歇尔·福柯：《规训与惩罚》，刘北成等译，生活·读书·新知三联书店，2004，第407页。

成装置，通过流动农民工在空间实践中的表征性活动，空间便在生活现实中具有象征符号、社会分类、形成分类性判断的功能；具有差异性符号和差异性标记的功能，使得社会世界客观地呈现为一个根据差别的逻辑、群体符号边界、分化距离的逻辑组织起来的象征空间体系。流动农民工被指责为具有小农意识、说话粗鲁、手脚不干净、随地大小便、看黄色光盘、肮脏、偷盗等。就如鲍曼所言，"与穷人、每况愈下的流动的工人阶级、边缘的个体群体的居住地联系在一起的强烈的地区性特征，这些居住地被认为是'垃圾倾泻场'"①。这种污名化的过程的同时也就是一种社会关系排斥性壁垒形成的过程，加剧城市人口的分隔性。这是一种城市"公众""固化"的意识和记忆，是在传媒、公众的社会认知推波助澜的"污名化"的过程。这就是那些超高密度流动人口聚居空间中不断演绎出来的种种真实与非真实的叙事逻辑。这样，外来流动农民工寄寓的空间就被描述为："管理难度大，犯案率高"，"法外世界"，"到处都是污水，遍地都是垃圾，毒品泛滥，偷盗横行，抢劫猖獗，假冒伪劣产品"，"是城市典型的脏、乱、差地区"，"那里臭气熏天，到处都是垃圾，而且还不安全"。这种污名化的空间类似于福柯所叙述的"差异地点"，即"由于这些地点绝对地异于所有他们的反映与讨论的基地，并因为他们与虚构地点的差异……有一种差异地点的特定形式，我称之为危机差异地点（crisis heterotopia）。就是一些特权的、神圣的或禁限的地点，保留给某些相对应于它们范围之社会、或人类环境而言，处在一种危机状态的个体"。②

流动农民工空间秩序或生态还体现在这里是一个差异性地点的存在。"差异地点经常预设一个开关地点，以隔离或使他们变

---

① 齐格蒙特·鲍曼：《共同体》，欧阳景根译，江苏人民出版社，2003，第147页。
② 米歇尔·福柯：《不同空间的正文与上下文》，王志弘译，《空间的文化形式与社会理论读本》，台湾大学建筑与城乡研究所明文书局，2002年12月，第403～404、407页。

得可以进入……有些差异地点看来好似有全然单纯的开放，但是他们通常仍隐藏了奇怪的排他性。认为任何人都可进入这些差异地点，只不过是一种错觉罢了：我们认为进入了我们身在之处，但是就进入的事实来看，却被排斥了"。① 城市化过程是城市空间持续地隔离、入侵和演替的过程，这里的空间不仅仅只是表征一种物理或者地理的空间，而是一种体现差异的空间识别系统，是一个时空闭合的区域，是社会实践发生关系的分区，在这里存在着社会关系赋予其形式、功能和社会意义的多种可能性；这里的空间表征着中心与边缘、非均衡发展、区隔、社会空间极化和空间隔离等多种寓意。社会空间极化与社会空间隔离是针对西方工业化国家社会急剧变迁过程中所面对的城市贫困和社会排斥现象而提出来的。西方学者提出了极化理论，来说明社会空间极化和社会空间隔离两种机制导致现代西方城市贫困的再现和加剧。根据扎森的理解，社会极化是指社会经济发布的底部和顶部的增长，即低技能、低收入家庭和高技能、高收入家庭比例的增长和数量增长。社会空间的极化和隔离是指由于城市规划和住房市场影响到城市社会空间的变化，在空间上引起穷人居住区的隔离（residential segregation）以及富人居住区的集中。西方学者通过研究指出：城市化过程中的住房市场导致贫困家庭在空间上的集中，社会住房通常集中在城市的某些地区，低收入家庭和靠政府转移支付生活的居民就集中到这些地区，结果在城市中贫困居民的分布呈现明显的区域集中现象，而相对富有的家庭从这类地区大规模迁出，这就加剧一种明显的社会极化现象。

流动农民工的空间秩序或生态体现在流动农民工的"自愿性隔离"。流动农民工对城市现代化的本能抗拒、现代性生成的艰难加上对流动农民工空间的这种"自上而下"有意或无意地隔离

---

① 米歇尔·福柯：《不同空间的正文与上下文》，王志弘译，《空间的文化形式与社会理论读本》，台湾大学建筑与城乡研究所明文书局，2002年12月，第407页。

和排斥，又反过来推动被迫隔离的群体"自我疏离"和"自我封闭"，从城市空间中自愿隔离开来，集中到城市边缘区、被遗弃的老城区，自觉不自觉地回避与城里人交往，囿于习惯性的同乡交往而拒绝突破这一交往圈，从而形成自我隔离状况；是一种自我生成的内部秩序，是一种乡村原有的"自发秩序"的重新复制和再生产。这种秩序同样是基于传统血缘或地缘关系的诉求，基于传统社区那种信任、人情与脸面的持续性存在、习惯的力量，源于乡土社会的那种规则、习俗、信仰、符号、程序以及人们的情感、认识和道德等，构成了流动农民工城市空间秩序的基础，只是流动农民工在不能融入城市时的一种追求意义与认可的根本架构和基本来源，作为获得意义与认同的基础，以与其他群体区分或在城市中为了一种延续性存在作为抵抗外部威胁的一种方式。流动农民工由于外界与自身的原因又对城市居民缺乏认同与满意，他们与城市居民互相交往、共同生活的意愿不强。在这样的情况下，进城农民工的一种现实对策与选择就是以原有的人际网络为基础，在城市重建原来的生活方式与文化模式，构建一种以进城农民工为主要成员的初级社会群体与亚文化生态环境。流动农民工在日常生活实践中得以运用各种空间策略，利用制度上的缝隙，通过建立一种自愿性隔离的空间，通过一种拒绝被城市人同化的生活方式，改善自己的生活境遇。"隔离区把空间限制与社会的封闭结合起来，把物质亲近/疏远与精神亲近/疏远融合起来，使之成为地域性的和社会性的。"① 为了融入被人们视为更加现代化更加美好的城市生活，他们在心理上永远地离开了自己的家乡，固执地在陌生的城市里寻找新的可能。但是他们的理性选择和社会行动的结果，却是让自己在城市里陷入另一个隔离的世界。流动农民工显然已经形成一个"自发的秩序空间"。在这个空间里，他们有不同于其他群体的生活方式、行为逻辑、关系网络、观念

---

① 齐格蒙特·鲍曼：《共同体》，欧阳景根译，江苏人民出版社，2003，第143页。

形态和自己的话语表达形式,而这些要素在不断地被再生产着,已成为一种结构化的东西。这个空间超越原社会中的一些重要的社会边界,不能为城市既定的社会结构所接纳,甚至不能与之接轨。"这些村落在陌生人的现代社会中搭建出一个传统意义上的熟人社会,为村落内部的人提供各种各样的社会资源。这些资源包括谋生的路子,甚至能够实现社区认同的共同体情感"。[①] 他们在处于边缘的城市社会空间中、在一个被围困的空间中过自己的生活,"过一种属于你自己的生活的希望"。

2. 流动农民工的空间生态:一种道德反思

社会空间和其他社会现象一样,是一种道德话语,需要一种道德反思,需要重新关注道德的历史向度和作为主体的道德生活世界。在以往的文献研究中(如流动农民工的城市适应、现代性体验),流动农民工和城市居民的各种差异性都是以城市人为参照的,预设了一种以城市为优势文化的前提条件。各种流动农民工的差异往往成为学者考量和批判的所指或者轻视或鄙视的因由,这种构成性差异的责难是以牺牲流动农民工的主体性为代价的。事实上,这两者之间,永远具有不可销蚀的差异性。因为这种差异性具有独特的历史积淀和深层次的文化因由,是一种不可改变的既定事实。这里存在一种交互主体性融合的问题,需要流动农民工、城市管理者或城市居民都成为一种积极的行为主体,需要一种文化宽容和文化理解,需要建立一种多元文化的交互主体性的融合视景,实现对他们构成性差异的客观尊重。

作为道德生态的流动农民工研究首先体现为一种社会道德隔离和一种道德基调的确认。流动农民工的社会道德隔离可以理解为,流动农民工的这种生活方式是受现代城市道德评判的,城市居民或管理者假定自己是一个有共同朋友和敌人、共同好恶和趣味的社会整体,"道德乌托邦"就是这个群众整体的假定边界。他们唯一的

[①] 郭星华、储卉娟:《从乡村到都市:融入与隔离——关于民工与城市居民社会距离的实证研究》,第 196 页。

"证题法"就是"合并同类项",将另一个群体驱逐出假定的道德乌托邦的边界,将他们放逐出境,从而使自己假想的边界透明无比。社会学称之为"去道德化",也就是否定另一群人的道德主体角色。非道德主体(他们),就是道德主体(咱们)的共同敌人。在流动农民工的社会空间和城市居民的社会空间之中存在一种社会道德的相互主体性的问题,道德多元化问题。基于城市本身利益的主流价值观建构的关于城市道德知识的谋划将广大流动农民工群体隔离在城市道德的适应对象之外,构成一种严重的道德隔离和道德排斥现象,包括对流动农民工的道德基调的社会评判。

城市是植根于它的居民和风俗习惯之中的,城市既具有组织形式,也有其道德的组织形式。"随着时间的推移,城市的每一个部分、每一个角落都在一定程度上带上当地居民的特点和品格,都不可避免地浸染上当地居民的情感","转化成了有自身情感、传统、有自身历史的小区","在这种邻里范围内,历史过程被连续地保持下来。"[①] 城市规划目的在于建立社会性居住区,促进地方社区的形成,以提高城市中处于与世隔绝的人口群体的道德基调。帕克曾对芝加哥城市移民集居区和隔绝地区有过一段阐释性说明:"所谓贫民窟中的移民和有色人种的与世隔绝,以及隔离地区中的人口的孤立状态,都会继续保持……由同一种族或同一职业的人口集居而形成的隔离地区中,共同的种族意识或共同的阶级利益会把邻里情感熔炼得十分紧密。"但流动人口却不然,在流动人口所寄寓的空间中,由于人口流动比较频繁,人口分布的差异性比较大,加上职业不稳定,人与人之间缺乏信任的基本生成机理,而且这些地区往往还是城市中的"恶习地区"(Vice district),成为各种犯罪分子的聚集地带,缺乏一种基本的本体性安全和归属感。在流动人口寄寓的空间中,邻里之间也存在很明显的差异。在这里,农民工不但经历了从城市发展整体中被隔离,

---

① R. E. 帕克、E. N. 伯吉斯、R. D. 麦肯齐著《城市社会学》,宋俊岭等译,华夏出版社,1987,第4、42、44页。

而且还继续被再次分隔:有来自不同地域的流动人口之间的互相隔离,有不同职业类别之间的隔离,还有不同血缘、地缘类属上的人为的隔离,形成一些新的封闭隔离区,形成一些道德秩序日益解体的空间。

"城市人口分隔的过程又形成了城市各区域的道德差距,使城市分裂成许多小世界。这些小世界互相毗连,但却不互相渗透……这使得城市带有一种浅表、冒险的性质,它使得社会关系复杂化,并产生新的、彼此相差很大的人格类型……每个人在城市环境中都会找到一个最适合的道德气候(moral climate),使自己的欲求得到满足。"①

"在大城市中,凡是寻求同一种方式的兴奋生活的人,总是常常聚集在一个地方,结果这些具有相同嗜好的和性情的人,就会把人口分成种种道德区域。"②

作为道德生态的流动农民工研究也体现为一种对流动农民工的道德的否认和污名化过程,也就是对道德多元化社会的否定。流动人口通过寄寓在这样一种附属于城市的空间中,使其盲目的、被压抑的冲动、感情和欲念从以城市发展逻辑为铁律的道德秩序下获得一种解放。而事实上,在这里,在一个被城市铁律、秩序强加给个人的过程中,许多个人的本性被抑制和象征性地转换了;正是由于这种禁限和训诫,使得他们的秉性、个人性情无法得到正常、健康的表达。这样的空间,往往容易退化成一个下层消遣堕落的地区,无工作的流浪者、暂时无家可归的人、贫穷者、堕落者还有罪犯都容易积聚在一起,形成一个很不健康、习染性很强的小社会。在这个地区的人,容易受到各种不同的趣味、利益

---

① R. E. 帕克、E. N. 伯吉斯、R. D. 麦肯齐著《城市社会学》,宋俊岭等译,华夏出版社,1987,第42页。
② R. E. 帕克、E. N. 伯吉斯、R. D. 麦肯齐著《城市社会学》,宋俊岭等译,华夏出版社,1987,第44页。

和情感的支配。这种趣味、利益和情感又直接植根于城市中的繁华图景的强烈对比之中，这是一个滋生社会不公平和怨恨的地方，这种不公平和怨恨容易激发一种不满甚至暴力行为。"城市生活中，流动的数量大增。因此，这种流动会模糊人的理念，破坏人的道德。因为民风民德以及个人道德中首要的因素是连贯性，即保持首属群体中自然形成的社会控制的那种连续不断。凡是在流动现象达到最大限度的地方，凡是在首属控制实际上已经全部崩溃的地方，例如在大城市的退化地区，那里会泛滥起堕落、混乱无序和恶习现象"。①

"污名化"作为微观社会学中的权力较量和攻击手段，就成了城市发展的战略，通过语言（舆论）传播，将非道德标记贴在另类人群的额头上。城市必须将作为另类人的流动农民工变成永恒的"非道德主体"，也就是将一小群人锁定在一个固定的"去道德化"的世界之中。而在现实生活中，这个"道德集中营"般的世界并不存在，或者说它的边界摇曳不定。唯一能够形成恒久"去道德化"世界的，既有制度化的社会排斥，也有语言或者话语系统，也就是符号世界。因此，编织语言符号边界的修辞术，就成了城市或城市居民的战术，这个战术显然是成功的。在流动农民工群体中，"农民工"指称本身，表明了，在符号上占支配地位的人（包括知识精英和权力精英），通过这一身份的社会建构，"固化"甚至"污名化"了城里人对流动农民工群体的实际价值和预期价值的合理性知识和社会认知。这些精英又回过来通过来自城市人对流动农民工"污名化"的言语，把这种形象又强加到农民工群体的意识之中，并力图通过这种具有偏见和"污名化"的事实来影响政府决策，这便成了一种集体的谋划。这种谋划的机制所产生的效应，也带来一种集体性后果：农民工的合法性得不到社会、国家的承认，也在农民工意识中培养了一种有关

---

① R. E. 帕克、E. N. 伯吉斯、R. D. 麦肯齐著《城市社会学》，宋俊岭等译，华夏出版社，1987，第59页。

他们集体未来的悲惨的图景。

　　正如流动农民工的身体实践一样,道德空间也表现为一种"言说公正的空间",或一种基于道德的空间呈现。一种源于生活经验和嵌入情境的空间的"道德理念重构",是在日常生活实践中形成的。这是一种通过空间的"凝缩技术"或"呈现技术",即通过流动农民工群体的"空间"凝缩或呈现他们的日常生活经验,以呈现基于城乡二元结构或不同身份的"社会公正、公平"和"社会平等"的"空间意识",通过自己的故事、体验、疼痛和煎熬,使得自我不仅仅只是一种肉体的存在,或作为一个意义上的空洞的意符,变成一种基于社会道德的自我呈现。然后又通过空间的自我呈现,自我呈现构成我们存在的可能性所依生的道德空间,同时又被这个空间建构着,通过这种空间将自我建构为道德主体,使个人生活于其中的道德构型获得某种延续;或者重构自己所依生的道德空间,成为"他者",即"自我的他性",使得一种道德构型被隐含在与之对比鲜明的另一种道德构型里,创造出一种全新的道德构型。

　　作为道德生态的流动农民工研究最后体现为流动农民工所寄寓空间的地方感的完全崩溃和瓦解,这是关系到个人幸福和本体性安全的重要前提,也是具体关系到流动农民工幸福与生存的深层次的需求。经由人的居住以及某地经常性活动的涉入,经由亲密性及记忆的积累过程,经由意象、观念及符号等等意义的给予,经由充满意义的真实的经验或动人事件,以及整个社区的认同感、安全感及关怀的建立,建立的一种地方感,这样一种情境。

> 　　导源于内在熟悉的知识,导源于在一个实质环境中的关怀领域,人与人之间相互关怀的网络的建立;导源于情感紧系的物质环境,以及意识可觉察到的环境"认同和空间界";导源于长久以来"经由知觉、嗅觉、味觉、触觉"所强化的亲切的关联性;导源于"连续发展、庄重而快乐的庆祝活动"的传统复现……导源于"周遭环境的整体经验"——赤

足走在草地上的感觉、不同季节的芬芳和天籁、在散步的时候和朋友碰面的地方和时间……①

流动农民工在城市的日常生活空间,是一个流动、漂泊的场所,是一个缺乏真实感的对方。在那里无法感受到一种更深层的象征的重要意义,基本上是缺乏地方感的,这样的空间无法形成地方感所必需的某种"自明性"。

二 融合与共存:共有的空间是否可能

1. 农民工嵌入空间的几种模式:融合的内在机理

流动农民工由乡村进入城市,意味着进入一个新的迥异于传统乡土社会的新的空间形态,即由"传统社区"进入"城市社区";也意味着流动农民工生存空间的自我拓展,以何种方式进入空间,是否被进入的空间接纳。一种道德空间的构型是否可以被隐含在与之对比鲜明的另一种道德空间的构型里,或同化、融合,或并存,或嵌入,或边缘化,始终存在一种空间的秩序和运作逻辑,这也是城市现代化过程中面对大量移民和流动人口所必须解决的问题。在社会学理论中,下面几种模式具有代表性。

(1)同化或融合模式②。芝加哥学派强调"城市社区"与"传统社区"的差别,沃斯(Wirth)提出"城市性"(Urbanism)的概念,帕克(R. E. Park)提出的"社会同化"③理论,帕克的继承人瑞得菲尔德(Redfield)提出乡土—城市的连续统(folk-ur-

---

① 艾兰·普瑞德:《结构历程和地方》,王志弘译,《空间的文化形式与社会理论读本》,台湾大学建筑与城乡研究所明文书局,2002年12月,第87页。
② 项飚:《跨越边界的社区:北京"浙江村"的生活史》,生活·读书·新知三联书店,2000,第8、13页。
③ 该理论认为:移民一般要经历定居、适应和同化三个阶段。在刚进入迁入地时,由于大多不懂或不能熟悉掌握当地语言,缺乏进入主流社会的渠道,因此,只能先在边缘地区立足,以廉价出卖劳动力为生。在这个过程中,越来越多的移民接受主流社会的文化,认同主流族群,进而被主流社会完全同化(李明欢:《20世纪西方国际移民理论》,《厦门大学学报》2000年第4期)。

ban continuum)。这一取向被称为 Wirth-Redfield 模式。该模式认为,从农村到城市的迁移被视为一个原有人际关系解组、移民不断个人化,而最后失去原有的文化特征和社会关系的过程。以 Sauvy 和 Price 为代表所提出的"同化假设"认为,在流动人口的迁移中,随着时间的推移,来自传统文化的人必将"与过去决裂",失去"特殊群体感",会被统一融于现代文化。[1] 流动农民工在城市的空间书写并没有带来传统建立在血缘、地缘关系基础上的社会关系网络的破坏,流动农民工群体仍然依托着传统的血缘、亲缘或地缘关系所构成的社会网络及乡村的礼俗原则和行为规范,来展开其经济生活和城市生活;他们凭借的只是"他人"在城市流动中的经验,寄存的也只是一个被城市边缘化和隔离的空间,并没有成为城市的一部分,同化和融合模式不适合于理解中国流动农民工。流动农民工也不能接受主流社会中的主流文化所赋予他们的身份,即不认同他们的城市居民的身份,但是这种选择的后果可能是这个人不被多数主流文化的成员认同。这种选择同样可能在心理上给个人造成负担,因为这要求个人成为一个"不同的"自我;同样在农村,在主流文化之外的家人、朋友可能也不会接受这样一个接受了主流文化的人。

(2)"并存"模式[2]。体现了传统社会与现代因素共存的可能,是一种"无现代化的迁移",没有解答"并存"的内在机理有哪些,强调一种道德空间的构型被隐含在与之对比鲜明的另一种道德空间的构型里。两种空间处于并存的模式,各自有着自己运作的逻辑和存在方式。流动农民工在城市中的现代性书写,更多地有着并存模式的特征。但在中国,流动农民工的体制外生存或者社会空间的不断隔离和排斥,农民工同样难以实现这种"并存"。这种可能的选择是适应由现实的状况所决定的社会分类的

---

[1] 转引自项飚《跨越边界的社区:北京"浙江村"的生活史》,生活·读书·新知三联书店,2000,第8页。
[2] 项飚:《跨越边界的社区:北京"浙江村"的生活史》,生活·读书·新知三联书店,2000,第13页。

身份,对流动农民工来说,就是接受农民的身份,这是与城市主流文化相反的身份。每种身份都有其理想的行为模式,对反面身份而言,这些模式和主流社会的主流文化是完全相反的。对个人来说,这种反面身份可能较为容易适应,但同时这种身份对个体地位是不利的。

(3) 依附与联结模式。即现代化模式(中心与边缘格局),提出了流出地和流入地统一起来考察的框架,人口流动将"现代"的社会形态扩散到"落后"地区,体现在中心地带对边缘地区传统经济结构和组织的破坏,导致边缘地带在意识形态上对核心地区的依赖,丧失把握发展机会的意识和能力。移民又为中心提供了廉价的劳动力,降低了劳动力的价格。代表人物有弗兰克、卡斯特尔、卡斯莱特等。① 这种模式所论证的是一种边缘和中心,或城市和农村的类型,流动农民工进入城市空间,难以用这种理论来解释。

(4) 嵌入模式。强调移民经济能以"非现代"的手段在现代经济中存活,在于其经济能更好地扎根于一定的网络中,即过去的经济行为嵌入别的社会关系中。流动人口在一个封闭的聚居区,依赖空间内部的独特的社会结构,从而有丰富的社会资源,依靠这种社会关系来展开自己在城市中的经济行为。②

(5) 边缘化模式。"边缘化"(Marginality)最先是由美国社会学家帕克于20世纪20年代提出来的。他认为,由于通婚或者移民,那些处于两种文化边缘上的人经常有一种心理上的失落感;他们在种族或者文化团体中的成员的关系模糊不清,因为他们既不能被这个种族或文化团体接受,也得不到另一个种族或文化团体的欢迎。后来,边缘化理论用来泛指在一个国家内由社会和经济上的移动导致的经济上和文化上的冲突。

---

① 项飚:《跨越边界的社区:北京"浙江村"的生活史》,生活·读书·新知三联书店,2000,第8、13页。
② 项飚:《跨越边界的社区:北京"浙江村"的生活史》,生活·读书·新知三联书店,2000,第13页。

在拉美学者对边缘化理论的研究中,具有代表性的是受到现代化理论影响的"二元派",其代表人物是智利的拉丁美洲经济社会发展中心的学者。"二元派"以现代化为基础,把边缘化看做一种多方位的现象,认为边缘化是指出现在向现代化过渡的进程中,而这种过渡是不同步或不平衡的,因为社会中存在着传统和现代两种价值观、信念、行为、体制和社会范畴。这种不同步或不平衡意味着在向现代化过渡的进程中,有些人、团体或队伍落伍了,或难以参与这一进程,同时也不能在这一进程中获益,因此只能处于边缘地位。他们之所以处于边缘地位或甚至被排斥在社会等级之外,是因为他们在政治、经济和文化上都不能被结合进社会或阶级体系中。他们既不属于已将其排挤出去的农村,也不属于未能吸纳他们的城市,他们被遗忘在现代化进程的边缘之上。[①]

(6) 断裂模式。"断裂社会"是孙立平进行的一个研究项目"20 世纪 90 年代以来中国社会结构演变的新趋势"的核心概念。"断裂社会"的第一层含义表现在社会等级与分层结构上,一部分人被甩到社会结构之外,而且在不同的阶层和群体之间缺乏有效的整合机制,在现实的意义上,首先是指明显的两极分化。"断裂"的含义即由于严重两极分化,人们几乎生活在两个完全不同的社会之中,而且这两个社会在很大程度上互相封闭,犹如一场马拉松一样,每跑一段,都会有人掉队,即被甩到社会结构之外。被甩出去的人甚至已经不再是社会结构中的底层,而处在社会结构之外。"断裂社会"的第二层含义表现在地区之间。断裂社会表现为城乡之间的断裂。城乡之间的断裂既有社会结构的含义(因为农村居民和城市居民是两个不同的社会阶层),也有区域之间的含义。在改革前,中国社会中形成了一种城乡分割的二元结构。当时的二元结构主要由一系列制度安排造成。以户籍制度为核心,当时的制度安排将城乡人口和城乡的经济与社会生活,人为地分割为两个互相隔离的部分,形成人为的制度壁垒。城乡之间人

---

① 江时学:《边缘化理论述评》,《国外社会科学》1992 年第 9 期,第 27 页。

口不能自由流动，两部分居民有两种不同的经济和社会待遇，农村的资源大量被抽取到城市，以支撑城市中工业化过程。这种二元结构可以称之为"行政主导型的二元结构"。"断裂社会"的第三个含义是，社会的断裂会表现在文化以及社会生活的许多层面。断裂社会的实质，是几个时代的成分并存，互相之间缺乏有机联系。很明显，孙立平的断裂概念也体现为一种空间模式。①

中国的流动农民工在城市的现代化逻辑中，进入空间的模式，并不是上面几种理想类型的一种，而是几种模式的并存。这源于流动农民工的特殊身份和中国城市发展的特殊逻辑，表现为中国城市的现代化叙事和发展主义意识形态本身对流动农民工的抗拒；表现为一种自愿性隔离和空间书写过程中的流动农民工自身对城市现代化的抗拒。

2. 社会融合的理解框架

针对社会排斥现象，1995年联合国哥本哈根社会发展首脑会议把社会融合（social inclusion）作为社会发展的三大领域之一，要求各国采取行动，推动社会融合。会议指出，"社会融合的目的是创造'一个人人共享的社会'，在这样的社会里，每个人都有权利与责任，每个人都可以发挥积极作用。这种包容的社会必须建立在以下基础上：尊重所有的人权和基本自由、文化与宗教差异、弱势及处境不利群体的社会正义和特殊需要、民主参与和法制"；"使社区组织更大程度地参与制定和执行当地项目，尤其是在教育、保健、资源管理和社会保护方面"；"确保有一个法律框架和一个支持型结构，以鼓励成立社区组织和个人自愿结社，并鼓励作出建设性贡献"；"鼓励所有的社会成员行使权利、履行职责、充分参与社会，并认识到靠政府不能满足社会的全部需要"。②

安德鲁·米切尔（Andrew Mitchell）和理查德·施林顿（Ric-

---

① 孙立平：《转型与断裂——改革以来中国社会结构的变迁》，清华大学出版社，2004年7月。
② 丁元竹：《中国社会保护网的再造》，天津人民出版社，2001，第176~177页。

hard Shillington)的研究认为,社会融合是一个综合而有挑战性的概念,它不只是具有一个维度或意义。社会融合至少包括以下五个关键的维度或者基点:①强化认同感(valued recognition);②人类发展(human development);③卷入(involvement)和参与(engagement);④拉近距离(proximity);⑤物质福利(material wellbeing)。① 社会融合是一个动态的调整过程,不仅要关注最终状况还要关注过程本身,融合是从最终状况来判断流动农民工与当地社会的关系。事实上,流动农民工要实现与城市的社会融合,一般要经历进入、适应和完全同化几个阶段。理解流动农民工的社会融合框架必须考虑下面几个核心概念。

(1)社会政策。即是否政治平等。社会政策体现为能否享受人权或政治权利,包括人的安全保障、法制保障、表达的自由、政治参与和机会的平等等权利,涉及个人被排斥出参与决策或者对决策施加影响,被排斥出参与政治权力的监管(选举和被选举)、私有财产、公正、社会保护、基本服务等项权利。有一些学者从社会福利制度的角度来论述社会排斥的制度面向,被排斥者由于不具公民资格而无法享受某些社会权利而被排斥出国家的福利政策,或者由于某种特殊的福利制度使得某些享有公民权利的人也无法获得某些国家福利制度,如,个人安全、机会平等、社会保险、最低健康医疗、失业救济金等。

(2)社会经济。是否能实现经济同步融入是农民工获得生存权利的最基本条件②。居住在城市边缘区的农民工一般是低技能、低收入、失业、半失业家庭,他们在经济上一般处于劣势。贫困和孤岛经济效应往往意味着缺乏发展机会、信息贫乏、与主流社

---

① 丁元竹:《中国社会保护网的再造》,天津人民出版社,2001,第176~177页。
② 詹姆斯·C.斯科特认为,"不论穷人的公民能力和政治能力如何不行,他们都有生存的权利。因此,精英阶层或国家对农民的索要,一旦侵害了农民的基本需求,便毫无公正可言"。参考詹姆斯·C.斯科特《农民的道义经济学——东南亚的反叛与生存》,程立显、刘建等译,译林出版社,2001,第41页。

会脱节，处于一种贫困化不断加剧的境况中。在那里，弱信息，弱发展机会，弱资源的再生产性。实现社会融合如不能从经济上实现同步发展，社会融合只是一句空话。实现经济同步，对于流动农民工来说，一个是可以得到较高补偿，获得眼前利益，完成进入城市的初始资本积累；二是可以进行较为有利的环境转换，获得广阔的发展空间。帮助流动农民工获得工作、解决最基本的生活资源的获得、提高他们的技能、培养他们获取经济资源的能力，是真正实现流动农民工的关键。

（3）社会参与度。包括政治、经济、组织和城市发展战略的参与。实现社会融合的前提条件是社会参与，只有在社会参与的基础上才能实现社会融合。所以，实现流动农民工的社会融合中，应注重城市贫困人口的社会参与，为他们提供更多的参与社会活动的机会，让他们通过广泛的社会参与来实现社会融合。社会参与程度也表现为对现实生活的积极介入的能动性事实，当个人处于社会空间中的孤独状态时，他常常倾向于从社会回到自我的封闭世界。对社会的这种隔绝，并不仅仅是由于交往的障碍等等而导致的与他人的分离，在更深的层面上，它亦与道德资源的缺乏相联系。这种资源包括积极的人生信念、对生命意义的正面理解、对存在价值的肯定态度，等等。对没有道德理想并以否定的态度对待人生过程的人来说，消沉、绝望、无意义感等等往往成为其难以排遣的情感体验，而对他人的冷漠以及社会的疏远乃至排拒，则是由此导致的逻辑归宿。

（4）社会网络。包括在城市中建构社会网络，利用网络获取社会资源。在中国，社会网络是一种社会资源，是获得社会资本的一个重要来源，包括信任、互惠以及资源的提供等。文化人类学研究显示，关系网络不仅涉及工具理性与理性计算，也涉及社会性、道德、意向和个人感情；它既是权力游戏，又是一种生活方式。[①] 城市空间生活中，隐含与依附的、已经存在的与还在

---

① 阎云翔：《礼物的流动——一个中国村庄中的互惠原则与社会网络》，李放春、刘瑜译，上海人民出版社，2000，第85页。

"生成"的内在质素,随时都能够被发掘出来,并派上实际用场。农村流动人口在城市所建立起的社会网络和他们在城市的社会融合相互作用,相互影响。社会融合是指农村流动人口在价值观念、行为以及生活方式等方面与城市人口的趋同性。因为社会融合程度较高的农村流动人口更容易接受城市的主流文化,① 因而他们会与次级关系网络有更多的联系;农村流动人口是否与当地人混居也可以反映农村流动人口与城市的融合,散居的流动人口不与其他流动人口集中居住,不与老乡发生紧密的交往关系,他们与城市的融合程度较高。② 农村人口在城市社会生活融合方面主要包括在求职、医疗和养老等方面所受的歧视,以及农民工由于出身和贫穷所受到的社会歧视。另外,语言是城市居民划分社会圈子所使用的工具。在大城市,当地方言通常被当作一种衡量外来人口市民化程度的标准③。流动农民工个人因素和流动因素相互影响的同时,还会影响个体的社会网络和社会融合。流动人口接触城市文化更多的是通过在城市的社会网络,社会网络又会与社会融合相互影响,二者进而可能对流动人口的行为产生影响,使其行为趋同于城市人口,更有利于实现社会融合。

(5) 社会认同。包括社会认知、身份融入以及文化融入,包括广义的文化认同、民族认同、国家认同、团体或组织认同,以及个体自身的角色认同等等④。认同意味着接受某种社会的文化

---

① 王春光:《新生代农村流动人口的社会认同与城乡融合的关系》,《社会学研究》2001 年第 3 期,第 63~76 页。
② 蔡昉:《中国人口流动方式与途径(1990~1999)》,社会科学文献出版社,2001,第 305 页。
③ 刘玲:《都市里的村民》,《中国大城市的流动人口》,中央编译出版社,2001,第 45~129 页。
④ 这里的认同的功能从爱德华·希尔斯的市民认同中找到灵感,"礼貌意义上的市民认同可以缓减或改善人生的重要的危险——在一个经济、政治、知识竞争的社会中,风险、可能失败的危险,以及实际失败所造成的伤害都是人生重负的渊源……行为举止方面的市民认同使愤怒和怨恨受到抑制;它有镇静和安定情绪的作用。它可能缓和激动情绪……它可以减弱反对派之间的仇恨,增加对立双方和解的可能"。参见爱德华·希尔斯《市民社会的美德》,选自邓正来《国家与市民社会》,中央编译出版社,2002,第 43~44 页。

形态、生活方式、社会组织系统，承认其合理性与合法性，并归属于其中。与社会认同相联系的是社会的凝聚，在缺乏社会认同的情况下，社会成员往往趋向于从参与走向隐退，以远离社会生活为理想的追求。城市流动农民工认同在城市空间中的自身群体的结果，即在城市中实现对传统血缘、地缘关系的扩大和复制或社会关系的"内卷化"是与社会的分离，而不是与社会的融合。认同与融合这两个概念之间有着密切的联系，认同的概念揭示了"同一"与"差别"的关系，"同一"与"差别"是认同的两个不同的方面，而融合就意味着"同一"。城市流动农民工人口认同流动农民工群体，就意味着他们与流动农民工群体达到了"同一"，与非流动农民工群体（即城市居民）出现了"差别"，表现出社会分离的倾向；相反，如果他们不认同流动农民工群体，就意味着他们与流动农民工群体形成了"差别"，与城市居民出现了"同一"，表现出社会融合的倾向。由于城市流动人口认同流动农民工群体，就会把自己看做流动农民工群体的一员与社会上非农民工群体区分开来，这样就可能在其心理上拉开与社会的距离，从而逐渐远离主流社会，与主流社会断裂开来。

（6）心理归宿。即实现社区归属感和实现情感归依。社区归属感就"是指社区居民对本社区地域和人群集合认同、喜爱和依恋的感觉"①，"是指社区成员对所居住地区和所属的文化群体的认同、喜爱和依恋"②。社会融合的失败表现为个人情感和心理精神上所遭受的创伤和磨损，依存的历史根基被破坏，产生归属感的原生形态的情感被扭曲，集体记忆的城市被消解，带来的是一个区隔化的社会。在流动网络世界中，历史传统才是重新建构意义、重新组合形象及重新赋予意义的基础。而在城市迁移地群体中，新的空间并没有为新社区天堂提供基地，原初社区依靠的是

---

① 汪雁等：《三峡外迁移民的社区归属感研究》，《上海社会科学院学术季刊》2001年第2期。
② 陈微：《如何培养居民的社区归属感》，《中国民政》2002年第4期。

原初的联系，而这一旦与历史脉络切断，其依赖的根基便失去了意义。原生形态的情感被扭曲、分割与重新发展，并根据文化、城市的空间区隔和孤立及城市化的新逻辑，被区别性地给以污名加以奖赏，而这只能从模糊的认同中拼凑出象征的集合。从心理层面上适应城市社会，是农民工融入城市的真正标志，也是农民工城市化的重要条件。因此，现代城市化过程在创造城市繁荣的同时，使得城市流动农民工人口不仅陷入经济的贫困，而且也使他们在情感方面陷入危机，滋生空间隔离区的非人格化的景观。自卑感、精神的失落、内心的郁闷、文化弥合中的深度困扰，这种景观对于实现社会融合来说，只能是一句空话。

总之，社会融合的框架所涵括的社会政策、社会经济、社会参与度、社会交往网络以及社会认同和社会归宿是实现社会融合的重要元素，也只有在这种框架的理解基础上来叙述社会融合，才能有所成效。

3. 如何实现流动农民工融合

作者在社会调查中不断发现和感受到，关系到农民工日常生活改变的根本问题，已经远远跳出了身份合法性的巢窠。只要他们能够寄寓在城市空间中而没有被驱赶，合法身份就会被搁置，被置括号。事实上，流动农民工一旦进入他一直被剥夺合法权的空间，一旦原本那种静态的城乡二元结构在空间上被撕裂，农民工进入城市空间所直接面对的问题就变成了容纳还是排斥的问题、社会整合的问题、社会歧视和社会冲突的问题、边缘化的问题，变成了如何实现他们与城市的社会整合的问题，如何帮助他们实现劳动市场介入、提升能力和提供收入支持的问题，是他们在城市如何发展、如何获得更多的工作机会和获取更多的社会资源，如何获得一种归属感、幸福感的问题。此时，接纳和排斥的行动主体不再只是国家、政府或者城市管理者，还有城市本身、城市居民。他们不再只是简单地寻求身份合法性的问题，他们需要一种现代性的总体谋划。这种谋划应融合他们现实生活中的具体情境，应统辖政治、经济、文化等面向，应为广大成员所共同接受或践履的普遍视景。

近来西方社会福利学者热心于探求社会政策新的目标定位，要求反对社会排斥和边缘化，促进社会整合，以获致稳定、安全而公正的社会。他们并且指出，社会福利学者在某种意义上就是要代表贫弱群体的利益，参与社会游戏规则的制定，使之趋于合理、公平。作者认为：

首先，应建立政府与城市流动人口的沟通渠道，实现利益的制度化表达，防止贫穷和社会排斥的国家战略必须有明确的目标、指标和监测机制。处于贫穷和遭受社会排斥的城市流动人口应参与拟订这类战略，拥有他们自己的话语权。国家和政府可以提供有关的经验协助他们进一步拟订这类战略，同时尽量取消那些造成城市区隔与另类标签的社会政策与制度。城市流动人口与城市合法的居住人口都是社会公民，拥有任何公民所享有的合法权利；他们也是城市资源的创造者和享受者，只是价值观念、社会政策等社会标签剥夺了他们正常的话语权，使得他们被社会排斥与边缘化，并非他们能力不行，只是他们没有机会。社会政策要将对流动农民工问题的意识和关注变成一切政策和计划的"主流"；惟其如此，才能使政策和计划时时刻刻注意到各社会群体的特殊状况与需要，而且始终同这些社会群体"站在一起"，从他们的利益出发。

制度上的区隔与另类标签，同样也带来了资源配置的藩篱与偏颇，城市流动人口不能获得足够而且合法的经济资源、社会资源以及文化资源。子女受教育资源、信息资源、组织资源以及社会基本的权利资源等资源配置的不合理性与不公平性不断恶化城市流动人口的社会排斥与边缘化境况。这就要求政府站在城市流动人口的一边进行资源的有效配置和调节，为城市流动人口的信息获取渠道、信息获取方式以及社会资源的有效配置和流动提供明确的法律保障。保证全体成员具有获取或使用生产资源的平等机会，教育缺失、贫困、失业顽固不绝，获取机会、资源的权利不平等，凡此种种都会造成社会的疏离和边缘化。机遇、资源、收入的分配不公,获得就业、社会服务的权利分配不公,无疑是阻碍社会融合的一个重要原因。

政府和城市管理应进一步促进城市流动人口融入城市的主流社会,反对一切形式的歧视,特别是基于身份、职业的歧视,以及大力开展促进平等和机会均等的行动。这些行动将被纳入社会融合战略以及旨在使城市流动人口融入社会的战略的主流,和城市流动人口确定社会发展的共同议程和社会标准的共同框架,从而帮助城市流动人口摆脱其游离的社会处境,带来城市流动人口的身份认同、职业认同、组织与管理认同以及社区认同;平等、真诚地关心、爱护、帮助城市流动人口,以平等、真诚和爱弥合合法的城市人口与城市流动人口之间的鸿沟,以尊重人类尊严的观念在两者之间架起一座沟通、谅解、信任与合作的桥梁。从政府的角度来说,最重要的是必须考虑如何为这些事实上已经逐渐变成城市产业工人和城市居民,并为城市建设作出巨大贡献的群体以更多的人文关怀,尤其要改变那种把外来务工者视为"麻烦制造者"或需要"加大管理力度者"的不公正对待。在城市对外来人口的宏观管理思路上,要以服务为取向,倡导"服务型管理"的理念,提供社会支持系统;同时,政府在财政上必须有相应投入。

其次,在社区建造外来人口"家园"。以空间为单元,以群体为单位,重建社区,即通过社区整合①的模式是实现流动农民工社会融合的一条最切实际的路线。"家园"可以使外来人口对城市社区产生归属感,并成为他们了解城市文化和法律规范、参与社区活动、培养社区精神和责任意识、增强社会整合的起点。

---

① 曼纽尔·卡斯特认为,"语言及社区意象对重建自主的个体之间的沟通是如此重要,它可以逃避无历史性流动的支配,但也同时可以重新在信徒间建立新的有意义的沟通模式"。在论述女性主义时,曼纽尔·卡斯特认为"求差异的女性主义……唯有通过建构自己的社区,方能重建认同以及找到己身的道路"。参见曼纽尔·卡斯特《认同的力量》,夏铸九等译,社会科学文献出版社,2003,第76、229页。

其功效表现在社区归属感的形成，满足社区居民物质精神生活，增强其对社区的认同，促进社区公共活动的开展和居民参与程度的提高。

在社区整合的基础上，完善流动农民工公共生活空间和社区文化生活的建设，建立一种互助的健康保障体系。公共生活空间和社区文化生活的缺失是农民工心理疾患最重要的诱因。国家和社会有责任保障这个群体远离极度匮乏的精神文化生活需求。如果健康的文化不去主动占据这个庞大的群体，无形之中也就给形形色色不健康的东西以可乘之机。在构建和谐社会的大环境下，政府、社会、家庭更要尊重和关爱农民工，切实考虑他们的生活、情感方面的实际困难，积极为农民工营造温馨的"精神家园"，让他们过上丰富多彩的精神生活，这样才能有效预防与疗治他们的心理疾患。

实现流动农民工的社会融合，必须在传统文化上保存其认同，即使在经济与功能上依赖流动空间（如浙江村），也要将认同建基在他们的历史根源里，地方的象征性标记、认知符号的保存，以及现实沟通实践中集体记忆的表现，作为其存在的正当依据。在这一点上，地方政府必须担当这一主要角色，通过扩展他们的组织能力，动员流动农民工社会参与，支持他们意欲重新建构地域性意义的集体策略；但是，同时，我们避免过度强调当地的认同，避免造成自我认同身份的符码无法与他人沟通，导致不顾任何社会秩序协调的危险，作为城市同样需要创设能与城市其他认同沟通的符码，通过从事集体努力的有组织、有自我认同的社区相互联系，建立一种所有群体都参与的地方政府网络；同时，将流动农民工的文化认同及象征性实践扣结上经济政策与政治实践，这是实现流动农民工融合的必要条件。

另外，改变流动农民工自身的认知系统和价值观念也是实现流动农民工社会融合的关键。在心理调适中，农民工要树立自信，鼓足勇气，自尊自强。大家知道，人与人之间是生来平等的；但现实生活中农村与城市之间，农村人与城里人之间确实存在相当大的差距，我认为最重要的是农民工自己在精神上无论如何不能自卑，不能颓丧，一定要相信自己的聪明才智，要相信自己有能力改变自己的命运。无论进城创业的道路有多么艰辛、坎坷，只要坚忍不拔，幸福和成功就会降临到自己的头上。

最后，作者认为，实现流动农民工的社会融合最重要的一点在于流动农民工在城市中不应该只是作为城市现代化或城市化中的"个体"，而应该作为一个"主体"所包含的内容。即在一个不断变化的、不可控制的世界里，要把自己的经历变成一种作为社会参与者的自我成长的过程，一种对个体自我意识的塑造和个人对自我的辩护的过程，使之摒弃自我意识的那些传统形式，并在一定程度上达到自我意识的一个新台阶。事实上，流动农民工在城市空间中越是感受到不可控制的危险、紧张和冲突的威胁，越是被由此产生的恐惧、希望和愿望左右，他们就越是缺乏在行动和思想上针对事情本身来解决这些不得不面对的困难的能力。① 流动农民工在城市中唯一能使工具性与认同、技术与符号相结合的，是个人生活的设计，即每一个人的愿望。这就是说，他的生活不仅仅是一种千变万化的经历，不仅仅是一种对于社会环境的种种刺激断断续续做出的反应。这种设计是一种努力，其目的是为了抵御个性遭受破坏并能在技术和经济活动中发挥经验和文化的作用，从而使自己所经历的一系列事情形成一部个人生活的历史，即"从原来的受制与'外在的'专断，走向一种更加自律的和'个体性'知识构成"②。当然，个人主体就像各个主体之间的

---

① 诺贝特·埃利亚斯认为，"我们无疑需要一种对个体自我意识的塑造和个人对自我的辩护。只有改变人际关系的构造，才能重塑个体性，才可能在社会的强制和需求与个体的需求、个体希望得到权利维护、意义认定、自我实现的需求之间建立更有效的协调一致"。"我们的能力，我们作为社会的人应在更高的程度上去驾驭自我的能力，已像现在这般如此萎缩残缺。究其原因，是不是恰恰因为我们自己特别不情愿在思想上揭穿那些我们赖以将自身包裹起来的，因愿望和恐惧而形成的防护面具，以便正视自己的真实所是？"参考诺贝特·埃利亚斯《个体的社会》，翟三江、陆兴华译，译林出版社，2003，第73页。

② 诺贝特·埃利亚斯：《个体的社会》，翟三江、陆兴华译，译林出版社，2003，第113页。

交往一样，需要得到制度的保护。因此，"我们必须以一种为主体的自由和主体间交往的自由服务的新的制度思想来代替那种被说成是对公意的参与的旧的民主思想"。①

三 结论与一个空间的分析框架

1. 结论

通过对农民工在城市空间中的主体性实践和流动农民工在城市空间中的危机境遇的探讨，通过对城市空间实践中国家、群体和个人在城市空间实践中支配性意义的病理学诊断，我们可以得出如下结论。

首先，在流动农民工的日常生活实践和空间书写中，存在一种"自我"书写、一种"自我"主体性实践的事实、一种城市空间中自我的可能性情况、一种底层弱势群体的多元抗争策略和行动逻辑。流动农民工在城市中，不是完全"沉默的他者"，他们是拥有自我构建能力的自主生命。在他们顺从、屈服、抵抗颠覆、被迫无奈、悬着冷漠的背后，有一种实现"自我"的生成、培育、滋养与发展的力量，一种自我的转换、裂变、谋划和生成的路径。这是一种主体性的生成逻辑，或者说一种主体化过程。

其次，在流动农民工的日常生活实践中并存着一种社会实现对主体进行塑造的力量，即农民工的活动和日常生活实践中的"所嵌入"那些重大社会事件不应该被遮蔽，这些重大的社会事件是隐藏在结构性事实和流动农民工行为策略背后的一只看不见的手。社会事件的发生和过程就是社会对主体进行塑造的过程，而这种社会实践在某种程度上来说又是通过空间展开的（如全球化、基于城市或农村不同空间的现代化、流动农民工空间置换后的现代性培育），体现了一种空间的运作策略（如世界体系中的核心和边缘策略、区域性不平衡发展策略、空间排斥和隔离策

---

① 阿兰·图海纳:《我们能否共同生存?》，狄玉明、李平沤译，商务印书馆，2003，第22页。

略)。广东的珠江三角洲是一个较为独特的区域,其以"血汗工厂"为代表的资本积累的残酷性体现得远比江浙一带明显,存在着一种明显基于全球化事实的严酷的绝对剥削和多阶剥夺痼疾。中国农民工是世界劳工的一部分,是世界发达国家资本积累链条上的一个零部件。中国流动农民工的生存状况和危机境遇同样是世界底层劳工的共同命运,也是全球化背景下"血汗工厂"和世界劳工悲惨处境的一个缩影,是"世界工厂"非法雇佣劳工、榨取超额利润和剩余价值的惯性运作。大量的流动中国农民工最终沦为全球化过程中"世界工厂"与发达国家资本积累的牺牲品。中国城市的现代化叙事和发展主义意识形态实践着对流动农民工的抗拒,通过建立维护以城市为中心的精英价值和精英圈来抵御那种来自底层群体的具有破坏性的"空间"文化的发展,存在一种以"城市"的姿态来抵御、戏弄以"乡土"为主要表征的强势"国家"想象,使得作为弱势群体流动农民工作为城市空间中的"他者"被排除在现代化发展规划和城市财富和权力的连接网络之外。另一方面也表现为一种来自流动农民工对城市现代化的抗拒,一种流动农民工主动拒绝这种现代化的发展逻辑,一种弱者的抵抗或弱者的行动策略,即"排斥者"与"被排斥"者互相拒绝。这种脱离断裂或拒绝是"双向"的,并存的。而且,在农民工由乡村来到城市,体现了一种个体的主体性和自我意识的现代性生成,一种现代性的内在本质规定,一种农民工能动的现代性培育,即从按照经验、常识、习俗、惯例而自发地生存的传统乡村的文化模式中脱离出来,从传统的经验式、人情式的血缘、地缘关系或乡村的经验文化模式中解脱出来。但是,对农民工来说,现代性只是以碎片的、枝节性的、萌芽的形态或方式出现在某些个体的意识中,而没有也不可能作为他们生活世界的深层的和内在的机理、结构、活动机制、存在方式、文化精神等,更不可能全方位地扎根、嵌入、渗透到个体生存和空间运行之中,现代性只能是本质上"不在场"或尚未生成。

接着,城市的现代化的叙事逻辑和流动农民工在城市中的现代性培育又是通过社会排斥来实践的。对流动农民工的社会排斥是基于一种空间实践中的权力或规训策略，一种基于权力的利益诉求或资源垄断偏好，一种基于城市发展的现代化叙事逻辑。流动农民工群体在城市中所遭受的社会排斥主要体现在制度性安排和制度性歧视、社会关系网络在城市中的封闭性以及劳动力市场中的弱势处境。社会排斥将流动农民工作为城市空间中"沉默的他者"或者"另类的他者"对待，嵌入到流动农民工的在场情境，促成流动农民工的危机境遇和边缘化处境。

另外，现代化的发展逻辑、农民工的现代性培育、社会排斥以及流动农民工的行为逻辑和话语系统的社会后果，在于培育、滋养和维护一种社会空间的分类、指称和叙事，即"我们"和"他们"的世界，一种建立在空间实践中的"自我"与"他者"的社会分类，一种空间意义的生成装置。这种社会分类或群体符号边界生成于制度性安排、分类过程和某种范畴的建立，又通过社会认知、社会比较和自我类别化，通过这种社会类别的社会化（内化）和社会建构，达成群体符号边界的内化；最后借由叙事逻辑、话语系统和指称，实现群体符号边界的"内固"和强化。流动农民工的自我认同是一种空间逻辑的存在，是一种现代性语境中的自我身份的生成，即通过空间的实践来实现一种防御性认同，一种弱者或在边缘建立的认同。流动农民工的自我认同体现在"我是谁"、"我将是谁"的困惑。"我是谁"的困惑体现在身份的紧张、焦虑或敌对形式、认知紧张（cognitive strain）和情感压力、个人语言的丧失和方向感的丧失和定位的偏差，一种自我认同的主体性生成的困惑和变异，一条言说和寻找自我之路的空间的缺失和畸形生产。流动农民工的身体同样成为一种"持续不断地参与它所在生产的一切知识"，即身体在空间中的焦虑和疼痛肉体的记忆，构成了流动农民工在城市空间中的实践图式。作为道德的身体凸显流动农民工从心灵到身体的创伤，这是一种陌生而残酷的以身体为代价的生活经验，一种"身体焦虑"或一种本体性安全遭受威胁的焦虑、恐惧、缺乏信心、狂暴或者沮丧。

流动农民工的身体实践也表现为一种"抗争的身体",即通过身体的"日常生活实践策略",或一种"文化抗争",隐蔽地对抗着霸权,或将规训权力颠覆或瓦解。

最后作者认为,基于这样一种事实,即全球化链条上中国农民工处境、现代化对农民工的抗拒和遗忘、乡土中国走向解构过程中的迷茫和无助、农民工现代性的培育和生成的艰难,在制度、市场和社会关系网络等内生结构上所遭受的社会排斥以及作为底层弱势群体的行动逻辑和行为策略,流动农民工在城市中所寄寓的空间,并没有也不可能成为农民工融入或适应城市、转变为新市民、重建"家园"的摇篮和跳板,流动农民工只是全球经济一体化、现代化发展逻辑、现代性生成以及乡土中国走向解构过程中的牺牲品。流动农民工也难以从城市流向城市的现代性进程中实现由传统社会向现代社会的转型、由传统人向现代人转变,难以在城市中完成自我的现代性培育、实现自我认同和身体书写。流动农民工所寄寓的空间只能是一个"污名化"的空间实体,一个被隔离、被贬斥、被边缘化的空间,一个不断遭受社会排斥的城市异质的边缘,一个在夹缝中难以发生裂变、难以获得新生的空间。流动农民工在夹缝中的那些表达的技巧和方式,既是他们的一种策略,也是他们在城市空间中特有的身份和位置使然。

2. 回到空间:一个空间的概念构架

社会学研究意义的本身不是解释一种社会现象,解释一种社会现象只是社会学研究的第一步,社会学需要从经验现象回到理论本身,完成一种社会学的新的理论预设,完成一个社会学研究的新的理论框架或图式,实现一种新的思考社会的方法。对理论本身的探讨,正是经验研究的意义所在,这是社会学作为一门学科的魅力所在。研究中国广东的流动农民工,不是根本目的,也不是这次研究的意义所在。农民工在研究中只是提供了我研究社会的一个"现场",只是我认识和理解社会的一个"实验室"或问题"诊断所"。农民工的经验性事实只是一个话题,一个鲜活的场景,也只有透过这个话题,实现与一般的空间理论进行深入对话，提出一些经验指涉的命题，我们才能更好地理解空间理论本身，建立一个基于经验事实的空间分析框架。只有这样，我们才能更好地理解社会本身，能够更具体理解空间视角对我们透视中国社会结构及其运作机制究竟能够提出怎样的洞察，具有怎样的问题意识。

源于广东流动农民工的个案研究，源于流动农民工在城市空间营造过程中的社会生活的经验事实，以及源于对流动农民工日常生活的观察、体验和了解，在流动农民工经验研究的可能性条件和推论情境中，以日常生活实践中城市空间实践、空间的诸生成关系、空间的主体性建构为主题变量，聚焦流动人口的"主体性"层面和日常生活实践，聚焦他们在日常生活实践中作为"据点"的场所，聚焦他们的社会类属和群体符号边界的生成以及在城市中现代性体验与获得，全面考察这种场所在城市空间中"异质性"共存的历史，考察在该场所中与其生活进行互动的各种人的"生存方式"和主体性建构事实，分析我国流动农民工在日常生活实践中所彰显的群体特征、叙事性分类、自我认同以及基于身份、地位的认同空间，为空间的理论研究提供一个丰盈的话语场域、共同关注的论题或者一个实验基地。这也是空间理论在经验事实面前的一次操练。这里的空间是一种在明确的制度、精英们自我意识到的利益之下和之上起作用的理解网络。这里的空间构成了浓缩和聚焦现代社会中一切重大问题的符码，提供一种具有普遍性效力的解释社会的一种新的观察角度。这里的空间同样为理解社会提供一种新的问题意识，也正是这种经验事实，我们得以产生一个空间的分析框架。

（1）空间与主体性。空间是一个具有生成能力和生成性源泉的母体，是一个自我主体性的空间。人类不仅仅只是空间的存在者，人类总是忙于空间与场所、疆域与区域、环境与居所的生产，人类的主体性实践就是一个"生产的空间性过程"，或者说，"制造地理的过程"。在空间和日常生活实践之间，存在一种主体实践的积极性现实，空间是一套主体性的社会实践。空间以特有的方式凿通了人们的日常生活实践，影响主体性行为的流动向度，但同时也通过主体性的社会实践和行动策略来培育、滋养和维持。通过聚焦"主体性"层面和日常实践，人们可以借由其所寄寓的空间来考量行为主体的社会行为、行动意义以及行为主体的生存方式。人们可以通过身体在空间展演的姿势，倚仗主体性行为，通过日常生活的叙事、分类系统以及隐喻来赋予这类空间以意义，营造一种空间想象，改变原有的空间安排或建立新的空间来表达他们的生活需求，或者通过主体性行为来完成空间的培育、生产和维护，完成一个日常性世界，建立一种新的生活方式。例如，空间可以为日常生活实践提供取得社会认同身份的表演场所，为权力和规训的实现提供一种凭依之工具。人们可以藉由空间完成新生成的主体和身份建构，创造并保持一种身份认同感，主动规划和建构一种新的归属感，或者保证权力的实施和规训系统的社会运作，完成自我与他人的社会建构。空间与主体性实践的维度其核心概念或框架体现在，主体性"存在"、主体—实践、个人的再生产、自为的对象化、再生产日常生活、嵌入的日常生活情境、主体性构成性差异和生成性能力、意义的"消费者"或"生产者"、"在场"、"在场的可得性"、"不在场"、"共同在场"等。

（2）空间与策略。社会空间是人们展开策略性行为的场所，是各种权力和斗争表达的场所，在那里存在一种行为策略。人们可以迂回进入那个强加在他们身上的空间限制，克服、逃避各种强制性力量，适应或吸收各种强制性格调，并把这种强制性转换为各式各样的策略性产物；或者从该空间的束缚性秩序中找到一种利用方式，凭借一种介于其间的艺术，通过空间的再造、拼贴、混置或多元差异的工程逃避结构或制度的宰制性操作，从日常生活的宰制性空间中通过宰制性体制所提供的资源和商品来创造自己的意义世界，创造出日常生活词语的能力，建立某种程度的多元性和创造性，创造出某种自由感，即一种解放、一种创造性的自由、一种不受规训的自由，在宰制性的内部完成自己的空间书写和对空间意义的重新界定，在转瞬即逝的现象中捕捉秩序和意义,并建立起精神上的控制。

　　空间作为一种策略在日常生活中也表现为一种实践性权力或规训策略,一种空间纪律的技术和权力,一种社会权力关系,或叙事性分类或差异性的建构策略,一种资源垄断和利益偏好的方式;也表现为通过空间来实现社会排斥或空间的社会隔离,完成一种中心与边缘的书写。作为策略的空间还体现在范围、界限、监督、隔离、社会戒律、空间区分或空间差异、独占、封闭、分割社会纪律等维度。这里的空间可以说是基于不对应和对应的社会关系,以及这种关系的不断再生产。通过这种关系,控制和抗争,冲突与再构,规训与退让,也是一种基于弱者和强者的游戏,是局外生存和局内控制的一种策略。通过这种策略,建构了我们活动和我们的场域,也在日常生活的周围,树立了某种边界,以实现一种秩序的需要。这里的空间维度在于把空间理解为一种权力策略或资源垄断的手段;同样,这里的权力也是一种规训和打造社会秩序的工具,其核心概念在于权力与策略、规训与退让、冲突与秩序、控制与抗争、竞争、垄断等。

　　(3) 空间与体验。空间中的体验是一种无法忽略的集体记忆,空间是作为一种体验而存在的。作为一种体验,其首先是作为"身体"而存在,身体是疼痛的还是轻松快乐的;我是谁,我应该是谁,也是一种基于空间的思考。空间是一个实现自我身份和自我认同的场所,是一个可以产生归属感、信任感、安全感或者幸福感,获取情感归依的场所。社会身份是一个过程,在模糊的群体关系中,这是相同类别的人群就其相似性的强化过程,也是不同类别的人群之间就其差异性的强化过程。这种强化过程产生类型的分化,人们可以借由日常生活实践中的社会空间,通过同一寄寓空间、相同类别的人群的相似性的强化过程,或者寄寓不同空间的不同人群之间的差异性的社会比较和强化过程,改造旧的认同规则或者发明新的认同基础,实现对身份的认同。空间模式不是暗示着很多个体在同一地点、同一时间的存在,数以千计的个体可能在一定时间、在某种强烈感情的影响下,呈现一种心理人群的特点。在这里可以实现一种本体性安全和集体记忆，获得一种基于地区亲近带来的归依情感和信任感，避免在个人情感和心理精神上遭受的创伤和磨损，避免集体认同和记忆的消失。空间与体验同样体现在空间与情感的关联，空间是一个获取情感归依或本体性安全的场所。个人情感方面的困惑、不安、无权力、怀疑、孤独及焦虑的感觉的日益增长是与空间息息相关的。空间是一个可以产生依恋、喜爱、激动或愉悦的地方，也是一个能让人感觉到危险、紧张和冲突的地方。这是一个恐惧、焦虑、冷漠、无奈、伤感、空虚或者压抑的地方，或是一个能让人感受到温暖而舒适的场所，一个温馨的家，一个可以守望相助、互惠共存的"村落"。空间可以说是在依恋、内心倾向等自然情感一致的基础上形成的、联系密切的社会单元。

（4）空间与符号。空间作为一种符号，体现了一种社会学的修辞。空间的社会学修辞[1]在于空间提供了一种增强说服力的手段，或提供了更加犀利的陈述的符号资源或框架。空间衍生出既有表达力又有修辞力量的最终符号，成为一种合法化、煽动情感、诱导行为、权力强化或修饰的工具，修辞让我们回到了一种更加贴近生活的社会人的图景[2]。如我们在前面理解"农民工"这一概念时，从修辞的角度出发，可能不是一个标签，而是一个比喻，表现为一个隐喻。这种命名系统象征性地强制把几种意义压进一

---

[1] 修辞仅为一种视角，它使我们看出原先被遮蔽的东西，重新理解我们的许多理论假设和前提，发现科学活动的复杂性，在一定程度上，提高我们识别"纯属辞令"的能力；此外，我们可以借助修辞学的知识，形成更有说服力的叙述（成伯清：《社会学的修辞》，《社会学研究》2002年第5期，第59页）。同样，空间作为一种修辞，为研究社会、理解社会或者反思社会提供了一种新的维度，多了一种新的问题意识，或者多了一次思考和反思社会的机会。

[2] （社会学家）由于没有认识到隐喻、类比、讽刺、歧义、双关语、反论、夸张、韵律以及所有我们称之为"风格"的因素是如何操作的——甚至在大多数情况下，没有认识到这些修辞手法将在个人态度转变为公众形式上的重要性，社会学家缺乏由此建构更加犀利分析力的陈述的符号资源（参考克利福德·格尔茨《文化的解释》，译林出版社，2002，第249页），空间为修辞和社会学家提供了重新认识社会的一个好的机会，提供了更加犀利的陈述的符号资源。

个单一的概念框架中,隐含着从身份上来说是农民,从职业上来说是从事非农的活动,也隐含着他们无法成为城市工人等。还有,流动农民工在城市的空间被污名化为一个"恶习地区"、"动荡的发源地",这些说辞本身成为排斥和抗拒流动农民工的一种借口。空间作为一种符号,同样体现了社会空间具有差异性符号和差异性标记的功能,使得社会世界客观地呈现为一个根据差别的逻辑、群体符号边界、分化距离的逻辑组织起来的象征空间体系。这个差异性体系中存在空间隔离和排他性实践。空间是一种表达权力关系的符号系统,蕴涵着权力是如何在社会空间中发挥作用以及空间是如何被视为一种权力策略。社会过程透过空间而运作,我们所关切的社会阶层、社会阶级和其他群体界线(如性别、族群等),以及其间的社会权力关系,都镶嵌在一定的空间里。现代权力的规范、经济或地理的不平衡发展、剥削的规模和方式、城市居民空间的划分、世界体系中"核心"与"边缘"的聚焦、城镇与乡村的对立都牵涉到一种地理的投射。各种空间的隐喻,如位置、地位、立场、地域、领域、边界、门槛、边缘、核心、流动等,莫不透露了社会界线与抗衡的界限所在,以及主体认同建构自我与异己的边界的机制;社会空间可以定义为空间合理化与表达性之间的紧张关系。空间不仅是一种物质现象或占据空间的方法,而是产生富有表达力的社会场所,这种场所与社会生活的合理化或对其进行合理化的企图相冲突,从而动员居民起来行动以实现自己要求的力量,也是居民藉以恢复他们对社会的控制以及他们从自己的劳动中得出意义的方法。人们也可以藉由隔离空间的消费和实践,暂时远离忘却在生活空间中真实的生活世界,达成空间异化的符号建构。这里的空间表征着中心与边缘、非均衡发展、隔离或区隔、空间排斥、网络位置、社会距离、社会空间极化和空间隔离等多种喻义。这样,我们可以从边缘和中心、门槛和隐喻、位置和身份、流动和隔离、区位、网络、分割、距离、地方、区域化、在场与不在场等核心概念来理解不同的主体在城市空间中的"存在"和生存方式。空间维度为理解城市恐惧、公共空间的权力的变异、差异性空间的社会建构、不平等的异质性对待、社会的叙事性分类注入了新的思想和诠释的新模式。

（5）空间与秩序。空间的秩序就是一种空间生态，秩序层面主要体现在空间作为一种"自发的秩序"和"人造的秩序"。自发的秩序体现了规则、习俗、惯例、传统、道德、信仰、事件等地方性知识或手头的库存知识内生的一种秩序，这种秩序是一种常规性，不是命令和强制的结果。"人造的秩序"则更多地体现在空间的各种"嵌入性"事实和外在的结构性安排，表现在制度的安排、政治或组织的设计、规训的需要等。空间生态则体现在空间的规模、空间中的人口密度、自然生态、异质性、空间失范等。我在空间中的体验是快乐的，或是疼痛的，是空虚或是充盈的，这本身就是一种空间的社会生态，空间的体验变成了一种空间生态的具体表象。空间生态和空间体验的根本区别在于，在考量空间生态时必须加入一种道德基调，空间可以被表达为一个"恶习地区"，也可以说成是一个"安全地带"。在这里必须利用空间来思考有的空间何以被隔离，何以被封闭，或者何以被否定，有的空间又是何以被"污名化"，被贴上标签或成为一个该清除的地方。空间在社会空间和社会因素之间，存在一种秩序的关联。个人所秉持的阶级、教育、权力、性别或种族等结构或制度性因素决定了主体与空间的社会关系，这些社会因素决定了人们在社会中的空间位置和社会分类，这个空间位置和社会分类又反过来影响人们对资源的获取和社会地位的获得，这些构成性要素在空间中的性质就决定了秩序的类型和属性。个体进入空间，就嵌入一个复杂的秩序的空间。这个复杂的社会空间，涵摄了重大的社会事件、各种不断生成的结构性事实。正是主体背后的这些重大的社会事件和不断累积和动态的结构性力量，决定了个人的能力和身份、思考问题的方式、个人生命历程的延伸方式，决定了个人的话语方式、话语位置以及获取资源的能力。空间为理解这些社会因素提供了一个现场、一个话题，或者思考人类行为本身的一种新的问题意识。但空间不能替代结构本身，空间需要一种结构的解释元素。正是这些秉承的结构或重大社会事件,决定了空间中个人的位置和资源的获取,形成了各种不同的空间秩序。

3. 社会空间,一种理解社会的路径

事实上,在社会学研究的传统知识体系中,文化论者往往把文化作为理解社会建构过程的一种重要的知识生成系统,文化可以达成一种倾向于社会起源的认识,空间只是人类社会文化的建构。把空间理解为一种文化的分类或文化分类的工具,空间本身被化约为一种社会文化而没有它的独特性,这是一种基于文化的功能论研究。文化研究只是把空间理解为一个先验的分类概念,其主要目的在于经由空间反映社会组织,如经由空间,或者说,居住区分析来解释不同阶级的存在。这里的空间变成一种客观化的社会组织,空间也因功能论的影响而被机械化与简单化。

结构论者则把社会结构的分析作为理解一切社会想象的出发点,尤其是后来的帕森斯的结构功能分析模式,从功能分化的角度,将社会结构概念发展成一种庞大的旨在解释一切人类行动的系统理论。结构论者并没有直接去处理空间的问题,而只是在研究中零散地提到空间的特质可以帮助我们掌握当地人的社会结构观念。结构主义者在分析社会现象的共同结构时,也会涉及一些相当普遍而且有支配性意义的空间概念,如内在和外在、中心与边陲、封闭与开放、对称与不对称等。但在结构主义者看来,空间的分类或者空间的结构分析,只是各种分类或结构分析中的一种,而且这里的空间也基本上是形态学的;他们真正要讨论的还是各种不同现象或分类中的共同结构,空间只是其研究对象之一。空间在理论上并没有特殊的意义和地位,这样,结构论者对空间的研究,尤其是趋向于空间分类的研究,最终落入形式分析的途径。空间沦落为结构中的一个元素,受结构的宰制。

事实上,空间的分类系统本身,可以理解为一个独立于结构或文化之外的、有自己独立存在和运作机制的东西,我们可以得出下面几个命题。

(1) 空间不只是一个先验的基本的分类概念,也不是结构论者的一个研究对象,而是理解一切社会想象的出发点,是一个重要的知识或分类概念且为整个知识的一个重要基础,是一个知识生成系统,是一种社会建构的力量或机制或社会建构的过程。一个社会的整个知识系统就是由这些类似于空间的基本的分类概念发展出来的。

（2）空间的分类系统本身有其独立存在的逻辑与运作机制,其背后具有一套独立的象征机制。这种逻辑或运作机制与其他社会现象背后的逻辑有所不同（如结构论、文化论）,这种逻辑和机制能帮助我们重新推演发展出理解社会的一个不同的新的知识系统。以往的研究视空间为文化的建构,或者,视为结构分析中的一个基本单位,忽视了空间有其独立的逻辑和运行机制,忽视了经由空间同样可以推演发展出整个社会的知识系统。

（3）我们表面上是在处理空间,事实上是在处理整个社会建构的过程,处理日常生活世界的建构过程。这种有关空间的探讨,可以说是一种倾向于社会起源的解释,其最终目的就是要了解知识是怎么来的? 社会是如何可能的?

（4）将空间概念发展成一种重要的旨在解释人类行动的系统理论,摆脱空间的结构主义阴影（结构论者）和传统的先验主义（文化论者）影响,赋予空间研究在理论上的意义,使之具有社会科学理论上的意义,将是一件重要的具有开创性的研究。

总之,在任何一种社会科学研究中,某个范畴、对象或者概念对于其所属的学科来说重要与否就在于它能否从专门的研究领域（special area）中抽象出来,成为该学科的普遍性理论（general theory）的一部分,如空间成了吉登斯的结构化理论中的一部分,包括共同在场、场所等。以上对于社会空间维度的解释,被纳入不同的理论层面,实际上表达了对传统社会学知识范式的某种修正,提出不同于以往传统社会学研究的一种新的视角。空间,可以提供认识社会、理解社会的一种新的视角,一种新的路径,一种新的问题意识,一种新的理论转向,也为我们研究社会提供了一个基于空间的解释框架。

参考文献

阿列克斯·英格尔斯、戴维·H.史密斯：《从传统人到现代人——6个发展中国家中的个人变化》，顾昕译，北京：中国人民大学出版社，1992。

阿格尼丝·赫勒：《日常生活》，衣俊卿译，重庆：重庆出版社，1990。

阿兰·图海纳：《我们能否共同生存？》，狄玉明、李平沤译，北京：商务印书馆，2003。

〔美〕爱德华·W.苏贾（Soja, Edward, W.）：《后现代地理学：重申批判社会理论中的空间》，北京：商务印书馆，2004。

安东尼·吉登斯：《社会的构成：结构化理论大纲》，李康、李猛译，北京：生活·读书·新知三联书店，1998。

——：《现代性与自我认同》，北京：生活·读书·新知三联书店，1999。

包亚明：《都市与文化丛刊序言》，《游荡者的权力》，北京：中国人民大学出版社，2004。

包亚明主编《文化资本与社会炼金术——布迪厄访谈录》，上海：上海人民出版社，1997。

白南生等：《走出乡村——中国农村劳动力流动实证研究》，北京：经济科学出版社，1997。

彼得·布劳：《社会生活中的交换与权力》，北京：华夏出版社，1998。

边燕杰：《找回强关系：中国的间接关系、网络桥梁和求职》,《国外社会学》1998年第2期。

——:《社会网络与求职过程》,涂肇庆、林益民主编《改革开放与中国社会:西方社会学文献述评》,香港:牛津出版社,1999。

边燕杰、张文宏:《经济体制、社会网络与职业流动》,《中国社会科学》2001年第2期。

布莱克:《比较现代化》,杨豫、陈祖洲译,上海:上海译文出版社,1996。

查尔斯·泰勒:《自我的根源:现代认同的形成》,韩震等译,南京:译林出版社,2001。

蔡昉、费思兰:《中国流动人口状况概述》,蔡昉主编《中国人口流动方式与途径》,北京:社会科学文献出版社,2001。

蔡昉:《二元劳动力市场条件下的就业体制转换》,《中国社会科学》1998年第2期。

——:《中国流动人口问题》,郑州:河南人民出版社,2000。

陈阿江:《农村劳动力流动与形成中的农村劳动力市场》,《社会学研究》1997年第1期。

大卫·哈维(Harvey, David):《时空之间》,王志弘译,《空间的文化形式与社会理论读本》,台湾大学建筑与城乡研究所明文书局,2002年12月版。

戴安娜·克兰著《文化生产:媒体与都市艺术》,赵国新译,南京:译林出版社,2001。

邓正来:《研究哈耶克法律理论的一个前提性评注——〈法律、立法与自由〉代译序》,〔英〕亚历山大、邓正来等《国家与市民社会——一种社会理论的研究路径》,中央编译出版社,1999。

费孝通:《乡土中国》,北京:三联书店,1985。

弗兰西斯·福山:《信任:社会道德与繁荣的创造》,远方出版社,1998。

戈温德林·莱特、保罗·雷比诺:《权力的空间化》,陈志梧译,《空间的文化形式与社会理论读本》,台湾大学建筑与城乡研究所明文书局,2002年12月版。

G. H. 埃尔德:《大萧条的孩子们》,田禾、马春华译,南京:译林出版社,2002。

国务院发展研究中心"农民流动与乡村发展"课题组:《农民工回流与乡村发展》,《中国农业经济》1999年第10期。

郭正林、周大鸣:《外出务工与农民现代性的获得》,《中山大学学报》1996年第5期。

哈贝马斯:《公共领域的结构转型》,曹卫东等译,南京:学林出版社,1999。

哈耶克(Hayek, F. A.):《个人主义与经济秩序》,贾湛等译,北京:北京经济学院出版社,1991。

——:《自由秩序原理》,邓正来译,北京:三联书店,1997。

霍布斯:《利维坦》,北京:商务印书馆,1985。

黄光国:《人情与面子:中国人的权力游戏》,《中国人的权力游戏》,巨流图书公司,1988。

黄平等:《对农业的促进或冲击:中国农民外出务工的村级研究》,《社会学研究》1998年第3期。

杰弗里·亚历山大:《社会学二十讲:二战以来的理论发展》,贾春增、董天民等译,北京:华夏出版社,2000。

金耀基:《儒家学说中的个体与群体》,《中国社会与文化》,香港:香港牛津大学出版社,1993。

——:《关系和网络的社会学诠释》,《二十一世纪》8月号,1992。

科瑟著《社会学思想名家》,石人译,北京:中国社会科学出版社,1990。

科尔曼:《社会理论的基础》,邓方译,北京:社会科学文献出版社,1990。

凯文·林奇:《城市意象》,方益萍、何晓军译,北京:华夏出版社，2001。

——：《城市形态》，林庆怡等译，北京：华夏出版社，2001。

克利福德·格尔茨：《文化的解释》，韩莉译，南京：译林出版社，1999。

柯兰君、李汉林主编《都市里的村民——中国大城市流动人口》，北京：中央编译出版社，2001。

库利：《人的本性与社会秩序》，包凡一、王源译，北京：华夏出版社，1989。

〔美〕L. 杰泽斯基：《空间政治学——评〈后现代地理学〉和〈后现代性的条件〉》，陈晖译，《国外社会科学》1992年第2期。

蓝宇蕴：《都市里的村庄：一个新村共同体的实地研究》，北京：生活·读书·新知三联书店，2005。

梁漱溟：《中国文化要义》，《梁漱溟全集》第三卷，济南：山东人民出版社，1990。

梁治平：《清代习惯法：社会与国家》，北京：中国政法大学出版社，1996。

林南：《社会资源和社会流动：一种地位获得的结构理论》，南开大学社会学系编《社会学论文集》，云南人民出版社，1998。

林南、V. M. 恩塞、J. C. 沃恩：《社会资源和关系强度：职业地位获得中的结构性因素》，郑路译，《国外社会学》2001年第3期。

列斐伏尔（Levebvre H.）：《空间：社会产物与使用价值》，王志弘译，《空间的文化形式与社会理论读本》，台湾大学建筑与城乡研究所明文书局，2002年12月版。

李培林：《村落的终结——羊城村的故事》，商务出版社，2004。

——：《透视"城中村"——我研究"村落终结"的方法》，《思想战线》2004年第1期。

——：《村落终结的社会逻辑——羊城村的故事》,《江苏社会科学》2004年第1期。

——：《巨变：村落的终结——都市里的村庄研究》,《中国社会科学》2002年第1期,

——：《序：都市里的村庄：一个新村共同体的实地研究》,参见蓝宇蕴《都市里的村庄：一个新村共同体的实地研究》,北京：生活·读书·新知三联书店,2005。

——：《流动民工的社会网络和社会地位》,《社会学研究》1996年第4期。

李培林主编《农民工：中国进城农民工的经济社会分析》,社会科学文献出版社,2003。

李沛良：《论中国式社会学研究的关联概念与命题》,北京大学社会学所：《东亚社会研究》,北京大学出版社,1993。

李强：《农民工与中国社会分层》,北京：社会科学文献出版社,2004。

——：《中国城市中的二元劳动力市场与底层精英问题》,《清华社会学评论》特辑,2000。

——：《影响中国城乡流动人口的推力和拉力因素分析》,《中国社会科学》2003年第1期。

——：《关于城市农民工的情绪倾向及社会冲突问题》,《社会学研究》1995年第4期。

李路路：《社会转型与社会分层结构变迁：理论与问题》,《江苏社会科学》2001年第1期。

流心：《自我的他性——当代中国的自我谱系》,常姝译,上海：上海人民出版社,2005。

刘林平：《外来人群体中的关系运用——以深圳"平江村"为个案》,《中国社会科学》2001年第5期。

马克斯·韦伯：《儒教与道教》,北京：商务印书馆,1998。

马克·S.格兰诺维特：《弱关系的力量》,《国外社会学》1998年第2期。

曼威·柯斯特、亚历山卓·波提斯：《底层的世界》，夏铸九、王志弘译，《空间的文化形式与社会理论读本》，台湾大学建筑与城乡研究所明文书局，2002年12月版。

迈克尔·沃尔泽：《正义诸领域：为多元主义和平等一辩》，诸松燕译，南京：译林出版社，2002。

迈克·费瑟斯通：《消费主义与后现代文化》，刘精明译，南京：译林出版社，2000。

曼纽尔·卡斯特：《网络社会的崛起》，夏铸九、王志弘译，北京：北京科学文献出版社，2001。

——：《认同的力量》，夏铸九等译，北京：社会科学文献出版社，2003。

梅洛-庞蒂：《知觉现象学》，北京：商务印书馆，2001。

米歇尔·福柯（Foucault, M.）：《不同空间的正文与上下文》，包亚明，《后现代性与地理学的政治》，上海：上海教育出版社，2001。

——：《规训与惩罚》，刘北成等译，北京：生活·读书·新知三联书店，2004。

——：《不同空间的正文与上下文》，包亚明，《后现代性与地理学的政治》，上海：上海教育出版社，2001。

"农村外出务工女性"课题组：《农民流动与性别》，北京：中原农民出版社，2000。

农村劳动力流动的组织化特征课题组：《农村劳动力流动的组织化特征》，《社会学研究》1997年第1期。

彭庆恩：《关系资本和地位获得——以北京市建筑行业农民包工头的个案为例》，《社会学研究》1996年第4期。

皮埃尔·布迪厄（Bourdieu, P.）：《实践感》，蒋梓骅译，南京：译林出版社，2003。

——：《实践与反思》，李猛、李康译，北京：中央编译出版社，1998。

滕尼斯：《共同体与社会》，北京：商务印书馆，1999。

齐格蒙特·鲍曼:《共同体》,欧阳景根译,南京:江苏人民出版社,2003。

——:《后现代伦理学》,张成岗译,南京:江苏人民出版社,2003。

乔治·赫伯特·米德:《心灵、自我和社会》,霍桂桓译,北京:华夏出版社,1999。

——:《心灵、自我与社会》,赵月瑟译,上海:上海译文出版社,1992。

让·波德里亚:《消费社会》,南京:南京大学出版社,2001。

尚·布希亚:《物体系》,上海:上海人民出版社,2001。

塞缪尔·亨廷顿等著、罗荣渠主编《现代化:理论与历史经验的再探讨》,上海:译文出版社,1993。

S. N. 艾森斯塔德:《现代化:抗拒和变迁》,中国人民大学出版社,1988。

斯图亚特·霍尔:《文化研究:两种范式》,收集在罗钢、刘象愚主编《文化研究读本》,北京:中国社会科学出版社,2000。

宋林飞:《民工潮的形成、趋势和对策》,《中国社会科学》1995年第4期。

——:《农民工是新兴工人群体》,《江西社会科学》2005年第3期。

——:《农业劳动力转移的新阶段及其基本对策》,《南京大学学报》1998年第2期。

——:《中国农村劳动力转移和对策》,《社会学研究》1996年第2期。

孙立平:《实践社会学与市场转型过程分析》,《中国社会科学》2002年第5期。

——:《改革以来中国社会结构的变迁》,《中国社会科学》1998年第2期。

特纳:《身体与社会》,春风文艺出版社,2000。

托尼·阿特金森:《社会排斥、贫困和失业》,丁开杰编译,《经济社会体制比较》2005年第3期。

谭深:《打工妹的内部话题》,《社会学研究》1998年第6期。

W. I. 托马斯、F. 兹纳涅茨基:《身处欧美的波兰农民》,南京:译林出版社,2000。

王春光:《社会流动和社会重构——京城"浙江村"研究》,杭州:浙江人民出版社,1995。

——:《新生代农村流动人口的社会认同与城乡融合的关系》,《社会学研究》2001年第3期。

王宁:《消费社会学》,北京:社会科学文献出版社,2001。

王汉生等:《"浙江村":中国农民进入城市的一种独特方式》,《社会学研究》1997年第1期。

"外来农民工"课题组:《珠江三角洲外来农民工状况》,《中国社会科学》1995年第4期。

文崇一:《亲属关系与权力关系:结构性分析》,《历史社会学:从历史中寻找模式》,台北:三民书局,1995。

乌尔里希·贝克:《个性化历程》,《自反性现代化——现代社会秩序中的政治、传统和美学》,北京:商务印书馆,2001。

徐贲:《弱者的反抗——詹姆斯·斯考特的弱者抵抗理论》,《文化研究》,天津:天津社会科学院出版社,2005。

徐勇:《挣脱土地束缚之后的乡村困境及应对——农村人口流动与乡村治理的一项相关性分析》,《华中师范大学学报》2000年第2期。

许欣欣:《当代中国社会结构变迁与流动》,北京:社会科学文献出版社,2000。

项飙:《跨越边界的社区——北京"浙江村"的生活史》,北京:三联书店,2000。

——:《流动、传统网络市场化与"非国家空间"》,张静,《国家与社会》,杭州:浙江人民出版社,1998。

杨国枢:《中国人的心理与行为:本土化研究》,北京:中国人民大学出版社，2003。

杨中芳、彭泗清：《中国人人际信任的概念化：一个人际关系的观点》，《社会学研究》1999年第2期。

杨云彦等：《转型劳动力市场的分层与竞争——结合武汉的实证分析》，《中国社会科学》2000年第5期。

阎云翔：《礼物的流动：一个村庄中的互惠原则与社会网络》，上海：上海人民出版社，2000。

约翰·R. 霍尔、玛丽·乔·尼兹：《文化：社会学的视野》，周晓虹、徐彬译，北京：商务印书馆，2002。

约翰·菲（费）斯克：《解读大众文化》，南京：南京大学出版社，2001。

——：《理解大众文化》，北京：中央编译出版社，2001。

詹姆斯·C. 斯科特：《农民的道义经济学——东南亚的反叛与生存》，程立显、刘建等译，南京：译林出版社，2001。

詹明信：《晚期资本主义的文化逻辑》，北京：三联书店，1997。

周晓虹：《现代社会心理学名著菁华》，南京：南京大学出版社，1992。

——：《现代社会心理学——多维视野中的社会行为研究》，上海：上海人民出版社，1997。

——：《传统与变迁——江浙农民的社会心理及其近代以来的嬗变》，北京：生活·读书·新知三联书店，1998。

——：《流动与城市体验对中国农民现代性的影响——北京"浙江村"与温州一个农村社区的考察》，《社会学研究》1998年第5期。

——：《传统与变迁：中国农民的社会心理——昆山周庄镇和北京"浙江村"的比较研究》，《中国社会科学季刊》（香港），夏季卷，1996年第15期。

周大鸣：《渴望生存：农民工流动的人类学考察》，中山大学出版社，2005。

翟学伟:《中国人行动的逻辑》,北京:社会科学文献出版社,2001。

——:《中国社会的日常权威:关系与权力的历史社会学研究》,北京:社会科学文献出版社,2004。

——:《中国人的脸面观》,台北:桂冠图书公司,1995。

——:《人情、面子与权力的再生产——情理社会中的社会交换方式》,《社会学研究》2004年第5期。

制度与结构变迁研究课题组:《作为制度运作和制度变迁方式的变通》,《中国社会科学季刊》(香港)1997年第21期。

朱力:《群体性偏见与歧视:农民工与市民的摩擦性互动》,《江海学刊》2001年第6期。

——:《农民工的身份定位》,《南京大学学报》2000年第6期。

Adelman, Laura, Sue, Middleton & Ashworth, Karl, 2000, "Employment, Poverty and Social Exclusion: Evidence from the Poverty and Social Exclusion Survey of Britain." http: www. bris. ac. uk poverty pse 99PSE wp6. pdf.

Bhalla, A. S., Lapeyre, F., 1999, Poverty and Exclusion in a Global World, London, Macmillan Press.

Burchardt, Tania, Le Grand, Julian & Piachaud, David, 2002, "Social Exclusion in Britain 1991 - 1995". Social Policy and Administration 33 (3).

——, 1999, "Degree of Exclusion: Developing a Dynamic, Multidimensional Measure". In Hillsetal. (eds.) Understanding Social Exclusion. Oxford: Oxford University Press.

Davis, M., 1984, "Urban Renaissance and the Spirit of Postmodernism", New Left Review.

Foucault, M. "Of the Space", Diacritics 16, 1986, 23, Translated from the French by Jay Miskowiec.

Gore, Charles, 1995, "Introduction: Markets, Citizenship and

Social Exclusion". in R.B. (eds.) *Social Exclusion: Rhetoric, Reality, Responses*, Gneva: ILO/ IILS.

———, 1995, "Introduction: Markets, citizenship and social exclusion". In Gerry Rodgers, Charles Gore and José B. Figueiredo (eds.). *Social exclusion: Rhetoric, reality and responses.* (1 –39). International Labour Organization (International Institute for Labour Studies).

Harvey, David, 1989, "Time-space compression and the postmodern condition", in *The Condition of Postmodernity* (pp. 284 –307). Oxford: Blackwell.

———, 1973, *Social Justice and the City.* London: Edward Arnold.

Hayek, F. A., 1967, *Studies in Philosophy, Politics and Economics*, London: Routledge & Kegan Paul.

———, 1973, *Law, Legislation and Liberty: Rules and Order (I)*, Chicago: The University of Chicago Press.

———, 1978, *New Studies in Philosophy, Politics Economics and History of Ideas*, London: Routledge & Kegan Paul.

Heikkinen, Minna, 2002, "Social Networks of the Marginal Young: A Study of Young People's Social Exclusion in Finland." *Journal of Youth Studies* 3 (4).

Hills, Johnetal. (eds.), 2000. *Understanding Social Exclusion*, Oxford: Oxford University Press.

Henri Lefebvre, 1991, *The Production of Space*, Translated by Donald Nicholson-Smith, Oxford: Blackwell, LTD.

James C. Scott, 1985, *Weapons of the Weak: Everyday Forms of Peasant Resistance.* New Haven and London: Yale University Press.

Lefebvre, Henri, 1979, *Spatial planning: Reflections on the politics of space*, in Richard Peet (ed.), *Radical Geography: Alternative Viewpoints on Contemporary Social Issues* (pp. 339 – 352). Chicago: Maaroufa Press.

Michael, Dear, 2000, *The Postmodern Condition*, Blackwell, p. 4. Michael. Dear.

Russell, Helen, 1999, "Friends in Low Places: Gender, Unemployment and Sociability". *Work, Employment and Society*.

Sabour, M. Hammed, 1999, "The Socio Cultural Exclusion and Self Exclusion of Foreigners in Finland: The Case of Joensuu". in Littlewood, Paul et al. (eds.) *Social Exclusion in Europe: Problems and Paradigms*, Aldershot: Ashgate.

Shotter, J. 1997, "The social construction of our innerselves", *Journal of Constructivist Psychology* (10).

Silver, Hilary, 1994, "Social Exclusion and Social Solidarity: Three Paradigms." *International Labour Review*.

——, 1995, *Reconceptualizing social disadvantage: Three paradigms of social exclusion*. In Gerry Rodgers, Charles Gore and Jos é B. Figueiredo (eds.). *Social exclusion: Rhetoric, reality and responses*. (56 -79). International Labour Organization (International Institute for Labour Studies).

Solinger, Dorothy J. , 1997, *Contesting Citizenship in Urban China: Peasant Migrants, the State, and the Logic of the Market*, California: University of California Press.

Soja, Edward, W. , 1996, *Third Space: Journey to Los Angeles and Other Real-and-Imagined Places*, Oxford: Blackwell.

后　记

　　我不希望别人把我对农民工的研究误解为一种后现代的解读，我有必要在结尾补充说明一下，叙述一些我个人的理解。

　　对于后现代的理解，社会空间视角在中国社会学界至今仍处于边缘位置，成为一个保持"沉默"的领域。其中一个原因在于中国社会学学者彼此浸淫于结构主义或者文化主义的社会学研究范式，或者迷恋于传统社会学的解释范式。长期迷思于传统社会学的解释模式，受其禁锢太久，就会局限于传统的社会学视角来观察问题，变成一种习惯，或变成一种惯性，躲在传统的藩篱中不愿意、或拒绝接受一种新的思想，或一种新的理论。另外一个原因就是，空间和后现代走得太近，后现代也同时发现空间的诱惑是如此之大，空间成为后现代的一个重要的标签，很多传统学者一看到空间，就会哗然：后现代来了。后现代是一个新生品，对于中国学者来说，同样是一个舶来品。中国学者对"西化"如此憎恨，甚至主张关起门来搞"革命"，希望在中国自己的黄土地上种出一个"土特产"，后现代在中国的命运可想而知。传统的社会学者对后现代如此狠毒攻击的时候，在文学、艺术、建筑、绘画，甚至在现代自然景观的设计和开发过程中，随处可见后现代元素，即使是在个人"隐秘"的居室，后现代也无所不在。后现代如此之张狂和自负，后现代如此张扬和放肆，如此目中无人，如此拒斥一切传统，对于固守传统的学者来说无异于"狼来了"。问题是，社会学者是否应该保持对这些后现代元素视而不见，远离社会？或者还是把后现代视为"肿瘤"而一刀割掉？或者静下心来好好思考，敞开胸怀？

后现代是一个刚出生的婴儿，后现代还没来得及说话，就面临恶毒的攻击，学术界也许缺乏一种宽容，对于一个"婴儿"也不放过。一种理论必须经过反复的经验论证，在社会实践之中经过无穷尽的反思和社会学想象才能得以构建；一种理论也同样需要很多宽容的理解和善意的批判，才能走近事实。后现代张狂和自负，试图一夜之间推翻几百年以来的传统，必然会受到毁灭性的攻击；后现代的稚嫩声音在严肃的传统主义理论中，受到夭折；后现代的急躁和狂妄，在残酷的传统主义理论中胚死胎中。

空间同样受到牵连，空间成为一个无辜的牺牲品。"含恨九泉"，"死不瞑目"，空间的冤魂将游荡在街道上、高楼里。事实上，空间不是后现代，空间与社会学传统一脉相承，源远流长。空间不是后现代的产品，空间不都是后现代。从孔德、涂尔干到吉登斯、布迪厄，再到福柯等，空间成为思考社会的一种新的视角，体现了现代社会学的一种社会空间转向，也可以说是一种向日常生活实践的社会学转向。社会空间为研究社会、理解社会或者反思社会提供了一种新的维度，多了一种新的问题意识，或者多了一次思考和反思社会的机会。作者在研究流动农民工话题时，试图完成一种社会空间的转向，变换一种理解的策略，尝试对流动农民工的日常生活世界进行一些新的思考。事实证明，这种尝试无疑是成功的，也是有价值的。从经验事实到流动农民工的空间实践和表达，我们看到了流动农民工的"存在"，看到了流动农民工以往研究中太多被遮蔽的东西，有的甚至是被歪曲的东西，这种价值或者意义将是无穷的。但是，社会空间理论同样需要一种反思，需要一种谦虚和不耻下问的态度，其不足和缺陷需要一种社会学的反思，需要更多的经验事实来论断、检验和发展。

本书是在我的博士论文基础上修改而成的。在此，我要感谢那些以不同方式给了我教益和帮助的老师、朋友和同学。

感谢我的导师周晓虹教授。周老师不仅在学术研究上给我以启示，示我以门径，其自身对于工作事业之投入和热忱、对于学术研究之严谨和勤奋也同样给了我莫大的财富。博士论文能顺利完成，得益于周老师的鼓励和孜孜教诲，得益于他在论文选题、研究思路、研究框架的设计、方法以及许多细节处理上的悉心指导，周老师将是我可以长久汲取激励的源泉。

感谢中国社会科学院同样是我的老师李培林教授，李老师从我的论文的开题到论文的完成都付出了很大的心血，提出了许多宝贵的意见，学生感激不尽。

感谢风笑天教授、张鸿雁教授、翟学伟教授。和风笑天教授、张鸿雁教授、翟学伟教授的交流，有点严肃和紧张，这是一种学生对老师的一种内在的尊敬和崇拜之情的一种心灵的必然流露，他们对学生的关爱和谆谆教诲，学生永生难忘。

感谢张玉林教授、范可教授、陈友华教授、贺晓星教授、成伯清教授。和张玉林教授、范可教授、陈友华教授、贺晓星教授、成伯清教授的交流，是一种老师和学生的交流和学习，也是一种兄长般的交往。学生可以说胆大放肆，甚至有点矫情。为了坚持自己的观点，学生固执己见，面红耳赤，全然没有学生和老师的那种严肃。现在想来，仍然忍不住面带微笑，但这种交流是快乐的，也是收获最大的，谢谢他们给我的宽容和自信，也是他们给了我以后从事社会学研究和探讨的一个重要动力。宋林飞教授、童星教授、朱力教授、汪和健教授等是我进入南大以前即已慕名已久的老师。进入南大以后，他们的课程使我在拓展视野、开阔眼界上切实地获得了不少助益。我要感谢北京大学方文教授在资料收集和资料推荐方面给予的指导。

感谢上海大学张文宏教授、复旦大学周怡教授、南京师范大学邹农俭教授，他们同样为论文的完成和修改提出了诸多宝贵意见。

感谢南京大学与我同窗三年的同学们，在写作过程中，他们都为我的论文的完成提出了诸多建设性的意见，对他们的关心、支持和帮助，在此一并表示感谢。

我同样要感谢在广东中山、韶关、长安、广州、东莞那些给了我帮助的朋友、亲戚和劳动职业介绍所的几位管理人员，感谢我访谈过程中的居委会、企业管理人员的配合。我更要感谢那些留着眼泪、带着心痛和焦虑的流动农民工群体，是他们在眼泪和痛苦中开启了那些"封存"的记忆，给了我很多令人伤感、难忘和流泪的故事，在此一并表示诚挚的谢意。此外还有其他许多老师、同学、朋友均以各种方式给过我帮助，在此一并表示致谢。

家是温馨的，也是浪漫的。我在南大三年，很少回家，家成了一个在思念和牵挂中的虚无缥缈的东西，它不断让我陷入深深的苦恼和思念之中。我牺牲了家的温馨，但获得了学术追求的快感，但同时却让家人陷入了思念和牵挂的纠缠之中。我感谢我的妻子和女儿，感谢她们给了我一种动力、信念。

潘泽泉

2006年南京大学陶园

图书在版编目（CIP）数据

社会、主体性与秩序：农民工研究的空间转向／潘泽泉著.—北京：社会科学文献出版社，2007.11
（中南大学社会学文丛·和谐中国系列）
ISBN 978-7-80230-876-3

Ⅰ.社… Ⅱ.潘… Ⅲ.农民—问题—研究—中国 Ⅳ.D422.6

中国版本图书馆 CIP 数据核字（2007）第 160635 号

·中南大学社会学文丛·和谐中国系列·

社会、主体性与秩序
——农民工研究的空间转向

著　　者／	潘泽泉
出 版 人／	谢寿光
出 版 者／	社会科学文献出版社
地　　址／	北京市东城区先晓胡同 10 号
邮政编码／	100005
网　　址／	http://www.ssap.com.cn
网站支持／	(010) 65269967
责任部门／	社会科学图书事业部 (010) 65595789
电子信箱／	shekebu@ssap.cn
项目经理／	王　绯
责任编辑／	童根兴
责任校对／	汪建根
责任印制／	盖永东
总 经 销／	社会科学文献出版社发行部 (010) 65139961　65139963
经　　销／	各地书店
读者服务／	市场部 (010) 65285539
排　　版／	北京鑫联必升文化发展有限公司
印　　刷／	北京智力达印刷有限公司
开　　本／	787×1092 毫米　1/20
印　　张／	24　　　字　数／394 千字
版　　次／	2007 年 11 月第 1 版
印　　次／	2007 年 11 月第 1 次印刷
书　　号／	ISBN 978-7-80230-876-3/D·272
定　　价／	49.00 元

本书如有破损、缺页、装订错误，
请与本社市场部联系更换

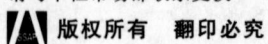

▲ 版权所有　翻印必究